외우는 공부는
명리학이 아니다

命理
바르게 학습하기

時空學 고급편

■ 머리말

25번째 책을 출판중이다.
격려와 채찍 사이에서 뿌듯한 보람이라면 과거에는 무조건 맞는 것으로만 간주했던 중국 명리이론의 오류들을 교정해 나가고 있다는 믿음이다.

2015년 즈음까지도 한국의 명리이론들은 格局, 旺衰, 用神, 十神의 범주를 맴돌고 있었다. 그 논리의 가장 큰 문제는 실생활과 부합하지 않는다는 것이었다. 우리는 매일 시공간 변화에 따라서 일상생활을 하는데도 그 이론들에는 時間도 空間도 없으며 十神과 五行으로 生하고 剋하거나, 强하고 弱할 뿐이다.

우리의 일상이 어떻게 生하거나 剋하고, 强하거나 弱하기만 할까? 강한 듯 약하고, 약한 듯 강할 수는 없는 것인가? 用神을 정하면 평생 바꾸지 못한다는 논리도 이상하지 않은가? 매년, 매월, 매일 에너지가 끊임없이 움직이고 변하는데 탄생할 때 받은 사주팔자에서 用神을 정한들 무슨 소용이 있단 말인가?

아침에 일어나 일하고 저녁에 쉬어야하고 밤에 잠자리에 들고 다시 아침을 맞는 과정을 생각해보면 그런 움직임을 결정하는 것은 時間과 집 혹은 사무실 혹은 침대라는 空間조합임이 분명하다.

時間과 空間을 十神으로 표현하면 너무 어색하다. 傷官이기에 아침에 일어나고 印星이기에 잠자리에 드는 것일까? 身强과 身弱으로 표현해도 어색하기는 마찬가지다. 신강해서 건강하고 신

약하기에 질병에 시달릴까? 우리는 시공간을 따라 살아가는데 왜 사주이론만 현실에 부합하지도 않는 生剋, 强弱에만 빠져있는 것일까?

운명을 결정하는 정체가 무엇인지 답을 찾는 과정은 참으로 혼란스러웠다. 과정을 간략하게 소개하면 이렇다.

2008년 즈음 우연히 地藏干을 원통으로 말아보다가 四季가 순환하는 이치를 설명한 것임을 깨우쳤지만 순환을 주도하는 정체는 깨닫지 못했다. 2010년에 이르러 지장간의 원리라는 제목으로 6개의 칼럼을 소개할 때도, 2012년 時間의 정체를 찾아 방황하던 시기에도 해답을 찾지 못해 물리서적까지도 닥치는 대로 읽었지만 여전히 미궁에서 나오지 못했다.

신비로운 경험이었다.
분명히 地藏干은 四季가 순환하는 이치를 설명하는 것임을 깨우쳤음에도 순환을 주도하는 정체가 時空間이라는 것을 깨우치는데 근 5년의 시간을 허비한 것이다. 우리 내면에 이미 神이 존재하는데 자꾸 밖에서 神을 찾는 것과 다를 바 없었다.

時間과 空間이었구나!
四季를 순환하고 내 인생을 결정하는 정체가 바로 그였구나.
다행스럽게 時空間의 정체를 깨우쳐가던 2014년 즈음에 강의를 시작하게 되었고 자연스럽게 時空間 개념을 불어넣음으로써 실생활에 부합하는 명리이론이 나올 수 있었다.

자연의 순환원리를 완벽하게 설명할 수 있는 유일무이한 존재는 동서양을 통틀어 地藏干(지장간) 뿐이다. 時間과 空間이 톱니바

퀴처럼 회전하는 움직임을 그토록 정밀하게 그려내다니 놀라울 따름이다.

강의가 이어지면서 地藏干 내부에 깊이 감추어진 8개의 보물들을 캐내서 도덕경을 포함한 24권의 책에 그 이치를 펼쳐냈으니 참으로 기쁘고 행복한 일이다.

수 년 동안 축적된 강의파일과 출판한 24권의 책 사이에는 일정의 거리가 있는데 모든 강의 내용을 책에 풀어낼 수 없었기 때문이다. 항상 아쉬워했던 점은 책은 책대로 강의파일은 강의파일대로 조화를 이루지 못하는 느낌이었기에 강의와 책이 유기적으로 연결될 시기를 기다렸었다.

감사하게도, 壬寅년에 時空學의 골수를 동영상 강의와 책으로 연결할 시간이 도래하였다. 하늘의 의지에 따라 강의파일과 책들 사이의 거리를 없애고 튼튼한 이론의 뼈대를 세울 기회가 생겼으니 감사할 따름이다. 강의에서 부족한 부분을 책으로 보충하고 또 책들에 빠져있던 뼈대를 동영상 강의로 보완하여 학습효과를 극대화 할 수 있을 것이라 믿는다.

2014년 ~ 2015년 강의내용들을 壬寅년 壬寅월부터 Youtube에 동영상으로 올리고 있으며 3시간 분량의 52강을 모두 올리기까지 나름의 시간이 소요될 것이기에 한편으로 예습하고 한편으로 복습이 가능하도록 6권의 책으로 출판할 예정이며 이 숙제는 2024년에 완성될 것으로 믿는다.

강의파일을 책으로 출판하는 것이 쉽지 않았던 이유는 구어체는 살리면서 가벼워 보이지 않도록 보완해야 했고 강의로는 이해하지만 책으로 표현하기 어려운 부분들을 보충하고 추가했기 때문이다.

時空命理學 Youtube에 올린 동영상과 이 책을 활용하면 학습 효율을 획기적으로 높일 수 있을 것으로 믿는다.

마지막으로, 강의파일을 책으로 출판하려면 내용을 정리한 노트가 필요했는데 오랜 시간 힘들게 정리한 노트를 주저 없이 제공해주신 권 동우 선생님께 감사의 마음을 전합니다.

2024년 2월 19일

紫雲

- 차례 -

▬제 28강▬

◆ 辰戌丑未土의 理解 1

　　　　辰月에서 未月까지의 흐름 13
　　　　未月에서 戌月까지의 흐름 14
　　　　戌月에서 丑月까지의 흐름 14
　　　　丑月에서 辰月까지의 흐름 15

　　三合운동의 마감작용 16
　　　　辰월에 水氣 마감 16
　　　　未월에 木氣 마감 20
　　　　戌월에 火氣 마감 22
　　　　丑월에 金氣 마감 24

　　辰未戌丑 地藏干 분석하기 25
　　辰未戌丑이 두 글자로 조합할 때 26
　　　　辰월에서 未월까지의 과정 26
　　　　未월에서 戌월까지의 과정 29
　　　　戌월에서 丑월까지의 과정 32
　　　　丑월에서 辰월까지의 과정 33

　　辰未戌丑 지장간 변화과정 37
　　辰戌丑未 刑의 물상 37
　　辰戌丑未 刑의 변화 39
　　辰未 刑의 사주사례 40

▬제 29강▬

◆辰戌丑未土의 理解 2
　　未戌 刑의 사주사례 46
　　戌丑 刑의 사주사례 51

丑辰 破의 사주사례 56
　　　地支가 스스로 刑하는 방식 65
　　　辰土가 스스로 刑하는 방식 66
　　　未土가 스스로 刑하는 방식 70
　　　戌土가 스스로 刑하는 방식 72
　　　丑土가 스스로 刑하는 방식 75

■제 30강■
　◆寅巳申 三刑
　　　時空間이 반응하는 방식 82
　　　寅巳申亥가 스스로 刑하는 방식 92
　　　寅巳申亥 刑의 개념 95
　　　寅巳 刑 98

■제 31강■
　◆寅巳申 三刑 2
　　　巳申 刑 119
　　　申亥 穿 130
　　　亥寅 刑 144

■제 32강■
　◆寅巳申亥와 子卯午酉의 刑破
　　　寅木의 刑 156
　　　巳火의 刑 160
　　　申金의 刑 162
　　　亥水의 刑 164
　　　子午卯酉 刑破 170

子卯午酉 刑破 조합 178
子卯 刑 179
卯午 破 180
午酉 破 181
酉子 破 182
子午卯酉의 生 186

■제 33강■
◆子卯午酉의 刑破 2
적천수 從格에 대한 생각 204
午酉 破 212
酉子 破 219
子午卯酉 글자의 특징 226
子水 228
卯木 234
午火 237
酉金 239

■제 34강■ 239
◆子丑寅卯 의미 확장
子月 244
丑月 253
寅月 264
卯月 272

■제 35강■
◆辰巳午未 의미 확장
卯月 279

辰月 285
　　　巳月 293
　　　午月 298
　　　未月 304

■제 36강■
　◆未申酉戌亥의미확장
　　　未月 310
　　　申月 316
　　　酉月 320
　　　天干에 比肩, 劫財가 강한 구조 323
　　　戌月 332
　　　亥月 342

■제 37강■
　◆天干조합론 1
　　　己己己辛 356
　　　己己辛乙 357
　　　己己己甲 358
　　　己己己癸 359
　　　戊己己癸 360
　　　己己己己 361
　　　壬戊戊壬 363
　　　壬戊己壬 364
　　　甲木 378
　　　　甲이 乙을 만나면 378
　　　　甲이 丙을 만나면 382
　　　　甲이 丁을 만나면 384-386

▄제 28강▄

◆辰戌丑未土의 理解

　　　　辰月에서 未月까지의 흐름 13
　　　　未月에서 戌月까지의 흐름 14
　　　　戌月에서 丑月까지의 흐름 14
　　　　丑月에서 辰月까지의 흐름 15
　　三合운동의 마감작용 16
　　　　辰월에 水氣 마감 16
　　　　未月에 木氣 마감 20
　　　　戌월에 火氣 마감 22
　　　　丑월에 金氣 마감 24
　　辰未戌丑 地藏干 분석하기 25
　　辰未戌丑이 두 글자로 조합할 때 26
　　　　辰월에서 未월까지의 과정 26
　　　　未월에서 戌월까지의 과정 29
　　　　戌월에서 丑월까지의 과정 32
　　　　丑월에서 辰월까지의 과정 33
　　辰未戌丑 지장간 변화과정 37
　　辰戌丑未 刑의 물상 37
　　辰戌丑未 刑의 변화 39
　　辰未 刑의 사주사례 40

앞 章에서 地藏干흐름에 대해 살폈습니다만 만약 지장간의 순환원리를 통찰할 수만 있다면 모든 명리이론에 대해 명확한 기준을 갖게 될 것입니다. 지장간 순환원리와 명리이론은 겉으로는 전혀 다르기에 아무런 연관성이 없다고 판단합니다. 앞에서 地藏干흐름을 살폈으니 지금부터 地藏干과 명리이론들의 상관관계를 살펴보고자 합니다. 특히 地藏干과 三合운동, 地藏干과 12運星, 地藏干과 刑沖破害 그리고 三字조합 등 모든 이치를 비교해 볼 수 있는데 갑자기 깊게 들어가면 이해가 어렵기에 차근차근 살펴보고자 합니다. 지장간의 순환원리와 명리이론의 관계를 어떻게 접근해야 쉽게 감을 잡을까를 고민하다가 이 章에서는 刑의 개념을 辰戌丑未, 子午卯酉, 寅巳申亥로 나눠서 설명하겠습니다. 특강으로 刑의 개념을 살폈고 시공간부호 地藏干에서도 辰戌丑未의 근본개념을 설명하였습니다.

辰戌丑未를 파고들면 다양한 내용들이 파생되고 확장되는데 여기에서는 辰戌丑未 刑의 개념과 辰戌丑未의 고유한 의미를 함께 살펴보겠습니다. 刑에 대한 古書의 설명은 참으로 모호하며 근본이치도 밝히지 않고 丑戌未 三刑, 寅巳申 三刑, 무례지형 등의 표현처럼 무슨 의미인지도 모를 표현들입니다. 다만 분명한 것은 丑戌未, 寅巳申으로 명칭을 정했으며 未戌丑이나 丑未戌 혹은 申巳寅, 巳寅申 등의 이름으로 부르지는 않았다는 겁니다. 물론 명칭이 중요한 것은 아니지만 지장간의 순환원리를 통하여 三刑의 이치를 살펴보면 丑戌未와 寅巳申 三刑의 명칭을 사용할 수밖에 없다는 것을 알게 됩니다. 자연의 순환원리를 깨우치면 자연이 어떤 방식으로 물형을 조정하는지를 이해하는 겁니다. 자연의 행동방식은 우리가 사주팔자를 인위적으로 분석하는 것처럼 억지스럽지 않습니다. 시간과 공간이 순환하는 과정에 매달 地藏干내부에 존재하는 시간특징에 따라 스스로 刑沖

破害라는 작용을 활용해서 자연스럽게 物形을 조절합니다. "天地不仁"이라는 표현처럼 자연은 人間의 의지에 전혀 관심이 없습니다. 추워야 할 때에 이르면 춥고, 더워야 할 때에 이르면 덥습니다. 물론 사주팔자에서는 刑의 작용이 간단하게 혹은 복잡하게 반응할 수 있습니다. 예로 寅木의 경우 생각보다 殺氣가 강합니다. 호랑이에 비유하기에 고독하고 살벌한데 寅木의 지장간을 살피면 그 특징에 대해 감을 잡습니다. 寅木은 자연스럽게 지장간에서 스스로 寅巳 刑하고 있습니다. 또 시간과 공간의 순환과정을 이해하면 丑土 모친의 배에서 寅木으로 탄생하기에 그 과정에 피를 흘려야 합니다. 未申을 지날 때는 육체 일부가 장애를 갖는 정도이지만 丑寅에서는 반드시 탄생의 고통을 겪어야 합니다. 예로 寅戌로 조합하는 경우도 생각보다 강한 살기를 가진 이유는 바로 인목에 숨겨진 살기 때문이며 金氣가 추가되면 살기가 더욱 강해집니다. 이처럼 각 글자는 모두 고유하고 독특한 특징을 가졌으며 자연은 그 특징대로 물형을 순차적으로 조정합니다. 하지만 사주팔자에 있는 글자들이 그 특징을 동시에 반응한다면 우리는 적응하기 힘들었을 겁니다. 다행히 둘 혹은 세 글자의 반응을 통해서 그에 상응하는 물형을 결정하기에 그 혼란스러움에 적응할 수 있었습니다.

이상한 점은 丑戌未 三刑, 寅巳申 三刑이라 부르는데 子午卯酉에는 뚜렷한 명칭이 없습니다. 다만 子卯 刑, 卯午 破, 午酉 破, 酉子 破로 두 글자 사이의 작용이 다르다고 판단했기에 刑과 破로 분류한 것이 틀림없습니다. 여기에서 三刑과 破의 원리를 살피기 전에 자연에서 어떤 방식으로 물형을 변형시키는지를 이해하면 사주팔자에서 주장하는 刑이나 破의 근본원리를 이해할 뿐만 아니라 결국 刑, 破는 명칭에 불과하다는 것을 깨우치기에 우리는 명칭에 집중할 것이 아니라 자연의 근본이치를 살피고 이해해야 합니다. 辰未戌丑 月에는 土의 속성을 활용해서 3개월 간격으로 물질의 형태를 조정하려는 행위가 펼쳐지는데 중요한 점은 辰未戌丑 地藏干에 陰氣가 저장되어 있다는 겁니다. 申子辰의 癸水, 亥卯未의 乙木, 寅午戌의 丁火, 巳酉丑의 辛金이 辰未戌丑 中氣에 있는데 그 의미는 陽氣의 운동을 활용해서 辰戌丑未 土에서 三合운동 과정에 수확한 陰氣를 저장한 것입니다. 陰氣는 陽氣처럼 기운이 폭발하면서 앞으로 나아가는 움직임이 아니라 物形을 완성하고 어떤 이유로 그 형태를 유지하지 못하고 반드시 조정과정을 거쳐야 합니다. 따라서 陰氣의 物形을 조정하려는 공간이 辰戌丑未 月이라고 이해하면 됩니다. 명칭관련, 丑戌未 三刑이라고 부를 수밖에 없는 이유 때문에 辰未戌 등으로 부를 수는 없습니다. 辰未戌은 순차적인 시간흐름으로 物形이 확장하고 가치가 높아지는 움직임이기에 그렇게 부를 수가 없습니다. 辰未戌丑을 흐르는 과정에 반드시 저장한 陰氣의 物形을 조정하려면 丑戌未 三刑이라 부를 수밖에 없는 겁니다.

즉, 戌土가 未土를, 未土가 辰土를, 辰土가 丑土를, 丑土가 戌土를 조정하는 방식을 활용해서 현재에서 과거를 조정하려는 행위입니다. 子午卯酉는 陽氣를 조정하고 陰氣를 확장하려는 움직임입니다. 예로, 子卯 刑의 경우에는 각각의 지장간에 있는 壬水와 癸水, 甲木과 乙木이 서로 무언가를 조정해야 합니다. 子卯午酉 월에는 陽氣가 陰氣로 전환하는데 이 과정에 壬癸, 甲乙, 丙丁, 庚辛이 어떤 행위를 하는지 관찰하고 결정한 후 子卯 刑, 午酉 破 등으로 부르는 겁니다. 寅巳申亥의 경우에는 辰戌丑未에서 陰氣를 마감한 후 다음 달에 이르러 寅巳申亥에서 長生으로 새로운 陽氣를 동하는 겁니다. 辰戌丑未 土에서 마감하고 寅巳申亥에서 새로운 三合운동을 시작하고자 陽氣가 동합니다. 三合운동을 출발하려면 기운을 팽창시키기 위해서 寅巳申亥

에서 적절한 행위를 해야만 하는데 예로, 寅木은 甲이 丙火를 生하고 巳火는 丙火가 庚金을 生하는 방식으로 강한 상태의 建祿이 中氣에 있는 長生하는 기운을 生합니다. 자연은 이런 방식으로 三合운동을 활용하는 과정에 物形에 변화를 주는 겁니다. 寅中 甲木은 寅中 丙火에게 기운을 방사하다 일정시점에 무력해지고 원래의 기운을 유지하지 못하기에 문제가 발생합니다. 이런 흐름을 寅巳申 三刑이라 불렀습니다.

이제 辰戌丑未 刑에 대해서 살펴보겠습니다. 자연의 순환과정은 자연스럽게 辰未戌丑 월을 지나 다시 辰月로 순환하므로 辰은 봄, 未는 여름, 戌은 가을, 丑은 겨울이고 辰月에 다시 봄에 이릅니다. 辰未戌丑 의미에 대해서는 위에서 설명하였고 그 중에서 가장 중요한 개념은 <u>三合운동을 마감한 공간으로 陰氣 물질을 꺼내서 寅巳申亥에서 새로운 陽氣를 생산합니다</u>. 이런 이유로 丑寅, 辰巳, 未申, 戌亥로 墓地와 生地가 연결되고 寅卯, 巳午, 申酉, 亥子의 흐름보다 훨씬 중요한 작용을 합니다. 辰戌丑未에서 五行이 마감하기에 기운이 소멸되었다가 寅巳申亥에서 갑자기 전혀 다른 기운이 생겨나기에 墓地와 生地 사이에서 발생하는 흐름을 살피는 것은 매우 중요합니다.

辰月에서 未月까지의 흐름
우리가 매년 경험하는 계절 흐름을 상상하면서 辰월에서 未월까지의 과정을 생각해보면, 辰월에는 봄에 癸水의 폭발적인 힘으로 乙木 새싹들이 좌우확산해서 산과 들에 펼쳐집니다. 모내기하는 상황으로 살피면, 새싹들이 많이 성장하면서 부피가 확장한 상태이지만 辰巳를 지나 午월에 이르면 오히려 부피는 줄어들기 시작합니다. 辰월에 새싹의 부피는 크지만 午월에 열매로 바뀌어 부피는 줄어들고 가치는 훨씬 높아졌습니다. 새싹이 아무리 부피를 키워도 그 가치는 낮지만 未月의 열매는 맛이 들고 성숙해져 가치가 높아졌습니다만 부피가 줄어든 것은 사실입니다. 이런 글자들의 움직임은 일상에서 그대로 발현되는데, 예로 辰土에서 과장, 허세, 부풀리려는 태도를 드러내는 이유는 酉丑辰 과정을 거쳤기 때문에 辰土의 부피는 매우 확대되었지만 내실이 없기에 그 가치는 현저히 낮습니다. 상대적으로 未土 열매의 가치는 훨씬 높은데 부피측면에서는 크게 줄어들면서 辰土보다 훨씬 작습니다. 예로, 여자가 辰에서 남자를 만나면 조폭, 깡패, 장사, 사업, 방탕의 속성에 허풍과 과장이 있고 정신적으로 성숙하지 않은 남자입니다. 하지만 未土에서 만나는 남자는 겉으로는 화려하지 않지만 실제로는 속이 꽉 찼고 성실하며 자신만의 가치를 품은 사람이 분명합니다. 따라서 여자가 辰土 남자를 좋아한다면 드러내는 것을 선호하고 허세가 좀 있고 외형에 신경 쓰는 여인입니다. 내면에 감추어진 가치관 보다는 외형을 중시합니다.

未月에서 戌月까지의 흐름
未月에서 戌月까지의 과정을 생각해봅시다. 未月에서 申酉戌月을 지나는 과정에 나무에 매달렸던 열매가 딱딱한 열매로 완성되어 땅으로 떨어져 戌土에 정착하면 씨종자 위에 마른 낙엽들이 덮입니다. 따라서 물질크기나 부피 면에서는 未土가 戌土보다 훨씬 크지만 가치로는 씨종자를 품은 戌土가 未土에 비해 훨씬 높습니다.

戌月에서 丑月까지의 흐름
이제 戌月에서 丑月 과정을 살펴보면, 戌월에 낙엽이 덮이고 그 속에서 씨종자가 열기를 품었다가 亥子丑月을 지날 때 열기와 습기에 의해 부드러워지기 시작합니다. 새싹을 내놓으려는 움직이지만 아직은 땅 밖으로 드러난 상태는 아닙니다. 丑土를 어둠의 자식들이라고 표현합니다만 水氣를 잔뜩 먹어서 탱탱하게 부풀려졌으면서도 겉모양은 변하지 않은 것처럼 보입니다. 딱딱했던 물형의 내부에 水氣를 품자 부드러워진 상태이기에 부피측면에서는 분명히 戌土보다 확장되었습니다. 이처럼 물질의 부피와 가치는 비례하는 것은 아닙니다만 우리는 대부분 가치보다는 부피를 더욱 중요한 것으로 간주하기에 겉모양으로 가치를 판단하려는 경향이 강합니다.

丑月에서 辰月까지의 흐름

이제 丑월에서 辰월까지의 변화과정을 살펴보겠습니다. 물을 먹어서 빵빵하지만 여전히 씨종자와 같은 모습이었던 丑土가 寅卯辰으로 흐르면 새싹으로 올라와 좌우로 펼치면서 부피가 크게 확장합니다. 부피측면에서는 가장 부풀려지는 시기입니다. 콩이 콩나물로 바뀐 것입니다. 따라서 戌丑과 丑辰을 비교해보면 酉戌亥子丑 과정은 가장 가치 높은 酉金이 丑土에서 빵빵해지고 寅卯辰에서는 酉金의 부피가 크게 부풀려집니다. 가치로는 戌丑이 丑辰에 비해 훨씬 높지만 부피는 丑월에서 辰월에 이르는 과정에 엄청나게 부풀려진 상태입니다. 마치 가치는 만원에 불과하지만 백만 원에 구입하는 상황과 다를 바 없습니다. 지금 설명하는 내용들은 모두 물질의 부피측면을 살피는 겁니다. 이런 이치를 깨달았다면 애정, 결혼, 육체, 재물 등 다양한 각도에서 살필 수 있습니다. 물질부피의 확장과 축소과정이 각 계절을 순환하는 동안 계속 발생합니다. 辰土가 未土, 未土가 戌土, 戌土가 丑土, 丑土가 辰土로 순환합니다. 三合운동을 마감할 시점에 이르면 물형이 조정됩니다.

三合운동의 마감작용

辰月에 水氣가 마감하면 성장하는 甲木은 壬水의 生을 받지 못하게 되면서 성장이 어려워집니다. 또 巳月부터 火氣가 강해지는데 辰戌丑未는 이처럼 복잡한 행위를 처리해야만 합니다. 신기로운 점은 자연은 스스로 物形을 조정하는데 辰月에는 子卯 刑이라는 방식을 활용해서 水氣를 강제로 줄여버립니다. 그 이유는 巳月에 火氣를 증폭하기 위해서입니다. 사주팔자에서는 여러 개의 글자가 만나야 刑沖破害가 발생한다고 인식하지만 자연은 스스로도 충분히 물형을 조정하는 겁니다. 사주팔자에서 발생하는 刑沖破害가 아니고 스스로 그래서 自然이라고 부르는 것입니다. 매우 중요한 표현입니다. 자연도 戌未 刑해야, 丑戌 刑해야 변화가 발생할 것처럼 느껴지지만 그런 작용이 없어도 자연은 스스로 그러합니다. 未月에 辰土를 刑해서 조정하는 것처럼 보이지만 이미 未月에 이르렀기에 未土가 辰土를 刑할 수 없습니다. 未月이 辰月로 돌아가 刑하지는 못하기 때문입니다. 戌月에 이르러 다시 未月로 돌아가 刑하는 것이 아닙니다.

사주명리로 刑沖破害를 분석하기에 그런 판단을 하는 것입니다만 未月에 이르러 辰月에서 未月까지의 변화과정을 분석해보니까 이런 저런 움직임과 변화가 있었고 그에 상응하는 명칭을 刑이라고 불렀던 겁니다. 未月과 辰月의 상태를 비교해보니 辰月에는 성장하는 과정에 水氣가 말라가는데 未月에 이르면 水氣는 더욱 부족하고 火氣의 도움으로 열매가 성숙해져 갑니다. 따라서 未月을 기준으로 辰月과의 상황을 비교해서 그 차이를 刑이라 불렀던 겁니다. 戌月에 씨종자를 저장한 상태에서 未月의 상황과 비교해보니 나무에서 열매가 성숙해가는 상태입니다. 戌月을 기준으로 未月과의 차이점을 분석해보니 未月에는 아직 열매가 매달려 익어가는 상황인데 戌月에는 이미 열매가 땅에 떨어졌습니다. 따라서 戌과 未의 상황을 비교분석 해보니 그런 차이가 발생했고 스스로 그렇게 물형을 조정했음을 추측하고 그 이치에 刑沖破害라는 이름을 지어준 겁니다. 이런 이치를 명리이론으로 분석하지 않는다면 인간은 단지 매달 발생하는 상황을 살피고 이해했을 겁니다. 辰月에 만물이 생동감이 넘치는 것도 모두 자연은 스스로 움직이고 변하기 때문입니다. 戌月에 낙엽이 지고 씨종자가 열기를 품은 후 亥月에 새로운 생명체로 탄생하고자 윤회를 시작합니다. 우리의 일상에서 느끼듯 우리는 쉽사리 사망하지 않습니다. 따라서 十干이나 十二支 하나의 글자 때문에 사망할 수 있다면 사주명리의 刑沖破害 이론은 만들어지지 않았을 겁니다. 두 글자, 세 글자로도 쉽게 죽지 않는 것처럼 刑沖破害도 세 개 이상의 글자조합을 살펴야 합니다. 이런 이유 때문에 生剋논리가 애를 먹는 겁니다. 단순하게 偏官이 日干을 극한다고, 日干이 偏財를 극한다고 큰 문제가 발생하는 것이 아니라는 겁니다.

예로, 甲庚 沖이 심각해도 멀쩡한 이유는 沖 한다고 쉽게 다치거나 사망하는 것이 아니기 때문입니다. 물론 하나의 甲이 두 개 혹은 세 개의 庚辛금에 공격당하면 傷할 수는 있지만 일방적으로 당하는 것도 아닙니다. 天干과 地支가 함께 비틀리거나 다른 복잡한 요인들이 함께 맞물려야 문제가 발생합니다. 沖剋한다고 깨지고 부서진다면 지구의 생명체는 살아남지 못했을 겁니다. 하루 2시간마다 기운이 바뀌면서 沖이 발생하는데도 멀쩡한 이유입니다. 이것이 生剋의 맹점입니다. 寅巳申 三刑을 만나도 문제가 없는 경우가 허다한데 두 글자의 沖剋 작용으로 문제가 발생하는 것은 흔하지 않다는 겁니다. 다만 이해할 점은, 스스로 그러한 자연과 사주팔자의 刑은 상당히 다릅니다. 자연은 스스로 刑하는 방식으로 움직임과 변화를 통해서 物形을 스스로 조정하는데 寅月은 寅巳 刑으로, 辰月은 子卯 刑으로 전혀 거리낌 없이 변화를 일으킵니다. 辰月의 상황은 관찰하는 각도에 따라서 달라지는데 申子辰 三合운동을 마감해서 木氣의 성장이 통제되었다고 판단할 수 있고 반대로 水氣의 움직임이 木氣의 성장운동 때문에 무기력해졌다고 볼 수도 있습니다. 관점에 따라 전혀 다르게 보이는 것이 五行의 작용입니다. 이런 문제를 이해하고자 앞에서 生剋 원리에 대해 살폈던 겁니다. 분명한 것은 申子辰 三合 水氣의 흐름이 辰土에서 막히면 가장 지장을 받는 것은 甲木이 분명합니다. 물론 상대적으로 덜하지만 乙木도 유사한 상황입니다. 다만 巳月에 꽃이 활짝 펴기에 乙木의 좌우로 펼치는 움직임에 큰 문제는 없습니다. 수직상승하는 甲木은 辰土에서 水氣가 고갈되기에 난감한 상황에 처하지만 乙木은 癸水의 도움으로 좌우확산 하므로 상대적으로 심각하지 않은 겁니다.

水氣를 마감한다는 의미를 다른 각도에서 살피면, 辰中 乙木이 辰中 癸水의 도움을 받기에 결국 癸水를 무기력하게 만드는데 이 작용을 地支로 살피면 子卯 刑으로 水氣의 흐름이 마감되면서 申子辰 三合의 쓰임이 상실됩니다. 巳月에 이르면 甲木은 庚金의 밑거름이 된 후 존재감을 상실합니다. 巳月에 꽃을 피울 때까지 甲木이 계속 乙木을 도울 수밖에 없는 이유는 亥에서 시작된 甲의 三合운동이 巳月에 庚金으로 바뀌고 巳酉丑 三合 운동을 시작하기 때문입니다. 사실 亥水에서 드러난 甲은 巳月의 庚金 때문이 분명합니다. 지구자연의 순환과정은 甲이 庚으로 乙이 辛으로 丙火가 壬水로 丁火가 癸水로 순환하기에 그렇습니다. 정반대 五行이 상대방의 근거가 되어주기에 四季가 끊어지지 않고 순환하는 겁니다. 이것이 자연의 대칭구조입니다. 데칼코마니처럼 반으로 접으면 좌우가 동일하게 찍히는 것처럼 자연도 그러합니다만 완벽한 대칭은 아닙니다. 子午 沖, 卯酉 沖, 甲庚 沖은 사실 전혀 달라 보이지만 동일한 기운들이고 申子辰 三合은 寅午戌 三合의 다른 모습이며 亥卯未 三合은 巳酉丑 三合의 다른 모습입니다. 甲木이 長生하는 공간은 亥水이기에 巳火는 庚金이 長生하는 공간입니다. 따라서 甲이 亥月부터 辰月까지 수직상하 운동을 펼쳐주기에 巳月에 庚으로 바뀌는 겁니다. 물론 巳月에는 庚金의 딱딱해지는 속성은 전혀 없지만 극도로 펼치기에 午月에 수렴하여 열매를 맺습니다. 甲木이 巳月까지 자신의 에너지를 활용해서 庚金으로 바꿔주기에 午月을 만난 甲木의 입장을 死地라 부르고 三合운동을 마감하기 직전에 이르렀습니다. 반대편 상황을 보겠습니다. 亥水에 이르면 甲이 長生을 만나는데 庚金이 巳月부터 戌月까지의 작용이 있기에 가능합니다. 庚金이 甲으로 물형을 바꾸는 亥月을 지나 子月에 이르면 癸水가 발산운동을 시작하기에 庚金의 딱딱해지는 움직임은 사라집니다. 甲木은 亥水에서 수직 상승운동을 시작하지만 六陰으로 상승하려는 움직임은 전혀 없다가 子水에서 발산하면서 상승하기 시작합니다.

이런 움직임을 12運星으로 浴地라고 표현합니다. 浴地가 桃花라고 부르면서 색을 밝히고 외도하고 불안정한 느낌을 갖는 이유는 甲木이 子水에서 상승만 하면 문제가 없는데 壬水와 癸水 때문에 그 움직임과 방향이 혼란스러워서 그렇습니다. 庚金도 午火에서 욕지를 만났다고 하는 이유는 丙火, 丁火가 모두 있으니 무한분산 움직임과 수렴하는 움직임이 섞여서 혼란스럽기 때문입니다. 이처럼 단일한 운동을 할 수 없는 상태를 욕지라고 불렀던 겁니다. 甲木이 子水에서 壬水의 도움으로 하강하여 뿌리 내리는데 癸水는 오히려 위로 오르지만 子月에는 壬水의 응축에너지가 훨씬 강하기에 하강하는 과정에 조금씩 위를 향하기 시작합니다. 庚金이 午火를 만나도 丙火는 부피를 확장하는데 丁火는 조금씩 수렴해서 열매를 맺으려고 합니다. 여자의 경우, 庚日에게 午火는 十神으로 官殺에 해당하기에 배우자 상황이 바뀔 수 있음을 암시합니다. 정리하면, 辰土에서 水氣의 흐름이 마감된 이유는 木이 水氣를 내부에 품었기 때문입니다. 水氣가 줄어들자 성장에 어려움을 느끼는 木氣는 자연스럽게 木生火로 화기의 분산작용을 돕습니다. 甲乙 木이 丙火를 생한다고 인식 하지만 더욱 합리적인 판단은 木氣가 水氣를 줄여서 火氣의 증가를 도운 겁니다. 火氣가 팽창하는 이유는 木이 水氣를 줄여주었기 때문이라는 겁니다. 이런 과정이 있었기에 巳월에 巳酉丑 三合운동의 출발이 가능해졌습니다.

未月에 木氣를 마감하는 이유는 未中 丁火가 未中 乙木을 수렴하기에 가능합니다. 물론 木氣가 마감됐다는 의미는 木氣 스스로가 그런 작용을 하는 것이 아니라 亥卯未 三合운동을 마감했기 때문으로 木이 巳午未에서 火氣의 분산작용을 돕느라 허탈해졌기 때문입니다. 다만, 未월은 乙木의 움직임에 포인트를 둬야 합니다. 甲木은 巳月에 가치를 상실하기 시작해서 午月에 수렴하기에 쓰임이 사라집니다. 午未월을 지나는 과정에 亥卯未 三合운동하는 甲木이 墓地를 만나지만 寅午戌 三合운동하는 乙木은 쓰임이 끝난 것은 아니지만 좌우확산 움직임은 정리되기 시작합니다. 未中 乙木이 丁火에 의해서 좌우확산이 어려워지면서 丙火를 생하던 乙木이 申月에 乙庚 合으로 더 이상 丙火의 분산작용을 돕지 못할 뿐만 아니라 물형이 乙木에서 庚金으로 철저하게 바뀝니다. 결국 未月의 乙木이 잡혔다는 의미는 丙火를 생하는 乙木의 기운이 현저하게 줄어들면서 丙火가 무기력 해지기 시작합니다. 申月에 이르면 丙火의 분산작용이 쓰임이 극대화 되는데 申中 壬水가 생겨나면서 長生하기 때문입니다.

壬水가 申月에 申子辰 三合운동을 시작하고 대칭공간인 寅月에 丙火가 長生을 만나 寅午戌 三合운동을 시작합니다. 壬水의 반대편 丙火가 寅月에 長生으로 드러나는 이유는 壬水가 申酉戌 亥子丑 寅月까지 水生木 작용을 해주기에 丙火가 생겨나고 壬水는 卯月에 그 가치를 상실합니다. 위에서 대칭, 데칼코마니라고 설명한 부분과 동일한 이치입니다. 명리학습 과정을 획기적으로 줄이는 방법은 자연 순환과정에서 보여주는 대칭원리를 살피고 이해하는 겁니다. 대칭의 의미와 작용을 이해하지 못하면 2배의 시간이 걸려야 비로소 깨우칩니다. 未土에서 丙火를 약하게 하는 것은 甲이 아니라 乙입니다. 丙火를 生하는 甲과 乙의 극명한 차이점은 丙火는 乙木의 좌우확산 움직임을 훨씬 기뻐합니다만 未月에 乙木이 丙火의 움직임을 더 이상 도울 수 없게 됩니다. 물론 午未 月에는 丙火가 적극적으로 분산하기에 乙木의 도움은 필요 없습니다.

乙木은 丙火를 生하고 丙火는 乙木의 生을 기뻐하며 둘 사이의 조합은 기본적으로 좋습니다. 다만 月支 時空이 중요한데, 丙火는 卯辰巳月에 乙木의 도움을 필요로 하는 것이며 午未 月에는 오히려 乙木의 도움이 불편합니다. 그 이유는 丙火가 午未월에 스스로 분산움직임이 탱천하였기에 乙木이 필요한 것이 아니고 庚金의 부피를 확장하는 역할이 급선무입니다. 다만 未月에 丙火의 분산운동이 점점 줄어드는 이유는 스스로의 문제가 아니고 乙木의 움직임이 무력해지기 때문입니다. 乙木의 기운이 약해지기에 丙火의 기운도 무기력해지는 것은 당연합니다. 이것이 자연이 순환하는 방식입니다. 火氣를 조절해서 庚金 열매의 부피확장을 줄이기에 申月에 申子辰 三合운동을 출발할 수 있게 됩니다. 이처럼 자연은 참으로 정교합니다. 정밀한 시계처럼 완벽한 퍼즐처럼 움직입니다.

戌月에 火氣를 마감하는 이유는 申酉戌月을 지나는 과정에 金氣에 빛과 열을 공급하던 丙丁 火氣가 점점 무기력해진 겁니다. 이런 이유로 火氣를 무기력하게 만드는 것은 金氣가 분명합니다. 사주팔자를 분석할 때 丙丁이 庚辛을 헨한다고 인식하면 이면에 숨겨진 의미를 전혀 눈치 채지 못합니다. 丙丁은 무조건 庚辛을 헨한다는 생각에 사로잡혀 金에게 빛과 열을 공급한다는 생각조차 못하는 이유는 모두 오행의 生헨만을 강조해온 명리학의 오류로 명리를 오래도록 학습해도 실력이 늘지 않는 이유입니다. 명백한 자연의 이치는 丙火는 자신의 에너지를 희생해서 庚金 열매를 확장하고 庚金은 火氣가 제공하는 영양분을 섭취하여 열매를 완성합니다. 참으로 오묘한 자연의 이치입니다. 이런 작용을 從革이라고 표현하는데 庚金은 丙火를 따르고 辛금은 壬水를 따릅니다.

辰月의 甲乙은 壬水가 甲木을 향하고 乙木은 丙火를 향합니다. 동일한 木氣임에도 시간방향이 상이합니다. 달리 표현하면, 甲木은 壬水를 따르고 乙木은 丙火를 향하며 庚金은 丙火를 따르고 辛金은 壬水를 향합니다. 이것이 바로 윤회과정에 드러나는 시간방향의 특징입니다. 未月의 丙丁도 시간의 방향이 상한데 乙木이 丙火를 향하였기에 丁火는 辛金을 향하여 갑니다. 이처럼 음양이 모두 동일한 시간방향이라면 자연이 순환하는 과정은 생겨나지 못합니다. 사계절이 순환할 수 있는 유일무이한 방식입니다. 陽이 陰을 내놓고 陰은 새로운 陽氣를 내놓는 시간방향이 정반대이기에 가능한 것입니다. 느낌이 없으면 글자를 써놓고 곰곰이 생각해야 합니다. 동일 五行의 陽과 陰은 겉으로는 동일하거나 유사해보이지만 움직임의 방향은 정반대입니다. 甲木은 壬水의 도움을 성장해서 乙木을 내놓으면 丙火를 향하여 가버리니 甲木은 억울합니다. 비유하면, 남자가 여자를 사랑했는데 여자는 자식을 낳고서 자식만을 사랑합니다. 양음의 속성이 그렇습니다. 甲木이 乙木을 사랑했지만 乙木은 丙火를 향하여 떠나갑니다. 또 乙木은 庚金과 짝을 이루어 甲木이 두려워하는 庚金의 문제를 해결해 줍니다. 또 丙火는 丙辛 합해서 乙木이 싫어하는 辛金을 막아줍니다. 이런 방식으로 자연이 순환하는 이유는 모두 대칭성을 가졌기 때문입니다. 甲乙은 五行이 동일해도 정반대의 時間방향을 가졌음을 기억해야 합니다. 丙火는 분산하고 丁火는 수렴하고, 庚金은 부드럽다가 딱딱해지고 辛金은 가장 딱딱한 상태에서 점차 부드러워지고 庚金은 단체를 이루고, 辛金은 홀로 떨어져 나갑니다. 木火土金水로 부르기에 甲乙은 동일 속성이라고 생각합니다만 그것은 단지 五行의 특징에 불과할 뿐 에너지 움직임과 시간방향은 전혀 다르다는 것에 익숙해져야 합니다. 이런 논리를 확장하면, 火 用神이라고 표현하는 것은 문제가 있습니다. 반드시 陽陰을 구분해야 합니다.

예로 亥月에 丁火가 필요하지만 동일한 오행인 丙火는 쓰임이 없는 겁니다. 반대로 子月에는 丙火가 필요하고 丁火의 쓰임이 나쁘다는 것을 이해해야 합니다. 이처럼 丙火와 丁火는 모두 火 五行이지만 에너지 속성과 시간방향은 정반대입니다. 亥月은 六陰이기에 丙火 빛의 쓰임이 약하고 丁火 열기를 亥水에 전달해야 辛金을 甲木으로 풀어냅니다. 하지만 子月에는 癸水가 폭발하면서 발산을 시작하기에 丙火를 활용하여 癸水의 발산움직임을 도와야 합니다. 未土, 戌土가 癸水의 발산운동을 방해하거나 丁火의 수렴작용이 子月까지 이어지면 쓰임이 좋지 않습니다. 이처럼 五行을 두리뭉실하게 木火土金水로 살피는 것은 바람직하지 않습니다. 반드시 양음으로 나누고 그 쓰임을 세분해서 살펴야 합니다.

丑월에 金氣를 마감하면 金生水 흐름에 변화가 생깁니다. 申月부터 金生水가 시작되었다가 丑월에 이르러 金氣가 무기력해지면 水氣를 향하는 흐름이 답답해지기에 응축했던 亥子 水氣가 점점 木氣를 향하면서 발산하기 시작하고 寅月에 寅午戌 三合운동을 출발합니다. 金氣가 丑土에서 巳酉丑 三合운동을 마감하는 이유는 金生水과정을 거쳐서 무기력해졌기 때문입니다. 둘째, 金生水 움직임이 끝났기에 水氣는 확장하지 못하고 조절되기 시작합니다. 즉, 金이 무력해졌기에 巳酉丑 三合을 마감하는 이유는 水氣 때문으로 金을 활용하다 丑土에 이르면 더 이상 기세를 확장할 수 없게 되면서 상대적으로 木의 기세가 증가하기에 寅月부터 寅午戌 三合을 출발합니다.

이런 움직임이 辰戌丑未가 하는 기본적인 작용들입니다. 辰戌丑未에서 가장 중요한 행위는 三合운동으로 物質을 완성해야 먹거리를 구할 수 있습니다. 자연에서는 物形에 변화를 주려는 행위를 하는데 이런 작용을 명리에서는 刑이나 破라고 부릅니다. 刑破의 목적은 원래의 물형을 바꾸려는 것인데 전체의 모양을 바꾸려는 행위는 沖이고 일부의 물형만 바꾸려는 행위를 刑이나 破라고 부릅니다. 예로, 沖으로 절반의 物形이 변한다면 刑은 10분의 3 정도가 변하는 겁니다. 물론 인간은 10분의 3이 아니라 100분의 1만 상해도 고통스럽습니다. 刑은 쓰임이 다른 글자가 상대방의 일정 부위를 활용해서 쓰임을 좋게 하고자 물형에 변화를 주는 겁니다. 예로, 戌土가 그 행위를 적절하게 하려면 未土에 있는 물형을 변화시켜야 가능합니다. 어떻게 변화시키는지는 物形이 어떻게 변했는지를 이해하면 됩니다.

辰未戌丑 地藏干 분석하기

辰土의 地藏干에 乙癸戊가 있는데 乙木이 癸水를 수렴하기에 壬癸가 무기력해지는 것이 문제입니다. 乙木이 성장하려면 반드시 癸水의 발산에너지를 흡수하므로 癸水는 점점 무기력해집니다. 이에 따라서 癸水를 돕던 壬水도 또한 극도로 무기력해집니다. 이런 움직임을 子卯 刑이라 부릅니다.

未土의 지장간에 丁乙己가 있는데 丁火가 乙木을 열과 중력으로 무겁게 만들어서 乙木의 움직임을 묶어버립니다. 未月에는 성장을 억제해서 열매를 완성하려는 것으로 乙木은 더 이상 성장노력을 하지 말라는 겁니다. 그래야 申月에 열매를 딱딱하게 만들고 酉月에 완성합니다. 이런 작용을 卯午 破라고 부르는데 丁火가 乙木의 物形에 변화를 주려는 것입니다.

戌土의 地藏干에 辛丁戊가 있는데 辛金이 丁火가 제공하는 열기를 내부에 축적하기에 결국 丁火를 무기력하게 만듭니다. 이런 움직임을 午酉 破라 부르는데 丁火가 무기력해지는 이유는 辛金 때문이 분명합니다. 生剋 작용으로 火剋金만 살피면 丁火에 의해 酉金이 상한다는 편협한 생각에서 벗어나지 못합니다. 戌月에 발생하는 午酉 破는 午火가 酉金 때문에 무기력해지니 굳이 생극으로 표현하면 金剋火입니다. 우리가 인식하는 생극 원리와 전혀 다르게 자연은 반드시 그렇게 반응합니다. 丁火의 수렴하는 움직임을 없애야 亥月에 水氣가 나오기 때문입니다. 火生金으로 金이 火를 무기력하게 만들자 金이 水를 향하는 움직임이 戌亥월에 이루어집니다.

丑土의 地藏干에 癸辛己가 있는데 癸水에 의해 辛金이 뺑튀기 당하는 작용을 酉子 破라 부릅니다. 이렇게 辰戌丑未는 각 달에 스스로 물형에 변화를 주는 능력을 가지고 있습니다. 그런데 단독으로 존재하는 辰未戌丑이 두 개, 세 개가 조합하는 경우가 있는데 그 중에서 丑戌未 조합을 三刑이라 부르고 두 개의 경우는 辰未 刑, 未戌 刑, 丑戌 刑, 辰丑 破라는 명칭으로 부릅니다. 辰未 刑이라는 명칭은 時空學에서 붙인 겁니다. 과거의 명리 이론에는 辰未 刑이라는 명칭은 없습니다. 未戌 刑, 戌丑 刑, 丑辰 破로 부르는데 정확하게는 辰丑 破, 丑戌 刑, 戌未 刑, 未辰 刑이라 불러야 합니다.

辰未戌丑이 두 글자로 조합할 때

두 글자가 조합할 때 어떤 현상을 드러내는지 이해해야 합니다.

辰월에서 未월까지의 과정을 살펴보면, 辰에서 乙木의 좌우확산 움직임이 확산되는데 未월에 이르면 地藏干 중기에 亥卯未 三合운동을 마감했음을 乙木으로 표기하였습니다. 辰의 乙木은 餘氣에 있고 未중 乙木은 中氣에 있기에 餘氣는 모종의 기운을 지속하는 과정이고 中氣는 三合운동의 시작과 완성을 표기하기에 乙木은 三合의 마감이 분명합니다. 地藏干 中氣는 生과 成의 원리라고 설명하는 이유는 모종의 기운이 지속되는 상황이 없기 때문입니다. 이런 작용으로 申月에 새 기운이 長生하고 또 建祿(건록)을 만나 새로운 三合을 출발합니다. 이처럼 자연은 너무도 주도면밀하여 마감하고 조절하고 새롭게 출발하기를 반복합니다. 辰土와 未土의 지장간에 있는 乙木이 위치가 辰土의 餘氣에서 未土의 中氣로 바뀌면서 亥卯未 三合운동이 완성되고 끝났음을 표기하였기에 乙木의 상황이 변한 것은 분명합니다. 辰중 乙木은 봄에 癸水에 의해 성장하는데 未월에 이르면 丁火에 의해 성장이 통제되어 어려워진 상황이기에 그 의미를 알리고자 지장간 餘氣에서 中氣로 위치를 바꾸었습니다. 또 丙火와

丁火의 작용으로 未月에 열매의 부피와 크기가 완성되고 이런 이유로 未月에는 무역, 교역이라는 의미가 파생됩니다. 물론 교역 물건은 풋과일로 완성품은 아닙니다. 따라서 未月에 태어나면 풋과일(미완성)을 거래하는 것이 좋음을 암시합니다. 의미를 확장하면 원료나 일차가공이 끝난 제품을 거래하는 것이며 가공이 끝난 완제품은 적절하지 않음을 암시합니다. 명리공부를 예로 들면, 직접 상담하는 것보다는 상담할 재료를 공급하는 명리강의가 적절합니다. 이처럼 자연의 이치와 글자 속성을 연구해 보면 흥미롭고 다양한 의미가 있음을 깨닫습니다. 十干과 12支 글자 뜻을 연구하는 가장 합리적인 방법으로 글자의 의미를 이해하면 그대로 사주팔자에 응용해봅니다. 맞는다고 확신이 들면 공식적으로 이론으로 정립합니다. 辰月에서 未月 사이에 발생하는 본질적인 문제는 乙木이 무기력해지는 것입니다. 물질측면에서 관찰하면, 辰月은 자신의 능력보다 부풀려진 상황이고 辰巳로 연결되면 실질적인 가치는 100원인데 표면적으로는 1000원으로 보이는 것입니다. 하지만 未月에 이르면 물형이 열매로 완성되었기에 가치가 확실하게 드러납니다. 辰월에는 100원짜리를 1000원으로 오해했다가 未월에 가서야 비로소 적절한 가치를 드러냅니다.

이런 상황에 어울리는 물상을 찾아보면 예로, 다단계, 가치를 부풀리는 행위, 계 놀이, 짝퉁을 고가에 판매, 사행을 조장하는 성인오락, 부동산 떴다방 등입니다. 주식의 경우는 한탕을 노리는 속성입니다. 사채의 경우도 그런 특징이 있지만 정확하게는 酉子 破로 子水가 酉金을 부풀리는 행위입니다. 酉子는 씨종자를 뻥튀기하는 개념이고 辰未는 실제보다 가치를 크게 부풀리는 행위입니다. 酉金은 씨종자로 가치가 있기에 水氣로 뻥튀기 하지만 辰未는 짝퉁처럼 백 원짜리 가치를 천 원짜리 가치로 둔갑

시키고 부풀리는 행위입니다. 겉으로 보기에 진품인데 실제로는 싸구려인 경우가 辰未로 조합할 때의 물상입니다. 辰土에서는 실제보다 훨씬 더 가치를 쳐주는 상황입니다. 황당하게도 사람들은 辰土에서 100원 가치를 1000원 짜리처럼 느끼는 겁니다. 이런 현상이 존재하지 않는다면 이 세상에 짝퉁행위가 존재할 수 없습니다. 세상에 부풀리고 과장하는 행위가 없다면 짝퉁을 살려는 사람들이 없을 겁니다. 명리에서도 이런 일들이 빈번하게 발생합니다. 실력도 없으면서 화려한 말로 대단한 고수처럼 부풀립니다. 그 행위에 착각한 사람들은 한순간 속아서 고수인줄 알고 갔지만 명리이론의 실체도 없는 짝퉁으로 타인의 이론을 자기 것처럼 과대포장 하고 있음을 알아챕니다. 인간의 탐욕 중에서 실제 가치를 부풀리는 행위, 능력 밖의 행위를 시도하는 것이 바로 辰未조합입니다. 실제 가치를 과장하는 이유는 辰土의 地藏干에 있는 乙癸戊 모두가 확장하는 기운이고 戊癸 合으로 乙木 사람들을 모으기에 그렇습니다. 예로, 계 놀이의 경우에 옆에서 계주하라고 부추기니까 능력이 부족함에도 계주를 하다가 일정 시점에 이르러 감당 못하고 도망갑니다. 이처럼 능력보다 훨씬 부풀려진 상황을 辰未조합이라고 기억하면 됩니다.

두 글자가 조합하면 실제보다 가치를 더 높다고 판단하도록 유도하거나 과대포장으로 상대를 끌어들여서 한탕 심리를 유도합니다. 성인오락처럼 한탕을 노릴 수 있다고 과장광고 하는 것도 마찬가지입니다. 辰월에서 출발해서 未월에 이르면 辰土에서 부풀려졌던 부분이 명백하게 드러나면서 속았다는 것을 알고 문제가 발생합니다. 예로, 계 놀이 하다가 도망가거나 성인오락으로 크게 벌고 사라집니다. 辰土에서 자신의 능력이상으로 확장해서 사업하다 未土에서 乙木의 좌우확산 움직임이 丁火에 의해 답답해지고 부도내고 도망 다닙니다. 그런 문제를 해결하고자 집을 팔거나 대출을 받습니다. 물론 辰土에서 올바른 행위를 했다면 오히려 未年에 집을 사는 것은 당연합니다. 辰未조합에는 특별한 명칭이 붙지 않은 이유는 사람의 목숨과는 관련이 없고 주로 활동이 답답해지는 정도의 문제이기에 심각하지 않아서 그렇습니다. 돈이 묶이면 흑자 부도도 발생할 수 있고 乙木현찰이 묶여서 답답합니다. 未土에서 돈을 다 써버리고 또 대출 받거나 집을 팔아야만 하는 상황이 발생합니다. 물론 완전히 망하는 상황은 아닌 것이 未土 열매는 아직 남아서 수확할 기회가 있기에 그렇습니다.

未월에서 戌월까지의 과정을 살펴보겠습니다. 위에서 未월과 戌월 사이에 어떤 변화가 발생하는지 살펴보았는데 未와 戌의 地藏干을 살펴보면 未에 丁乙己, 戌에 辛丁戊가 있습니다. 둘 사이에 동일한 글자는 유일하게 丁火인데 그 위치가 다릅니다. 未중 丁火는 餘氣에 있으니 그 기운을 지속하고 있음을 뜻하지만 戌중 丁火는 中氣에 있기에 寅午戌 三合을 마감하면서 丁火의 쓰임이 거의 사라졌음을 뜻합니다. 따라서 未月 丁火가 戌月 丁火에 이르면 丁火의 작용과 쓰임에 문제가 발생하는 것이 戌未刑의 본질입니다. 이제 어떤 작용변화가 발생했는지 살펴보겠습니다. 未중 丁火는 乙木의 활동을 답답하게 만들어버리고 申酉戌月을 지나는 과정에 丁火 열기를 辛金에게 가해서 단단한 열매를 완성하기에 戌月에 이르면 丁火 열기는 점점 쓰임을 상실합니다. 또 寅午戌 三合을 마감하기에 戌土에서 丙火는 墓地를 만나고 丁火는 庫地를 만나 中氣에 저장되고 亥月을 지나면서 열기를 빼앗기고 壬水는 建祿을 만나 응축합니다. 명리관점에서 살피면 戌亥에서 丁壬 암합하지만 정확한 흐름은 酉月과 戌月에 丁火가 辛金에게 열기를 가하면 辛金이 亥水에 들어가기 甲木으로 물형이 바뀌는데 이것을 戌중 丁火와 亥중 壬水가 만나서 丁壬 合한다고 설명합니다. 干支로는 辛亥이며 三字조합으로는 丁辛壬입니다. 사실 자연과 인간의 사주구조는 다릅니다. 자연은 스스로 그러하며 인간의 의지에 무관심합니다. 정리하면, 未月과 戌月 사이에 차이를 만들어내는 근본원인은 丁火의 변화입니다. 丁火가 무기력해지기에 열매를 단단하게 만드는 작용이 사라지면서 열매를 생산하는 작용에 문제가 발생합니다. 쉬운 표현으로는 돈을 못버는 겁니다. 未月에 집을 팔아서 마련한 돈으로 돈을 벌겠다고 열심히 노력한 과정이 戌月까지 이어집니다. 未月에 대출 받았던 이유는 열매를 완성해서 수확할 때까지 버티다가 戌月에 열매를 팔아서 빚을 갚으려고 했던 겁니다. 물론 열매를 팔아서 빚을 갚고도 이윤이 남을 수도 있고 무리한 사업진행으로 부도날 수도 있습니다. 이것이 戌未 刑의 문제입니다. 未戌에서 사업성향은 자기 돈으로 하지 않습니다. 그 이유는 未月에 辰月의 문제가 발생했고 돈이 없기에 未月의 설익은 열매를 담보로 타인의 돈을 끌어오지만 戌月에 갑자기 서리내리고 우박이 내리쳐 수익이 급감할 수 있습니다. 이런 이유로 未月에 빌린 돈을 갚지 못하고 다시 도망다닙니다. 未年에 행동을 잘 해야 戌年에 문제가 발생하지 않습니다.

이 흐름을 부동산매매 과정에 비유하면 辰年부터 집값을 부풀려서 사행심을 조장합니다. 그리고 巳年에 이자율을 낮추기 시작하니까 너도 나도 돈을 빌려서 집을 구입하자 가격이 상승합니다. 그리고 未年에 집값이 많이 올랐다고 불안감을 조성합니다. 사람들이 마음이 급해지니까 빨리 집을 사지만 폭락의 출발점이 戌年, 亥年에 시작합니다. 戌에서 丙火가 빛을 잃으니 두려움이 생깁니다. 어둡기에 판단도 잘못하고 실수가 발생합니다. 그리곤 다시 집값이 폭락하는 중이라고 호들갑을 떱니다. 집값은 폭락하고 이자를 갚지 못하자 불안감에 서둘러 집을 팔아버리는데 마치 100원에 사서 80원에 파는 겁니다. 이런 이유로 대략 10년마다 IMF가 오는데 戌년 亥년을 지날 때는 빛이 어두우니까 판단이 둔해져서 그렇습니다. 늑대들은 군침을 흘리다가 戌亥子년에 급매 부동산을 마구 사들입니다. 50억 100억대가 아니라 몇 천억 단위로 집을 매매하였다가 다시 辰年이 오면 집값을 올리기를 반복합니다. 다시 돌아가서, 未와 戌사이는 丁火의 문제로 물질을 만들어내는 작용에 문제가 발생한 겁니다. 남의 돈 끌어다 부도내고 도망 다니는 상황을 상상하면 됩니다. 申酉戌月을 지나는 과정에 丙丁화가 金을 생하느라 무기력해졌습니다. 戌土에서 丙火는 빛을 상실하기에 어두워지고 판단착오로 문제가 발생합니다. 자연의 순환과정은 이런 방식으로 10年에서 12年 주기로 돌아가는데 어떻게 이런 행위가 반복될까요? 인간의 기억에 문제가 있고 망각하기에 잊어버리는 겁니다.

다시 10년이 지나 똑같이 당하고 나서야 10년 전에도 동일하거나 유사한 문제가 있었다는 것을 기억해 냅니다. 사업부도 문제가 未戌에서 발생합니다. 자연의 이치로 살피면 未월에 매달려 있던 과일이 戌월에 수확해서 창고에 저장되었기에 가치는 높지만 존재감은 사라진 것이 분명합니다. 戌未 刑 물상은 사업부도 외에도 未土에서는 육체장애 문제, 戌土에서는 사망하는 문제가 발생하기에 戌未 刑의 작용이 무서운 겁니다. 戌土가 장애의 문제를 가진 未土를 刑하기에 사망할 수도 있는 겁니다. 酉月에 열매가 땅으로 떨어지는 움직임은 인간의 사망을 암시하고 戌土는 墓地와 다를 바 없습니다. 戌土가 끼어들면 生氣를 유지해야만 하는 인간에게 심각한 문제가 발생하는 이유는 戌土에는 生氣가 소멸되기 때문입니다. 비록 정도의 차이는 있지만 丑土, 辰土. 未土는 生氣를 유지하고 있는데 오로지 戌土만이 生氣가 소멸되어 殺氣가 강한 겁니다.

戌월에서 丑월까지의 과정을 살펴보겠습니다. 戌土와 丑土의 地藏干에 각각 辛丁戊와 癸辛己가 있으니 공통분모는 戌中 辛과 丑中 辛입니다만 戌中 餘氣에 있었던 辛金 丑中의 中氣로 이동하면서 巳酉丑 三合운동을 마감하였음을 알립니다. 결론적으로 丑戌 刑의 문제는 辛의 상황변화가 주된 원인입니다. 즉, 辛金의 가치에 변화가 발생한 것이기에 그 이유를 살펴야 합니다. 나머지 글자들도 왜 그런 구조인지 나중에 다시 분석해보겠습니다. 戌土의 餘氣에 辛金이 있었는데 亥子월을 지나는 과정에 水氣에 부풀려지면 딱딱했던 물형이 부드러워지고 丑月에 이르면 巳酉丑 三合운동을 마감하면서 씨종자로서의 가치를 상실합니다. 이처럼 콩과 같은 辛金 내부에 水氣를 품어서 빵빵해지는 움직임을 "뻥튀기"라고 비유했습니다. 戌月에 丁火 열기로 딱딱해진 辛金이 있기에 戌土를 건드리면 丁火와 辛金이 亥를 향해서 총알처럼 튀어나가는 겁니다. 따라서 戌土 속의 辛金은 그 탄성이 매우 강함을 기억해야 합니다. 물론 戌土 속의 丁火가 천간에 드러날 때도 주의해서 살펴야 하는 이유는 殺氣가 강하기 때문입니다. 이런 이유 때문에 戌土는 殺氣가 강하다고 하는 겁니다. 하지만 辛金이 丑月에 이르면 水氣에 부풀려서 부드러워지는데 문제는 씨종자의 쓰임을 상실해서 더 이상 딱딱함을 유지할 수 없습니다.

그 이유는 寅木을 내놔야하기 때문입니다. 결론적으로 戌土와 丑土 사이의 변화는 辛金의 物形이 水氣에 부풀려지면서 가치가 변질되는 겁니다. 이런 작용을 잘못 활용하면 丑土가 戌土를 刑해서 戌土 속 辛金을 훔치다가 교도소에 들어갑니다. 이런 이유로 丑土를 도둑이라고 하는 겁니다. 戌中 辛金이 亥子丑을 지나는 과정에 부풀려지는 문제가 사기, 강도, 절도, 도박, 사채놀이, 투기와 같은 행위를 저지르고 교도소에 갇히기에 丑土가 교도소나 사망과 같은 심각한 문제를 만드는 겁니다. 丑土의 근본 문제는 辛金을 水氣에 부풀리는 과정에 가치가 변질되기에 이 문제를 해결하려면 沖이나 刑해야 하는 겁니다.

丑월에서 辰월까지의 과정을 살펴보겠습니다. 丑土에서 辛金을 부풀렸습니다. 딱딱했던 물형이 부드러워지면서 寅木에서 콩나물이 나오기 시작해서 辰月까지 갑니다. 둘 사이의 地藏干에 癸辛己와 乙癸戊가 있기에 공통분모를 찾으니 癸水뿐이기에 癸水가 가장 중요한 변화임이 분명합니다. 辰月에 이르면 申子辰 三合운동을 마감합니다. 丑월과 辰월 사이에 癸水를 활용해서 辛金을 부드럽게 풀어내고 寅으로 바꿔서 온기를 끌어올리던 癸水가 辰月에 이르면 점점 무기력해집니다.

그 이유는 巳月에 丙火가 강렬한 에너지를 발현하기 때문입니다. 따라서 丑辰의 문제는 丑土에서 부풀려진 辛이 辰月에 이르면 너덜거리기에 보석과 같은 가치는 사라지고 마치 콩이 물에 부풀려져 콩 껍질처럼 변질됩니다. 辛金의 물형뿐만 아니라 丑月에서 辰月 사이에 癸水도 무기력해졌기에 인간의 뇌수와 같은 癸水에 문제가 발생하면 정신문제가 발생합니다. 일반인들이 실행하기 어려운 도둑, 강도, 살인, 도박, 투기, 마약과 같은 행위는 모두 癸水의 변질 때문입니다. 멀쩡한 정신으로 하는 행위가 아니며 丑土와 辰土 속의 癸水가 破작용에 휘둘려서 귀신 짓을 하는 겁니다. 변태성욕이나 복상사하는 문제도 丑土와 관련 있습니다. 조상신 辛金이 癸水에 폭발하면서 변질되면 정신적으로 이상이 오는 겁니다. 정신병, 우울증, 변태행위, 도박, 투기, 마약과 같은 행위들은 내 의지가 아니라 癸水의 귀신 장난이라고 이해하는 것이 빠릅니다. 이런 흉한 작용이 丑辰 破과정에 발생합니다.

乾命				陰/平 1976년 12월 6일 12:30							
時	日	月	年	84	74	64	54	44	34	24	14	4
모름	辛巳	辛丑	丙辰	庚戌	己酉	戊申	丁未	丙午	乙巳	甲辰	癸卯	壬寅

작곡가 돈 스파이크 사주팔자라고 합니다. 壬寅년 마약을 소지하다가 발각되고 교도소에 수감되었습니다. 辛辛 씨종자의 가치를 년간 丙火가 환하게 비춰주기에 화려한 연예계에서 활동합니다. 하지만 地支는 느낌이 많이 다릅니다. 년과 월에 있는 丑辰 때문에 음습한 맛이 있고 지장간의 癸水 때문에 辛金의 가치를 변질시킵니다. 丙巳로 밝으면서도 丑辰 속에 담겨진 계수의 귀신장난을 억제하지 못했습니다. 또 진년을 기준으로 丙巳는 함부로 일탈을 즐기는 겁살이기에 불법행위를 저질렀습니다. 丑土에서 좋은 점은 물질적으로 한탕이 가능합니다. 酉丑, 丑辰, 酉丑辰으로 丑土가 끼어서 콩처럼 딱딱한 辛金을 한순간에 콩나물로 부피를 확장하기에 비교할 수 없이 빠른 속도로 재산을 축적하거나 하늘에서 돈벼락을 맞습니다. 다만 戌土나 未土로 丑土를 刑冲하지 못하면 위에서 설명한 문제들이 발생할 수 있습니다. 酉丑辰의 좋은 점은 상상도 못할 재물을 빠른 시간에 축적하지만 단점은 불법행위를 했다면 국가에 몰수 되거나 탕진할 수 있습니다. 丑辰 破의 문제는 영혼, 귀신과 같은 작용이 개입되는 겁니다. 정신에 이상이 생기고 비정상적 행위를 하는 겁니다.

辰戌丑未 刑의 문제를 정리해보면, 辰未는 乙의 움직임이 조절되면서 좌우확산운동을 적절하게 못하기에 활동에 문제가 발생합니다. 이에 따라서 자금회전이 어렵거나 육체에서 피의 흐름

이 원활하지 않기에 질병에 시달리거나 사고로 고통 받습니다. 未戌에서는 丁火의 수렴작용이 조절되고 또 戌土에서 丙火 빛이 사라지는 것도 문제입니다. 丙丁으로 열매(재물)를 완성하는 에너지가 사라지면서 문제가 발생합니다. 戌丑에서는 辛金 씨종자의 물형과 성질이 변질되면서 물질가치에 변형이 생깁니다. 戌土의 지장간에 있는 辛金은 매우 딱딱했는데 丑土의 지장간에 있는 辛金은 水氣를 품어서 부풀려지기에 탐욕으로 도둑, 강도, 살인 등의 문제가 발생합니다. 丑辰에서는 癸水의 폭발력에 문제가 발생하는데 영혼과 같은 癸水가 불안정해지면서 정신이상이 발생합니다. 酉丑辰 과정을 거치면서 물형이 辛金에서 乙木으로 변형되면서 辛金의 가치가 소멸됩니다. 丑辰의 가장 큰 문제는 비정상적인 사고방식으로 한탕, 도박, 투기, 마약, 정신질환과 같은 문제가 발생합니다. 결론적으로 辰未戌丑의 흐름은 물질을 완성함은 물론이고 계속 物形을 변화시키는데 고서에서는 丑戌未 三刑이라고 불렀던 이유는 四季를 순환하는 과정에 辰戌丑未에 담겨진 에너지의 속성을 변형시켜서 원하는 물형을 완성하려는 것입니다. 예로, 未土는 辰土를 刑해서 辰의 지장간에 있는 乙의 작용을 줄여야 申月에 庚金을 내놓습니다. 辰土에 있는 乙木이 계속 좌우로 펼치면 庚金이 나올 수 없기에 未土가 辰土의 작용에 변형을 주려는 것인데 자연 입장에서는 乙木이 계속 좌우확산 해버리면 여름에서 가을로 넘어갈 수 없기에 반드시 그렇게 해야만 합니다.

결국 사주팔자의 三刑이란 사계의 순환과정에 보여주는 자연의 의지를 명리에 응용한 것이 불과합니다. 戌土는 未土를 刑해서 未중 丁火가 열매를 단단하게 만드는 작용을 줄여서 가을에서 겨울을 향하게 만들고 또 戌土 속에 있는 辛金을 亥月에 壬水에 풀어내려는 겁니다. 丑土는 戌土를 刑해서 戌중 辛의 작용력을 줄여서 寅月에 甲木을 내놓으려는 겁니다. 辛金이 계속 딱딱하면 寅月에 甲木이 나올 수 없습니다. 辰土는 丑土를 刑해서 癸水가 辛金을 부풀리는 작용을 줄여야 巳月에 火氣를 내놓을 수 있습니다. 이처럼 辰未戌丑는 반드시 陰氣를 활용해서 새로운 陽氣를 내놓아야만 합니다. 정리하면, 丑戌未 三刑은 자연이 사계를 순환하는 과정에 <u>스스로 물형을 바꾸는 움직임을 三刑</u>이라고 불렀던 겁니다. 예로, 未月에는 辰月의 모내기 행위를 그대로 둘 수 없고, 戌月에는 未月에 과일이 익어가는 행위를 허락하지 않으며, 丑月에는 戌月에 수확한 열매를 창고에 저장하는 행위를 용납하지 않고, 辰月에는 丑月에 씨종자가 발아하는 행위를 그대로 둘 수 없기에 자연은 스스로 物形을 조정하는데 그런 움직임을 명리 이론으로 三刑이라 부른 겁니다. 지금까지는 辰戌丑未 두 글자조합을 설명했지만 세 글자로 조합하면 물형이 훨씬 심각하게 변형됩니다.

이제 다른 각도에서 辰戌丑未 상황을 살펴보겠습니다. 지금까지는 두 글자의 地藏干을 비교해서 공통분모를 찾고 어떤 방식으로 물형을 조절하는지 살폈습니다. 예로, 辰未가 만나면 지장간에 乙癸戊와 丁乙己가 있고 辰月과 未月 사이에서 乙木이 변하는 상황을 살폈는데 또 다른 글자는 辰의 地藏干에 癸水가 있었는데 未중 丁火로 바뀌었습니다. 이 변화가 무슨 의미를 가졌는지 살펴야 합니다. 辰의 癸水는 발산작용임에 반해서 未중 丁火는 수렴작용입니다. 즉 辰월에서 未월로 가는 과정에 癸水가 丁火로 바뀌면서 자연에서 원하는 움직임이 달라집니다. 즉 辰月에는 성장을 위주로 하다가 未月에 이르면 수확을 위한 움직임을 시작합니다. 또 未月과 戌月 사이에 丁火의 변화 외에도 未중 乙木이 戌중 辛金으로 바뀌었습니다. 乙木이 寅午戌 三合 운동을 마감하자 未중 乙木이 戌중 辛金으로 변한 것입니다.

辰未戌丑 지장간 변화과정

辰未戌丑 지장간 변화과정을 정리하면, 乙乙辛辛으로 계속 순환합니다. 未月의 乙이 戌月의 辛으로 변했다는 의미는 열매를 씨종자로 수확했다는 겁니다. 또 戌月에서 丑月 사이 辛辛의 변화 외에도 戌중 丁火가 丑중의 癸水로 바뀌었습니다. 丑月 이후에는 성장해야 하기에 癸水 발산에너지를 활용하려는 겁니다. 丑월과 辰월 사이의 주된 변화는 癸水라고 설명했는데 그 외에도 丑중 辛이 辰중 乙로 바뀌었습니다. 즉, 딱딱한 辛이 좌우확산하는 乙木으로 바뀐 것입니다. 이처럼 자연은 발산을 원하는 시공간에서는 癸水와 乙木을 활용하고 수렴을 원하는 시공간에서는 丁火와 辛金을 활용합니다. 水火木金의 순환과정에 辰未戌丑의 지장간을 정리하면 乙癸, 丁乙, 辛丁, 癸辛, 乙癸, 丁乙로 辰未戌丑은 물질을 저장하고 활용하는 공간이 분명합니다. 지장간 餘氣에 乙丁辛癸가 드러난 이유는 前 달의 子午卯酉 기운이 이어지기에 그렇습니다. 乙木은 반드시 癸水와 짝하고 丁火가 辛과 짝을 이루어 四季를 순환하는 과정에 각 달에 활용하는 에너지 속성을 보여줍니다. 발산이 필요하면 癸水를 활용하고 분산이 필요하면 丙火를 활용하고 수렴이 필요하면 丁火를 활용하고 응축이 필요하면 壬水를 활용합니다.

辰戌丑未 刑의 물상

辰戌丑未 刑의 물상을 살펴보겠습니다. 지금까지 설명했던 내용은 주로 경제적 측면이었습니다. 상응하는 물상은 다음카페 辰戌丑未 자료에 모아두었으니 참고하시기 바랍니다. 우리가 三刑의 물상에 대해 어려워하는 이유는 자연처럼 시공간이 순차적으로 흐르는 것이 아니기 때문입니다. 사주팔자에 있는 辰戌丑未는 자연처럼 순차적으로 반응하는 것이 아니고 뒤죽박죽 섞이고 비틀리기에 사주를 읽어내는 것이 어렵습니다. 한 가지 기억할

점은 어느 글자가 어느 글자를 刑 하는가의 문제인데 그 답은 자연에서 명확하게 제공합니다. 月支가 辰土인데 未土가 오면 未土가 辰土를 刑하고, 月支가 未土인데 戌土가 오면 戌土가 未土를 刑하고, 月支가 戌土인데 丑土가 오면 丑土가 戌土를 刑하고, 월지가 丑土인데 辰土가 오면 辰土가 丑土를 破합니다. 즉, 丑戌未 三刑은 <u>현재의 토가 지나온 토를 刑</u>하는 겁니다. 월지가 아니더라도 사주팔자에 未土가 있는데 운에서 戌이 오면 戌土가 未土를 刑하기에 地藏干에 있는 丁火의 움직임이 답답해지고 乙木이 상하는 문제가 발생합니다. 상황을 뒤집어서 살펴보겠습니다. 月支에 辰土가 있는데 丑土가 오면 辰土가 필요한 것들을 丑土가 보충해줍니다. 辰未의 문제는 乙木의 좌우확산 움직임이 쪼그라들어 문제인데 丑土가 와서 地藏干에 있는 癸水를 활용해서 辰중의 癸水와 乙木을 보충해주기에 乙木의 움직임이 활발해집니다. 굉장히 중요한 문제입니다. 辰土가 있는데 丑土가 왔다면 辰중의 癸水와 乙木을 보충해주기에 辰土 땅의 가치가 높아집니다. 丑土가 辰土에 모판을 공급하는 상황입니다. 반대의 경우, 丑土가 있는데 辰土가 오면 丑土 속의 癸水가 증발하면서 점점 말라갑니다. 분명히 동일한 글자가 조합해도 반응이 전혀 다릅니다. 또 辰土가 있는데 丑土가 온다고 무조건 좋은 것도 아닙니다. 辰土와 子水 亥水 酉金이 많으면 丑土가 와서 축축하고 음습한 기운을 더해서 좋을 것이 없는 겁니다. 지금 설명하는 내용들은 丑戌未 三刑의 기준을 잡기 위한 것입니다.

丑土가 있는데 辰土가 오면 破시켜서 癸水가 마르는 문제가 생기고 辰土가 있는데 丑土가 오면 水氣를 공급해서 좋은 상황이지만 무조건 좋거나 나쁘다고 판단할 수 없는 이유는 사주구조에 따라 다르기 때문입니다. 예로 辰土에 水氣가 마른 구조라면

丑土를 매우 기뻐합니다. 丑土의 地藏干에 있는 癸水가 辰土의 마른 땅에 水氣를 공급하기 때문입니다. 또 金生水 작용도 좋습니다. 사주팔자의 가장 높은 경지는 사주구조를 분석하는 겁니다. 아무리 많은 명리이론을 무장해도 사주구조를 분석해내지 못하면 쓸모가 없습니다. 사주구조를 어떻게 분석해야 할까요? 지금까지 학습한 내용은 월지 時空을 기준을 전체구조를 순서에 입각해서 분석하는 것입니다만 다양한 분석방법에 대해서 차근차근 학습할 것입니다. 결국 누가 사주구조를 빠르고 정확하게 분석하느냐에 따라서 실력이 달라집니다. 여기에 상담 日辰을 참조하면 적중률이 더욱 높아집니다. 十神과 生剋의 문제는 오로지 두 글자의 관계를 분석하기에 단순합니다. A가 B를 생하는지 극하는지, B가 A를 생하는지, 극하는지를 분석하지만 순간 잘못 판단하면 정반대 통변을 합니다. 예로 사주원국에서 丑土가 月支에 있는데 日支가 辰土라면 丑辰의 흐름은 좋습니다만 辰土가 丑土를 刑해서 水氣를 빼앗는 문제는 있습니다. 丑土에서 辰土로의 시공간 흐름은 좋지만 日支 辰土가 丑土를 刑해서 水氣를 빼앗으니 사주구조가 나쁘면 日支 남편이나 부인이 이상하게 丑土를 刑해서 한탕을 노리고 사업, 도박, 투기에 빠지거나 마약을 하거나 정신병에 시달릴 수 있습니다. 반대로 사주구조가 좋다면 시간이 순차적으로 흐르기에 순탄하게 발전합니다.

辰戌丑未 刑의 변화

辰戌丑未 刑의 변화를 살피면, 세 글자가 만나서 刑이 발생하는데 여기에 夾字가 끼어들면 더욱 복잡해집니다. 예로, 辰戌 사이에 夾字, 丑辰 破 사이에 夾字가 있다면 三刑과는 또 다른 작용입니다. 예로 丑辰 破 사이에 子水가 끼어 있다면 子辰, 子丑 슴하는데 운에서 癸水가 천간에 드러나면 辰土, 子水, 丑土의 地藏干에 있는 癸水가 동시에 반응해서 辰丑 破 사이의 夾

字 子水가 비틀리면서 정신병, 질병, 재산탕진, 심하면 사망할 수도 있습니다. 동일한 속성의 글자가 지장간에만 있다가 天干에 드러나 동시에 반응하면 위험한 이유는 地支 전체가 난동을 부리기 때문입니다. 다만, 지금은 복잡한 상황을 자세히 학습할 수는 없으니 두 글자 관계를 우선 정립해야 합니다.

辰未 刑의 사주사례

辰未의 문제는 乙木이 조정 당하는 것이라고 했습니다. 乙木의 좌우확산 움직임이 답답해집니다. 육체의 활동이 둔해지고 장애가 생길 수 있습니다. 乙未年에도 乙木이 답답하니까 乙未간지 자체는 마치 辰未 刑의 상황과 다를 바 없습니다. 답답한 문제를 해결하고자 직장을 바꾸거나 돈의 흐름이 답답해져서 대출을 받으려고 합니다. 예로, 돈 빌려주었는데 상대가 자꾸 연기를 해서 상황이 어려워지자 울며 겨자 먹기로 집을 팔거나 돈을 빌리는 상황에 직면하는데 그런 상황의 원인은 辰월에 했던 행위 때문입니다.

乾命				陰/平 1952년 5월 26일 10:30							
時	日	月	年	86	76	66	56	46	36	26	16	6
辛巳	乙未	丙午	壬辰	乙卯	甲辰	癸丑	壬子	辛亥	庚戌	己酉	戊申	丁未

대운이 丁未, 戊申, 己酉, 庚戌, 辛亥로 흐르는데 己酉대운 乙丑年에 부인이 돈을 탕진하고 도망가 버렸습니다. 己酉대운은 36세까지로 己土가 천간에 드러났으니 日支 未土, 月支 午火 그리고 巳酉辰 그리고 酉丑辰의 부풀리는 문제가 발생하는데 乙丑년에 정확하게 酉丑辰 三字로 조합하면서 未중 乙木과 辰

중 乙木이 천간으로 드러납니다. 그리고 未辰 刑의 부풀리는 속성에 天干복음, 地支 沖 조합인 乙丑과 乙未가 만났습니다. 丑未辰, 辰丑未가 만나면서 未土와 辰土에서 乙木의 시간이 도래해서 상응하는 문제를 양산합니다. 酉丑辰으로 辰土에서 酉金과 丑土의 결과물이 발생합니다. 결국, 부인이 돈을 탕진하고 도망간 이유는 未辰의 속성대로 능력이상으로 탐욕을 부리다 감당하지 못하는 문제를 일으켰기 때문입니다. 午月에 필요한 時空이 年에 壬水로 있습니다. 壬寅년 丙午월, 壬辰년 丙午월과 같은 조합에서 壬水는 조상의 음덕을 암시합니다. 己酉대운을 만나면 乙己壬 三字로 방탕조합을 구성하면서 壬水가 己土에 상하는 문제가 있는데 己土가 未土, 午火에서 왔기에 午月의 시공에 필요한 壬水를 탁하게 하므로 午火와 未土 중에서 日支 未土가 더욱 좋지 않은 역할을 하는 것이 분명합니다. 이 문제도 참조하면 사건의 상황이 더욱 명확해집니다.

乾命				陰/平 1931년 6월 1일 20:30							
時	日	月	年	82	72	62	52	42	32	22	12	2
戊	辛	乙	辛	丙	丁	戊	己	庚	辛	壬	癸	甲
戌	未	未	未	戌	亥	子	丑	寅	卯	辰	巳	午

辛卯대운 33세 癸卯年에 부인이 3년 동안 계를 하면서 엄청난 부채만 남기고 도망가 집과 퇴직금으로 청산했습니다. 辛卯대운 앞은 壬辰대운으로 辰未로 걸렸고 또 辰戌未 三字로 좋지 않은 조합이 분명합니다. 辛卯대운으로 넘어오니까 辛이 戌土에서 드러나 戌未 刑합니다. 戌土가 未土를 刑하면 乙木의 움직임이 답답해지면서 자금회전에 문제가 생기거나 부도가 날 수 있다고 했습니다. 남의 돈을 끌어다 주제넘게 행동하다가 부도냅니다.

辛卯대운에 戌中 辛이 드러나고 사주원국에서도 두 개의 辛金이 月의 乙木을 찌릅니다. 戌中 辛이 반응해서 日支와 戌未 刑하기에 욕심을 부리다가 부도나는 것입니다. 일지도 未土요, 未月이기에 복음까지 겹치면서 부인에게 문제가 발생합니다. 壬辰대운에 부인은 辰未로 부풀리는 행위를 시작했고 辛卯대운으로 바뀌고 戌中 辛이 드러나서 戌未 刑이 동하자 문제가 발생하고 부인이 도망가자 본인이 부채를 청산하고 부도가 났습니다. 이것이 辰未조합을 부풀릴 때 잘못 활용하는 문제입니다. 자기 능력을 벗어난 행위를 하다가 문제가 생깁니다. 癸卯년에 숨겨졌던 문제가 수면 위로 올라온 이유는 乙癸戌 三字가 조합하기에 辛金의 눈치를 보던 乙木이 참지 못하고 癸水와 함께 힘차게 戌土를 향하는 과정에 중간에 夾字로 끼어있는 辛金에 의해서 乙木이 심하게 상했기 때문입니다.

坤命				陰/平 1967년 4월 7일 08:30							
時	日	月	年	87	77	67	57	47	37	27	17	7
戊辰	己卯	乙巳	丁未	甲寅	癸丑	壬子	辛亥	庚戌	己酉	戊申	丁未	丙午

庚戌대운 乙未年이 오면 일지 卯木과 辰土의 地藏干에 乙木이 있고 卯辰이 반응해서 庚戌대운의 庚金과 합하고자 튀어나갑니다. 또 乙未년의 未土와 未辰으로 조합하여 능력 밖의 일을 추진하는 과정에 반드시 戊辰과 연결됩니다. 즉, 辰中 乙木 그리고 卯中 乙木이 반응해서 己土와 戊辰이 未辰으로 탐욕이 생기고 능력 밖의 일을 추진하는 과정에 乙庚 합으로 조직을 형성하고 乙丙庚 三字로 물질을 추구합니다. 庚戌대운은 辰未戌, 辰戌未로 극도로 불안정해지고 살기도 강해지면서 결과가 좋지 않습

니다. 더욱 좋지 않은 이유는 사주원국 구조대로 乙未年에 月에 있는 乙木이 己土를 찌르는 것은 물론이고 사주원국에 정해진 시간방향에 따라서 時干 戊土를 향해 가기에 戊土와 己土가 추진한 일의 결과물은 반드시 戊土가 취합니다. 실제로 乙未年에 다단계에 걸려서 투자했지만 癸未 月에 3천 만 원을 날렸다고 합니다.

坤命				陰/平 1965년 3월 11일 04:30							
時	日	月	年	88	78	68	58	48	38	28	18	8
庚	丙	庚	乙	己	戊	丁	丙	乙	甲	癸	壬	辛
寅	申	辰	巳	丑	子	亥	戌	酉	申	未	午	巳

乙酉대운에 이르면 辰土의 지장간에 있던 乙木이 반응하고 乙未年이 오면 마찬가지로 辰土에 감춰두었던 乙木의 시간이 도래합니다. 乙酉대운은 사주원국 辰土와 辰酉 합하고 巳酉辰으로 한탕욕망이 생기는 시기인데 乙未年이 오면 未辰도 반응합니다. 남편이 사업하다 壬辰年에 돈 문제로 교도소에 수감되었는데 壬水가 辰土 墓地를 만났고 酉金과 辰土가 합하여 교도소 물상으로 반응하였습니다. 乙未年에는 辰未로 남편의 돈을 받아내려는 채권자들이 이 여인의 통장까지 압류해 자신의 돈은 물론이고 관리하던 계돈까지도 묶여서 이러지도 저러지도 못하는 상황입니다. 이 여인의 사주팔자에서 辰未는 금전이 묶이고 활동이 답답해지는 물상으로 발현되었습니다.

坤命				陰/平 1959년 3월 18일 04:30								
時	日	月	年	84	74	64	54	44	34	24	14	4
壬	丁	戊	己	丁	丙	乙	甲	癸	壬	辛	庚	己
寅	丑	辰	亥	丑	子	亥	戌	酉	申	未	午	巳

日支 丑土와 月支 辰土가 丑辰 破하므로 한탕을 노리고 부풀리는 행위를 합니다. 돈을 빠르고 크게 벌려는 한탕 욕망이 매우 강합니다. 乙未年이 오면 辰土의 지장간에 있는 乙木이 천간에 드러나고 辰未가 반응합니다. 주위사람들에게 아파트를 구매하면 큰 돈 벌 수 있다고 투자하라고 권유합니다. 이런 행위를 하는 이유는 모두 辰未의 에너지 특징 때문입니다. 乙未 年에 이르자 辰未가 반응하고 자신도 모르게 한탕욕망이 강해졌습니다.

坤命				陰/平 1980년 2월 4일 16:30								
時	日	月	年	85	75	65	55	45	35	25	15	5
庚	壬	己	庚	庚	辛	壬	癸	甲	乙	丙	丁	戊
子	辰	卯	申	午	未	申	酉	戌	亥	子	丑	寅

乙未年에 日支와 辰未로 반응하고 月支까지 卯辰으로 동하자 갑자기 주위에서 사채놀이, 다단계, 불법 도박 사이트를 함께 운영하자는 유혹을 견디지 못하면 辰未로 모두 탕진합니다. 후에 주위의 유혹에 넘어가 친척들의 돈을 끌어와 5억 이상을 투자했지만 5년 후에 모두 탕진하고 말았습니다.

제 29강

◆辰戌丑未土의 理解 2

未戌 刑의 사주사례 46
戌丑 刑의 사주사례 51
丑辰 破의 사주사례 56
地支가 스스로 刑하는 방식 65
辰土가 스스로 刑하는 방식 66
未土가 스스로 刑하는 방식 70
戌土가 스스로 刑하는 방식 72
丑土가 스스로 刑하는 방식 75

未戌 刑의 사주사례

앞 장에서 未辰 刑에 대해 살폈습니다. 지금부터 戌未 刑에 대해 살펴보겠습니다. 辰戌丑未 刑의 개념에 대해서는 이미 살폈고 戌未 刑이 동하면 어떤 일들이 발생하는지를 중점적으로 살펴보겠습니다. 古書에는 丑戌未 三刑에 대해 丑戌未라는 명칭을 정했을 뿐 그렇게 결정한 이유에 대해서는 설명이 없으며 단지 丑戌未 三刑만 나쁜 것처럼 주장하였으나 辰戌未, 辰戌丑 등 다른 조합에 대해서는 설명이 없습니다. 또 辰戌丑未 각 글자의 뜻이 다양한데 地支를 다룰 때 9개의 의미를 살폈고 나중에 추가적으로 20개-30개 정도의 의미에 대해 학습할 예정이고 이 章에서는 刑에 대해서만 집중적으로 관찰합니다. 12地支 각 글자는 스스로 刑하는 작용이 있습니다. 그 이유는 자연의 순환원리 때문이지만 사주팔자에서는 辰戌丑未 각 글자 하나로는 영향을 미치지 못하기에 두 개 혹은 세 글자가 만나는 상황을 이론으로 정립한 것입니다. 古書에서 丑戌未 三刑으로 표현했는데 왜 丑戌未의 작용이 흉한지에 대해서 그 이유를 살펴보려는 겁니다. 먼저 근본원인을 이해하고 인간관계, 물질, 질병, 건강 등 다양한 각도에서 상응하는 물상을 살펴야 합니다. 辰未 刑의 과정에 未土가 辰土를 刑해서 未月의 공간에는 필요 없거나 불필요한 辰月의 움직임을 조정, 정리해서 未月에 반드시 필요한 행위에 집중합니다. 즉, 未月에 열매를 성숙하게 만들려면 辰월에 癸水의 도움으로 성장하던 乙木의 움직임을 丁火가 수렴해주어야만 합니다.

戌未 刑의 경우, 未月의 地藏干에 丁乙己가 있고 戌월의 地藏干에 辛丁戊가 있으며 공통 글자는 丁火 뿐입니다. 辰未 刑 과정에서 공통글자 乙木이 조절되는 상황을 살폈듯 戌未 刑 과정에서는 공통글자 丁火의 조정상황을 살펴야 합니다. 戌未 刑 과

정에 변화를 주도하는 丁火의 특징에 대해서 살펴보자는 겁니다. 未月의 餘氣 丁火는 기운이 이어지고 유지되는 상황을 표시하였고 中氣는 生成원리로 새로운 陽氣가 동하고 陰氣를 완성, 마감, 저장한다고 했습니다. 즉, 三合운동의 출발점과 마감 점을 표기한 것이 바로 中氣입니다. 戌의 地藏干 中氣에는 寅午戌 三合을 마감한 丁火를 표기하였습니다. 未中 丁火의 상태와 戌中 丁火의 상태가 달라진 만큼을 조정해야만 寅午戌 三合운동이 마감될 수 있는 겁니다. 未月 丁火는 乙木을 수렴해서 열매 맺고 申酉 月에 씨종자를 수확한 후 戌中 丁火로 三合을 완성합니다. 또 戌土에 저장된 丁火는 亥月로 넘어가 丁壬 合한 후 辛金을 甲木으로 바꿔야만 하는 책임까지도 맡았습니다. 丁火라는 글자는 동일하지만 시공간에 따라서 쓰임이 크게 달라지는 겁니다. 未月의 丁火는 열매를 완성하는데 활용하지만 戌中의 丁火는 열매를 수확한 후이기에 더 이상 수렴운동을 할 필요가 없게 되었습니다.

丙火의 분산에너지를 수렴해서 열매를 단단하게 만들고 酉月에 수확하기에 열매가 씨종자로 완성되어서 땅에 떨어지면 더 이상 丁火의 작용이 필요 없는 것입니다. 따라서 戌中 丁火는 未中 丁火를 刑하여 열매를 만드는 수렴작용을 조절함과 동시에 乙木의 좌우확산 움직임을 철저히 통제해서 亥月에 이르면 辛金을 甲木으로 바꾸려는 겁니다. 丁火는 열매를 완성하는 에너지인데 戌月에 이르면 그런 에너지의 쓰임이 사라졌기에 刑으로 정리해서 부드러운 甲木이 나올 수 있도록 하려는 겁니다. 未月의 乙木이 좌우확산을 지속하고 丁火가 계속 열매 맺으려고 열기를 가하면 亥月로 넘어갈 방법이 없습니다. 그 문제를 해결하려는 움직임을 戌未 刑이라고 불렀던 겁니다. 戌土가 未土에게 가을에 이미 辛金 씨종자를 완성했으니 더 이상 丁火가 乙木을 수렴해서 열매 맺을 필요가 없다고 알리는 겁니다. 결국, 戊未로 刑하면 丁火의 열매를 완성하려는 역할을 없애는 겁니다. 丁火는 사회생활에서 돈을 만들어내는 에너지인데 그 능력을 없애려는 것이 戌月에 드러내는 자연의지입니다. 더 심각한 문제는 亥월로 넘어가면 딱딱하게 金을 만들기는커녕 정반대로 물형이 점차적으로 부드럽게 변해야 합니다. 亥子丑월 과정에 물질이 없다고 하는 이유는 물형을 딱딱하게 만드는 丁火를 무기력하게 만들 뿐만 아니라 씨종자 辛金을 水氣에 풀어내기 때문입니다. 결국, 戊未 刑하면 丁火가 더 이상 물질, 육체를 만들어내는 중력에너지를 유지하지 못한다는 겁니다. 사회활동에 비유하면 돈을 벌기 어려워지거나, 재산을 탕진하거나, 부부생활이 무기력해져 외도문제가 발생합니다. 未月에 이르면 辰月에 잘못된 행위 때문에 부도에 몰리고 그 문제를 해결하고자 집을 팔거나 부동산을 저당하고 대출받아서 申酉戌월을 버텼다면 戌月에 丁火가 金열매를 만들지 못하기에 대출로 유지하던 사업이 버티기 힘들어 부도가 나는 겁니다. 정리하면, 戊未 刑의 문제는 未月에 전환을 시도해서 申酉戌에서 재기의 발판을 마련하려고 노력했는데 丁火가 무기력해지자 열매를 만들지 못해 부도나고 재기불능 상태가 戊未 刑 과정의 문제입니다. 가장 흔한 예로는 남의 돈을 끌어와 사업하다가 부도에 내몰리는 겁니다.

戊未 刑의 또 다른 문제는 未중 乙木의 움직임이 辰土 속의 乙木에 비해 훨씬 답답해지면서 육체장애가 발생하는데 戊未 刑하면 乙木의 작용이 철저히 사라지기에 生氣와 활력을 상실하기에 육체질병, 장애가 발생하고 심하면 사망할 수도 있습니다. 寅午戌 三合과정이 마감되는 戌土에서는 乙木이 卯戌 合으로 존재가 소멸합니다. 戌土가 무서운 것이 바로 乙木의 활력을 없애는 것입니다. 자연이 그렇게 하는 이유는 戌에서 亥로 넘어가 윤회

과정을 거쳐서 새로운 生氣를 만들어야하기 때문입니다. 이런 과정을 戌亥 天門이라 부르고 저승길을 지나는 과정을 표현한 것입니다. 저승에서 새 영혼을 부여받고자 子月에 빅뱅처럼 폭발하고 丑寅에서 새 육체를 얻고 탄생합니다. 정리하면, 戌未 刑의 문제는 정리하면 생기, 육체, 물질 소멸, 육체가 상하거나 사망하는 문제입니다.

乾命				陰/平 1968년 7월 3일 02:30								
時	日	月	年	84	74	64	54	44	34	24	14	4
癸	戊	己	戊	戊	丁	丙	乙	甲	癸	壬	辛	庚
丑	戌	未	申	辰	卯	寅	丑	子	亥	戌	酉	申

사주원국은 戊己戊癸로 土들이 세력을 모아서 癸水 하나를 취하려고 경쟁하는데 戊癸로 合하면서도 丑戌로 刑하는 合刑구조로 육체, 심리적으로 비틀립니다. 이런 구조들은 겉과 속이 전혀 다르게 반응합니다. 合刑, 合沖, 合破 조합들은 모두 유사한 속성입니다. 겉과 속이 전혀 달라서 겉만 보고 판단하면 속기 쉽습니다. 신체 장기에도 영향을 미쳐 독특하고 이상한 물상들을 만들어냅니다. 天干에서 戊己戊가 癸水를 合하고 剋하며 未月에 반드시 水氣가 필요한데 戌未 刑하기에 癸水를 탐하는 욕망이 매우 강합니다.

壬戌대운에 戌未 刑하려는 의지를 명확하게 드러내고 甲戌年에 이르자 질병에 시달렸고 乙亥年에 소매치기로 교도소에 들어가 10년을 복역했습니다. 未月이 세운에서 戌土를 만나자 문제가 발생했습니다. 질병에 시달리거나 육체가 상하거나 관재가 발생하고, 교도소에 들어가는 문제에 발생합니다. 水氣가 간절한 구조에서 壬戌대운이 오자 서로 壬水를 다투자 문제가 발생했습니다. 보통은 戌未 刑만 강조하지만 단순히 戌未 刑 하나만으로 도둑, 소매치기, 교도소 10년 물상을 만들어내는 것이 아닙니다. 戌未 刑하면 육체가 상하거나 질병에 시달리거나 사업이나 직업을 그만둘 수 있지만 소매치기로 교도소에 들어가 10년을 보낼 정도는 아닙니다. 사주원국에서 시기, 질투, 도박, 투기, 한탕의 속성이 강하고 合刑 문제 그리고 壬戌대운에 水氣를 다투는 문제 때문에 상황이 심각해진 겁니다. 未中 乙木이 상하면 육체도 망가지고 자유도 사라집니다. 질병에 시달리거나 육체가 상하거나 교도소에 갇혀서 움직이지 못하는 물상은 겉으로는 달라 보이지만 동일한 원리입니다.

坤命				陰/平 1973년 6월 10일 16:30							
時	日	月	年	90	80	70	60	50	40	30	20	10
丙申	丙午	己未	癸丑	戊辰	丁卯	丙寅	乙丑	甲子	癸亥	壬戌	辛酉	庚申

壬戌대운 癸未年에 남편이 사고로 식물인간이 되었습니다. 年에 癸水 官星이 멀리 있으니 첫 남편과 인연이 약합니다. 관성이 年에 있을 때의 물상은 이혼이나 사별입니다. 운에서 壬戌이 오면 丑戌未 그리고 午戌, 午未 合하면서 三刑문제가 심각해집니다. 癸未年이 오면 癸丑과 반응해서 丑未 沖합니다. 癸丑이 丙丙己未午에 水氣를 공급하는데 壬戌과 癸未가 오니 戌未로 동하고 水氣가 마르고 火氣만 팽창합니다. 또 丑戌未, 午丑으로 午未 合도 불안정해졌습니다. 만약 午火가 合으로 묶이지 않고 자유로웠다면 남편은 식물인간에 이르지는 않았을 겁니다. 물론 丙丙己癸로 癸水가 증발하는 구조이기에 흉함은 피하기 어렵습

니다. 사주구조를 분석하는 과정에 用神이나 生剋 등 단순하게 하나의 논리로 판단하지는 말아야 합니다. 먼저 사주원국 구조를 세부적으로 분석해야 합니다. 첫째, 사주원국만을 따로 살피고 둘째 대운과 세운의 변화과정을 살펴야 합니다.

乾命				陰/平 1960년 6월 22일 02:30								
				88	78	68	58	48	38	28	18	8
時	日	月	年	壬	辛	庚	己	戊	丁	丙	乙	甲
乙丑	甲辰	癸未	庚子	辰	卯	寅	丑	子	亥	戌	酉	申

년과 월에서 庚子와 癸未 조합은 좋습니다. 日干이 무엇이든 년과 월에서 庚子와 癸未로 조합하면 庚金이 癸未 부친의 불안정함을 보충해줍니다. 당연히 甲木 일간이 만나는 부모의 상황도 좋고 일간의 30세까지 흐름이 좋다고 읽어야 합니다. 癸未의 속성은 역마처럼 돌아다닙니다. 乙酉대운에 공군사관학교를 졸업하고 조종사가 되었는데 丙戌대운 辛未年에 정확하게 戌未 刑이 반응합니다. 특히 辛未 年에는 戌중의 辛과 丑중 辛金이 모두 반응하면서 辛丑월에 운전과정에 충돌하여 사망했습니다. 辰戌未로 조합하고 辛未年에 地支가 극도로 불안정해졌습니다. 또 사주원국에 辰丑이 있고 세운에서 辛丑辰 즉, 酉丑辰으로 교통사고 물상이 이루어지는 해였습니다.

戌丑 刑의 사주사례

戌丑 刑을 살펴보겠습니다. 戌月의 목적은 酉金을 戌土에 저장하는 것입니다. 모든 글자는 고유한 에너지 속성을 절대로 포기하지 않으려고 합니다만 四季가 순환하기에 고유한 에너지를 유지하려고 해도 불가능하도록 변화가 발생합니다. 따라서 酉金도

戌土에 들어가는 것을 싫어하는데 이런 이치를 酉戌 穿이라 부릅니다. 또 대칭구조에 있는 卯木이 辰土에 들어가는 움직임을 싫어하기에 卯辰 穿이라 부릅니다. 12支가 원하는 것과는 달리 자연에서 戌月에 반드시 하는 일은 酉金을 戌土에 저장하고 열기를 가하는 것입니다. 그리고 亥월로 넘어가는 과정에 丁壬 合하고 亥子丑월에 酉金의 딱딱함을 풀어서 부드럽게 바꾸는 과정을 거칩니다. 물에 콩을 넣으니 콩 내부에 숨어있던 生氣가 밖으로 튀어 나가는 마지막 단계가 丑土입니다. 그리고 寅月에 이르면 그 물형이 콩나물로 변합니다. 따라서 생명체가 없던 戌월의 공간을 지나고 丑월에 이르면 새로운 生氣가 살아 숨쉬기 시작합니다. 丑土에서 甲木으로 탄생하고자 준비하는 과정입니다. 이처럼 戌土와 丑土의 공간상황은 상이하고 丑土가 寅월에 甲木을 내놓으려면 반드시 戌土의 속성을 刑해서 변화를 주어야만 합니다. 申酉戌로 딱딱한 金氣를 품은 戌土의 공간을 그대로 유지하면 부드러운 寅목 속의 甲木이 세상 밖으로 나올 수가 없는 겁니다. 丑土는 酉金을 水氣에 풀어서 부드럽게 만들지만 戌土에서는 酉金을 딱딱하게 만들기에 辛金이 가장 딱딱한 공간이 戌月입니다. 그 물형을 그대로 두면 丑에서 寅으로 이어질 수 없기에 먼저 딱딱하게 만드는 움직임을 제거해야만 하기에 丑土가 戌土를 刑하는 겁니다. 이처럼 戌중 辛金의 물형에 변화를 주는 작용을 丑戌 刑이라고 불렀고 丑戌 刑 과정에 가장 큰 변화는 딱딱한 辛金이 부드럽게 변하는 것입니다.

戌未 刑 과정에는 丁火가 무기력해지고 乙木이 부수적으로 상했는데 丑戌刑 과정에는 辛金이 癸水에서 破당하면서 딱딱한 물형이 부드러워지기에 辛金의 가치를 유지하지 못합니다. 이 과정의 문제는 보석과 같은 辛金이 丑土에서 癸水에 부드럽게 변하기에 戌土의 地藏干에 있는 辛金이 변형됩니다. 결국 丑월

공간이 원하는 상황은 酉子 破로 어둠 속에서 癸水가 비밀리에 辛金을 크게 부풀려서 한탕을 노리기에 丑土를 도둑, 강도, 사망, 감옥 물상이라고 하는 것이며 육체와 물질이 상합니다. 戌土에서 부도나 도망 다니다 丑土에서 다시 도둑, 강도행위를 하다가 교도소에 수감됩니다. 근본원인은 강도, 사기, 소매치기 등, 불법 비리를 저지르고 한탕을 노리는 것인데 戌土까지 가미되면서 더욱 흉해졌습니다. 戌土 보석창고를 丑土 도둑이 털어버리는 작용을 丑戌 刑이라 불렀던 겁니다. 戌未 刑과정은 교도소 물상이 나오지 않고 주로 물질과 육체가 상하는 정도이지만 丑土가 끼어들면 불법이 끼어들면서 교도소 물상이 드러납니다. 그 외에도 교통사고, 마약, 정신이상의 문제도 포함됩니다. 丑土가 酉丑辰 三字로 조합하면 교통사고도 많이 발생합니다.

乾命				陰/平 1982년 9월 12일 16:40								
時	日	月	年	83	73	63	53	43	33	23	13	3
甲	甲	庚	壬	己	戊	丁	丙	乙	甲	癸	壬	辛
子	申	戌	戌	未	午	巳	辰	卯	寅	丑	子	亥

초년에 辛亥, 壬子, 癸丑대운으로 흐릅니다. 戌月이기에 火氣가 필요한데 오히려 사주원국에 水氣가 적지 않습니다. 대운도 辛亥 壬子 癸丑으로 흐르기에 일이 풀리지 않고 육친 문제 등으로 발전하기 어렵습니다. 30세 癸丑대운에 丑戌 刑하기에 戌土 화로에서 불꽃이 튀어 殺氣가 동합니다. 癸丑대운에 子水의 地藏干에 있던 癸水가 천간에 드러나 월지와 丑戌 刑하기에 좋지 않습니다. 辛卯年 2011년에 壬戌의 辛金, 庚戌의 辛金, 丑戌 刑하는 丑중의 辛이 모두 반응하는데 地支가 많이 동할수록 그 凶이 심합니다. 양성 뇌종양에 걸려 고생하고 있습니다. 아버지

사업도 풀리지 않고 사주당사자는 대기업에 입사는 했는데 병을 얻었습니다. 가정에 단명한 분들이 많다고 합니다. 月柱 戊戌이 辛亥, 壬子, 癸丑으로 흐르면서 부모, 형제자매, 부친의 형제자매를 상징하는 戊土가 복음이면서 상하기에 단명 하는 사람들이 많습니다. 난로가 꺼지고 어둡고 추운 겨울로 가는 상황입니다. 30대에 丑土에 걸리기에 인생이 마구 꼬이는 겁니다. 이런 문제가 丑戌 刑입니다. 辰土가 戊土를 충해도 좋을 것이 없습니다. 戌月에는 더욱 좋지 않지만 戊土는 지장간에 있는 火氣를 지키려고 하기에 丑土, 辰土를 불편해 합니다. 특히 水氣를 담은 辰土와 沖하면 대부분 흉합니다. 다만 구분해야할 점은, 丑月에 戊土가 오면 오히려 丑土에 필요한 戊土 속 辛金을 보충하기에 기본적으로 좋습니다만 불안정한 것은 문제입니다.

坤命				陰/平 1969년 9월 19일 20:30							
時	日	月	年	83	73	63	53	43	33	23	13	3
庚	丁	甲	己	癸	壬	辛	庚	己	戊	丁	丙	乙
戌	丑	戌	酉	未	午	巳	辰	卯	寅	丑	子	亥

戌丑戌과 같은 구조는 좋을 것이 없습니다. 33세부터 戊寅대운인데 年支 酉金이 酉丑 合하여 日支 丑土로 들어가는 시간방향이지만 戌丑戌으로 불안정합니다. 특히 戊寅대운은 戊戌의 지장간에 있는 戊土가 반응하여 日支 丑土를 양쪽에서 刑합니다. 壬午年에 이르면 원국에 없는 水氣가 들어오고 일간 丁火와 合하지만 戊土가 방해합니다. 물론 사주팔자에 없던 글자가 운에서 들어오면 불편한데 더해서 丁壬으로 合한 상태에서 戊土에 상하면 좋을 것이 없습니다. 日支 丑土의 시기인 38세부터 45세 사이에 양쪽에서 발생하는 丑戌 刑의 문제가 발생하는데 戊寅

대운이 38세보다 빠른 34세에 들어옵니다. 또 壬午세운도 대략 2년 정도 일찍 들어왔습니다. 없던 글자 壬水가 오고 午火는 午丑으로 반응하여 폭발하고 두 개의 戌土가 丑土를 刑하니 불안정해집니다. 三合으로 살피면 戊寅대운 壬午年에 寅午戌 三合을 이루고 일지와 丑戌 刑하기에 남편과의 이혼이나 사망을 읽어야 합니다.

乾命				陰/平 1978년 9월 17일 02:30							
時	日	月	年	87	77	67	57	47	37	27	17	7
癸	癸	壬	戊	辛	庚	己	戊	丁	丙	乙	甲	癸
丑	丑	戌	午	未	午	巳	辰	卯	寅	丑	子	亥

壬戌월인데 戊午年에서 火氣를 보충해주기에 戌月의 時空 조합이 나쁘지 않습니다만 日과 時에 癸丑, 癸丑입니다. 戌土가 꺼리는 水氣가 강해지고 丑戌 刑하면서 구조가 갑자기 나빠졌습니다. 년과 월의 戊午, 壬戌조합은 나쁘지 않았는데 癸丑이 오자 사주구조가 흉하게 바뀌었습니다. 여기에 대운도 癸亥, 甲子, 乙丑으로 흘러 어려서부터 모친의 속을 썩이고 군대를 제대하고 乙대운에 한국 캐논카메라에 취직하였습니다. 천간에서 乙癸戊 三字로 조합하는 해인데 戊土가 年에 있으니 국가, 해외인연으로 일본회사 한국지점에 입사한 이유입니다. 나중에 지점을 인수하여 사업했는데 바로 하향 길에 접어들었고 여자들과 사치생활을 하다가 망했습니다. 乙丑대운에 丑戌 刑이 동하고 丑土 속의 癸水가 드러난 癸巳年에 丑戌 刑으로 난동을 부리자 12月에 파산하고 소송이 걸렸습니다. 丑土의 도둑, 한탕의 속성도 문제이지만 戌土 火氣를 너무 심하게 건들어서 화로에서 불꽃이 튀고 불안정해집니다. 癸丑, 癸丑, 壬과 乙丑대운으로 戌土가 심

하게 흔들리자 파산하고 교도소에 가야 합니다. 乙丑대운에 나름대로 발전한 이유는 乙癸戊 三字로 조합했기 때문입니다.

乾命				陰/平 1948년 9월 12일 10:30							
時	日	月	年	88	78	68	58	48	38	28	18	8
乙	壬	壬	戊	辛	庚	己	戊	丁	丙	乙	甲	癸
巳	申	戌	子	未	午	巳	辰	卯	寅	丑	子	亥

이 사주도 癸亥, 甲子, 乙丑대운으로 흘러갑니다. 壬壬子申으로 水氣가 너무 많아서 戌月의 시공에 좋지 않습니다. 乙巳時인데 巳火가 戌土를 향하는 과정에 巳申 合합니다. 乙丑대운이 오면 丑戌 刑이 동하고 丁巳年에 戌중 丁火가 천간에 드러나기에 정확하게 丑戌 刑이 반응하자 8월에 익사하였습니다. 기본적으로는 丑土가 戌土를 刑하는 것이 문제이지만 壬壬子申로 水氣가 너무 많고 대운도 癸亥, 甲子, 乙丑으로 흘렀으며 丑대운에 丑戌 刑하자 사망했습니다. 이처럼 사망물상은 절대로 한 가지 요인으로 발생하는 것이 아니고 반드시 동시다발적으로 반응해서 사망이라는 물상을 결정합니다.

丑辰 破의 사주사례

丑辰 破에 대해서 살펴보겠습니다. 丑辰 破의 좋은 작용은 낡은 땅을 개량하는 작용입니다. 사주원국에 辰土가 있는데 운에서 丑土가 들어오면 땅을 개량합니다. 반대로 사주원국에 丑土가 있는데 辰土가 오면 물질, 육체, 정신적으로 문제가 발생하는데 특히 정신적인 부분에 집중해 살펴야 합니다. 辛癸는 씨종자의 윤회과정이기에 전생의 영혼과 현재의 나 사이에서 갈등합니다. 丑월에서 辰월까지의 과정은 酉金이 丑土를 향하고 丑土가 辰

土로 흐르기에 결국 씨종자 酉金이 亥子丑을 지나 寅卯辰으로 물형이 변합니다. 이것이 金水木의 순환과정으로 사주팔자의 길흉을 결정하는 과정에 매우 중요한 인자입니다. 이런 흐름은 엄청난 부를 축적할 수도 있는 인자입니다. 丑土가 辰土까지 갔을 때 가장 큰 차이점은 金의 물형이 木으로 변한 것입니다. 癸水가 酉金을 破시켜서 콩을 콩나물로 변화시키는 공간이 丑월이고 寅卯辰으로 木이 나오면 丑土 속의 癸水가 酉金을 破시키는 작용은 더 이상 필요 없습니다. 辰土의 中氣 癸水가 申子辰 三合을 마감하고 火氣를 기다리는 이유는 丑土 속의 癸水가 丑寅卯辰을 지날 때 癸水의 쓰임이 확 줄어들기 때문입니다. 따라서 丑월에서 辰月로 향하는 과정에 가장 큰 변화는 바로 癸水입니다. 酉金을 풀어내고 寅卯에서 乙木을 키우던 癸水의 쓰임이 辰월에 무기력해집니다. 辰土가 丑土를 破시켜서 丑중 癸水가 酉金을 破하지 못하도록 하는 이유는 巳月에 火氣로 나가기 위한 것입니다. 만약 癸水가 계속 丑土의 지장간에 있는 辛金을 破시키면서 木氣를 만들면 巳月에 火氣가 오를 수 없습니다. 辰月에 水氣를 마감하고 甲乙의 성장을 억제해야 巳月에 火氣가 폭발하고 꽃이 활짝 피어납니다. 이런 자연의 움직임을 맞추려면 辰土는 丑土에 있는 癸水를 破시켜서 酉金을 破하는 작용을 막아야만 합니다.

결국 丑辰사이의 가장 큰 변화는 <u>癸水의 동태</u>입니다. 辰未에서는 乙木의 문제, 未戌에서는 丁火의 문제, 戌丑에서는 辛金의 문제, 丑辰에서는 癸水의 문제가 분명합니다. 丑辰의 지장간에 있는 癸水가 반응하면 상응하는 문제가 발생한다고 읽어야 합니다. 파생조합이 酉丑辰 三字로 앞에서 자세히 설명했기에 생략합니다. 교통사고, 사망, 임플란트, 횡재, 교도소 물상입니다. 물질측면에서 살피면 辰土가 부풀리고 丑土는 어둠 속에서 암암리에 酉金을 부풀리기에 세 글자가 조합하면 투기, 도박, 사기, 부도 불법과 비리, 교도소와 같은 물상이 발생합니다만 丑辰 破의 가장 심각한 문제는 귀신장난입니다. 辛金 조상신과 새로운 영혼 癸水가 만나는 과정에 壬水를 건너뛰고 바로 癸水와 접촉하고 폭발하면서 새 영혼을 얻는 과정이 극도로 불안정합니다. 평시에 볼 수 없는 귀신들 장난이 발생하는 과정이 丑辰 破입니다. 술, 마약, 섹스, 도박과 같은 것들로 마치 귀신에 홀려서 하는 행위들이기에 더욱 심각합니다. 개인의 의지가 아니라 귀신 장난에 가깝습니다. 이것이 丑辰 破 물상 중에서 가장 심각한 문제입니다. 한번 빠지면 절대로 끊지 못하는 마약과 같은 속성으로 도박, 한탕도 동일한 속성입니다.

乾命				陰/平 1938년 9월 22일 22:30							
時	日	月	年	88	78	68	58	48	38	28	18	8
乙	己	癸	戊	壬	辛	庚	己	戊	丁	丙	乙	甲
亥	酉	亥	寅	申	未	午	巳	辰	卯	寅	丑	子

年에 酉金이 있어야 하는데 日에 己酉로 있습니다. 癸亥 水氣에 酉金 씨종자를 풀어서 미네랄워터로 가치를 높여주기에 그 역할이 매우 좋습니다. 日支에 이르는 38-45세 사이에 좋은 시기를 보내겠다고 읽어야 합니다. 육친으로 살피면, 일지 배우자의 역할이 매우 좋습니다. 48세부터 戊辰대운에 이르면 亥月에 戊癸 合하기에 암암리에 火氣를 만들고 乙木이 년에 있는 戊土를 향해서 乙癸戊 三字로 조합하는 과정에 상당한 재물을 모았습니다만 乙亥年에 부인이 사망했습니다. 戊辰대운에 사주원국에 있는 酉亥와 辰土가 酉亥辰 三字조합을 이루면서 문제가 발생하였습니다. 酉金이 많은 水氣에 풀어지는 과정에 딱딱한 체

성이 변질되고 너덜거립니다. 또 辰土가 辰酉로 合하면 원래의 딱딱한 물형을 유지할 수 없습니다. 乙亥년에 이르면 辰土속 乙木이 천간에 드러나자 酉金 배우자가 원래의 속성을 상실하고 乙木으로 변질되었음을 알립니다. 사주원국 구조도 亥酉亥로 한 번의 결혼으로 끝나지 않습니다. 이런 구조를 쌍 복음이라고 부르는데 宮位論에서 자세히 다루었습니다만 亥酉亥, 子酉子, 午未午와 같은 방식으로 겹쳐진 구조들은 대부분 결혼이 불미합니다. 日支 주위에 酉酉申, 未酉未, 寅酉寅 등으로 쌍 복음 혹은 중복, 혼잡하면 결혼이 불안정합니다. 또 日支에 酉金이 있는데 辛金, 庚金 혹은 申金을 더하면 외도하는 사주구조입니다. 배우자의 동태를 살피려면 반드시 日支를 기준으로 살피고 十神은 참조합니다.

坤命				陰/平 1965년 7월 26일 08:30								
時	日	月	年	86	76	66	56	46	36	26	16	6
丙	戊	甲	乙	癸	壬	辛	庚	己	戊	丁	丙	乙
辰	申	申	巳	巳	辰	卯	寅	丑	子	亥	戌	酉

일지를 기준으로 申申으로 복음인데 巳火까지 申申巳로 마치 庚庚庚 세 개와 크게 다를 바 없습니다. 또 乙巳와 甲申으로 甲乙이 천간에 드러나 무기력해 보입니다. 이런 이유로 丁亥대운 丁丑年에 남편이 사망했습니다. 25세에서 35세 사이인데 문제는 申申巳로 쌍 복음이고 甲乙의 상황도 편하지 않습니다. 戊土 입장에서 乙 官星이 年에 있기에 첫 남편과의 인연이 좋지 않고 이혼하거나 사별합니다. 가능한 늦게 결혼하는 것이 좋습니다. 丁丑년의 丑土가 申申을 丑土 墓地에 담으려고 하기에 일지 남편 申金이 丑土를 향해 나가버립니다. 이런 시간방향 때

문에 남편과 이혼하거나 사별합니다.

乾命				陰/平 1969년 2월 27일 10:30								
時	日	月	年	83	73	63	53	43	33	23	13	3
丁	戊	戊	己	己	庚	辛	壬	癸	甲	乙	丙	丁
巳	午	辰	酉	未	申	酉	戌	亥	子	丑	寅	卯

27세 乙丑대운 乙亥年 己丑월 교통사고로 사망하였습니다. 정확하게 酉丑辰, 酉亥辰 三字 조합이 발생한 해였습니다. 乙丑대운에 辰土의 지장간에 있는 乙木이 반응해서 辰酉 合하고 丑土와 함께 酉丑辰 三字 조합을 이루고 乙亥年에 辰중 乙木이 드러나 酉亥辰으로 문제가 발생할 것임을 알리고 己丑월에 酉丑辰 三字로 다시 조합합니다. 酉丑辰은 교통사고, 부도, 감옥, 임플란트 물상이라고 했습니다. 酉丑辰이 사주원국에 모두 있다면 한순간에 엄청난 재물을 폭발적으로 모을 수도 있습니다. 이 사주는 辰酉만 있는데 辰酉 合하면 辰土 속의 乙木이 상할 수 있습니다. 乙丑대운에 乙木이 상했음을 알리는데 丑土가 따라와 酉丑辰 三字로 교통사고 물상입니다. 乙亥년에 酉亥辰 三字까지 조합하면서 乙木이 응결되고 己丑월에 酉丑辰 물상대로 교통사고로 사망했습니다.

乾命				陰/平 1972년 3월 3일 18:30								
時	日	月	年	86	76	66	56	46	36	26	16	6
己	丁	甲	壬	癸	壬	辛	庚	己	戊	丁	丙	乙
酉	丑	辰	子	丑	子	亥	戌	酉	申	未	午	巳

년과 월에서 壬子, 甲辰으로 조합하면 부친이 학력이 높은 공직자일 가능성이 많습니다. 월과 일은 甲辰과 丁丑으로 丁火가 甲辰을 만나 부모의 음적이 좋습니다. 丑土가 日支에 있으니 沖刑을 해줘야 도둑, 강도, 교도소와 같은 물상에서 벗어납니다만 沖刑이 없고 酉丑辰 한탕속성이 강합니다. 2006년 丙戌年에 거래처와 돈 문제로 사기혐의로 구속되었습니다. 원국에 酉丑辰 한탕 속성을 가졌기에 문제가 발생한 것입니다. 겉으로는 젊잖아 보이지만 地支의 酉丑辰子는 글자속성이 매우 어둡습니다. 辰丑, 酉丑辰 모두 한탕을 노리고 불법을 저지를 수도 있습니다. 甲丁己로 굉장히 얌전해 보이지만 속은 음습합니다. 교도소에 간 이유는 사주원국에서 丑土를 沖刑하는 글자가 없다가 丙戌年에 丑土를 刑해버립니다. 기억할 점은 <u>丑土를 沖刑해야 좋다는 의미는 사주원국에서 해주어야 한다는 것입니다.</u> 원국에 없다면 丑土의 문제를 해결하지 못한 것이기에 언제라도 문제의 소지가 있습니다. 운에서 戌土나 未土가 沖刑하면 丑土의 작용이 불안정해집니다. 혹은 酉丑辰으로 교도소에 갈 수도 있습니다. 정리하면, 사주원국에서 丑土를 沖, 刑하지 못했다면 운에서 만나지 않는 것이 안정적입니다. 운에서 沖刑으로 건들면 丑土의 흉함이 노출되고 문제가 발생합니다. 神煞로 살피면 子年을 기준으로 丁火가 災煞이요 丙戌년은 劫煞이기에 저승사자처럼 탐욕을 부리다가 범죄를 저지르는 해였습니다.

乾命				陰/平 1937년 7월 10일 12:30								
時	日	月	年	82	72	62	52	42	32	22	12	2
庚午	甲戌	戊申	丁丑	己亥	庚子	辛丑	壬寅	癸卯	甲辰	乙巳	丙午	丁未

天干에서 甲戊庚 三字로 水氣가 없으면 凶한 조합입니다. 甲이 庚金을 만나면 관재, 구설시비가 발생합니다. 외도가 발각되어서 이혼할 수도 있는 운입니다. 甲은 庚을 만나면 좋지 않는 이유는 甲은 출발하려는 의지인데 庚金이 충으로 앞길을 막아버립니다. 사주원국에 水氣도 없기에 날카로운 庚金은 甲木을 沖 하는 정도가 심합니다. 戊申의 申이 丑土로 들어가고 戊土가 丑土를 刑하는데 문제는 甲木이 水氣도 없이 바로 옆에 있는 戊土를 찔러대기에 戊土가 상합니다. 辛巳年에 짝퉁을 판매하다 구속 되었습니다. 戊土와 丑土가 반응해서 丑戌 刑하고 申金이 夾字로 비틀리는 해였고 庚金과 辛金이 火氣에 자극받아 甲木을 沖剋하기에 흉했습니다.

乾命				陰/平 1967년 2월 13일 06:30							
時	日	月	年	86	76	66	56	46	36	26	16	6
辛卯	丙戌	癸卯	丁未	甲午	乙未	丙申	丁酉	戊戌	己亥	庚子	辛丑	壬寅

사주원국에서 卯戌 合하고 戌未 刑합니다. 己丑년에는 丑戌 刑, 丑戌未 三刑이 동합니다. 불량제품 판매하다 적발되어 사업이 중단되었습니다. 己丑年이 흉했던 이유는 月支가 卯木인데 丑土가 卯丑으로 조합해서 상했습니다. 卯木은 성장해야 하는데 丑土를 만나면 그 움직임이 답답해집니다. 卯丑으로 조합하면 귀신장난이라고 했습니다. 처녀, 총각 귀신이 괴롭히는 겁니다. 卯丑의 예문은 넘쳐납니다. 卯木이 있는데 丑土가 오는 해는 육친, 물질, 사회적으로 불편한 일들이 발생합니다. 다만 원국에 戌未 刑이 있다가 丑年이 오니까 불량제품으로 적발되어 사업은 못하지만 교도소에 들어가지는 않았습니다. 위 사주 丁丑,

戊申, 甲戌, 庚午는 丑戌 刑으로 교도소에 들어갔습니다. 즉, 戌未는 가지 않았고 丑戌은 교도소에 갔다는 차이가 있습니다.

坤命				陰/平 1961년 3월 1일 16:30								
時	日	月	年	87	77	67	57	47	37	27	17	7
庚申	戊寅	壬辰	辛丑	辛丑	庚子	己亥	戊戌	丁酉	丙申	乙未	甲午	癸巳

남편이 사업으로 잘 나간다고 허풍이 세고 겉으로 화려하고 불법으로 한약탕제 업을 하는 이유는 모두 辰丑 破의 한탕속성 때문입니다. 하지만 丁酉대운 戊子年에 남편이 전 재산을 날렸습니다. 酉丑辰 三字로 걸린 해였습니다. 일지와 寅酉로 조합했고 戊子年은 六害 운이었습니다만 남편사업 잘 나간다고 허풍떨고 불법을 저지르는 행위는 모두 丑辰의 작용입니다. 丑辰이 있는데 沖刑해주지 않으면 불법성향이 강하고 한탕을 노리는 것입니다. 운이 좋으면 빠른 속도로 큰돈을 벌지만 운이 나쁘면 벌었던 돈을 다 털리고 교도소에 들어가거나 부도나거나 사망합니다. 다만 부를 축적하는 속도는 타의 추종을 불허합니다. 몇 년 만에 몇 백억 벌었다는 소리는 모두 酉丑辰 三字조합이 가진 에너지 특징 때문입니다. 도박, 투기의 욕망 때문에 빠르게 이루고 빠르게 망합니다.

坤命				陰/平 1959년 3월 18일 04:30								
時	日	月	年	84	74	64	54	44	34	24	14	4
壬寅	丁丑	戊辰	己亥	丁丑	丙子	乙亥	甲戌	癸酉	壬申	辛未	庚午	己巳

日支가 丑土, 月支가 辰土입니다. 日支에서 丑辰으로 破하기에 한탕의 속성이 강합니다. 이 여인의 남편은 평생 한탕을 노리고 사업을 시도하지만 하나도 이룬 것이 없다고 합니다. 부인이 돈을 벌어서 남편을 부양하는 형편입니다. 丑辰 破의 속성은 도박, 투기 등으로 빠르게 한탕을 벌겠다는 의지가 매우 강합니다. 또 마약, 아편 등 통제 불가능한 귀신장난에 놀아납니다. 지금까지 辰戌丑未 두 글자가 조합할 때의 속성을 살폈는데 지금부터는 辰戌丑未 자체의 刑破에 대해 살펴보겠습니다.

질문 : 戌未 刑도 교통사고 물상인가요?
戌未 刑은 교통사고 개념이 강하지 않습니다. 주로 육체가 상하는 문제를 암시합니다. 申酉 차량물상이 가미되어야 하기에 酉金, 丑土, 辰土 三字가 조합하는 경우에 교통사고 물상으로 발현됩니다. 酉丑, 酉辰, 丑辰 두 글자만으로 조합해도 교통사고 물상인데 酉丑辰 三字로 조합하면 酉金 차량의 딱딱한 물형이 너덜거리면서 교통사고가 발생할 가능성이 높아집니다. 戌未는 丁火를 조정하기에 차량물상이 강하지는 않습니다.

만약 戌土 속에 있는 辛金 때문에 교통사고가 발생해도 핵심은 교통사고 보다는 육체손상에 있습니다. 戌中 辛金 차량의 속성이 水氣에 너덜거리지는 않기 때문입니다. 戌中 辛金이 未中 乙木을 沖하여 상하는데 丁火가 乙木을 수렴한 상태이기에 戌未 刑은 주로 乙木에 문제가 발생하고 生氣가 상해서 문제입니다. 또 戌土의 地藏干에 있는 丁火가 동하면 육체가 손상될 가능성이 높아집니다. 물론 戌未 刑에도 교통사고 물상이 나오는 이유는 피를 부르기 때문입니다. 酉丑辰은 피를 부르는 관점이 아니라 한탕을 노리고 교도소에 수감되는 느낌이 강합니다. 사망해도 戌未처럼 피를 부른다는 느낌은 약합니다.

乾命				陰/平 1990년 8월 26일 10:30								
時	日	月	年	88	78	68	58	48	38	28	18	8
乙	壬	丙	庚	乙	甲	癸	壬	辛	庚	己	戊	丁
巳	子	戌	午	未	午	巳	辰	卯	寅	丑	子	亥

壬이 乙을 만나면 방탕, 방랑, 궤도이탈이라고 했습니다. 壬水의 물처럼 흘러가는 流動의 속성과 乙木의 좌우확산 운동이 만났지만 서로의 시공간이 부적절하기에 그렇습니다. 乙未年 乙酉月에 교통사고를 냈습니다. 乙未年에 월지 戌土와 刑하는 문제가 발생하고 未의 지장간에 있는 乙목이 酉월에 천간에 드러납니다. 午火가 酉金 자극하면 열을 품은 酉金이 乙木을 칩니다. 여기에 壬乙 조합의 방탕, 방랑의 속성이 가미되어 음주 운전하다가 교통사고가 발생, 3명이 중환자실에 들어갔습니다. 이처럼 壬水가 乙木과 만났을 때 시공간이 적절하지 않으면 거짓말, 불법, 비리, 방탕, 방랑과 같은 성향을 드러냅니다. 乙巳시에 태어나 壬, 乙巳로 조합했는데 乙未년 乙酉월에 문제가 발생했습니다. 이처럼 戌未 刑은 본인이나 주위에 피를 부릅니다. 未土가 戌未 刑하고 午未로 합해서 子水를 무기력하게 만드는 乙酉월에 酉金이 마른 乙木을 상하게 만들었습니다.

地支가 스스로 刑하는 방식

지금부터는 12支가 스스로 刑하는 방식에 대해서 살펴보겠습니다. 과거에는 이에 대한 주장이 전혀 없었지만 종교, 명리, 철학의 깨우침과 깊은 연관이 있는 표현입니다. 12支는 스스로 物形을 바꿀 수 있는 자율의지가 있다는 표현은 참으로 아름답습니다. 이 이치를 깨닫는 과정은 결코 쉽지 않았습니다. 만약 이런 의지가 자연에 없었다면 사계순환은 불가능합니다. 우리는 사주팔자에 익숙해져 戌未 刑이나 丑戌未 三刑을 통해서 物形 변화가 발생한다고 인식하지만 자연은 자발적 의지로 物形을 바꾸는 겁니다. 우리는 地支는 스스로 物形을 바꿀 능력을 가졌다는 매우 중요한 관점에 대해서 그 중요성을 인식하지 못합니다. 그 이유는 12支의 地藏干에 時間이 존재한다는 것을 인식하지 못하기 때문입니다. 12支에 담겨진 天干들은 時間흐름에 따라 物形이 변화하는 방식을 설명합니다. 辰戌丑未를 활용해서 자연이 물형을 조정하는 방식을 살펴보겠습니다. 辰中 乙癸戊, 未中 丁乙己, 戌中 辛丁戊, 丑中 癸辛己가 있습니다. 戊己의 저장, 전환하는 특징을 빼면 실질적인 물질만 남습니다.

辰土가 스스로 刑하는 방식

辰에 乙癸戊가 있는데 戊土를 제외하면 乙癸만 남습니다. 따라서 辰土가 스스로 물형을 조정하는 방식은 반드시 癸乙과 관련이 있습니다. 봄에 癸水가 乙木을 키우는 방식으로 물형의 변화를 주도합니다만 문제는 申子辰 三合이 끝난 辰月을 水氣의 墓地라고 부르는 것처럼 水氣가 부족한 공간임이 분명합니다. 亥子丑, 寅卯辰 과정에 甲乙에게 水氣를 공급하느라 무기력해진 것입니다. 그래도 辰土의 공간에서 癸水의 도움을 받은 乙木은 적극적으로 좌우확산 합니다. 干支로 바꾸면 癸卯로 비록 乙癸처럼 氣的 조합과는 다르지만 癸水가 물질 卯木에게 에너지를 방사해서 성장을 촉진합니다. 에너지 방향은 반드시 내부에서 외부를 향하기에 모두 밖으로 튀어나가는 움직임입니다. 또 卯木의 地藏干에 있는 甲乙 육체를 활용하기에 예술, 악기, 조각, 글, 그림, 언변, 택배와 같은 물상과 인연이 깊습니다. 地支로 살피면 子卯 刑 조합이지만 辰土의 내부에서 발생하며 子水와 卯木이 宮位를 차지한 상태에서 刑하는 것이 아닙니다. 水氣가 말라 癸水가 무기력해지는데 辰의 내부에서 子卯 刑이 발생하기에 水氣는 더욱 탁해지고 熱이 오릅니다. 이에 상응하는 물상은 고혈압, 다혈질, 욱하는 성질이고 심하면 당뇨도 발생하며 피가 탁해집니다. 이처럼 辰月에는 水氣가 부족함에도 辰土를 물텀벙이라고 황당한 주장을 합니다. 申子辰 三合으로 水氣가 많다는 주장은 시공간 흐름을 인지하지 못한 겁니다. 辰中 癸水는 申子辰 三合운동을 마감했기에 水氣가 많을 수 없습니다. 왜 하필 辰월에 水氣를 마감할까요? 자연은 더 이상 水氣를 활용해서 木氣를 키울 의지가 없는 겁니다. 정리하면, <u>辰月은 子卯 刑이라는 방식을 활용해서 스스로 물형을 조절하는 겁니다</u>. 子水가 卯木에게 水氣를 공급해서 무기력하게 만들어 巳月에 꽃이 활짝 피어나게 하려는 의지입니다. 비록 子水는 상하지만 木의 성장을 촉진하는 행위를 멈추고 火氣로 나아가려는 것입니다. 子午卯酉 刑의 문제는 子丑寅卯로 흐를 때 네 번째 단계를 刑, 破라고 부르며 어떤 원인으로 그 흐름이 정상적이지 않음을 암시합니다. 왜 그렇게 불렀을까요? 그 해답은 의외로 쉽게 四季圖에서 발견할 수 있습니다.

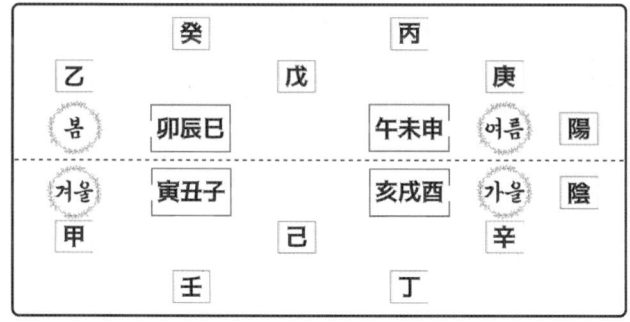

子丑寅 겨울, 卯辰巳 봄, 午未申 여름, 酉戌亥 겨울로 나누는 이유는 공간특징이 상이하기 때문입니다. 겨울은 내부에서 하강

하는 움직임에 집중하고 卯月에 이르면 땅을 뚫고 오릅니다. 이 움직임이 辰巳월까지 이어지다가 午월에 이르면 수렴, 하강을 시작하고 未申월까지 이어집니다. 酉月에 이르면 낙하해서 땅과 접촉하고 내부로 들어가는 움직임이 戌亥월까지 이어집니다. 子月에 이르면 폭발하면서 상승하는 움직임으로 전환되고 丑寅월까지 이어집니다. 이런 이유로 子卯, 卯午, 午酉, 酉子를 刑破라고 부르며 시공간 움직임이 너무도 다르기에 그 특징에 명칭을 부여한 것입니다. 예로 子丑寅. 卯辰巳는 겨울의 땅내부와 봄의 땅 외부만큼의 차이를 보이기에 공간을 활용하는 방식이 전혀 다릅니다.

辰土에서 子卯 刑의 문제로 子水가 상했음을 이해했습니다. 사실 子水는 겨울의 중심에서 처음으로 陽氣가 동하여 金을 木으로 바꾸어 처음으로 뿌리내림을 시도합니다. 그처럼 생명수와 같은 子水가 卯木을 만나 증발하면 열이 오르고 탁해집니다. 이런 문제로 子卯 刑에는 불임, 미숙아, 체외수정, 입양, 색욕문제가 발생합니다. 三字조합으로 표현하면 子卯辰입니다. 子卯辰 조합은 불임문제가 발생합니다. 반드시 불임물상으로 발현되는 것은 아니고 결혼을 하지 않거나 자식의 성장장애가 생길 수도 있습니다. 辰土에 미숙아, 지체장애와 같은 속성이 있는데 예로 庚辰일 여성은 아이를 낳지 못하면서도 남녀 인연은 복잡할 수 있습니다. 탁한 씨종자 때문에 자식을 낳는데 애를 먹는 이유는 모두 辰土 내부에서 子卯辰 三字로 반응하기 때문입니다. 문제를 해결하려면 어떻게 해야 할까요? 해법을 알아야 辰月의 時空을 이해합니다. 반드시 부족한 水氣를 공급해야 안정됩니다. 또 水氣를 머금은 글자들을 공급해서 간접적으로 水氣를 제공할 수도 있습니다. 水氣를 직접 공급하는 행위는 辰土에 水氣를 채워서 癸水가 무력해지는 것을 막는 것입니다. 이것이 辰月이 필요로 하는 행위입니다. 干支로 표현하면 癸辰은 불가능하기에 壬辰 月이 좋다고 주장하는 것입니다. 甲辰, 丙辰, 戊辰, 庚辰, 壬辰 중에서 壬辰이 제일 좋을 수밖에 없는 겁니다. 壬水가 辰土의 탁한 기운에 생명수를 공급합니다. 이런 이유로 壬辰간지는 약사, 약국, 한의사, 심리상담, 정신치료와 같은 직업물상에 어울립니다.

乾命				陰/平 1958년 3월 2일 08:30								
時	日	月	年	85	75	65	55	45	35	25	15	5
甲辰	丁卯	丙辰	戊戌	乙丑	甲子	癸亥	壬戌	辛酉	庚申	己未	戊午	丁巳

중년에 두 자식을 낳았는데 모두 병으로 죽었습니다. 자식은 生氣에 해당하기에 水氣가 넉넉해야 건강하고 장수합니다. 辰月에 戌土와 沖하고 卯木과 甲木이 있는데 水氣가 전혀 없으니 말라서 성장이 어렵고 大運조차도 丁巳, 戊午, 己未로 생명수가 고갈되자 生氣가 사라집니다. 이처럼 水氣는 비록 사회발전과 직접적인 관계는 없지만 내 사주팔자 주위에 존재하는 生氣들이 견디지 못하고 사라지는 문제가 발생합니다. 피가 탁해지고 열이 오르기에 자식들이 견디지 못했던 것입니다. 十神으로 살펴서 傷官이 많아서 문제거나 官星이 없어서 문제라고 주장할 수는 구조입니다. 혹은 辰의 地藏干에 있는 癸水가 辰戌 沖으로 자식에 해당하는 官星이 상해서 자식이 죽었다고 주장합니다. 하지만 月支는 모친과 형제를 상징하는 宮位이기에 자식에게 직접적인 영향을 주는 것은 아닙니다. 辰月에 甲木, 卯木이 성장해야 하는데 水氣가 마르면 生氣를 유지하기 힘들다는 것을 기억해야 합니다.

坤命				陰/平 1964년 5월 6일 10:30							
時	日	月	年	83	73	63	53	43	33	23	13	3
辛	乙	庚	甲	辛	壬	癸	甲	乙	丙	丁	戊	己
巳	未	午	辰	酉	戌	亥	子	丑	寅	卯	辰	巳

時柱 辛巳와 巳午未로 자식宮位에 生氣가 없습니다. 年의 辰土는 水氣가 말라 절대로 빼앗기지 않으려고 합니다. 이런 구조를 구두쇠라고 했습니다. 이 여인은 신병에 걸렸습니다. 水氣가 너무 증발해버렸고 巳午未에 자극받은 庚辛이 乙木을 찌르니 木火 피의 흐름이 불안정해지자 정신병에 걸린 것입니다. 자식도 얻기 어렵고 얻는다고 해도 기르기 힘든 자식입니다. 특히 일시에서 丑戌 刑하거나 辰戌 沖하면 불안정하면서 문제가 발생합니다.

未土가 스스로 刑하는 방식

未월의 지장간 상황을 살펴보겠습니다. 己土를 빼면 丁乙이 남는데 그 의미는 丁火가 乙木의 좌우확산 움직임을 수렴해서 딱딱하게 만들어 열매의 성장을 완성하려는 겁니다. 즉, 丁火를 활용해서 乙木을 수렴하는 방식으로 완성한 것입니다. 결국 丁乙이 未월에 스스로 刑한다는 의미는 丁火로 乙木의 좌우확산을 억제하여 열매로 수렴하려는 겁니다. 干支로 바꾸면 丁卯로 교육물상에 적합한 이유는 丁火가 새싹과 같은 卯木을 적절하게 관리하기 때문입니다. 月과 日에 丁卯가 있으면 교육업과 인연이 많은 이유입니다. 地支로 바꾸면 卯午 破입니다만 未월의 지장간 내부에 국한한 破 작용입니다. 未의 내부에서 卯午 破하는 이유는 午火가 卯木의 좌우확산 움직임을 수렴하여 활동을 둔하게 만들어버립니다. 새싹과 같은 卯木을 午火가 자꾸 움직이지 못하게 방해해버립니다. 오리, 닭을 닭장에 집어넣고 최소한의 움직임만 허용한 것으로 일정한 틀에 넣고 성장을 방해합니다. 이것이 未月에 발생하는 卯午 破 작용입니다. 未月 乙木은 상하지는 않았지만 丁火에 의해 활동이 매우 답답해진 것입니다. 丁火가 막대기로 乙木을 툭툭 치면서 틀에 모이게 만드는 겁니다. 만물의 형태가 둥그렇게 뭉치듯 자연에서 발생하는 모든 활동의 가장 적합한 물형은 바로 원형입니다.

사주팔자에서 卯午 破 작용은 적절한 성장과정을 방해하는 것으로 丁火가 乙木을 괴롭힙니다. 물상으로는 육체장애, 질병, 미용, 화장, 연예, 도화라고 했습니다. 만약 卯月에 癸水나 子水가 없는 상태에서 卯午 破가 발생하면 성장장애, 다리를 저는 문제가 발생합니다만 未月의 地藏干에서 발생하는 卯午 破는 성장이 끝난 공간에서 활동을 답답하게 만들어버린다는 차이가 있습니다. 즉, 未土에서는 성숙한 육체에 장애가 발생합니다. 만약 月支에 未土가 있다면 모친과, 형제자매를 상징하는 宮位이기에 해당 육친에 장애문제가 있습니다.

坤命				陰/平 1958년 6월 1일 08:30								
時	日	月	年	83	73	63	53	43	33	23	13	3
庚	乙	己	戊	庚	辛	壬	癸	甲	乙	丙	丁	戊
辰	未	未	戌	戌	亥	子	丑	寅	卯	辰	巳	午

未未戌辰으로 刑沖이 공존합니다. 乙卯대운 戊寅年에 병으로 사망했습니다. 土가 많고 水氣는 없으며 沖刑이 복잡하기에 암에 걸리기 쉽습니다.

坤命				陰/平 1955년 4월 25일 20:30								
時	日	月	年	87	77	67	57	47	37	27	17	7
庚	丁	壬	乙	辛	庚	己	戊	丁	丙	乙	甲	癸
戌	未	午	未	卯	寅	丑	子	亥	戌	酉	申	未

구조가 애매합니다. 戌未 刑하니 자식이 생기지 않아서 인공수정 했으나 6日만에 죽어 자식이 없습니다. 임신이 어려운 구조입니다.

坤命				陰/平 1980년 9월 5일 04:30								
時	日	月	年	82	72	62	52	42	32	22	12	2
丙	己	丙	庚	丁	戊	己	庚	辛	壬	癸	甲	乙
寅	未	戌	申	丑	寅	卯	辰	巳	午	未	申	酉

일지 未土 남편자리가 불안하기에 남편 복이 없을 뿐만 아니라 도와주어야 할 형제가 있는 것이 己未 日의 특징인데 水氣가 부족하고 木氣가 무기력하기 그렇습니다. 20대에 남편이 살해당했다고 합니다. 일지 未土가 戌未 刑하고 寅未로 未에서 인목 생기가 상하기에 살기가 강하여 남편이 사망했습니다. 未土의 특징에 대해서 三刑論 책을 참조하기 바랍니다.

戌土가 스스로 刑하는 방식
戌土의 地藏干에서 戌土를 빼면 辛丁이 남습니다. 丁火가 辛金에게 열기를 제공하다가 점점 무기력해지는 공간입니다. 지금 설명은 戌土의 地藏干 내부에 있는 辛丁에 대한 것입니다. 戌土에서 이루어지는 辛丁조합은 丁火가 자신의 열을 辛金에게 전달해주는 겁니다. 그렇게 하는 이유는 열기를 받은 辛金이 亥水에게 전달하기 위한 겁니다. 丁火가 辛金에게 열기를 빼앗기는 과정을 지지로 살피면 午酉 破로 午火가 酉金에게 자신의 열기를 빼앗기는 겁니다. 자연은 戌土의 내부에서 午酉 破 작용을 통해서 열을 빼앗아야만 하는 이유가 있습니다. 丁火 열기를 빼앗아야만 가을에서 겨울로 넘어갈 수 있기 때문입니다. 따라서 戌土는 반드시 열기를 유지해야 하므로 강력한 火氣를 원하는 겁니다. 午火 중력, 열, 수렴작용이 약해지면 열매를 만들지 못한다고 했습니다. 인간의 사회활동 과정으로 살피면 마치 돈을 만들어내는 능력이 사라지는 것과 같습니다. 戌月의 또 다른 문제점은 生氣가 소멸되는 공간입니다. 戌土 내부에서 丁火가 상하고 生氣가 사라집니다. 午火가 酉金에게 熱을 가하는 과정은 담금질에 비유할 수 있는데 항상 불씨가 꺼지지 않도록 火氣를 잘 공급하고 유지해야만 합니다. 하지만 문제는 戌土 속에는 항상 뜨거운 불씨가 있기에 戌土가 불안정해지면 殺氣가 동합니다. 예로, 사주원국에 戌土가 있는데 운에서 丁火가 오거나 辛金이 올 때는 잘 살펴야 합니다. 살상을 동반한 문제가 발생하기 때문으로 총, 칼, 화재, 폭발물에 의해서 육체가 상할 수 있습니다. 戌土를 싸움꾼이라고 표현하는 이유입니다.

坤命				陰/閏 1976년 8월 28일 18:30							
時	日	月	年	84	74	64	54	44	34	24	14	4
丁酉	丙午	戊戌	丙辰	己丑	庚寅	辛卯	壬辰	癸巳	甲午	乙未	丙申	丁酉

이 여인은 乙未대운에 살해당했습니다. 辰戌未가 복잡하게 조합한 대운입니다. 시공간 반응으로 살피면 辰중 乙木이 천간에 드

러나기에 辰戌 沖합니다. 이때 辰土가 강한지 약한지는 중요하지 않습니다. 丙火, 丁火의 강력한 火氣를 담은 戌土를 辰土가 沖하는 것이 문제로 마치 용광로가 뒤집히는 상황과 같습니다. 神煞로 살피면 辰年을 기준으로 巳午未, 丙丁은 모두 겁살, 재살, 천살로 저승사자와 같은 작용입니다. 사주원국에 火氣가 탱천하고 戌月에 殺氣가 강하기에 乙木이 천간에 드러난 대운에 生氣가 상하자 문제가 발생했습니다. 이처럼 戌未 刑이 단독으로 물상을 만들어낸 것이 아니라 辰戌未, 저승사자, 殺氣 가득한 사주원국의 문제가 복합적으로 반응하여 문제가 발생하였습니다.

乾命				陰/平 1982년 9월 6일 04:30							
時	日	月	年	86	76	66	56	46	36	26	6
甲	戊	庚	壬	己	戊	丁	丙	乙	甲	癸	壬	辛
寅	寅	戌	戌	未	午	巳	辰	卯	寅	丑	子	亥

戌月에 壬水가 무기력하게 있기에 나쁘지 않은데 大運은 辛亥, 壬子, 癸丑으로 흐르니 水氣가 과합니다. 또 天干에서 甲戊庚 三字로 조합하였는데 水氣가 부족하기에 甲木에게는 사막과 같은 터전을 만났고 庚金은 선인장처럼 날카롭고 뾰족하기에 갑목에게 위험한 존재입니다. 이처럼 甲戊庚 세 글자가 만났는데 水氣가 넉넉하지 않으면 모두에게 좋지 않습니다. 地支는 寅戌로 寅酉와 더불어 殺氣가 강한데 그 이유를 천간으로 살피면 마치 甲戊 조합처럼 甲木이 마른 사막에서 성장할 수 없는 상황과 다를 바 없습니다. 결국, 이 사주구조는 엇박자입니다. 戌月에 태어났기에 水氣를 원하지 않지만 甲寅 입장에서는 반드시 넉넉한 壬水를 원하기 때문입니다. 壬子대운을 만나면 戌月의

時空에 좋은 상황이 아닙니다. 乙酉年에 전봇대를 수리하다 차에 치여 사망했습니다. 寅酉의 살기, 甲戊庚의 살기, 戌土의 火가 필요한데 水대운으로 흐르는 문제가 종합적으로 반응하였습니다. 신살로 살피면, 戌年을 기준으로 壬子는 겁살과 재살로 저승사자와 같고 甲申, 乙酉년에는 날카로운 金氣에 甲乙 생기가 상하는 해였습니다.

乾命				陰/平 1986년 6월 11일 08:30							
時	日	月	年	87	77	67	57	47	37	27	17	7
甲辰	壬戌	乙未	丙寅	甲辰	癸卯	壬寅	辛丑	庚子	己亥	戊戌	丁酉	丙申

사주원국에 辰戌未가 모두 있습니다. 6세 辛未年에는 戌中 辛金이 천간에 드러나고 戌未 刑, 辰戌 沖이 동시에 발생하자 두 다리를 잃고 휠체어를 타고 살다가 丁酉대운에 戌土의 지장간이 반응하고 未土도 반응하여 戌未 刑하고 辰戌 沖, 戌未 刑이 모두 발생했으며 寅酉로 殺氣도 강해져 사망했습니다. 이처럼 戌土의 지장간에 있는 丁火가 천간에 드러나면 흉한 경우가 많습니다. 용광로와 같은 戌土가 난동을 부리기 때문입니다.

丑土가 스스로 刑하는 방식

丑土의 지장간 상황을 살펴보겠습니다. 丑土는 어머니가 아이를 잉태하여 만삭에 이른 상황으로 기억해야 합니다. 丑土는 子丑寅의 과정으로 굉장히 陰的이고 女性이며 生氣를 품었습니다. 丑土가 의외로 짝짓기 성향이 강한 이유이기도 합니다. 남녀 사이에 문제가 발생하면 다시 짝짓기를 반복하는 성향이 丑土입니다. 日支에 丑土가 있다면 이런 성향이 더욱 강합니다. 또 丑土

는 여성의 잉태를 상징하기에 만약 日支에 丑土가 있다면 모계 사회처럼 여성이 가정을 이끌어가는 경우가 많습니다. 축토가 반드시 해야 할 행위는 바로 生氣를 밖으로 배출하는 것입니다. 절대로 품고 있을 수가 없습니다. 酉金을 破하는 것이 丑土인데 干支로 癸酉입니다. 酉金이 癸水를 生한다고 표현하지만 四季圖의 이치로 살피면 癸水는 酉金을 싫어하는데 그 이유는 癸水가 원하는 乙木을 키우지 못하기 때문입니다. 봄에 乙木의 성장을 촉진하는 癸水는 癸卯, 癸乙 조합을 기뻐하지만 乙卯를 자르는 酉金을 두려워합니다. 따라서 酉金이 日支에 있다면 배우자를 두려워하고 불편해합니다. 이런 이유로 癸酉干支는 결혼이 어렵고 만약 결혼하면 재혼하기 쉽습니다. 癸水는 乙卯를 통하여 자신의 의지를 표현하는데 酉金으로 生氣가 상하기에 자식 농사도 어렵고 육체, 정신장애 문제도 발생합니다. 독신, 이혼, 자식장애 문제가 생기는 간지입니다. 丑土의 지장간 내부에서 子酉 破가 발생하는데 酉金이 子水에 의해 딱딱했던 물형이 물렁거리기 시작합니다. 이 문제를 해결하려면 丑土에 酉金을 보충해야 하므로 大運이 子亥戌酉申으로 흘러야 합니다. 丑月에 金氣를 보충하면 나쁘기는커녕 좋아지는 이유입니다.

酉子 破는 酉金 씨종자, 조상신이 子水에 의해 너덜거리면서 육체, 정신적으로 문제가 발생할 수 있습니다. 辛酉, 癸 혹은 子酉 破 등 씨종자가 水氣와 접촉하면 접신, 빙의, 귀신들과 엮이는 문제가 발생합니다. 특히 辰戌丑未, 子卯午酉, 寅巳申亥가 세 글자로 조합하면 문제가 훨씬 심각해집니다. 예로, 子卯酉, 子卯午, 午酉子로 酉丑辰, 辰戌未와 같은 조합들입니다. 정리하면 丑土의 지장간 내부에는 酉子 破를 통해서 스스로 酉金의 체성을 망가뜨리는 문제가 있습니다. 丑土에 투기, 도박, 도둑, 마약, 접신, 빙의와 같은 문제가 발생하는 이유가 바로 酉子 破

때문입니다. 丑土의 문제를 해결하려면 반드시 沖刑을 해줘야만 한다고 주장하는 이유입니다.

乾命				陰/平 1941년 2월 21일 08:30							
時	日	月	年	86	76	66	56	46	36	26	16	6
庚辰	乙丑	辛卯	辛巳	壬午	癸未	甲申	乙酉	丙戌	丁亥	戊子	己丑	庚寅

丙戌대운 戊辰年에 부인이 사망하였습니다. 丑辰 破로 불안정하고 乙辛으로 殺氣가 강한데 卯丑도 生氣가 상하는 조합이 분명합니다. 丙戌대운 43세 日支에 이른 시기에 丑戌, 辰戌丑이 동시에 동하면서 부인이 사망하였습니다.

坤命				陰/平 1968년 12월 15일 22:30							
時	日	月	年	89	79	69	59	49	39	29	19	9
辛亥	丁未	乙丑	戊申	丙辰	丁巳	戊午	己未	庚申	辛酉	壬戌	癸亥	甲子

월지 丑土만 있으면 구조가 흉하지는 않는데 未土까지 있으며 丑未 沖합니다. 또 亥未 조합으로 亥水가 불편합니다. 亥水가 天干에 드러난 壬戌대운이 오면 亥未의 탁한 문제가 발현되고 地支에서는 未丑에 戌까지 겹치면서 매우 불안정해집니다. 丁丑年에 대운에서 天干에 드러난 壬水와 세운의 丁火가 合으로 묶이고 답답해지자 남편이 사망했습니다.

坤命				陰/平 1969년 12월 3일 20:30							
時	日	月	年	88	78	68	58	48	38	28	18	8
丙	庚	丁	己	丙	乙	甲	癸	壬	辛	庚	己	戊
戌	寅	丑	酉	戌	酉	申	未	午	巳	辰	卯	寅

庚辰대운 甲申年에 남편이 차사고로 사망했습니다. 丁丑월 丙戌 時로 丙火가 인생이 고민과 같은데 丁火까지 섞였으며 일지 寅木 남편은 丑戌 刑 사이에 협자로 끼어서 비틀리니 남편의 상황이 매우 불안정합니다. 庚辰대운이 오면 年支 酉金이 庚金으로 드러나고 일지와 寅酉로 조합하니 심장마비, 뇌출혈, 암살, 킬러 물상입니다. 甲申年에 일지 寅木의 지장간에 있던 甲木이 천간에 드러나 甲己로 합하고 庚金에게 충당하여 생기가 상합니다. 申金이 일지 寅木을 沖하니 상황이 더욱 심각합니다. 庚辰대운은 연월에서 酉丑辰 三字로 조합하기에 교통사고 물상이 분명합니다.

乾命				陰/平 1960년 12월 15일 14:30							
時	日	月	年	81	71	61	51	41	31	21	11	1
辛	甲	己	庚	戊	丁	丙	乙	甲	癸	壬	辛	庚
未	子	丑	子	戌	酉	申	未	午	巳	辰	卯	寅

丑月이기에 년과 월에서 갑, 정축조합이 좋지만 오히려 庚년에 태어났고 丙火가 없으니 냉한 구조입니다. 다행히 木火대운으로 흘러 水氣를 활용하고 未土로 丑未 沖해서 땅을 개량하기에 포크레인 기사입니다. 日支 子水가 丑未 沖 사이에 夾字로 끼었고 子丑 合하니 짓고 부수기를 반복합니다. 夾字로 끼어있는 배우

자 子水가 상하거나 바뀔 수 있습니다만 포크레인 기사로 땅을 파고, 메우는 직업을 통해서 배우자 문제를 해소할 수도 있습니다.

乾命				陰/平 1958년 11월 28일 18:40								
時	日	月	年	89	79	69	59	49	39	29	19	9
甲	己	乙	戊	甲	癸	壬	辛	庚	己	戊	丁	丙
子	丑	丑	戌	戌	酉	申	未	午	巳	辰	卯	寅

지방대 법대 출신으로 부유한 가정에서 태어났으나 망한 전력이 있습니다. 월주 乙丑干支가 부도의 상이기에 부모 대에서 한번 몰락할 수 있습니다. 또 丑土와 丑戌 刑, 丑丑, 丑丑戌로 불안정하기에 부모의 상황이 좋지 않습니다. 다만, 年과 月에 있는 乙戊조합을 교육, 공직으로, 丑戌 刑을 조정하고 타협하는 물상으로 활용해서 법대를 졸업했습니다. 丑土의 도둑, 강도와 같은 속성이 戌土에 刑 당하였기에 오히려 범죄자를 잡아들이는 법과 인연이 된 것입니다.

乾命				陰/平 1977년 12월 19일 17:30								
時	日	月	年	87	77	67	57	47	37	27	17	7
壬	己	癸	丁	甲	乙	丙	丁	戊	己	庚	辛	壬
申	丑	丑	巳	辰	巳	午	未	申	酉	戌	亥	子

모양이 좀 이상합니다. 丑月이니 丙火나 甲이나 丁丑, 甲으로 조합해야 좋습니다. 혹은 丁未, 癸丑은 법조계 물상인데 日支가 丑土에 時가 壬申입니다. 결혼도 못했고 가스판매업에 관심이

많고 우유부단합니다. 乙木이 있어야 얼어붙은 己丑의 땅을 뚫어서 물이 흐르기에 甲木을 키워서 좋은 사주가 되었을 것인데 아쉽게도 없습니다. 마침 대운도 壬子, 辛亥, 庚戌, 己酉로 흐르니 키우기 힘듭니다. 丑丑의 석유가스와 壬申, 丁巳조합으로 가스, 가스폭발, 화재와 같은 물상을 직업으로 활용합니다. 己土와 壬水가 소통하면 木을 키울 수 있는데 그렇지 못하기에 丁巳, 癸丑으로 가스판매업에 흥미를 느낍니다. 乙木이 없는데 壬己가 만나면 탁해지면서 판단력이 흐려지고 우유부단 합니다.

坤命				陰/平 1948년 6월 21일 02:30							
時	日	月	年	86	76	66	56	46	36	26	16	6
癸丑	癸丑	己未	戊子	庚戌	辛亥	壬子	癸丑	甲寅	乙卯	丙辰	丁巳	戊午

이런 구조는 癸水와 戊己가 서로 대적하는 상황이기에 소통해 줄 무언가가 필요합니다. 乙木이 있으면 己土를 뚫어서 壬水나 癸水의 흐름이 빨라지고 木을 키울 수 있는데 乙木이 보이지 않습니다. 또 戊癸 合하기에 乙木이 있어야 쓰임이 좋아지는데 없습니다. 壬己乙 三字로 조합하면 마치 웅덩이 물이 탁한데 乙木이 물길을 내주기에 주위에 나무가 자라게 됩니다. 또 金氣를 보충하면 탁했던 물이 미네랄을 품어 가치가 높아집니다.

제 30강

◆寅巳申 三刑

時空間이 반응하는 방식　82
寅巳申亥가 스스로 刑하는 방식　90
寅巳申亥 刑의 개념　95
寅巳 刑　98

時空間이 반응하는 방식

時空間이 반응하는 방식을 잠깐 다루고 넘어가겠습니다. 乙未年에는 어떤 기운이 지구에서 반응하는지에 대해 설명했습니다만 지구에 존재하는 모든 생명체에게 통용되는 에너지입니다. 다만, 모든 생명체들의 반응이 다른 이유는 모두 사주팔자에 따라서 반응하는 현상이 상이하기 때문입니다.

坤命				陰/平 1968년 6월 19일								
時	日	月	年	82	72	62	52	42	32	22	12	2
모름	乙酉	己未	戊申	庚戌	辛亥	壬子	癸丑	甲寅	乙卯	丙辰	丁巳	戊午

時는 없습니다. 사주원국 일지가 酉金으로 38~45세 사이에 이르면 배우자와의 관계가 불편해집니다. 甲寅대운에 乙木의 육체가 강해지는 운입니다. 乙木 生氣는 쉬지 않고 좌우로 生氣를 퍼트리는 과정에 자연스럽게 주위사람들과 관계를 형성합니다.

甲寅도 生氣의 원천이기에 乙木이 甲寅을 타고 오르기에 성욕도 강해지는 시기인데 문제는 甲寅과 日支가 寅酉로 껄끄러운 문제가 발생하고 寅申 沖하면서 근본적인 공간변화가 발생합니다. 乙未年에 월지 未土의 지장간에 있는 乙木이 천간에 드러났기에 사회활동이나 직업변화를 암시합니다. 또 未申으로 未中 乙과 申中 庚이 乙庚 合하기에 물질을 추구하는 조합하고 乙未年의 乙이 년에 있는 戊土를 향하여 정착하는데 그 아래에 申金이 있으니 2015年 8月에 회사사장과 외도했습니다.

坤命				陰/平 1992년 8월 28일 12:30								
時	日	月	年	86	76	66	56	46	36	26	16	6
戊午	癸卯	己酉	壬申	庚子	辛丑	壬寅	癸卯	甲辰	乙巳	丙午	丁未	戊申

2015년 4월에 커피숍을 오픈하였습다만 5월에 장사가 어려워지자 매도하려고 합니다. 壬申년생으로 23세에 불과한데 丁未대운을 지나고 있습니다. 時支 午火가 천간으로 드러나 개인적으로 추진하는 일이나 취미활동입니다. 결혼했다면 자식관련 일입니다. 만약 년에서 반응하면 근본터전 변화를 암시하고, 月에서 반응하면 사회활동, 직업, 부모형제 관련입니다. 또 日에서 반응하면 부부관계에 대한 일에 해당합니다. 丁未대운에 午火가 반응했기에 개인적인 일이나 사건인데 壬申과 癸卯가 있기에 壬水와 丁火가 合하지만 癸水가 丁火를 沖해버리기에 丁火가 심하게 상할 수 있습니다.

일간 癸水 입장에서는 丁火를 합으로 빼앗아가는 壬水를 보자 자신이 먼저 취하려는 시기, 질투가 발생하고 돈을 벌겠다는 욕망이 강해집니다. 문제는 사주팔자에 구조대로 年의 壬申과 동업, 협력하거나 壬申이 癸卯를 설득해서 동업하자고 제안합니다. 壬申과 癸卯는 卯木과 申金이 암합하기 때문에 대리점물상이기에 커피숍을 시작했지만 결론적으로 壬水가 丁火를 합으로 채가니 돈만 날렸습니다. 동업이 아니라면 누군가의 꼬드김으로 壬水가 丁火를 채가는 일이 발생했습니다. 정리하면, 丁未대운은 午火의 地藏干에 있는 丁火가 천간에 드러나 취직이나 사업이 아니라 개인적으로 커피를 좋아하는데 乙未년에 일지 卯木이 반응하자 년의 申金과 卯申으로 乙庚 合하여 물질을 추구하는 욕망이 생겨납니다. 결국 壬申과 癸卯가 관계를 형성하고 단체, 조직, 대리점, 브랜드 커피업체와 연결되고 壬申의 설득으로 카페를 열었습니다. 午火는 年과 月에 있는 酉金, 申金을 자극하면 壬癸를 향하여 총알처럼 튀어나갑니다. 이런 움직임은 돈에 대한 강력한 욕망 혹은 이성과의 성욕을 암시합니다. 이 과정에 발생하는 문제는 申酉가 壬癸를 향하여 총알처럼 튀어나가는 과정에 卯申과 卯酉 沖으로 卯木 생기가 심하게 상합니다.

辛酉, 癸卯 혹은 癸酉, 乙卯 조합은 배우자나 주위에 있는 육친들이 다치거나 사망할 정도로 상할 수 있다고 했습니다. 癸卯는 癸水가 卯木의 성장을 촉진하고 있는데 갑자기 酉金이 끼어들어 沖해버리면 심하게 다치기 때문입니다. 乙未年에 일지 卯木이 반응하기에 좌우로 펼치려고 움직이지만 卯午 破하기에 갑자기 시들해집니다. 丁未대운에 壬水의 꼬드김으로 卯申이라는 물상을 추진했지만 壬癸丁 三字로 丁火가 상하고 地支에서 卯酉 沖과 卯午 破로 더 이상 진행이 어려워지자 카페를 처분하려고 합니다. 乙庚 합하면 반드시 丙火가 있어야 열매를 확장할 수 있지만 丁火로는 부족합니다.

坤命				陰/平 1967년 5월 19일 16:30							
時	日	月	年	84	74	64	54	44	34	24	14	4
丙申	辛酉	丙午	丁未	乙卯	甲寅	癸丑	壬子	辛亥	庚戌	己酉	戊申	丁未

이 여인은 辛亥대운을 지나고 있습니다. 丁未, 丙午, 辛酉, 丙申으로 사주원국에 水氣가 전혀 없다가 辛亥대운이 오면 내부에 열기를 가득 품은 수많은 金氣들이 亥水를 향하여 총알처럼 튀

어나갑니다만 天干으로 드러난 것이 아니고 地支로 왔기에 천간으로 반응할 때를 기다려야 합니다. 乙未年에 이르면 未中 乙木이 반응하여 천간으로 드러났고 대운의 亥水와 亥未로 合합니다. 未년이 반응했으니 근본터전의 변화입니다. 또, 丁未와 乙未의 未土는 복음이기에 도플갱어처럼 서로 거부하고 밀어내면서 화합할 수 없기에 未土에서 멀리 벗어나려는 움직임입니다. 지금까지 활동하던 근본터전을 멀리하려는 속성이 강해지면서 乙未년 5월에 살던 집을 팔았습니다.

乾命				陰/平 1979년 7월 21일 18:30								
時	日	月	年	81	71	61	51	41	31	21	11	1
己	壬	癸	己	甲	乙	丙	丁	戊	己	庚	辛	壬
酉	午	酉	未	子	丑	寅	卯	辰	巳	午	未	申

2015년 37세 乙未年 상황입니다. 己巳대운에 未土와 午火의 地藏干에 있는 己土가 천간으로 드러나고 乙未年은 未土의 地藏干에 있는 乙木이 반응하였습니다. 따라서 未土에 담겼던 時間이 천간에서 그 특징을 발현시킵니다. 宮位 의미를 추가하면, 年支가 상징하는 근본터전의 변화가 발생합니다. 2015년 7월에 이사했습니다. 세분하여 살피면, 未土, 午火가 대운에서 己土로 반응하였기에 午未 合하는데 중간에 夾字로 끼어있는 酉金이 비틀립니다. 月支 사회宮에서 발생한 문제로 이동하게 된 것입니다. 乙未年이 오면 年支가 반응하여 午未 合하는데 月支가 비틀리는 상황에 직면하면서 사회, 직업 宮位가 불안정해지자 이사를 하였습니다.

坤命				陰/平 1966년 1월 27일 08:30								
時	日	月	年	84	74	64	54	44	34	24	14	4
甲辰	丁未	庚寅	丙午	辛巳	壬午	癸未	甲申	乙酉	丙戌	丁亥	戊子	己丑

34세 丙戌대운에 午中 丙火, 寅中 丙火의 시간이 도래하였습니다. 따라서 年과 月에 관련된 사항이 분명하고 戌土가 년과 월에서 寅午戌 三合을 이루며 일지와 戌未 刑하는데 辰土까지 있기에 모든 地支가 복잡하게 불안정해집니다. 己卯年에 이르면 未土, 午火의 시간이 도래하여 합하는 과정에 중간에 끼인 夾字 寅木이 답답해집니다. 乙亥월에 未土, 辰土의 지장간에 있는 을목이 반응하였습니다. 대운에서 년에 있는 丙火가 반응하니 근본 터전에 변화가 생기는데 戌土와 寅午戌로 三合하고 戌未로 刑하고 辰土와는 三合 沖까지 합니다. 또 己卯년에 己土가 반응했으니 午未가 합하고 年支와 日支 宮位가 동하는 과정에 매우 복잡합니다. 특히 일지 未土는 배우자 宮位인데 寅午戌과 刑하고 辰戌 沖 과정에 夾字로 끼어 상합니다. 乙亥월에 이르자 未土와 午火가 반응하여 남편과 불화로 이사했습니다. 운에서 어느 宮位가 어떤 조합으로 반응하는지를 자세히 살펴야합니다.

乾命				陰/平 1962년 6월 15일 00:40								
時	日	月	年	88	78	68	58	48	38	28	18	8
丙子	乙卯	丁未	壬寅	丙辰	乙卯	甲寅	癸丑	壬子	辛亥	庚戌	己酉	戊申

사주원국 년과 월에서 丁壬 합하고 寅未 귀문으로 총명한데 시

간에 丙火도 있으니 壬甲丙 三字로 교육, 의료, 검경에 적합하여 사립학교 교장입니다만 乙未年 7月 동료의 투서로 정직 당했습니다. 54세로 壬子대운을 지나는 중이었기에 時支 子水에 있는 壬水가 반응하여 사주원국의 구조대로 子卯 刑과 子未로 子水가 탁해졌습니다. 時支와 月支가 반응했기에 사회활동과 사적인 문제가 반응하여 사건을 만들었기에 사회활동 과정에 발생한 개인적인 원한 문제입니다. 乙未年에 이르면 명확하게 卯木과 未土의 地藏干에 있는 乙木이 반응하여 子卯 刑하고 子未로 子水가 탁해지자 문제가 발생한 것입니다. 이 과정에 時支, 日支, 月支가 모두 반응하기에 개인적인 문제가 사회활동, 직업에 영향을 미쳤습니다. 이런 이유로 동료가 투서해서 정직 당했습니다. 만약 子水가 年支에 있었다면 국가, 사회적 문제로 관재가 동했을 것입니다. 이처럼 宮位는 사주팔자의 길흉을 판단하는 핵심요소입니다.

坤命				陰/平 1970년 10월 16일 16:30								
時	日	月	年	82	72	62	52	42	32	22	12	2
庚	戊	丁	庚	戊	己	庚	辛	壬	癸	甲	乙	丙
申	戌	亥	戌	寅	卯	辰	巳	午	未	申	酉	戌

戌亥戌로 亥水가 답답하게 갇힌 모습이고 癸未대운에 이르러 未土가 年支와 日支의 戌土와 戌未 刑하기에 상응하는 궁위의 사건이 발생합니다. 월지 亥水는 戌土에 포위되고 未土까지 亥水의 흐름을 막아서 탁해지면 地藏干에 있는 甲木이 상하기에 직업, 재물, 육체가 상할 수 있습니다. 35세 甲申년에 이혼했습니다. 亥水에 담겨있던 甲木이라는 시간이 도래하고 일지와 戌未로 반응했고 亥未로 亥水 속의 甲木 남편이 반응하자 남편과

의 문제가 발생한 것입니다.

坤命				陰/平 1987년 3월 24일 20:30							
時	日	月	年	85	75	65	55	45	35	25	15	5
丙	庚	甲	丁	癸	壬	辛	庚	己	戊	丁	丙	乙
戌	子	辰	卯	丑	子	亥	戌	酉	申	未	午	巳

丁未대운 乙未년은 29세 즈음입니다. 戌의 地藏干에 있는 丁火가 丁未대운에 반응하였기에 사주원국 구조대로 戌土가 辰戌 沖하는 과정에 夾字로 끼어있는 子水가 불안정하게 비틀립니다. 또 卯戌 합과정에 辰土와 충하고 子水도 상합니다. 乙未년이 오면 卯木과 辰土가 반응하여 정확하게 辰戌 沖하고 卯戌 합하는 과정에 모든 宮位들이 요동치는데 夾字로 끼어있는 子水가 가장 불안정합니다. 10월에 건설회사에 다니다 자격증 공부를 위해서 퇴직하였습니다. 丁未대운의 丁火 六害를 학업에 활용하는 것인데 年干에 있기에 근본적인 변화를 원하고 乙未년은 辰土 月의 직업宮位가 반응했고 子水의 흐름이 답답해지자 회사를 그만두고 공부하려는 겁니다. 만약 日支에 戌土가 있다면 남녀 공히 편하지는 않습니다. 寅午戌 三合을 끝내기에 남자에게는 성기능이 나빠지는 운이기에 결혼이 불안정해집니다. 이런 이유로 일지 戌土는 남녀 공히 그 시기에 외도할 수 있습니다.

乾命				陰/平 1936년 10월 8일 12:30							
時	日	月	年	85	75	65	55	45	35	25	15	5
丙	丁	己	丙	戊	丁	丙	乙	甲	癸	壬	辛	庚
午	未	亥	子	申	未	午	巳	辰	卯	寅	丑	子

1936년생으로 乙巳대운이 오면 日支에 있는 乙木이 반응하였기에 日支의 사건이 발생합니다. 사주원국에 정해진 대로 午未 合하고 未亥, 未子로 탁해집니다. 辛未年에는 사주원국에 없는 辛金의 시간이 도래하였고 대운과 乙辛 沖하면 生氣가 상하고 불편해집니다. 乙巳대운 辛未年은 子年을 기준으로 천살에 해당합니다. 강도들에게 총을 맞고 사망하였는데 길거리에서 운동하는 과정이었습니다. 심장 전문의로 사회적 지위가 있음에도 乙辛 沖하고 未와 亥子로 水氣가 탁해졌으며 乙木이 丙火로 가는 피가 막히자 심장마비, 뇌출혈처럼 갑자기 사망했습니다. <u>宮位는 사건의 실마리를 제공하며 시공간의 반응으로 물형을 결정합니다.</u>

坤命				陰/平 1987년 3월 24일 20:30								
時	日	月	年	85	75	65	55	45	35	25	15	5
丙	庚	甲	丁	癸	壬	辛	庚	己	戊	丁	丙	乙
戌	子	辰	卯	丑	子	亥	戌	酉	申	未	午	巳

위에서 살폈던 여인인데 사주원국 구조는 子水를 사이에 두고 辰戌 沖하고 子卯 刑하고 卯辰으로 卯木이 답답하고 卯戌 合하는과정에 子辰이 夾字로 끼었습니다. 天干에서는 庚이 甲을 沖하고 丙火가 庚을 剋합니다. 이렇게 사주원국에 정해진 숙명대로 운에서 반응합니다. 즉, 시간이 도래하면 사주구조대로 반응한다는 이치를 모르기에 마구잡이식 生剋을 따집니다만 적어도 사주원국의 구조 중에서 어느 시간과 공간이 도래했는지를 이해해야 해당 宮位를 참조해서 발생할 수 있는 물상을 읽는 겁니다. 직업변동, 이사, 결혼, 자식, 진학은 물론이고 근본터전을 바꾸는지, 회사를 바꾸는지, 배우자를 바꾸는지를 읽습니다. 月

과 日에 해당하는 시간이 도래하고 沖 한다면 좌충우돌 하면서 직업 궁에서 변화가 발생합니다. 年支와 日支가 合하면 日支관련 문제로 年支 근본터전에 변화를 주는 것입니다.

寅巳申亥가 스스로 刑하는 방식

寅巳申亥의 개념을 잡으려면 그 정체가 무엇인지 고민해야 합니다. 生旺墓로 표현하는데 寅巳申亥 長生은 새로운 기운이 동하는 공간 환경입니다. 에너지는 끊임없이 순환하기에 한순간 갑자기 생겨나는 것이 아닙니다. 지구에 처음으로 단세포 생물이 생겨나고 산소공급이 늘면서 생명체들이 뛰어놀 수 있는 지구로 바뀌었습니다. 四季를 순환하는 과정이 반복되고 인간이 축적한 경험들은 DNA로 후대에 전달합니다. 46억년 지구역사를 DNA에 축적하고 후대에게 전달하는 방식으로 항상 우리 곁에 머무는 겁니다. 강아지를 아침, 저녁마다 산보시키는데 개는 밤이 되면 항상 문 앞에서 잠을 잡니다. 방에 들어와 잘 것 같아도 항상 문 앞에서만 잡니다. 개의 DNA에 과거에 경험했던 행위들이 담겨있는 겁니다.

인간도 마찬가지로 전생에 기록된 경험들이 계속 이어져 왔습니다. 잠자는 시간, 활동하는 시간이 이미 습관처럼 정해진 겁니다. 특별한 문제가 발생하기 전까지는 절대로 바뀌지 않습니다. 이처럼 寅巳申亥가 長生으로 존재하려면 반드시 과거의 경험이 있어야 하고 그 경험을 바탕으로 새로운 陽氣가 생겨나 동합니다. 자연의 순환이자 생명체의 윤회과정입니다. 寅巳申亥 生地가 없다면 윤회는 불가능합니다. 마치 과거가 없음에도 갑자기 현재가 생겨났다는 표현과 다를 바 없습니다. 하늘 아래 새로운 것이 없다고 했습니다. 그렇다면 寅巳申亥는 어디에서 왔을까요? 앞에서 살폈던 辰未戌丑에서 왔습니다. 辰戌丑未의 기운을 이어 받아 새로운 기운을 창조하는 움직임이 바로 寅巳申亥입니다. 丑土의 지장간에 癸辛己가 있었으며 癸水의 발산작용으로 열기를 올려주니까 寅月에 寅中 丙火가 生地로 寅午戌 三合을 출발할 수 있습니다. 결국 丑中 癸水가 寅午戌 三合운동을 시작할 수 있는 丙火의 기운을 만들어냈던 겁니다. 辰土에 있던 乙木이 巳中 庚金 生地로 드러납니다. 乙木의 좌우확산 운동이 巳月에 꽃으로 활짝 피어나는데 그것이 바로 庚金으로 巳酉丑 三合운동을 시작합니다. 未中 丁火의 수렴운동으로 申月에 壬水가 生地로 동하여 申子辰 三合운동을 출발합니다. 未中 丁火가 있었기에 申中 壬水가 生地로 동한 것입니다. 戌中 辛金은 丁火의 열기를 내부에 축적하다가 亥月에 甲木 生地로 동하여 亥卯未 三合운동을 출발합니다. 이처럼 辰未戌丑을 활용해서 새로운 기운을 창조하는 움직임이 바로 寅巳申亥의 가장 중요한 작용입니다.

정리하면
癸에서 丙으로(水에서 火로의 전환이 丑寅에서 동합니다.)
乙에서 庚으로(木에서 金으로의 전환이 辰巳에서 동합니다.)
丁에서 壬으로(火에서 水로의 전환이 未申에서 동합니다.)
辛에서 甲으로(金에서 木으로의 전환이 戌亥에서 동합니다.)

이런 자연의 순환원리를 사회활동에 응용하면, 계속 사용하던 에너지를 전혀 다르게 활용할 수만 있다면 재물을 모을 수 있습니다. 사주팔자에 傷官이 있으면 돈이 마르지 않는다고 주장하는 이유와 비슷합니다. 傷官을 통해서 새로운 기운을 창출하기에 재물을 만들어낼 수 있습니다. 傷官이 없고 財星을 직접 만나면 財星을 창조하는 것이 아니라 財星을 접촉해서 직접 취하려고 합니다. 사주구조에 따라 길흉이 공존하지만 돈을 벌고자 노력하는 일련의 과정을 거치지 않고 바로 財星을 취하려고 하기에 오히려 문제가 발생할 수 있습니다. 이처럼 食傷은 새로운 기운을 창출하는 수단, 방법입니다. 墓庫의 기운을 이어받은 寅巳申亥의 가장 중요한 개념이 바로 이것입니다.

둘째, 寅巳申亥의 의무이자 책임은 三合운동을 출발시켜야 한다는 것입니다. 지구에 물질을 제공하는 三合운동의 출발점이기에 그 역할은 너무도 중요합니다. 4개의 삼각형 모양의 삼합운동이 끊임없이 사계를 순환합니다. 寅巳申亥를 三刑의 관점에서 살피는 것에만 집중하지만 물질을 생산하는 三合운동의 출발점이라는 개념이 훨씬 중요합니다. 寅中 丙火가 長生으로 드러나고 寅午戌 三合의 분산운동을 출발합니다. 巳中 庚金이 長生으로 동하고 巳酉丑 三合의 수렴운동을 출발합니다. 申中 壬水가 長生으로 동하고 申子辰 三合의 응축운동을 시작합니다. 亥中 甲이 長生으로 드러나고 亥卯未 三合의 성장운동을 출발합니다. 申子辰에서 품었던 金氣를 부드럽게 만들어서 亥卯未로 성장하도록 돕습니다. 이처럼 寅巳申亥의 가장 중요한 역할은 三合운동으로 물질을 창조하는 것입니다.

셋째 寅巳申亥에서 方合을 출발합니다. 三合운동의 출발점인 長生은 기운이 극도로 미약하기에 方合의 강력한 기운으로 추진력을 갖게 합니다. 寅中 甲이 丙火를 生하고, 巳中 丙火가 庚金을 生하고, 申中 庚金이 壬水를 生하고, 亥中 壬水가 甲을 生합니다. 결국 三合의 長生에서 동한 기운을 폭발시켜주는 작용을 方合이 하는 것입니다. 만약 이와 같은 方合의 추진력이 없다면 三合 스스로는 長生에서 동한 기운을 유지하기 어렵습니다. 이런 이유로 方合의 강력한 祿을 활용해서 長生地를 돕고 증폭시켜야만 합니다. 이런 방식으로 寅巳申亥의 三合운동을 돕기에

方合과 三合은 실타래처럼 엮이고 꼬여서 어느 하나라도 비틀리면 문제가 발생합니다. 정리하면, 方合을 활용해서 三合운동을 촉진하기에 寅巳申亥에서는 에너지가 폭발합니다.

넷째, 寅巳申亥는 三合운동이 추구하는 方向과는 상이한 공간입니다. 예로 亥卯未 三合은 성장운동 하는데 亥水는 六陰으로 무한응축의 시공간이기에 성장의 기세는 전혀 없습니다. 寅午戌 三合은 분산운동 하는데 그 출발점 寅木은 분산의 기세가 전혀 없습니다. 寅月은 겨울로 여전히 壬水의 응축기운이 강하기에 寅木은 壬水의 영향을 받아서 하강하는 움직임에 집중하기 때문입니다. 이런 이유로 卯月에서야 비로소 寅午戌 三合운동을 실질적으로 출발하게 됩니다. 이런 이유로 三合운동의 두 번째 단계에 이르러서야 비로소 生地와 정반대 움직임으로 실질적인 三合운동을 출발합니다.

이런 작용을 우리는 <u>목욕, 도화</u>라는 명칭으로 부릅니다. 亥卯未 三合의 경우, 亥水는 六陰으로 성장의 기세가 전혀 없지만 子月에 癸水가 폭발하기에 陽氣가 동하고 성장하기 시작합니다. 寅午戌 三合도 卯月에서야 비로소 좌우확산을 시작하기에 실질적인 분산운동이 시작됩니다. 巳酉丑 수렴운동은 巳火에서는 六陽으로 수렴운동을 전혀 못하지만 午月에 丁火의 수렴운동을 시작합니다. 申子辰 응축운동은 申에서는 여전히 丙火의 기세가 강하기에 응축운동을 전혀 할 수 없지만 酉月에 일락서산하듯 丙火의 움직임이 답답해지면서 응축운동이 시작됩니다. 정리하면, <u>亥와 子, 寅과 卯, 巳와 午, 申과 酉</u>는 움직임이 거의 반대라고 인식해야 합니다. 三合으로 그 차이를 비교하면 巳火는 巳酉丑 三合운동을 하지만 午火는 寅午戌 三合운동을 하므로 方向과 특징이 전혀 다릅니다. 甲乙의 五行은 동일해도 陽陰의 속성은 상이하다고 설명하는 이유입니다. 따라서 甲乙, 丙丁, 戊己, 庚辛, 壬癸의 오행이 동일하기에 두 글자의 특징은 유사할 것이라고 인식하는 것은 옳지 않습니다. 甲木은 동량목이요 乙木은 초목이라는 물상으로 설명하기에 모두 나무의 속성이라고 판단하는 것은 옳지 않다는 것입니다. 天干은 반드시 그 속성을 에너지 파동으로 살펴야 합니다. 甲木은 수직 상하운동으로 亥卯未 성장운동을 하지만 乙木은 좌우확산 운동으로 寅午戌 분산운동을 합니다. 또 甲木은 壬水의 도움으로 하강하지만 乙木은 丙火를 향하여 상승하고 펼칩니다. 이처럼 陽과 陰은 운동방향이 상이함을 깨우쳐야만 합니다. 동일 오행이지만 甲木은 壬水의 요구에 따라야 하고 乙木은 壬水로부터 탈출해서 丙火를 향해 나아가야 합니다. 이런 이유로 四季圖에서 壬甲은 겨울에 배속되고 乙丙은 봄과 여름에 배속됩니다.

다섯째, 辰戌丑未와 寅巳申亥는 暗合으로 반드시 연결됩니다. 그래야만 하는 이유는 寅巳申亥 生地가 동하려면 반드시 辰戌丑未를 활용해야만하기 때문입니다. 즉, 4개 조합이 丑寅, 辰巳, 未申, 戌亥로 그 중에서 가장 강력한 引力은 丑寅 조합입니다. 그 이유는 地藏干 내부에서 戊癸, 丙辛, 甲己 합으로 연결되기 때문입니다. 戊癸로 온기를 올리고 丙辛으로 辛金의 딱딱한 물형을 부드럽게 만들고 甲己로 땅에 뿌리를 내립니다. 이 모든 작용이 땅 속에서 이루어지기에 어둡고 陰的입니다. 물상은 다양한데 음습한 특징 때문에 배신당하거나, 어둠 속으로 사라지거나, 자살하거나, 억울한 누명을 쓰거나, 비밀스럽고 어두운 행위를 하거나, 목적은 따로 있으면서 전혀 다른 행동으로 상대방을 떠보는 행위 등 다양합니다. 丑寅은 여전히 강력한 壬水의 영향권에서 벗어나지 못하기에 그렇습니다. 辰巳에는 戊癸와 乙庚 合이 있는데 그런 방식으로 연결되는 이유는 戊癸로 온기를 끌어 올려서 丙火의 분산운동을 극대화시키려는 것입니다. 또 乙庚 合으로 새싹을 활짝 핀 꽃으로 바꾸려는 것입니다. 未申에는 未중 乙과 申중 庚이 乙庚 合하여 열매를 단단하게 만들고 未중 丁火와 申중 壬水가 丁壬 合하여 공기 중에 펼쳐진 癸水를 수렴하기 시작합니다. 예로, 庚日이 丁未월에 태어나면 未중 乙木이 자연스럽게 일간 庚金을 찾아오기에 庚金입장에서는 여자, 재물이 스스로 찾아오는 것입니다. 따라서 地支 未申은 물질에 흥미가 많습니다. 戌亥의 地藏干에서 이루어지는 암합은 유일하게 丁壬 合뿐입니다. 戌亥 天門이라 부르는 이유는 육체와 生氣를 버리고 죽으러 가야하기 때문입니다. 윤회의 출발점이기에 육체를 만드는 丁火를 암합으로 포기하는 것입니다. 丁壬 合하여 丁火가 壬水에 수렴되고 소멸합니다. 마치 강력한 중력과 열기가 블랙홀로 빨려 들어가 무한대로 응축하여 소멸하는 상황입니다. 육체에 소유했던 열기를 잃기에 죽음에 이르고 존재가 소멸됩니다.

寅巳申亥 刑의 개념

지금부터 寅巳申亥 刑의 개념에 대해 살펴보겠습니다. 丑戌未와 寅巳申 三刑의 개념은 상이합니다. 丑戌未는 陰干을 축소하는 과정이었고 寅巳申 三刑은 陽氣를 확산하는 과정입니다. 확장하고자 方合으로 三合 生地를 돕는 방식으로 陽氣를 증폭시킵니다. 寅巳申亥 地藏干 흐름으로 살피면, 寅에는 戊丙甲 巳에는 戊庚丙 申에는 戊壬庚 亥에는 戊甲壬 이 있습니다.

寅巳 刑을 살펴보겠습니다. 寅月에서 巳月까지의 과정을 살피면 丙火의 기세를 폭발시키려는 것이 분명합니다. 寅중 丙火가 巳중 丙火로 이동합니다. 寅중 丙火는 生地이기에 中氣에 있고 巳중 丙火는 이미 기운이 왕성하기에 正氣에 있습니다. 寅중 丙

火를 증폭시키고자 寅中 甲이 丙火를 生하고 寅卯辰月을 지나는 과정에 지속적으로 火氣를 증폭시킵니다. 따라서 甲木은 상대적으로 쇠약해지데 壬癸를 받아서 丙火를 生하는 과정에 점점 무기력해집니다. 결론적으로 寅月에서 巳月까지 과정에 水氣는 증발해버리고 木氣는 무력해지고 火氣는 폭발합니다. 결국 寅巳의 시간흐름은 丙火의 기세를 확장시키려는 것으로 卯月에 甲이 乙로 변하고 巳月에 乙이 庚으로 변해서 生地로 기운을 드러냅니다. 三合으로 살피면, 寅에서는 寅午戌 三合을 출발해서 巳酉丑 三合운동을 준비하는 과정이 寅巳 刑입니다. 이 과정에 가장 고통스러운 것은 바로 甲 生氣로 寅巳 刑을 판단하는 핵심사항입니다.

巳申 刑을 살펴보겠습니다. 巳中 戊庚丙이 申中 戊壬庚으로 바뀌었습니다. 巳의 지장간 庚金이 申의 지장간에 있는 庚金으로 이동하는데 차이점이라면 巳火에서 長生하지만 申金에서 建祿을 만나서 강력한 힘으로 壬水를 生하기 시작합니다. 壬水를 생산하는 과정이 丙庚庚壬으로 이어지는데 巳午未月을 지나면서 丙丁이 庚金을 生하는 과정에 火氣는 점점 무력해지고 金氣는 내부에 丙丁 火氣를 축적하면서 강해지기에 申月에 壬水가 장생하는 것입니다. 이 과정의 핵심은 결국 丁火의 수렴운동으로 壬水의 무한응축 운동이 長生할 수 있습니다. 따라서 巳申 刑은 巳中 丙火가 庚金의 기세를 증가시키느라 무력해지는 겁니다. 日支에 巳火가 있는데 申金을 만나면 정신이 팔려서 申金을 향하여 가버립니다. 사주구조에 따라서 巳火가 강렬하고 申金이 무기력하면 巳火가 申金을 향해 가지만 申金은 수많은 火氣에 상할 수 있습니다. 다만 지금의 설명들은 근본원리에 국한한 것이며 사주구조에 따라 반드시 변통이 필요합니다. 시간방향으로 살피면 반드시 巳火가 申金을 향하지만 申金이 巳火를 향하는

時間方向은 존재하지 않습니다. 三合운동으로 살피면 巳酉丑 三合운동이 申子辰 三合운동을 촉진하려는 것입니다.

申亥로 조합하면 穿(천)이라 부르는데 申中 壬水가 生地로 있다가 亥中 壬水에서 建祿으로 강력해집니다. 庚金이 壬水를 生함으로써 기운을 증폭시킨 결과입니다. 三合으로는 申子辰이 亥卯未를 생하려는 것입니다. 자연은 참으로 주도면밀하게 순차적으로 순환하는 것입니다.

亥水에서 寅의 과정은 亥中 甲이 장생하고 寅中 甲에서 建祿으로 강력해졌습니다. 壬水가 甲의 기운을 증폭시켰기에 가능한 것입니다. 亥子丑월을 지나는 과정에 壬水가 甲을 生하기에 壬水는 무력해지고 상대적으로 甲은 점점 강력해집니다. 寅月에 이르면 강력해진 甲木은 生地를 만난 丙火를 生하기 시작합니다. 결론적으로 亥寅은 甲木의 기운을 확장시키고 亥卯未 三合이 寅午戌 三合을 촉진하려는 것입니다.

寅巳申亥 흐름은 辰戌丑未와 다르게 陽氣를 증폭시키는 과정으로 그렇게 행하는 이유는 사계를 순환하기 위한 자연의 의지이자 생명체들에게 생존을 위한 먹거리를 제공하려는 것입니다. 이 과정에 三合운동이 개입되고 生旺墓 과정을 순환하는데 寅巳申亥에서 建祿이 生地를 生하는 방식으로 기운을 증폭해주는 것입니다. 따라서 寅巳, 巳申, 申亥, 亥寅의 과정은 기본적으로 生의 움직임입니다. 生의 방식을 통하여 3개월 동안 모종의 기운을 증폭시킵니다. 하지만 辰戌丑未는 지장간에 저장된 陰氣 물질을 刑으로 축소시키고 새로운 陽氣를 寅巳申亥에서 창조하였습니다. 寅巳申 三刑이라 부르고 丑戌未 三刑이라 부를 수밖에 없는 이유입니다.

寅巳 刑

이제 각 글자를 세부적으로 살펴보겠습니다. 寅의 地藏干에 戊丙甲이 있는데 甲이 丙火를 생하면서 점점 무력해집니다. 甲丙을 地支로 내리면 寅巳로 刑의 작용 때문에 甲木 生氣에 문제가 발생합니다. 따라서 사주팔자에서 寅巳 刑이 발생할 경우에는 甲에게 어떤 문제가 발생하는지를 읽어내야 합니다. 巳火의 地藏干에 戊庚丙이 있으니 甲의 도움을 받아 강력해진 丙火가 庚金을 생하는 과정에 점점 무력해지기에 사주팔자에서 어떤 문제를 일으키는지 살펴야 합니다. 申金의 地藏干에 戊壬庚이 있으니 庚金이 壬水를 생하는 과정에 점점 무력해지지만 반대로 申金의 도움을 받은 壬水는 강력해집니다. 이런 흐름을 申亥 穿이라 부르고 庚金이 상하기에 사주구조에 따라 庚金이 어떤 문제를 일으키는지를 살펴야 합니다. 亥水의 지장간에 戊甲壬이 있으니 壬水가 甲木을 생하는 과정에 점점 무력해지지만 壬水의 도움을 받은 甲木은 상대적으로 강력해집니다.

亥寅으로 조합하는 경우는 그 흉이 강하지 않기에 刑이나 穿으로 부르지 않습니다만 亥水가 너무 강하면 寅木이 계속 하강하므로 사회발전을 기대하기 어려운 것이 문제입니다. 이 문제를 해결하려면 丙火를 배합해야만 합니다. 다만 亥寅의 기본적인 문제는 壬水가 甲木을 생하느라 점점 무기력해지기에 사주구조에 따라서 壬水가 무기력해지는 문제가 무엇인지 읽어내야 합니다. 정리하면, 寅巳 刑의 문제는 갑자기 생명을 잃는 것인데 그 이유는 火氣의 급작스런 팽창으로 생명수 水氣가 사라져 甲木이 성장하지 못하고 生氣를 상실하기 때문입니다. 즉, 水生木의 흐름이 寅巳 刑으로 중단되는 것입니다. 이처럼 순간적으로 火氣가 증폭하면서 壬甲의 생명수와 生氣에 문제가 생기면 갑자기 단명하거나 교통사고로 사망하거나 이유도 모르게 질병으로 신음하거나 주위에 이상한 사건, 사고들이 빈번하게 발생하거나 카메라 셔터처럼 순간적으로 빛을 폭발합니다. 기억할 점은, 사주팔자도 자연처럼 水氣가 부족해지면 사망할 수 있다는 것입니다.

乾命				陰/平 1968년 1월 17일 06:30								
時	日	月	年	87	77	67	57	47	37	27	17	7
己	乙	甲	戊	癸	壬	辛	庚	己	戊	丁	丙	乙
卯	卯	寅	申	亥	戌	酉	申	未	午	巳	辰	卯

甲寅 月에 태어났기에 반드시 水氣가 필요한데 전혀 없습니다만 다행한 점은 사주원국에 丙火가 없습니다. 하지만 丁巳대운에 이르면 寅巳 刑이 발생하고 寅巳申 三刑으로 연결됩니다. 卯木은 꽃을 피우려면 반드시 巳火를 향해서 가야 합니다. 그리고 卯申 슘으로 연결되어 그 움직임이 답답해집니다. 丁巳대운에 寅巳申 三刑으로 寅木이 상하는 문제가 27세 1994년 甲戌년에 천간으로 드러납니다. 辛未 月에 독감으로 병원에 갔는데 의사가 약물과민 반응을 검사하지 않고 치료하다 사망했습니다.

水氣가 부족한 구조에서 乙卯, 甲寅이 寅巳申 三刑으로 生氣가 상하자 갑자기 사망했습니다. 특히 辛未 月의 未土는 지장간에 있는 乙木이 未土에 묶여 움직임이 답답해지고 辛金에 찔려 生氣가 심하게 상할 수 있습니다. 亥卯未 三合은 끊임없이 성장하려는 운동이기에 항상 물형에 변화를 주려고 시도하기에 未土의 속성은 하자, 미완성의 문제가 발생하는데 이런 이치를 질병치료에 적용하면 완벽하게 처리하지 못해 문제가 발생하는 것입니다. 이런 이유 때문에 未土에는 <u>육체, 정신장애</u>라는 물상이 있습니다.

乾命				陰/平 1949년 4월 17일 10:30							
時	日	月	年	83	73	63	53	43	33	23	13	3
己	甲	己	己	癸	壬	辛	庚	己	戊	丁	丙	乙
巳	辰	巳	丑	丑	子	亥	戌	酉	申	未	午	巳

년과 일에 丑辰이 있기에 교통사고 문제가 발생할 가능성은 있습니다. 酉辰, 酉丑辰, 丑辰조합은 모두 교통사고의 개연성을 읽어야 합니다. 또 丑辰 破 사이에 巳火가 夾字로 끼어 있는데 酉丑辰과 유사한 巳丑辰으로 교통사고 물상이 더욱 뚜렷해졌습니다. 丙寅대운에 이르면 丑辰 사이에 夾字로 끼어있던 巳중 丙火가 천간에 드러나 문제가 발생할 것임을 알립니다. 寅木은 寅巳로 刑하기에 水氣가 더욱 마릅니다. 24세 壬子年에 교통사고로 다리가 골절되고 내장을 다쳤습니다.

壬子年은 丑年을 기준으로 子水가 六害요 子辰 合으로 水氣의 흐름이 답답해지는 문제가 발생하기에 丑辰이나 巳火가 動하는 달에 교통사고가 발생할 수 있습니다. 이 사주구조에서의 寅巳 刑은 丙寅으로 火氣가 팽창했고 丑辰에 끼어 있는 巳火 때문에 교통사고 가능성이 높아졌습니다. 甲寅 乙卯가 金을 만나면 沖하면서 生氣가 상합니다만 丙寅, 丁卯가 金을 만나면 조금 다릅니다. 甲寅 乙卯는 동일한 오행이 충돌하는데 丙寅, 丁卯는 火氣가 木을 보고 있기에 寅申 沖하든 卯酉 沖이든 심하게 흉하지 않습니다. 물론 丙火가 卯月을 만났는데 酉金을 만나면 卯木이 상하기에 질병으로 신음하거나 육체가 불편한 문제가 발생하는데 甲寅, 乙卯처럼 金에 의해 크게 상하는 상황은 아니라는 겁니다. 壬子년에 흉했던 이유는 사주원국에 水氣가 없다가 壬子가 오자 甲木은 살려는 의지가 강해지면서 필요이상으로 에너지를 낭비합니다. 기존의 生剋방식으로는 甲木이 마르다가 壬水가 오면 좋다고 주장하지만 사주원국에서 壬水를 받아들일 수 없는 구조이기에 오히려 흉했던 것입니다.

乾命				陰/平 1977년 7월 24일 08:30								
時	日	月	年	90	80	70	60	50	40	30	20	10
甲辰	丁卯	戊申	丁巳	己亥	庚子	辛丑	壬寅	癸卯	甲辰	乙巳	丙午	丁未

이 남자는 甲辰대운 壬寅년 己酉월에 특별한 동기도 없이 한밤중에 방에서 목매고 자살했다고 합니다. 여자 친구에게 남긴 마지막 유언은 <u>귀신이 나를 데리고 가는 것 같다</u>는 것이었습니다. 사주원국에 巳申 刑이 있지만 寅木이 없으니 크게 문제는 없습니다. 하지만 卯木이 卯申으로 암합하고 卯木이 巳火를 향하는 과정에 申金에 묶여서 답답해집니다. 이런 조합으로 木火의 흐름이 申金에 의해서 막히기에 상응하는 물상은 심장마비, 뇌출혈, 정신병입니다.

사주원국에 정해진 문제가 甲辰대운에 천간으로 드러납니다. 壬寅년에 이르면 寅巳申 三刑으로 寅에서 巳로의 흐름이 더욱 비틀리면서 심장마비, 뇌출혈, 정신병과 같은 문제가 발생할 가능성이 높아집니다. 己酉월에 문제가 더욱 심각해진 이유는 卯酉로 충하고 寅酉로 살기가 강해지면서 寅卯피의 흐름이 더욱 막혔습니다. 신살로 살피면 巳年을 기준으로 寅卯辰은 三合을 벗어난 저승사자와 같은데 日支와 時柱에 寅卯辰이 모두 있기에

三合의 범위에서 활동하지 못하고 실제로 저승으로 떠날 수도 있는 운입니다. 마침 대운도 甲辰, 세운도 壬寅으로 저승사자 가득한 운이었습니다. 결국 "**귀신이 나를 데리고 가는 것 같다**" 는 표현은 크게는 두 가지 이유 때문인데 첫째는 피의 흐름에 문제가 발생하면서 정신에 이상이 생긴 것이고 둘째는 사주원국의 日支와 時柱에 저승사자들이 가득하기 때문입니다.(이 사주 사례는 2022년 자료를 추가한 것입니다.)

坤命				陰/平 1963년 2월 08일 20:30								
時	日	月	年	81	71	61	51	41	31	21	11	1
乙酉	乙巳	甲寅	癸卯	癸亥	壬戌	辛酉	庚申	己未	戊午	丁巳	丙辰	乙卯

이 사주구조에 癸水가 없다면 전체적으로 水氣가 부족한 상태에서 寅巳 刑과 寅酉 조합으로 寅木이 상하고 卯酉 沖으로 卯木도 상합니다. 乙巳와 甲寅, 卯로 강력한 육체를 활용하는데 丁巳대운이 오면 사주원국에 정해진 구조대로 일지 巳火가 巳酉 合하고 寅巳 刑하고 卯巳로 卯木이 일지를 향해 옵니다. 또 乙巳와 乙酉가 반응하니 乙木이 소유한 酉金과 合하면서 酉金을 다투면서도 월지 寅木과는 寅巳 刑도 발생하기에 生氣가 상합니다. 이제 戊辰年이 오면 巳火의 지장간에 있던 戊土가 천간에 드러나 年의 癸水와 戊癸 合하기에 乙癸戊 三字로 조합하면서 따사로운 봄처럼 사랑을 느낍니다. 새싹처럼 들떠서 들판을 돌아다니는데 문제는 乙목과 甲寅이 조합하는 과정에 乙癸戊와 癸甲戊 三字가 동시에 조합하기에 년과 월에서 殺氣가 강해지면서 불륜으로 관재가 발생하였습니다. 대운에서 寅巳 刑하겠다고 암시하였고 戊辰年에 乙癸戊로 사랑에 빠지는데 그 과정에

夾字로 끼어있는 甲木 때문에 癸甲戊 三字의 흉함이 드러나자 봄날에 사랑에 빠져 들판을 뛰어놀다가 甲木에게 두들겨 맞아서 소송 당한 것입니다.

乾命				陰/平 1938년 1월 20일 16:30								
時	日	月	年	85	75	65	55	45	35	25	15	5
己酉	壬午	甲寅	戊寅	癸亥	壬戌	辛酉	庚申	己未	戊午	丁巳	丙辰	乙卯

24세부터 丁巳대운 시작으로 일지 午火가 천간에 드러나 丁壬 합하기에 내가 소유했던 午火가 노출되면서 합하니 배우자 혹은 돈 관련 사건이 발생할 것임을 암시합니다. 사주원국 천간조합은 壬甲戊으로 壬水가 甲에게 자신의 의지를 전달하고 戊土 위에서 甲을 기르니 사업성향이 강한 구조인데 丁巳대운을 만나면 戊寅, 甲寅으로 水氣가 부족하여 戊土가 상하는 상황에서 丁火까지 드러나고 寅巳로 刑하면서 甲寅이 상하고 水氣는 더욱 부족해지기에 상대적으로 甲寅이 戊土를 극하는 강도가 더욱 강해지면서 사막처럼 변합니다. 戊申年에 이르면 사주원국에 정해진 구조대로 甲寅도 戊寅도 황폐해지고 寅巳申 三刑까지 동하면서 사업이 도산하였습니다.

坤命				陰/平 1974년 5월 15일 20:30								
時	日	月	年	89	79	69	59	49	39	29	19	9
戊戌	丙午	庚午	甲寅	辛酉	壬戌	癸亥	甲子	乙丑	丙寅	丁卯	戊辰	己巳

戊辰대운을 만나면 時柱 戊戌과 충돌합니다. 辰土는 戌土를 沖하는데 하필 寅午戌 三合한 상태였기에 충격이 심합니다. 寅午戌 三合으로 강력한 火氣를 담은 용광로와 같은 戌土를 辰土가 沖 하면 주위에 뜨거운 불똥이 튑니다. 2001년 辛巳年이 도래하면 戌의 地藏干에 있는 辛金이 드러나 辰戌 沖으로 용광로가 폭발할 것임을 암시합니다. 寅午戌 三合과 辰戌 沖하는 문제가 時에서 발생하기에 개인적인 문제나 사건인데 추가적으로 고려해야 할 점은 辛巳년에는 寅巳 刑으로 寅木 生氣가 상하는 것입니다. 사주원국에 水氣가 전혀 없는데 寅巳 刑까지 동하니 문제가 심각합니다. 甲寅이 없다면 다른 상황이겠지만 사주원국에 甲寅이 있는데 水氣는 마르니 문제가 심각합니다. 또 火氣에 자극받아서 날카로워진 庚金은 언제라도 甲寅을 沖하기에 甲寅 生氣가 쉽게 상할 수 있는 구조입니다. 28세 辛巳년에 교통사고로 뇌를 다쳤습니다.

坤命				陰/平 1977년 1월 11일 12:30							
時	日	月	年	82	72	62	52	42	32	22	12	2
甲午	丙辰	壬寅	丁巳	辛亥	庚戌	己酉	戊申	丁未	丙午	乙巳	甲辰	癸卯

년과 월에서 丁壬 合하고 寅巳 刑하면 하늘과 땅의 의지가 달라서 비틀리듯 좋지 않습니다. 사주원국에서 寅巳 刑하는데 甲辰대운이 오면 정확하게 寅巳 刑이 발생할 것임을 알려줍니다. 그리고 甲戌년에는 寅午戌 三合을 이루고 夾字로 끼어있는 日支 辰土와 沖하면서 비틀립니다. 이처럼 甲戌년의 사건은 일지 宮位를 중심으로 발생할 것임을 암시하면서도 사주원국 글자들과 다양한 관계를 형성하면서 물형을 결정합니다. 첫째, 사주원

국에서 丁壬 合과 寅巳 刑으로 生氣가 상할 것임을 암시하였고 둘째, 甲辰대운에 寅巳 刑이 반응하는데 巳年을 기준으로 甲辰은 三合을 벗어난 저승사자 겁살과 천살에 해당합니다. 셋째 甲戌년에 寅午戌 三合과 辰戌 沖하면 천살 辰土가 비틀리고 상합니다. 이런 이유로 18세에 교통사고로 사망했는데 근본원인은 사주원국의 년월 구조 때문입니다. 사주원국에 水氣가 부족한데 대운조차도 甲辰과 乙巳로 水氣는 더욱 마르기에 寅巳 刑으로 生氣가 상하는 강도가 더욱 심했습니다.

乾命				陰/平 1976년 12월 19일 00:40							
時	日	月	年	81	71	61	51	41	31	21	11	1
甲子	甲午	壬寅	丁巳	癸巳	甲午	乙未	丙申	丁酉	戊戌	己亥	庚子	辛丑

이 사주구조도 년과 월에서 丁壬 合, 寅巳 刑하는데 甲日에 태어났습니다. 다행한 점은 時支에 子水가 있으니까 생명수를 공급해주기에 상대적으로 生氣가 심하게 상하지는 않습니다. 대운은 辛丑, 庚子, 己亥로 흐르기에 寅木에 생명수를 공급해줍니다. 하지만 己亥대운이 지나고 戊戌대운에 이르면 寅午戌 三合을 이루고 子午 沖한다면 문제가 발생할 수 있습니다. 그 외에도 戌대운을 만난 사주원국의 巳火는 정해진 시간방향대로 戌土를 향하고 그 과정에 寅巳 刑도 발생합니다. 대운에서 寅午戌로 三合을 이루고 子午 沖하는데 세운에서 戊子年이 도래하자 사주에서 명확하게 알려주는 정보는 寅午戌 三合과 子水가 沖하겠다는 것입니다. 따라서 운전하다가 교통사고가 발생하여 한 사람이 사망하고 두 사람은 다쳤습니다. 이 또한 사건의 근본원인은 寅巳 刑으로 生氣가 상하였기 때문인데 만약 子水도

없었다면 사주당사자도 사망했을 것입니다.

乾命				陰/平 1971년 4월 24일 22:30							
時	日	月	年	84	74	64	54	44	34	24	14	4
癸	癸	癸	辛	甲	乙	丙	丁	戊	己	庚	辛	壬
亥	卯	巳	亥	申	酉	戌	亥	子	丑	寅	卯	辰

이 구조는 巳亥 沖하지만 水氣는 넉넉합니다. 卯木이 중간에 끼어서 亥卯巳로 흐름이 좋지만 년과 월에서 巳亥 沖하게 됩니다. 己丑대운이 34세부터 시작되는데 己土가 반응한 地藏干은 없고 卯丑으로 반응하고 巳丑으로 合하면서 巳亥 沖의 강도는 줄어듭니다. 예로, 巳亥 沖하는데 寅亥 合하면 巳亥 沖의 강도는 자연스럽게 약해지는 경우입니다. 물론 巳酉로 合해도 巳亥 沖의 강도는 줄어들 것입니다. 이 사주구조에서 巳亥 沖이 줄거나 멈추면 어떤 현상이 발생할까요?

사주구조에 따라서 刑沖破害를 활용하는 방식으로 발전의 동력을 얻는 경우가 있습니다. 분명히 月支 時空으로 살피면 좋지 않은데 부자로 살거나 발전하는 구조에서 沖이 매우 중요한 작용을 하는 경우입니다. 사주원국에서 沖으로 발전하라고 정해주었는데 갑자기 운에서 沖을 방해하면 무기력해지는 경우가 많습니다. 이처럼 沖은 무조건 나쁜 것이 아닙니다. 沖을 통해서 月支 時空에 필요한 글자를 활용하는 것입니다. 인간은 사주팔자의 글자와 조합을 활용하는 능력을 본능적으로 가지고 태어났습니다. 다만 沖하는 방식으로 생각하고 행동하기에 타인에게는 좌충우돌 불안정해 보이지만 사주당사자는 그런 움직임을 기뻐합니다. 예로, 격투기처럼 치고 박거나, 건설현장에서 바쁘게 움직이거나, 북 치고 장구 치며 요란한 소리를 내거나, 계속 운전하면서 돌아다니거나, 시끄러운 소리를 내는 직업을 갖는 것이 좋습니다. 움직임이 정적인 직업은 沖의 물상에 어울리지 않습니다. 이 구조는 巳亥 沖을 통해서 <u>巳중 庚과 戊를 활용</u>합니다. 月支 巳火를 巳亥 沖으로 활용하기에 사회에서 나름의 지위가 있습니다. 사주원국이 辛亥, 癸巳, 癸卯, 癸亥로 군겁쟁재라 읽을 구조인데 巳亥 沖으로 戊土를 활용해서 巳月에 불필요하게 많은 水氣를 통제하고 卯巳에 庚金을 배합해서 乙丙庚 三字조합으로 가치를 높입니다. 따라서 <u>沖을 해야만 쓰임이 좋아지는 이유</u>는 巳火의 지장간에 있는 戊土와 庚金을 활용할 수 있기 때문입니다. 이처럼 사주원국에서 활용하고 있는 沖의 움직임을 대운이나 세운에서 방해하면 戊土와 庚金을 활용할 수 없게 되면서 사주팔자의 효율이 떨어지기에 沖은 무조건 흉하다고 판단할 수 없는 겁니다. 사주원국에서 沖을 활용하는 구조인데 그것을 방해하면 효율이 뚝뚝 떨어지는 겁니다. 沖으로 활력을 유지하다가 충이 멈추면 어찌할 바를 모르는 겁니다. 己丑대운에 卯丑으로 움직임이 답답해지는데 하필 宮位가 일지이기에 배우자 문제로 이혼, 사별할 수도 있습니다. 또 巳丑으로 巳亥 沖이 약해지는 상황에서 庚寅年이 오면 巳중 庚金이 천간에 드러났고 寅木이 寅亥 합하고 寅巳 刑하기에 巳亥로 沖하는 움직임이 변질됩니다.

실제상황은 이렇습니다. 2009년 己丑年에 이르러 대운과 세운이 복음이니 흉한데 己丑 도둑성향에 영향을 받아서 회사에서 불법을 저지르고 돈을 빼먹다가 庚寅 年에 검찰의 감사를 받았습니다. 庚寅년에 亥寅巳로 문제가 발생했기에 寅巳申 三刑만 나쁘다고 생각하는 것은 옳지 않습니다. 丑戌未 외에도 辰戌丑, 辰戌未 등으로 조합하면 흉한 물상을 만들어냅니다. 寅巳申, 丑

戌未 三刑은 여러 조합이 동시에 겹칠 때 더욱 흉함을 기억해야 합니다.

乾命				陰/平 1966년 1월 16일 20:30							
時	日	月	年	89	79	69	59	49	39	29	19	9
戊	丙	庚	丙	己	戊	丁	丙	乙	甲	癸	壬	辛
戌	申	寅	午	亥	戌	酉	申	未	午	巳	辰	卯

사주원국에 寅午戌 三合이 있고 일지에 있는 申金이 夾字로 비틀립니다. 癸巳대운이 오면 寅巳申 三刑을 이루고 寅巳, 巳申으로 合이 동하고 巳火는 寅午戌 三合의 중간에 夾字로 끼어있는 申金을 향해 갑니다. 그리고 戊寅年이 오면 巳중 戊土, 戌중 戊土, 寅중 戊土가 모두 반응하는 과정에 日支 申金이 비틀립니다. 己未 月에 가스 중독으로 사망했습니다. 근본적인 문제는 寅巳申 三刑이 동했습니다. 水氣가 없다는 것입니다. 대운에서 사주원국에는 없는 癸水가 오고 戊癸로 合하기에 오히려 火氣를 더욱 증폭시킵니다. 寅巳로 生氣가 상하고 寅午戌 三合 중간에 끼어있는 申金은 반드시 寅木과 沖 해서 生氣를 망가뜨립니다. 천간구조도 丙庚丙으로 庚金이 상하는데 月干과 日支가 庚과 申으로 연결되어 있습니다.

乾命				陰/平 1998년 5월 1일 14:30							
時	日	月	年	84	74	64	54	44	34	24	14	4
己	癸	丁	戊	丙	乙	甲	癸	壬	辛	庚	己	戊
未	酉	巳	寅	寅	丑	子	亥	戌	酉	申	未	午

戊午, 己未로 대운이 흘러갑니다. 사주원국의 년과 월에서 戊寅과 丁巳로 寅巳 刑하는데 水氣가 매우 부족합니다. 어려서 교통사고로 부모님을 모두 잃고 큰아버지 집에서 살았는데 차별을 받아서 차라리 외국에 나가고 살고 싶다고 합니다. 己未대운 18세 乙未년에 외국에 나갈 수 있는지를 상담하였습니다. 사주를 분석하는 첫걸음은 日干을 배제하고 年과 月에 있는 4개 글자의 조합만을 살펴야 합니다. 日干은 30세 이후의 시공간을 상징할 뿐만 아니라 년과 월에서 형성된 조합에 아무런 영향을 미치지 못하기 때문입니다.

戊寅과 丁巳로 戊寅에서 丁까지는 크게 무리는 없습니다만 사주원국에 水氣가 없는데 寅巳로 刑하면 寅木 生氣가 상합니다. 대운까지도 戊午, 己未로 흐르기에 寅木이 午火, 巳火 戊土 丁火 寅午에 둘러싸여 심하게 말라갑니다. 이런 구조들은 주위의 친인척이 단명하거나, 살면서 예상하지 못한 흉한 일들이 발생하거나 본인의 질병문제, 육체가 상하는 문제로 신음하거나 부모와의 인연이 짧습니다만 癸酉일에 태어났기에 본인이 단명 하는 것은 아닙니다. 큰집에서 사는데 乙未年이 오니까 時支에 있는 未土의 시간이 도래하자 사적으로 未土를 원하게 되고 癸水가 乙木을 타고 년의 戊土를 향하기에 乙癸戊 三字의 흐름대로 외국에 가고 싶다는 꿈을 꾸는 겁니다.

乾命				陰/平 1968년 1월 7일 12:30							
時	日	月	年	90	80	70	60	50	40	30	20	10
壬午	乙巳	甲寅	戊申	癸亥	壬戌	辛酉	庚申	己未	戊午	丁巳	丙辰	乙卯

甲寅과 乙巳로 寅巳 刑하고 水氣가 전혀 없기에 甲이 마른 戊土의 터전을 공격합니다. 여기에 寅巳申 三刑까지 더하는데 大運이 乙卯, 丙辰, 丁巳, 戊午로 흐르면서 水氣가 매우 부족한 상황입니다. 丙辰대운에 이르러 寅과 巳와 午에 있던 丙火가 드러나고 寅巳로 刑하는 과정에 生氣가 상하면서 마차 바퀴에 깔려서 사망했다고 합니다.

坤命				陰/平 1965년 8월 2일 12:30							
時	日	月	年	84	74	64	54	44	34	24	14	4
庚午	甲寅	甲申	乙巳	癸巳	壬辰	辛卯	庚寅	己丑	戊子	丁亥	丙戌	乙酉

甲寅과 甲申으로 寅申 沖하고 寅巳申 三刑구조인데 水氣가 전혀 없기에 寅木 生氣가 상하기 쉽습니다. 대운이 乙酉, 丙戌, 丁亥, 戊子로 흘러갈 때는 水氣가 날카로움을 해소해주기에 큰 문제가 없다가 사주원국의 日支에서 時干으로 넘어가는 시기에 己丑대운을 만납니다. 사주원국에서 寅申 沖하고 午火에 자극받은 庚金이 甲木을 沖해서 生氣가 상하는 시기인데 마침 時支 午火의 지장간에 있는 己土가 천간에 드러났기에 庚金과 申金이 열기에 더욱 날카로워집니다. 庚寅년이 오면 사주원국에 정해진 구조대로 寅申 沖, 甲庚 沖하고 寅巳申 三刑이 동하자 일지 寅木 남편이 자살했습니다. 寅巳 刑하는데 水氣가 전혀 없어서 발생한 문제입니다.

乾命				陰/平 1974년 4월 25일 14:30							
時	日	月	年	87	77	67	57	47	37	27	17	7
丁未	丁巳	己巳	甲寅	戊寅	丁丑	丙子	乙亥	甲戌	癸酉	壬申	辛未	庚午

甲寅과 己巳로 조합하면 크게 흉한 느낌은 없지만 문제가 심각한 구조가 많습니다. 특히 水氣가 부족할 때 더욱 심하게 寅木 生氣가 상합니다. 丁日은 甲木을 기뻐하며 甲寅이 火氣에 상하는 것을 두려워하지 않는 이유는 丁火의 본성은 열을 좋아하기 때문입니다. 예로 甲일에게 寅木이 상하면 흉하지만 丁日에게 甲寅이 상해도 火氣를 증폭해주기에 흉하다고 느끼지 않습니다. 특히 甲木은 丁火가 가장 좋아하기에 甲寅과 己巳가 火氣를 증폭하는 작용도 나쁘지 않습니다. 실제 상황은 자수성가한 할아버지 덕분으로 부잣집에서 태어난 귀공자였는데 아버님이 재산 분할 받아 크게 사업 확장하다 辛未대운 IMF 시기에 부도나고 망해버렸습니다. 未대운에서 壬申대운으로 넘어가는데 甲寅, 己巳, 丁巳, 丁未로 水氣가 전혀 없는 사주에 대운에서 水氣가 들어오면 아무래도 불편합니다.

예로, 사주원국에 배우자 十神이 없는데 운에서 들어오면 배우자에게 문제가 생길 것임을 암시합니다. 이처럼 사주원국에 없는 글자가 운에서 들어오면 달갑지 않은 상황으로 판단해야 합니다. 드러나지 않아서 문제가 없었는데 운에서 노출되면 그에 상응하는 육친, 물질에 문제가 발생합니다. 사주원국에 없기에 그 육친이나 물질과 인연이 없는데 운에서 들어와 인연이 발생하면 그 문제로 고민한다는 것입니다. 물론 壬申대운에 寅巳申 三刑으로 문제가 생겼다고 판단하면 간단하지만 사주원국에 없는 글자가 들어오는 상황도 주의 깊게 살펴야 합니다. 壬水가 正官이기에 명예가 상승한다는 식의 통변은 무의미합니다.

建命				陰/平 1993년 1월 14일 10:30							
時	日	月	年	83	73	63	53	43	33	23	13	3
癸	丙	甲	癸	乙	丙	丁	戊	己	庚	辛	壬	癸
巳	寅	寅	酉	巳	午	未	申	酉	戌	亥	子	丑

大運이 癸丑, 壬子, 辛亥, 庚戌로 흘러갑니다. 日時에 寅巳 刑이 있는데 길흉이 어떻게 보입니까? 寅巳 刑의 문제는 寅木이 巳火에 의해 火氣가 증폭되고 生氣가 상하는 겁니다. 그렇다면 무엇을 보충해야 生氣가 상하지 않을까요? 바로 水氣입니다. 寅巳 刑의 근본개념을 잡아야 합니다. 生氣, 活力을 상징하는 寅木이 상하는데 火氣는 증폭되고 水氣는 없거나 부족하면 문제가 심각합니다. 하지만 寅巳 刑하는데 水氣를 보충할 수 있다면 오히려 壬甲丙(亥寅巳)三字로 조합이 좋아집니다.

亥水나 壬水가 甲寅에게 생명수를 공급하고 甲이 丙火를 향하기에 계속 발전합니다. 壬水는 甲木의 성장을 촉진하고 火氣는 증폭되면서 壬水가 부족해지는 문제는 있지만 寅木 生氣가 상하지는 않습니다. 정리하면, 寅巳 刑의 핵심은 寅木이 상하는 문제이기에 水氣를 공급해서 해결해야 합니다. 만약 사주원국에서 寅巳 刑하는데 대운도 火氣로 흐르면 더 흉합니다. 寅木 生氣가 상하면 교통사고, 질병 등 예측불허의 사건들이 발생합니다. 또 정신적으로도 불안정해집니다. 木氣는 부족한데 火氣는 증폭하기에 정신을 상징하는 壬癸가 증발하기 때문입니다. 이 사주는 대운이 水氣로 흘러 의대생이며 부친도 의사입니다. 따라서 寅巳 刑만 보이면 무조건 흉하다고 판단할 수 없습니다. 결국 寅巳 刑의 길흉은 水氣가 결정합니다. 사주원국에 癸酉와 癸巳로 癸水가 水氣를 보충합니다. 만약 戊土가 있어서 戊癸 合하고 水氣가 증발하거나 巳酉丑 三合 과정에 夾字로 끼어있는 寅木이 비틀리면 문제가 심각하지만 사주원국에는 없습니다. 이처럼 사주팔자는 무조건 좋고 무조건 나쁜 것은 없습니다. 사주원국에서 정해진 구조가 운에서 어떻게 반응하는지에 달렸습니다. 좋게 혹은 비틀어지느냐에 따라서 길흉이 달라집니다. 이 사주구조는 寅巳 刑이 있어도 운이 水氣로 흘렀기에 문제가 없고 寅巳 刑을 의료행위로 활용하였습니다.

다만 水氣가 끝나면 火氣로 흐르는 운을 만나는데 庚戌대운에 이르면 火氣가 증폭하면서 문제가 발생할 수 있습니다. 예로 戊申年에 癸水와 合하면서 癸甲戊 三字로 조합하고 지지에서는 寅巳申 三刑이 동하면 生氣가 심하게 상할 수 있습니다. 만약 사주원국에서 寅巳 刑하는데 水氣가 없고 대운도 火氣로 흐르면 굉장히 부담스럽습니다. 만약 日干이 壬水나 癸水라면 일간 스스로는 상하거나 죽지는 않습니다. 운에서 戊土가 와서 壬癸가 심하게 증발하는 상황이 아니라면 주위 사람들은 상해도 일간이 상하는 것은 아닙니다. 비슷한 경우는 사주팔자가 官殺混雜(관살혼잡)구조라면 마치 큰일 날 것처럼 생각하지만 운에서 官殺이 오지 않으면 흉함이 발생하지 않는 이치와 유사합니다. 비록 사주원국에서는 관살혼잡이라고 해도 운에서 반응하기 전까지는 가능성으로만 살아갑니다. 여자의 경우 관살혼잡이면 이혼, 사별한다고 판단하지만 운에서 관살혼잡이 반응하지 않으면 잘 삽니다. 물론 직업변동이 잦거나 구설이 생길 수는 있으며 일복이 많고 주위에서 필요한 사람입니다. 만약 官星이 戊戊戊라면 바뀌는 직업속성이 유사하고 戊己戊라면 직업특징이 크게 변합니다. 만약 겸직이라면 교수로 강의하면서 밤에는 가게를 운영합니다. 丙火와 丁火가 官星이면 丙火는 화려한 직업, 수많은 사람들을 상대합니다. 丁火는 좁고, 전문적이고 내부에서 활동하는 직업을 갖습니다. 月支 時空과 관계없이 丙丁이 섞이면 그런 특징을 드러냅니다. 물론 月支에 좋은지 나쁜지는 따로 판단해야 하지만 부수적인 문제입니다. 十神에 比食財官印이 있는데 官星을 제외하고는 일간이 모두 다루기에 일간을 괴롭히지 않습니다만 오로지 偏官, 正官만이 일간을 피곤하게 속박하고 일간의 움직임을 無力하게 방해합니다. 만약 사주원국에 官星이 많으면 오지랖이 넓은데 주위에 고쳐야할 일들이 많아서 일간의 특징을 유지하지 못하고 다양한 방법으로 문제들을 해결해야 합니다. 자신을 갈고, 닦고, 기름칠하기에 일이 많은 겁니다.

예로 壬水가 사주원국에 戊己가 많으면 주위에서 壬水에게 물을 달라고 달려들기에 오지랖이 넓어지고 신경 써야할 일이 많아집니다. 만약 사주원국이 관살혼잡 구조인데 運에서 오지 않으면 그런 문제가 발생하지 않지만 운에서 오면 사주구조대로 불편한 일들이 발생합니다. 물론 運에서 甲木으로 戊己를 뚫어주면 오히려 壬水의 흐름이 편해집니다. 戊己만 있으면 壬水의 흐름이 답답해지는데 甲乙이 물길을 터주면 戊土위에서 甲乙이 성장하여 아름드리나무로 바뀝니다. 壬甲戊, 壬己乙로 조합하면 공직물상이 나오는 이유입니다. 정리하면, 사주원국에 官殺混雜(관살혼잡)이 중요한 것이 아니라 運에서 반응해야 상응하는 현상이 발생합니다. 여기에 月支 時空에 따라서 인생의 방향이 달라지는데 壬水가 戊辰 月을 만나서 甲乙을 키우면 미래를 설계하지만 戊戌 月을 만나면 더 이상 甲乙의 성장을 기대할 수 없습니다. 이것이 天干과 月支時空의 차이로 월지를 무시한 천간조합은 단식판단에 불과합니다. 辰月에는 나무를 키우고 戌月에는 열매를 수확했기에 동일한 조합도 그 의미가 달라질 수밖에 없습니다.

坤命				陰/平 1986년 5월 26일 12:30								
時	日	月	年	89	79	69	59	49	39	29	19	9
丙午	丁未	甲午	丙寅	乙酉	丙戌	丁亥	戊子	己丑	庚寅	辛卯	壬辰	癸巳

이 사주구조는 水氣가 조금이라도 있으면 좋을 것인데 전혀 없습니다만 甲木이 말라도 丁日에게는 흉하지 않습니다. 서울대를 졸업하고 약학전문대 교직에 갔다가 甲午年에 미국 유학 가려고 준비하던 상황입니다. 丙丁丙, 甲寅, 午未午로 산만하게도 동일한 글자들이 많습니다. 丁日에게 火氣가 탱천하기에 흉하지는 않지만 산만한 것은 사실입니다. 이런 경우에는 水氣가 전혀 없기에 한곳에 정착하지 못하고 돌아다니며 안정을 취하기 어렵습니다.

戊土가 있으면 열기를 흡수해주거나 己土가 있어서 火氣를 저장해주면 좋은데 열기를 품어줄 땅이 없습니다. 또 辛酉로 강렬한 火氣를 활용하거나 丙辛 合으로 분산작용을 조절하면 좋은데도 없습니다. 따라서 학업능력이 뛰어나지만 결과물이 없는 겁니다. 火氣의 속성대로 엉덩이가 뜨거워 계속 변동이 많습니다. 甲午年에 미국으로 가려는 이유는 월주 甲午 복음으로 그 시공간을 밀어내기 때문입니다. 이처럼 宮位는 사주팔자를 읽는 과정에 매우 중요한 정보를 제공합니다.

坤命				陰/平 1980년 1월 11일 10:30								
時	日	月	年	87	77	67	57	47	37	27	17	7
己	己	戊	庚	己	庚	辛	壬	癸	甲	乙	丙	丁
巳	巳	寅	申	巳	午	未	申	酉	戌	亥	子	丑

寅月이므로 水氣가 필요하지만 사주원국에 전혀 없습니다. 하지만 寅申 沖으로 申中 壬水를 어렵게 활용하기에 寅申 沖이 멈추는 것을 원하지 않습니다. 모친이 큰 부자라고 합니다. 초년에 연예인 하다가 그만두고 골프 배우다 그만두고 2014년 甲午年에 모친이 사업장을 차려 줄까 고민했습니다. 己己戊로 강력한 육체를 활용하고 庚申으로 기술, 언변을 활용합니다. 己日이 寅月에 태어났기에 그 의도가 모호합니다. 寅申 沖으로 벌목을 원하는지 나무를 키우려고 하는지 방향이 애매합니다. 따라서 모친이 큰 부자인 이유를 이해하기 어렵습니다. 이런 사례들이 바로 沖으로 사주원국에 필요한 에너지를 활용하는 구조입니다. 인간은 스스로 조정능력이 있다고 주장하는 이유입니다. 다만 일간 己土는 추구하는 방향이 마땅하지 않습니다.

乾命				陰/平 1964년 1월 17일 02:30								
時	日	月	年	82	72	62	52	42	32	22	12	2
癸	戊	丙	甲	乙	甲	癸	壬	辛	庚	己	戊	丁
丑	申	寅	辰	亥	戌	酉	申	未	午	巳	辰	卯

사주원국 년과 월이 甲辰과 丙寅으로 수기가 부족합니다. 시주에 癸丑이 있다고 하지만 46세 이후에 들어옵니다. 23세 己巳 대운 丙寅年 하반기에 肝癌으로 사망했습니다. 水氣가 부족한데

己巳대운에 이르러 水氣가 더욱 부족해지는 과정에 寅巳 刑으로 연결되고 丙寅년에 이르러 寅巳 刑이 반응하자 寅木이 심하게 상하면서 간암으로 사망했습니다.

乾命				陰/平 1932년 1월 20일 10:30								
時	日	月	年	83	73	63	53	43	33	23	13	3
癸	丙	壬	壬	辛	庚	己	戊	丁	丙	乙	甲	癸
巳	辰	寅	申	亥	戌	酉	申	未	午	巳	辰	卯

대운이 壬寅, 癸卯, 甲辰, 乙巳, 丙午, 丁未로 흘러가는데 월과 일에서 壬寅, 丙으로 흐름은 좋습니다. 日支 辰土가 년과 월의 壬水를 묘지에 담아서 활용합니다. 따라서 조상과 부모의 음덕을 이어받을 수 있습니다. 사주원국에 水氣가 넉넉하고 대운도 火氣로 흘러 壬甲丙 三字 조합 물상대로 대학 총장을 역임하였습니다.

▪제 31강▪

◆寅巳申 三刑 2

巳申 刑 119
申亥 穿 130
亥寅 刑 144

巳申 刑

三刑을 이어서 하겠습니다. 寅巳, 巳申, 申亥, 亥寅처럼 두 글자로 조합하면 그 작용의 반응이 강하지는 않습니다만 세 글자 이상이 조합하면 흉함이 훨씬 심각해집니다. 세 글자로 조합하면 발현되는 물상을 추측하기 어려운데 물론 두 글자조합도 간단하지는 않습니다. 이런 어려움 때문에 寅巳申 三刑이라고 대충 넘어가는 것입니다. 三刑도 시공간 변화에 따라 반응하는데 결코 무작위가 아니며 각 사주팔자에 정해진 구조대로만 반응하기에 寅巳申 三刑이나 丑戌未 三刑은 무조건 나쁘다고 판단할 수 없는 겁니다. 두 글자로 조합한 구조를 먼저 학습하는 이유는 두 글자 조합의 의미를 숙지해야 더 복잡한 구조를 추론할 수 있기 때문입니다. 丑戌未는 陰質(물질)의 축소과정이요 寅巳申은 陽氣(기운)의 증폭과정이라고 설명했습니다. 기운을 증폭하고자 祿이 生地를 돕기에 시간이 흐를수록 祿은 무기력해지고 生地는 祿의 도움을 받아서 강해집니다.

이때 寅巳申亥 중에서 生氣를 가진 글자는 甲木인데 亥水와 寅木의 地藏干에만 있기에 亥水와 寅木은 生氣를 만들기 위한 과정입니다. 다만 寅木에 있는 生氣가 훨씬 위험에 노출되어 있는 이유는 寅木 속에 壬水를 머금고 있다가 火氣를 증폭하는 과정에 水氣가 증발하면 甲木 生氣가 상하기에 예측하기 어려운 흉한 일들이 발생합니다. 하지만 巳火와 申金은 甲木을 품지 않았기에 심각하지는 않습니다. 물론 巳火는 乙木이 巳月에 꽃으로 물형을 바꾸고 申金도 여름에 열매로 물형을 바꿨지만 여전히 나무에 매달려 있기에 生氣를 보호해야 합니다. 다만, 寅木이나 亥水처럼 甲木이 없기에 흉하긴 하지만 甲木 생명을 빼앗길 정도로 심각하지는 않습니다. 巳申 조합은 巳중 丙火가 庚金 꽃을 펼치기 시작해서 庚金에게 빛을 방사하고 巳午未申으로 이어지는 과정에 丙火 빛을 庚金 내부에 품어서 丁火로 물형을 딱딱하게 만듭니다. 결론적으로 庚金은 丙丁 火氣를 받아먹고서 壬水를 밖으로 내놓는 겁니다. 달리 표현하면 丙丁이 壬癸로 바뀌려면 반드시 庚辛을 활용해야 합니다. 그렇다면 이런 변화과정을 어떻게 확인할 수 있을까요? 地藏干에서 그 과정을 명확하게 표현하고 있습니다. 寅의 地藏干에서 甲木이 丙火를 키우고 巳의 地藏干에서 丙火가 庚金을 키우고 申의 지장간에서 庚金이 壬水를 키우고 亥의 지장간에서 壬水가 甲을 키웁니다. 따라서 丙에서 庚으로, 庚에서 壬水로 그리고 다시 甲으로 순환합니다. 火氣의 도움으로 庚金이 성장하는 이유는 火氣를 庚金 내부에 품기에 酉月에 씨종자로 완성되어 땅으로 낙하합니다. 가을 秋는 벼와 火가 결합한 글자입니다. 禾 벼가 고개를 숙인 모양으로 火氣를 품었기에 결실을 맺을 수 있었습니다. 결국 物形 내부에 火氣를 가득 품은 상태가 가을입니다. 秋를 다른 글자로 표현하면 辛으로 火氣가 내부에 가득 찬 결과물입니다. 庚金내부에 배가 터질 정도로 火氣를 품으면 辛金이 됩니다. 그리고 辛金은 열기를 해소하고자 壬水를 향해 갑니다. 정말 아이러니합니다. 丙火가 庚金을 창조했는데 辛金으로 바뀌더니 丙火를 버리고 壬水로 가버립니다. 五行의 순환과정이 이렇게 냉정합니다. 이런 이유로 五行의 陽陰은 그 속성이 정반대라고 주장하는 이유입니다.

甲乙도 동일합니다. 壬水가 甲을 키우면 乙로 바뀌고 乙木은 丙火를 향해 가버립니다. 壬甲과 乙丙으로 時間方向이 정반대입니다. 丙丁의 경우는 乙木이 丙火를 향하기에 丙火의 분산작용이 극대화되면서 丁火로 바뀌더니 결국 壬水를 향해 갑니다. 이처럼 陽陰의 時間方向은 정반대입니다. 동일五行이라도 작용력이 동일하다고 생각하지 말아야 합니다. 유사한 것도 아니며 거의 정반대 시간방향입니다. 이런 이유로 火用神, 水用神으로 표현하는 것은 엉터리입니다. 丙火가 用神인지 丁火가 用神인지 명확히 구분해야만 합니다. 丙火가 庚金 열매를 키우는 행위는 대부분 사업물상입니다. 干支로 丙申이고 天干에서는 丙庚조합이며 地支로는 巳申입니다. 모두 丙火가 庚金 열매를 확장하는 과정입니다. 물론 丙庚으로 조합하였는데 丙火의 빛은 강렬한데 庚金이 무기력하면 물질적, 육체적으로 상하기 쉽습니다. 또 庚金이 많은데 丙火가 없다면 가치 없는 과일이고 丙火도 없고 庚金에 水氣만 있다면 丙火 지도자가 없으니 방탕, 방랑, 조폭, 통제를 상실한 불법, 비리를 마구 저지릅니다. 만약 사주원국에 없던 丙火가 운에서 들어오면 丙庚壬, 丙庚子 三字 조합으로 예술이나 기술 사업으로 활용할 수 있습니다. 이처럼 모든 오행의 양음은 시간방향이 상이합니다. 甲木은 壬水의 生을 받으면 丙火를 향하고 庚金도 丙火의 生을 받으면 결국 壬水를 향해 가버립니다.

巳申의 근본 의미는 열매를 확장하려는 것으로 사업물상입니다. 문제는 巳火가 申金을 경화(硬化)시켜서 열매를 확장하는 과정에 내부에 빛과 열을 축적하므로 딱딱해지고 生氣가 점점 사라집니다. 丙火로 水氣를 증발해서 庚金을 딱딱하게 만들기 때문입니다. 이 과정이 흥미로운 것은 丙火가 庚金을 확장해도 결국 生氣를 상실하고 죽습니다. 이런 이유로 물질만 추구하면 결국 파국에 이르고 돈만 추구하면 단명합니다. 巳申 合 물상은 巳火의 분산하고 申金의 경화작용과 합하여 교통사고로 하복부가 상하거나 巳火가 申金을 키우려고 申金을 향하여 가기에 연애, 외도, 사업하다 망할 수 있습니다. 日支가 巳火인데 운에서 申이 오면 巳火는 무조건 申金을 향해서 나가기에 직장생활 하다가 돈 욕심이 생겨 사업하다 망할 수 있습니다. 또 巳申 물상은 巳

火로 申金 기계를 다루는 행위로 카메라와 기계로 영화를 촬영하는 물상입니다. 申金 기계 위에서 巳火 빛을 환하게 비추는 겁니다. 영화, 홈쇼핑, 광고, 홍보, 동영상 물상들입니다. 위에서 寅巳 刑 물상을 카메라 빛이 폭발하는 것이라 했습니다. 여기에 申金 기계 물상을 결합하였습니다. 만약 巳申으로 조합하는데 寅木이 끼어들면 문제가 심각해집니다. 寅木 生氣가 巳申의 기계에 치어서 상하기 때문입니다. 寅巳申 三刑은 결국 寅木 生氣의 문제 때문에 붙어진 이름입니다. 또 巳申과 丙申 조합에 壬水가 드러나면 좋지 않습니다. 예로 丙申간지의 경우, 丙火의 도움으로 申金의 부피가 확장하는 과정에 그 내부에 壬水가 채워지다가 천간으로 壬水가 드러나면 丙火가 키웠던 열매에게 뒤통수 당합니다. 地支로 바꾸면 巳申亥 三字조합과 같은데 申金을 生하느라 무력해진 巳火가 亥水에게 沖 당하여 두들겨 맞는 겁니다. 사업하다 배신당하고 큰 고초를 겪거나 배우자나 자식들에게 배신당하고 관재가 동합니다.

乾命				陰/平 1965년 7월 26일 06:30							
時	日	月	年	83	73	63	53	43	33	23	13	3
乙卯	戊申	甲申	乙巳	乙亥	丙子	丁丑	戊寅	己卯	庚辰	辛巳	壬午	癸未

辛巳대운이 오면 生剋으로 巳火가 申金을 극한다고 판단하지만 巳火가 많은 申申 열매들을 확장하는 과정에 점점 무기력해집니다. 辛巳대운 천간에서는 辛戊乙 三字로 조합하기에 殺氣가 강해지는데 甲戌년에 卯木에 있는 甲이 천간에 드러나 두 번 卯申 合하고 戌土는 卯巳戌 三字로 조합하여 卯木이 심하게 마릅니다. 戌중 丁火가 천간에 드러난 丁卯월에 이르러 과속으로 교

통사고가 발생하고 동생은 멀쩡하였지만 안전띠를 매지 않은 사주당사자만 사망하였습니다. 사주원국에 水氣가 전혀 없으니 辛巳대운에 辛戌乙, 乙丙庚, 乙辛 沖, 卯申, 卯巳戌로 乙木 生氣가 심하게 상하여 문제가 발생하였습니다. 辛이 乙을 沖하면 어느 宮位에 있던 생기가 상하는 문제가 발생합니다. 丁卯 月에 卯申, 卯申으로 卯木이 申金에 묶여 답답해지고 巳火가 申金을 자극하면 火氣를 품어서 날카로워져 殺氣가 강해진 겁니다. 대장간에서 불로 쇠를 담금질하는 이치와 동일합니다. 화덕에 칼을 집어넣으면 벌겋게 달아오르는데 이것을 해결하고자 물속에 칼을 넣습니다. 이 흐름이 바로 <u>丙庚子, 丙庚壬 三字</u>조합으로 담금질 과정입니다. 丙火가 庚金을 담금질하고 子水에 풀어내는 겁니다. 이 구조의 문제는 水氣가 전혀 없는데 乙辛 沖하고 巳申으로 자극하면 申이 날카로워졌다가 운에서 木氣를 만나면 잘라버립니다. 마치 날카로운 칼로 목을 자르는 것과 같습니다. 만약 사주원국에 날카로움을 해소할 수 있는 水氣가 조금이라도 있었으면 사망에 이르지 않았습니다.

乾命				陰/平 1980년 3월 23일 08:30								
時	日	月	年	90	80	70	60	50	40	30	20	10
庚辰	庚辰	辛巳	庚申	庚寅	己丑	戊子	丁亥	丙戌	乙酉	甲申	癸未	壬午

한의대 대학생일 때 癸未대운이 왔습니다. 辰辰의 地藏干에 있는 癸水가 반응하고 2003년 癸未年에 또 辰辰이 반응하고 丙辰月에 巳火가 반응해서 巳申 合하자 운전미숙으로 5세 아이를 과실치사로 문제가 발생했습니다. 癸未대운과 癸未년은 申年을 기준으로 天殺에 해당하고 辰辰 自刑의 문제도 있지만 丙辰월

에 巳申이 반응한 것도 문제입니다. 사주원국에 酉丑, 辰丑, 酉辰, 酉丑辰이 있으면 교통사고 문제를 의심해야 합니다. 혹은 불법으로 교도소에 수감될 가능성이 있는 조합들입니다. 교통사고인지 한탕을 노리다 수감되는지는 사주구조를 살펴야 합니다. 이 사주도 원국에서 巳申으로 조합하니 24세~30세 사이에 흉한 일이 발생할 것을 암시합니다. 巳申 合으로 자동차 물상으로 간주할 수 있습니다. 殺氣가 강해진 이유는 辰辰의 문제 때문입니다.

乾命				陰/平 1968년 4월 10일 00:40								
時	日	月	年	90	80	70	60	50	40	30	20	10
庚子	丁丑	丁巳	戊申	丙寅	乙丑	甲子	癸亥	壬戌	辛酉	庚申	己未	戊午

申金은 정해진 時間방향에 따라서 丑土를 향하는데 중간에 巳火가 끼어있기에 巳火와 반드시 合해야 합니다. 巳火를 중심으로 살피면 巳火는 申金을 향하고 巳丑과 合합니다. 따라서 중간에 끼어있는 巳火는 巳申과 巳丑 사이에서 비틀거립니다. 또 다른 문제는 申金이 丑土에 들어가면 子水가 子丑 合으로 丑土가 열리지 못하도록 철저하게 닫아버립니다. 이런 조합을 申子丑 三字 조합으로 廢墓(폐묘)라 부를 수 있는데 墓地 丑土가 열리지 못하도록 子水가 방해하는 겁니다. 또 亥水가 辰土에 들어가 있는데 辰酉 合으로 묶으면 酉亥辰 三字조합이라 부릅니다. 이 조합들의 특징에 대해서 자세히 학습하겠지만 墓地에 들어간 陽氣가 合으로 묶여서 墓地내부에서 꼼짝하지 못하고 죽어가는 상황입니다. 巳申 合도 보통의 조합과는 좀 다른 점은 申金이 丑土 墓地에 들어가는데 먼저 巳申 合한 후에 들어가기에 巳火도

빛을 잃고 子丑 속으로 사라집니다. 庚申대운 2001년 辛巳년은 33세 즈음으로 년지 申金에서 庚金이 천간으로 드러났기에 원국에 정해진 사주구조대로 申巳丑으로 반응합니다. 巳火는 申金을 향하여 合하고 辛巳年에 이르면 일지 丑土의 時間이 도래하여 申金을 丑土에 담겠다고 합니다. 즉, 申金을 일지 丑土에 담으려는 탐욕이 동하는데 그 위에 戊土가 있으니 국가 宮位에서 傷官으로 불법을 저지를 것임을 암시합니다. 巳火는 월주 丁巳와 복음이기에 일간과 동일한 丁火가 모여서 동업으로 한탕을 노리는데 결과적으로 巳火의 화려한 빛이 申金과 合하고 그것을 일지 丑土에 담아오려고 탐욕을 부립니다. 庚申대운의 庚金은 時干에 있으니 그 아래의 子水와 <u>申子丑 三字</u>로 廢墓 작용이 발생합니다. 욕심 부리고 일지 丑土에 큰돈을 담아보겠다고 동업으로 사업에 투자했지만 사기당하고 戊戌 月에 자살했다고 합니다.

坤命			陰/平 1980년 9월 27일 06:30						
時	日	月	年	89	79	69	59	49	39	29	19	9
辛卯	辛巳	丙戌	庚申	丁丑	戊寅	己卯	庚辰	辛巳	壬午	癸未	甲申	乙酉

년과 일에서 巳申 合하는데 중간에 戌土가 夾字로 비틀립니다. 또 卯巳戌 三字로 조합하여 살기가 강합니다. 그 이유는 卯木 生氣가 巳火를 향하고 巳火는 戌土 墓地에 들어갑니다. 또 그 과정에 巳申 合이 반응하기에 戌土가 비틀립니다. 卯木은 사주원국에 정해진 時間방향대로 巳火를 향하고, 戌土를 향하고 申金과 暗合으로 乙庚 合합니다. 이처럼 전혀 중요해 보이지 않는 세세한 구조들이 모여서 사주팔자의 운명을 결정합니다. 사주팔

자 원국에 정해진 숙명이 時空間에 반응해서 인생의 物形을 결정합니다. 또 다른 문제는 庚申과 辛辛 그리고 巳戌이 卯木을 포위해서 찍어내려고 노리고 있습니다. 甲申대운에 이르면 時支 卯木의 시간이 도래하고 천간에 노출되면 수많은 金氣들이 공격합니다. 특히 甲申대운은 卯와 申이 暗合하려는 의지가 뚜렷합니다. 사주원국에 水氣가 없는 상태에서 卯木이 수많은 金들에 둘러싸여 상할 것임을 암시하고 辛巳年에 이르면 일주와 동일한 干支로 복음이며 巳申 합하는 과정에 巳火가 戌土에 들어갑니다. 이런 이유로 **교통사고로 9개월 병원**에 입원했습니다. 巳申 합 중간에 戌土가 夾字로 끼어 반응이 복잡합니다. 卯戌과 巳申 그리고 卯申 合으로 복잡하게 비틀립니다. 또 다른 三字조합은 卯申戌로 生氣 卯木이 申金에 상하고 戌土에 들어가기에 殺氣가 매우 강합니다.

기억할 점은 地支에서 발생하는 刑沖破害는 두 글자 혹은 寅巳申 三刑처럼 세 글자를 분석하지만 한 단계 높은 夾字도 함께 살펴야 합니다. 夾字는 刑沖破害合 사이에 끼어있는 글자의 동태를 살피는 이론입니다. 자세한 내용은 책 夾字論에서 설명했습니다. 刑沖破害合의 작용분석에 대해 어렵게 생각할 필요 없습니다. 사주원국에 정해진 구조에서 대운과 세운에 따라 어떤 시공간 특징이 도래했는지 살피면 그만입니다. 이런 이유로 정해진 사주팔자 꼴대로 산다고 주장하는 겁니다.

乾命				陰/平 1963년 6월 29일 00:40							
時	日	月	年	83	73	63	53	43	33	23	13	3
壬	癸	庚	癸	辛	壬	癸	甲	乙	丙	丁	戊	己
子	巳	申	卯	亥	子	丑	寅	卯	辰	巳	午	未

월과 일에서 巳申 合하고 또 卯申 合도 있습니다. 정해진 시간 방향대로 卯木은 巳火를 향해 가는데 그 과정에 중간에 끼어있는 신금과 합해야 합니다. 1995년 33세 丁巳대운에 사주원국에 정해진 구조대로 巳申 合하려는 의지를 드러내고 乙亥년에 卯木이 반응하여 卯申으로 合하고 또 卯木은 巳火를 향해갑니다. 지지에서 巳申 합하는데 亥水가 巳亥 沖하기에 合도 깨지고 卯申 合으로 卯木이 묶여서 生氣가 상합니다. 癸水에게 卯木은 생명과 같은데 문제가 생기면서 <u>가스중독으로 사망</u>했습니다. 卯年을 기준으로 庚申은 겁살, 저승사자와 같아서 단명했는데 특히 대운과 壬癸丁으로 丁火가 심하게 상하면서 문제가 발생했습니다.

乾命				陰/平 1961년 4월 16일 22:30							
時	日	月	年	88	78	68	58	48	38	28	18	8
癸	癸	癸	辛	甲	乙	丙	丁	戊	己	庚	辛	壬
亥	亥	巳	丑	申	酉	戌	亥	子	丑	寅	卯	辰

庚寅대운 1992년 壬申年에 교통사고로 부모와 부인, 자식이 모두 상했고 본인도 상처가 커서 후유증으로 힘든 일을 못합니다. 庚寅대운은 巳중 庚金의 時間이 도래했고 寅木은 寅巳 刑하고 寅亥 合합니다. 壬申年이 오면 표면적으로는 寅巳申 三刑으로 반응한 것이지만 壬水의 시간이 도래했으니 사주원국에 있는 두 개의 亥水가 반응하여 巳火와 沖합니다. 결국 地支 세 글자가 동시에 반응하면서 문제가 발생하였습니다. 寅巳 刑, 巳亥 沖과 寅巳申 三刑까지 동한 것입니다. 월일시에 충격이 발생하자 부모, 배우자, 자식은 물론이고 본인까지 교통사고로 심각한문제가 발생하였습니다.

乾命				陰/平 1959년 10월 19일 22:30							
時	日	月	年	84	74	64	54	44	34	24	14	4
丁	乙	乙	己	丙	丁	戊	己	庚	辛	壬	癸	甲
亥	巳	亥	亥	寅	卯	辰	巳	午	未	申	酉	戌

壬申대운 말쯤 34세 辛未년과 壬申년 사이에 壬水의 시간이 도래하자 연월일시가 모두 반응하고 巳亥 沖합니다. 또 申金이 巳申으로 合하기에 교통사고 물상입니다. 사주원국에서는 巳亥 沖으로 필요한 글자를 활용하는 구조인데 壬申대운에 巳申으로 合하면서 巳亥 沖까지 합니다. 교통사고가 발생하였고 부친, 장모, 부인, 자식 등 각 宮位의 육친들에게 문제가 발생했습니다. 교통사고가 발생했을 때 어느 육친이 상하는지는 宮位로 판단해야 하는데 반응하는 宮位가 많을수록 많은 사람들이 사고에 영향을 받습니다. 3개 宮位 이상이면 지진이 발생하는 것처럼 심하게 흔들립니다. 사주구조가 나쁘고 반응하는 宮位가 어지러우면 사망합니다. 예로 地支가 辰土 未土 寅木 子水로 刑沖破害가 없으면 반응해도 크게 흉하지는 않습니다만 이 구조는 세 개의 亥水가 巳火 하나를 沖하기에 모든 宮位가 동해서 문제가 심각합니다. 사주팔자를 분석할 때 반드시 宮位를 위주로 해야만 하는 이유입니다.

坤命				陰/平 1966년 7월 18일 10:30							
時	日	月	年	88	78	68	58	48	38	28	18	8
己	甲	丙	丙	丁	戊	己	庚	辛	壬	癸	甲	乙
巳	子	申	午	亥	子	丑	寅	卯	辰	巳	午	未

午火가 申을 자극하면 열기를 품은 申金은 자연스럽게 子水를 향해 갑니다. 따라서 午申子로 흐름이 순탄한데 時支 巳火가 巳申으로 合하기에 子水가 夾字로 끼어서 비틀립니다. 사주원국에서 水氣는 子水뿐인데 巳申 合하고 子午 沖하기에 불안정합니다. 이런 특징을 가진 子水의 시간이 天干으로 반응하면 무조건 凶하다고 읽어야 합니다. 38에 壬辰대운이 오면 子水의 시간이 도래합니다. 조용히 사주원국에 水氣를 보충하고 있었는데 천간으로 노출되기에 좋지 않습니다. 辰土는 申子辰으로 日支를 포함해서 三合으로 묶여버립니다. 그리고 申子辰 三合과 子午 沖하면서 모든 地支가 불안정해집니다. 子水가 巳申 合의 중간에 夾字로 비틀리다가 庚寅年에 申의 時間이 반응해서 巳申 合하고 지지에서 寅巳申 三刑도 함께 동합니다. 남편이 교통사고로 사망했습니다. 참고로 결혼 후 중년에 이르러 日支를 포함하여 三合을 이루면 배우자와 이혼하거나 구조가 흉하면 사별합니다. 이 구조는 좋은 작용을 하던 남편이 申子辰 三合으로 묶이는 시기에 사별했습니다. 三合과 刑沖破害 그리고 三合과 墓庫論 책에서 자세히 다루었으니 참조바랍니다.

坤命				陰/平 1962년 1월 5일 04:30								
時	日	月	年	82	72	62	52	42	32	22	12	2
甲	戊	壬	壬	癸	甲	乙	丙	丁	戊	己	庚	辛
寅	寅	寅	寅	巳	午	未	申	酉	戌	亥	子	丑

년과 월에 壬寅과 壬寅으로 水氣가 있기에 문제가 없고 時干에 丙火가 있었다면 壬甲丙의 순차적 흐름으로 훨씬 좋은 구조인데 아쉽게 甲寅을 얻었습니다. 丙申대운에 이르면 사주원국에 없던 金氣가 운에서 들어와 사주원국과 충돌하기에 좋지 않습니다

다. 癸巳年에 이르면 寅木만 있다가 申金에 巳火까지 추가하면서 寅巳申 三刑으로 심하게 요동치자 뇌출혈로 사망하였습니다. 이처럼 사주원국에 없는 기운이 운에서 들어오면 여러모로 좋지 않은 상황이 전개됩니다. 그 이유는 태어날 때 그런 에너지를 활용하지 못한다고 했는데 운에서 들어오면 자신이 감당하기 어려운 기운을 만났기에 특별한 경우를 제외하고 좋지 않습니다. 대부분의 사주원국에는 생소한 기운을 소화해줄 인자가 없기에 당황할 수밖에 없습니다. 이 사주구조도 申金과의 충돌을 해결할 방법이 마땅하지 않습니다.

申亥 穿

지금부터는 申亥조합을 살펴보겠습니다. 亥水를 만난 申金의 체성이 亥水에 무기력해지는 것이 문제입니다. 申金의 목적은 硬化작용으로 여름에 火氣의 빛을 申金 내부에 열로 축적하면 水氣가 증발하면서 점점 딱딱해집니다. 그리고 가을을 지나면서 亥水를 정반대 움직임을 보이기 시작하는데 딱딱했던 물형을 유지하지 못하고 亥水에 풀어지면서 물렁거립니다. 글자는 자신이 가진 고유한 본성을 절대로 포기하지 않습니다. 각 글자에는 존재 가치가 있기에 다른 속성으로 변하는 것을 반길 리가 없습니다. 다만 시공간 변화에 따라 물형은 계속 변하기에 申金도 亥水를 만나면 딱딱했던 물형이 변하기 시작합니다. 申月에는 丙火의 기세가 강하기에 申金의 지장간에 壬水가 장생해도 申金의 체성이 변하지 않습니다. 酉月로 넘어가기 전이기에 철저히 딱딱해진 상태도 아닙니다. 申金과 酉金이 亥水나 子水를 만났을 때의 차이점은 <u>酉金이 子水에 破당하면 물형변화가 급속하게 이루어지듯</u> 申金이 亥水를 만나면 그 속성이 급변하면서 딱딱했던 체성이 변질됩니다. 상응하는 반응은 정신적으로 불안정해지거나 술이나 마약, 도박중독에 빠질 수 있습니다. 申亥를 천간으로 올리면 庚壬조합으로 방탕, 방랑, 기술, 예술 물상이라고 했습니다. 딱딱해야할 뼈가 삐거덕거리는 것처럼 申金의 체성을 상실하고 변질되고 부패합니다. 예로 선박이 바다에 침몰하고 일정한 시간이 흐르면 선박의 형체가 점점 망가지는 상황을 申亥 穿이라고 부르는 겁니다. 만약 申金이 강력한데 亥水가 무기력하면 申이 亥水를 심하게 간섭하면서 亥중 甲木이 세상 밖으로 나오는 것을 방해하기에 문제입니다. 마치 철근덩어리들이 生水에 들어가 탁해져 그 물을 마실 수 없는 이치입니다.

申亥가 조합할 때 정신착란, 술, 마약, 도박중독과 같은 문제가 발생하는 이유를 이해하기 어렵습니다. 申金의 딱딱한 속성이 水氣에 풀어지는 것이 문제입니다. 火氣의 빛과 열을 내부에 축적해야하는 申金이 정반대로 水氣를 품으면 가을에 과일이 땅에 떨어져 썩어가는 상황과 같습니다. 亥水 때문에 과일의 가치를 상실한 겁니다. 인체에 비유하면 정체성에 문제가 발생하면서 정신에 문제가 생기고 알코올, 마약, 도박중독에 빠집니다. 비록 과거의 명리이론에는 申亥의 작용에 대해 설명하지 못했지만 사주구조에 따라서 심각한 문제를 일으킵니다. 申亥조합의 핵심은 정신적으로 불안정하고 심하면 중독에 빠진다는 겁니다. 술독에 빠져 인사불성으로 살아가는 상황이 申亥이며 庚金이나 辛金이 너무 많은 水氣를 만나도 유사한 문제가 발생합니다.

乾命				陰/平 1937년 10월 15일 12:30							
時	日	月	年	83	73	63	53	43	33	23	13	3
戊午	戊申	辛亥	丁丑	壬寅	癸卯	甲辰	乙巳	丙午	丁未	戊申	己酉	庚戌

년과 월에서 丁辛亥 三字로 흐름이 좋습니다. 군인간부입니다. 丙午대운 1987년 丁卯年에 진급했습니다. 乙巳대운 1990년 庚午年 54세 당시에 宮位는 時의 戊午를 지나는 중입니다. 庚午年에 이르러 日支 申金에 있던 庚이 도래하면서 사주원국 구조대로 亥月에서 日時로의 흐름이 막히게 됩니다. 亥月에 태어났기에 그 다음 할 일은 亥의 지장간에 담겨진 甲木을 밖으로 꺼내야만 하는데 사주원국에도 없고 寅木이 있어야할 日支에 申金이 드러났습니다. 만약 日支가 寅木이라면 亥寅午로 그 흐름이 매우 순탄한데 申金이 흐름을 역류시키는 것은 물론이고 甲寅이 밖으로 나오는 것도 방해하니 더욱 큰 문제입니다. 년과 월에서는 丁辛亥 三字로 흐름이 좋은데 乙巳대운에 천간에서 辛戊乙 三字로 조합하면서 生氣가 잘리는 문제가 발생합니다. 또 巳午가 申金을 강하게 자극하면 열기를 품은 申金은 빠른 속도로 亥水를 향해 튀어가고 丑土 墓地에 들어가 묶이고 무기력해지면서 상합니다. 마치 자동차가 亥水바다에 빠졌는데 하필 바다 속에 있는 웅덩이 丑土에 빠져 구조할 수도 없습니다. 庚午년에 이르면 사주원국 구조대로 申亥와 申丑으로 문제가 발생합니다. 申金의 속성이 변질되는 과정에 상응하는 심리가 반응하면서 申亥조합의 한탕, 도박, 투기, 마약, 술주정처럼 방탕 속성이 반응하자 뇌물을 받고 관재가 발생하고 낙직하였습니다.

乾命				陰/平 1970년 4월 28일 00:40							
時	日	月	年	82	72	62	52	42	32	22	12	2
庚子	壬子	辛巳	庚戌	庚寅	己丑	戊子	丁亥	丙戌	乙酉	甲申	癸未	壬午

30세 甲申대운 상황입니다. 甲申대운이 오면 문제가 발생한다고

읽어야 합니다. 庚戌, 辛巳, 壬子, 庚子로 사주원국에 甲木이 없는데 운에서 들어오면 수많은 金氣들이 너도 나도 달려들어 甲木에게 호기심을 드러냅니다. 마치 시골에 난생 처음 본 외국인이 여행 오자 시골 사람들이 호기심으로 몰려드는 것과 같습니다. 할 일 없이 빈둥거리던 많은 金氣들이 甲木 주위에 몰려들어 호기심을 드러내면서 찔러보면 甲木 生氣에 문제가 발생할 수 있습니다. 예로,

乾命				陰/平 1970년 12월 28 08:30								
時	日	月	年	84	74	64	54	44	34	24	14	4
戊	己	己	庚	戊	丁	丙	乙	甲	癸	壬	辛	庚
辰	酉	丑	戌	戌	酉	申	未	午	巳	辰	卯	寅

酉丑辰 三字로 교통사고 물상을 암시하고 丑辰 破로 정신도 불안정해지고 酉金이 夾字로 끼어서 배우자도 문제가 발생할 수 있습니다. 辰戌 沖은 거리가 멀어 영향이 강하지는 않습니다만 金氣가 상하기에 폐에 문제가 생기고 정신적으로도 불안정해집니다. 이 구조에서 甲午대운이 오면 用神으로 길하다고 보겠지만 죽는 운을 만날 수 있습니다. 辰중에 유일한 생기 乙木이 숨어 있기에 가능한 천간에 드러나지 않아야 하는데 甲이 드러나면 甲己 合과 甲庚 沖으로 甲木 生氣가 심하게 상하면 사망할 수도 있습니다.

위 사주로 돌아와서, 甲申대운이 오면 사주원국에 없는 甲木이 왔기에 기본적으로 生氣가 상하는 문제가 발생한다고 읽어야 합니다. 巳申으로 교통사고 조합을 이루고 乙亥年에 이르러 巳申亥로 巳申 合하고 巳亥 沖으로 합을 깨버립니다. 사주원국에 乙

木도 없었는데 운에서 들어와 木金이 다툽니다. 乙辛 沖, 甲庚 沖으로 충돌합니다. 辛巳 月에 천간에서 을신 충, 지지에서 巳 申 合하고 丁卯 일에 음주운전 하다 교통사고가 발생하고 머리를 크게 다쳐 기억력 상실, 언어장애로 지능이 3, 4세 수준으로 바뀌었습니다. 이처럼 金으로만 구성된 사주에 운에서 木氣가 들어오면 문제를 일으키려고 온 것으로 심하면 사망할 수도 있습니다. 水氣가 있으면 다행이지만 없다면 문제가 심각합니다. 사주원국에 없는 글자가 운에서 들어오면 기본적으로 흉하다고 표현하는 이유입니다.

乾命				陰/平 1971년 10월 14일 16:30								
時	日	月	年	88	78	68	58	48	38	28	18	8
甲	庚	己	辛	庚	辛	壬	癸	甲	乙	丙	丁	戊
申	申	亥	亥	寅	卯	辰	巳	午	未	申	酉	戌

사주원국에서 申亥亥로 日支 申金이 너덜거리는 느낌입니다. 申金이 딱딱한 체성을 유지하지 못하고 방탕, 방랑합니다. 심하면 일지에 있는 申金 배우자가 도박, 마약, 술 중독처럼 정신 나간 행동을 할 수 있습니다. 庚申과 甲申으로 庚金이 甲을 두들겨 패기도 합니다. 부인과 불화가 많고 빚만 잔뜩 져서 파산지경입니다. 乙未대운, 乙未年에 未土 때문에 亥中 甲木이 상합니다. 사주원국에 없는 乙木도 운에서 와서 辛金에게 상합니다. 未土 두 개가 亥水의 흐름을 막으면 水氣가 마르고 탁해지면서 열이 오릅니다. 여기에서 끝나면 심각하지 않은데 甲庚 沖의 강도가 亥水가 마르면서 훨씬 심해집니다. 이런 흐름과 변화에 주의해야 합니다. 먼저 未土가 亥水를 탁하게 만들면 甲木으로 가는 길이 막히고 火氣는 증가하면서 庚金이 甲을 沖하는 강도는 훨

씬 강해집니다. 따라서 돈 문제, 질병으로 시달리거나 육체가 상할 수 있습니다. 핵심은 申亥亥로 배우자가 정신 나간 행동을 할 수 있는 조합입니다.

乾命				陰/平 1968년 9월 29일 04:30								
時	日	月	年	86	76	66	56	46	36	26	16	6
甲	癸	癸	戊	壬	辛	庚	己	戊	丁	丙	乙	甲
寅	巳	亥	申	申	未	午	巳	辰	卯	寅	丑	子

申癸亥로 흐르는데 戊癸 합하기에 구조가 좋아졌는데 巳申 합하는 과정에 亥水가 夾字로 끼어서 巳亥 沖하니까 매우 불정해 보입니다. 또 癸巳와 甲寅이 寅巳 刑하고 寅巳申 三刑까지 있습니다. 壬子年이 오면 亥水가 반응해서 巳亥 沖, 申亥 穿, 寅亥 합하려고 합니다. 亥水가 壬水로 드러나자 사주원국에 정해진 구조대로 다양하게 반응합니다. 巳亥 沖하고 申亥 穿하는 과정에 日支가 寅亥 합 중간에 夾字로 끼어서 巳亥 沖으로 상합니다. 日支가 불안정해지면 내 육체가 상하거나 배우자가 상할 수 있습니다. 5세 壬子年에 교통사고로 사망했습니다.

乾命				陰/平 1959년 7월 14일 18:30								
時	日	月	年	83	73	63	53	43	33	23	13	3
丁	辛	壬	己	甲	乙	丙	丁	戊	己	庚	辛	壬
酉	未	申	亥	申	酉	戌	亥	子	丑	寅	卯	辰

時에서 거슬러 丁辛壬 三字로 조합하였습니다. 丁酉에서 辛未를 자극하면 壬水에 풀어집니다. 대운은 辛未, 庚午, 己巳로 강력

한 火運로 흘러갑니다. 壬申 月에 태어났으니 년에 甲으로 배합하면 좋은데 없습니다. 즉, 甲년 壬申월, 甲년 癸酉월로 조합해야 바람직한데 없기에 壬申의 방탕, 방랑의 속성이 강합니다. 丙申 月이라면 申金이 丙火 지도자를 만나 행실이 바른데 壬申의 경우는 申金이 너덜거리는데 亥水까지 있습니다. 년과 월의 조합이 좋지 않은데 일간 辛金이 하필 申月에 태어나 시절도 잃었기에 할 일도 마땅하지 않습니다. 이런 문제를 해결하려면 년에 甲목을 배합하는 것인데 없고 申壬亥로 도박, 투기, 마약과 같은 속성으로 변질됩니다.

돈을 벌고자 수단과 방법을 가리지 않고 젊어서부터 도박장을 시작했습니다. 돈을 쉽고 빠르게 축적하려는 욕망이 매우 강합니다. 보통사람들의 생각과 행동과는 거리가 멉니다. 이 사주팔자가 도박을 좋아하는 이유는 다양합니다. 첫째, 申金이 壬亥에 풀어지면 방탕 하는 성향이 강해지는데 그 물상이 도박, 투기, 마약, 술 중독, 정신이상입니다. 또 丁辛壬 三字조합도 쉽고 빠르게 돈을 벌려는 탐욕이 강하고 신살로 살피면, 亥年을 기준으로 삼합을 벗어난 申酉戌은 저승사자와 같은데 사주원국에 申辛酉로 타인의 재물을 강탈하는 욕망이 강하기에 젊어서부터 도박장을 운영하였던 것입니다.

乾命				陰/平 1972년 11월 26일 12:30							
時	日	月	年	82	72	62	52	42	32	22	2
甲午	丙申	壬子	壬子	辛酉	庚申	己未	戊午	丁巳	丙辰	乙卯	甲寅	癸丑

日支 申金이 壬子, 壬子에 풀어져 상합니다. 다행한 점은 亥水

가 아니고 子水이기에 풀어지는 흐름이 나쁘지 않으며 丙午가 申金에 빛과 열을 자극하기에 방탕하지 않으며 적절하게 子水에 풀어지는데 다만 壬子가 너무 강해서 체성을 유지하기는 어려워 보입니다. 또 壬子와 壬子가 丙火의 빛을 빼앗아 갑니다. 丙申으로 있을 때 申金의 地藏干에 있는 壬水가 천간에 드러나 丙火를 충하면 배신당한다고 했습니다. 다만 大運이 木火로 흘러 申金이 바른 지도자를 만나 방탕하지는 않으니 丙庚壬 三字조합을 기술, 예술로 활용해서 목수입니다.

乾命				陰/平 1953년 7월 19일 06:30								
時	日	月	年	87	77	67	57	47	37	27	17	7
辛	辛	庚	癸	辛	壬	癸	甲	乙	丙	丁	戊	己
卯	亥	申	巳	亥	子	丑	寅	卯	辰	巳	午	未

申金이 巳申亥로 흐릅니다. 午申亥, 巳申亥로 조합한 구조들이 많이 보입니다. 천간에서 辛辛庚癸로 세력을 이루고 경쟁하면서 우르르 몰려다니며 癸水를 활용하기에 언변, 육체, 기술, 예술을 활용합니다. 申月에 庚申과 辛亥는 반드시 甲木이 있어야 열매를 맺고 수확하는데 없습니다.

다행한 점이라면 巳申亥卯로 그 흐름이 나쁘지 않습니다. 이 남자는 유달리 도박을 좋아하지만 불법도박을 할 정도는 아닙니다. 화기에 자극받은 庚辛이 亥水에 풀어지기에 뻥튀기를 좋아하지만 바른 지도자 巳火를 만났기에 방탕하지는 않는 것입니다. 庚辛에게 火氣가 중요한 이유입니다.

乾命				陰/平 1935년 11월 15일 08:30								
時	日	月	年	81	71	61	51	41	31	21	11	1
庚	庚	戊	乙	己	庚	辛	壬	癸	甲	乙	丙	丁
辰	申	子	亥	卯	辰	巳	午	未	申	酉	戌	亥

사주원국에서 申金이 申子辰과 申亥로 딱딱한 본성을 유지하기 힘듭니다. 年干 乙木과 乙庚 合하는데 庚庚乙로 경쟁합니다. 이 구조의 의미는 乙木 財星이 멀리 있는데 合하기에 첫 부인과 이혼, 사별한다고 했습니다. 또 일지 배우자 宮位에 申金이 있기에 乙木은 일지에 들어오기 어려워 결혼이 불안정합니다. 癸未대운에 이르면 천간에서 乙癸戊 삼자로 조합하기에 좋습니다만 子水와 辰土에서 癸水가 드러났기에 申子辰 三合으로 子辰 사이에 夾字로 끼어있는 申金이 비틀립니다. 辛酉年에 이르러 천간에서 辛戊乙 三字로 殺氣가 강해지고 일지와 동일한 오행이 혼잡하자 부인이 사망했습니다.

乾命				陰/平 1961년 10월 4일 20:30								
時	日	月	年	81	71	61	51	41	31	21	11	1
壬	戊	己	辛	庚	辛	壬	癸	甲	乙	丙	丁	戊
戌	申	亥	丑	寅	卯	辰	巳	午	未	申	酉	戌

年과 時에서 丑戌 刑하고 일지 申金이 정해진 시간방향대로 丑土를 향하는 과정에 중간에 끼어있는 亥水를 지나야 합니다. 따라서 亥중 甲木이 金氣에 상할 수 있는데 운에서 결정합니다. 丁亥年에 戌土의 地藏干에 있던 丁火가 반응해서 丑戌 刑할 것임을 알려줍니다. 또 亥水가 왔으니 월지 亥水의 구조대로 申亥

로 반응합니다. 이 해에 복부가 불편해서 검사했는데 간의 질병 임이 밝혀져 계속 치료 받아 호전 중입니다. 이 구조는 申亥로 조합해서 申의 체성이 상하는데 丑土를 향하고 丑戌 刑하는 과정에 夾字들이 비틀립니다. 甲午대운을 지나는 중인데 亥中 甲이 반응했기에 申亥로 조합하고 丁亥年에 戌土가 반응하면서 지지 전체가 요동치지만 사주원국 구조가 크게 불안정한 것은 아니기에 亥中 甲이 상하는 정도로 반응했습니다.

坤命			陰/平 1968년 9월 23일 20:30							
時	日	月	年	82	72	62	52	42	32	22	12	2
庚戌	丁亥	癸亥	戊申	甲寅	乙卯	丙辰	丁巳	戊午	己未	庚申	辛酉	壬戌

申亥亥로 申金이 亥水에 심하게 풀어져 문제가 발생할 수 있습니다. 亥月에 천간에서 戊癸 슴하고 申亥로의 흐름은 좋습니다만 다시 亥水가 중복되면서 申金이 풀어지는 정도가 과합니다. 己未대운 己丑年 2009년 42세에 폐암으로 사망했습니다.

폐암의 문제를 일으키는 사주유형은 크게 두 가지로 첫째 火氣가 너무 강해서 金氣가 심하게 상하거나 둘째 너무 습해서 金氣가 삭는 경우입니다. 己未대운은 申年을 기준으로 天殺이고 己丑年에 申亥丑으로 申金이 亥水에 풀어지고 丑土에 들어가 딱딱한 체성을 유지하지 못하고 삭아버립니다. 丁亥, 戊子, 己丑년을 지나면서 申金이 더욱 망가지자 폐암으로 사망한 것이기에 결국 申亥丑 조합의 문제입니다.

乾命				陰/平 1971년 10월 19일 16:30							
時	日	月	年	89	79	69	59	49	39	29	19	9
甲申	乙丑	己亥	辛亥	庚寅	辛卯	壬辰	癸巳	甲午	乙未	丙申	丁酉	戊戌

申亥丑 三字가 보입니다. 申金이 丑土에 들어가 너덜거리는데 亥水가 계속 水氣를 공급하기에 申金이 너덜거립니다. 申亥亥도 동일한 흐름인데 丑土까지 개입하면서 申金을 더욱 너덜거리게 만듭니다. 丙申대운이 오면 사주원국에 없던 丙火가 丙辛 합하고 申金이 사주원국 구조대로 申丑亥亥로 상합니다. 넘어졌는데 일어나지 못하고 치료받았지만 반신불수가 되었습니다.

이런 물상이 관절염처럼 申金이 뼈의 딱딱한 체성을 유지하지 못해서 발생하는 문제입니다. 늙으면 뼈가 삭는 이치와 다를 바 없습니다. 酉丑辰 三字의 경우도 딱딱한 酉金이 辰土에 이르러 물렁거리는 문제 때문에 치아가 상하고 임플란트를 해야만 하는 상황입니다. 유사한 조합이 申亥丑 三字라고 기억하면 됩니다. 年에 辛金이 있는데 辛亥亥丑으로 너덜거립니다. 時支 申金도 申丑亥로 상했습니다. 뼈들이 물렁거리고 넘어져 일어나지 못하는 겁니다.

乾命				陰/平 1968년 10월 3일 22:30							
時	日	月	年	85	75	65	55	45	35	25	15	5
己亥	丙申	癸亥	戊申	壬申	辛未	庚午	己巳	戊辰	丁卯	丙寅	乙丑	甲子

丁卯대운 2005년 乙酉년에 이르면 卯木이 乙木으로 드러났기에 亥卯, 卯申 합의 작용이 반응합니다. 地支 酉金은 대운의 卯木과 沖 합니다. 년과 월에서 戊癸 합하고 申亥로 흐름이 좋습니다만 문제는 일지에 申金이 중복되면서 발전하지 못하고 亥중 甲木이 나오는 것을 방해합니다. 따라서 日支 배우자 역할이 좋지 않으며 일지가 중복하니 두 번 이혼했습니다. 다만 丑土가 없고 申金이 물렁거리는 구조도 아니기에 두 번 이혼 정도로 끝났습니다.

坤命				陰/平 1960년 12월 10일 22:30								
時	日	月	年	81	71	61	51	41	31	21	11	1
辛亥	壬申	戊子	庚子	己卯	庚辰	辛巳	壬午	癸未	甲申	乙酉	丙戌	丁亥

庚金과 申金 그리고 時干에 辛金이 있고 戊子로 戊土가 무기력한 모습이고 대운은 丁亥, 丙戌, 乙酉, 甲申으로 흘러가면서 子月에 필요한 金氣를 보충하고 활용하는 움직임입니다. 이처럼 庚子, 戊子, 壬申, 辛亥로 火氣가 전혀 없고 어두운 구조들은 젊어서 들어오는 戊土대운에 결혼하는 경우가 많습니다. 壬日이 戊土를 만나 연애로 결혼하지만 그 운이 지나버리면 결혼하는 것이 쉽지는 않으며 결혼해도 부부사이가 좋은 편은 아닙니다. 다만 戊土에서 만난 남편은 좋은 편입니다. 이런 구조는 표면적으로 좋아 보이지는 않지만 실제로는 그렇지 않습니다. 이런 유형의 사주구조를 분석하기 어렵습니다. 己未년에 의사와 결혼하고 甲申대운 庚辰년에 당뇨병과 교통사고로 고생했습니다. 申亥辰으로 조합하는 甲申대운 31세에서 40세 사이에 당뇨와 교통사고로 고생했습니다. 일지 申金을 지나는 시기로 申金이 亥子

에 너덜거리는 문제가 庚辰년에 천간으로 드러나고 辰土가 亥水의 흐름을 막아서 교통사고가 발생했습니다. 또 水氣를 담은 辰土에 열이 오르기에 당뇨병으로 고생한 것입니다. 만약 이런 문제가 발생하지 않았다면 일지를 포함하여 申子辰 三合으로 배우자와의 관계에 문제가 발생했을 겁니다.

乾命				陰/平 1952년 8월 5일 22:30							
時	日	月	年	85	75	65	55	45	35	25	15	5
辛	壬	己	壬	戊	丁	丙	乙	甲	癸	壬	辛	庚
亥	申	酉	辰	午	巳	辰	卯	寅	丑	子	亥	戌

申亥辰과 酉亥辰 三字조합이 모두 있습니다. 이 사주도 사주원국에 火氣가 전혀 없기에 金氣가 본래의 성질을 상실하고 너덜거리기 쉽습니다. 체성을 상실한 金氣때문에 폐나 간에 문제가 발생할 수 있습니다. 일반적으로 사주팔자에 金氣가 너무 강하거나, 火氣가 너무 강하거나, 많은 水氣와 丑土에 노출된 金氣의 체성에 문제가 발생하면 폐병에 걸립니다. 또 木과 金이 다투는 경우에도 간이나 폐에 문제가 발생합니다.

이처럼 사주구조에 따라서 반응이 전혀 다르기에 질병을 분석하는 것은 어렵습니다. 金氣가 亥水에 풀어지면 地藏干에 있던 甲이 상하면서 간에 문제가 발생하고 金氣도 너덜거리며 상할 수 있기에 폐도 문제입니다. 乙卯대운 己丑년에 간경화로 복수에 물이 차서 이혼했습니다. 乙卯대운은 辰土의 地藏干에 있는 乙木이 반응했기에 亥水와 酉金과 申金을 辰土에 담는 과정에 乙木이 응결되고 酉金에 상합니다. 天干에서는 壬乙己 三字로 방랑, 방탕 조합이고 卯丑으로 卯木이 응결되었습니다.

乾命				陰/平 1952년 8월 5일 06:30								
時	日	月	年	85	75	65	55	45	35	25	15	5
甲	壬	己	壬	戊	丁	丙	乙	甲	癸	壬	辛	庚
辰	申	酉	辰	午	巳	辰	卯	寅	丑	子	亥	戌

辰酉, 申辰, 辰酉로 탁하고 火氣도 전혀 없습니다. 좋은 점은 년과 월에서 壬辰과 己酉가 조합하여 酉金이 壬水에 씨종자를 풀어내는 흐름입니다. 다만 壬水가 두 개이기에 양쪽으로 산만한 맛은 있습니다. 酉金을 壬水에 풀어내면 재물을 뻥튀기하려는 욕망이 강하기에 장사, 사업에 어울립니다. 고등학교를 졸업하고 플라스틱 공장에서 일하다가 甲寅대운에 사업을 시작해서 지금까지 큰 기업을 운영하는 부자입니다. 甲寅대운에 문제가 없는 이유는 사주원국 구조대로 時干 甲이 己土와 합해서 새 출발하는 과정에 일간 壬水와 壬甲己 三字로 배합이 좋아졌습니다. 庚戌, 辛亥, 壬子, 癸丑대운까지는 계속 어둡게 흐르다가 甲寅대운에 처음으로 자신의 의지를 드러낼 수 있는 운을 만나 인생의 전환점을 맞이했습니다. 酉金이 壬水를 향하고 壬水가 甲木을 향하고 甲己 合하기에 夾字로 끼어있는 壬水가 甲己 合의 가치를 모두 취합니다. 대운이 계속 水氣로 흐를 때 酉金 하나뿐이었다면 너덜거려 문제가 생겼겠지만 申金이 있기에 申酉 壬甲 흐름으로 크게 상하지는 않았습니다.

乾命				陰/平 1980년 8월 4일 22:30								
時	日	月	年	89	79	69	59	49	39	29	19	9
癸	戊	乙	庚	甲	癸	壬	辛	庚	己	戊	丁	丙
亥	子	酉	申	午	巳	辰	卯	寅	丑	子	亥	戌

어려서 어렵게 살다 군대를 제대하고 스마트폰 대리점 3개를 운영하면서 월수입 오천만원이라고 합니다. 스마트폰 대리점은 乙庚 合 물상이고 酉金이 子水를 뻥튀기하고 戊癸 合으로 일간이 빠르게 돈을 벌어들입니다. 庚申이 酉金에 金氣를 전달하고 酉金이 子水에 풀어지기에 金氣의 체성이 상하지는 않습니다. 위의 壬辰, 己酉, 壬申, 甲辰도 유사한데 시간이 순차적으로 흐르면 크게 발전하지만 역류하면 인생이 평탄할 수 없습니다.

亥寅 刑

亥寅조합의 문제는 亥水가 寅木에게 생명수를 공급하느라 무기력해지는 것입니다. 寅木의 성장을 도와서 生氣를 드러나게 만들기에 특별한 문제는 없습니다만 木氣가 응결하는 문제는 있습니다. 四季圖에서 亥水와 寅木은 늦가을과 겨울에 땅 속에서 뿌리내리는 시공간이기에 어둡고 좁아서 답답하지만 외부에서는 그 움직임이 전혀 보이지 않습니다. 현실에 비유하면 살아가는 환경이나 상황이 답답하고 일이 막히고 풀리지 않고 음울하고 비관적입니다. 이런 문제를 해결할 글자가 바로 丙火로 壬甲丙 三字로 조합해서 발전합니다.

壬甲과 亥寅은 밑으로 하강하며 뿌리내리는 과정이기에 매우 답답한 상황입니다. 水氣의 응축하는 상황에서 벗어나지 못하는 겁니다. 우울한 일들이 발생하거나 사회활동도 풀리지 않아서 심하면 울화병이 생길 수 있습니다. 亥水가 寅에게 水氣를 공급하면 寅木은 밖으로 나갈 생각을 못하고 계속 뿌리만 굵어지면서 土가 갈라집니다. 뿌리 깊은 나무로 성장하지만 터전과 같은 土가 갈라지면서 불안정해집니다. 甲木의 財星에 해당하는 己土의 터전이 상하기에 亥寅으로 조합할 경우에는 반드시 丙火를 보충해야 발전합니다. 둘째, 亥寅으로 조합할 때 <u>水氣가 강</u>

하고 火氣가 없다면 寅中 丙火가 상하면서 빛이 사라집니다. 만약 寅中 丙火가 중요한 역할을 하는 사주구조인데 水氣에 심각하게 상하면 사망할 수도 있습니다. 陽氣 빛이 어둠 속으로 사라지기 때문입니다. 만약 日支가 亥水인데 寅木이 운에서 오면 寅木을 향해 나가버립니다. 정해진 시간방향대로 日支 육친이 갑자기 사라집니다. 예로 배우자가 외도하거나 이혼, 사망할 수 있습니다. 예문을 살펴보겠습니다.

乾命				陰/平 1970년 10월 19일 16:30							
時	日	月	年	87	77	67	57	47	37	27	17	7
丙申	辛丑	丁亥	庚戌	丙申	乙未	甲午	癸巳	壬辰	辛卯	庚寅	己丑	戊子

이 사주에도 申亥丑 三字조합이 있습니다. 庚寅대운 2004년 甲申年에 이르면 申亥丑으로 반응합니다. 2001년 辛巳年에 丑土에 있던 辛金과 戌土의 辛金이 반응하기에 日支와 年支가 반응해서 丑戌 刑합니다. 또 辛金은 時干에 있는 丙火와 合으로 사라집니다. 즉, 丑戌 刑하는 과정에 月支 亥水가 비틀리기에 퇴직당하고 부인은 도망가고 취직도 못하고 있습니다. 癸未年에 모친 亥水가 丑戌未 三刑 夾字에 끼어서 비틀리기에 사망하자 자포자기로 집에 틀어박혀서 지냅니다. 이처럼 사주팔자에 어떤 시간이 도래하는지 자세히 살펴야 합니다. 辛巳년은 丑土와 戌土에 있는 辛金이 동시에 반응하면서 夾字로 끼어있는 亥水가 비틀려서 문제입니다. 사회 宮과 모친 宮에 문제가 발생하고 年과 日도 흔들리자 모친은 사망하고 퇴직당하고 부인은 도망가 버렸습니다.

坤命				陰/平 1938년 10월 4일 02:30								
時	日	月	年	86	76	66	56	46	36	26	16	6
己	辛	癸	戊	甲	乙	丙	丁	戊	己	庚	辛	壬
丑	酉	亥	寅	寅	卯	辰	巳	午	未	申	酉	戌

사주원국 년과 월에서 戊癸 合, 寅亥 합하는데 辛酉가 癸亥를 향하여 풀어지고 다시 寅木을 향하기에 일에서 년을 향하는 시간방향입니다. 문제는 亥水가 寅木을 합하면 지장간 속에 있는 丙火가 밖으로 드러나지 못하고 합에 묶여서 답답합니다. 日支도 酉金이기에 寅酉로 조합하면서 상할 수 있는데 남편을 상징하는 丙火가 寅의 地藏干에 있기에 타향의 남자를 얻거나 늙은 남자와 결혼하는 구조입니다. 이 여인의 남편은 타향에서 겨울에 객사했다고 합니다. 이런 구조들은 남편과 떨어져 살아야 합니다. 이 구조의 핵심은 亥水가 寅중 丙火 빛을 꺼버리는 상황입니다.

乾命				陰/平 1972년 9월 17일 00:40								
時	日	月	年	85	75	65	55	45	35	25	15	5
庚	丁	庚	壬	己	戊	丁	丙	乙	甲	癸	壬	辛
子	亥	戌	子	未	午	巳	辰	卯	寅	丑	子	亥

庚戌 月인데 壬子, 丁亥子로 난로를 꺼트리니 구조가 좋지 않습니다. 戌月 時空에 亥子子壬으로 日支와 동일한 오행이 많으면 본인, 배우자가 외도하거나 여러 번 결혼합니다. 甲寅대운 乙未년이 오면 日支 亥水가 천간에 드러나 庚金과 沖 합니다. 또 寅亥 합하기에 亥水가 寅木을 향해 나갑니다. 이처럼 日支가 반

응하면 대부분 결혼이 불안정해지고 이혼, 사별하는 경우가 많습니다. 乙未年이 오면 未가 亥水를 탁하게 만들기에 日支에 문제가 발생합니다. 이혼하려고 법원의 숙려기간을 거치는 중입니다. 乙未年의 乙木은 사주원국에 없는데 月柱 庚戌과 천간에서 乙庚 合하고 地支에서 戌未 刑합니다. 따라서 月支 직업궁도 불안정해져 변동이 불가피 합니다. 따라서 직장 다니는 것도 지겨워 그만두고 장사를 해보려고 합니다. 甲寅대운이기에 일지 亥水에 감춰두었던 甲을 밖으로 꺼내 투자하려는 의도가 분명하지만 庚金과 충돌해서 투자해도 날리기 쉽습니다. 현재는 갈비집 주방에서 일하기에 甲寅대운을 지내면 좋은데 문제는 사주원국의 구조가 좋지는 않습니다. 35세 이후 투자해서 갈비탕, 쭈꾸미 식당도 운영해봤지만 모두 망했습니다.

사주당사자는 배 타는 것도 좋아하고 배낚시도 좋아하고 명리에 대해서도 관심이 많습니다. 그 이유는 丁亥干支는 바다등대처럼 쓸쓸하고 고독하다고 했습니다. 또 庚金 선박이 많은 壬子, 亥水氣에 떠 있기에 밤낚시, 배, 횟집, 활어공급 등과 같은 물상과 인연이 깊습니다. 干支의 물상을 분석하는 것은 결코 간단하지 않습니다. 丁亥의 경우, 丁火 등대에 亥水 바다로 이해한 후 파생의미들을 확장하면 좋습니다. 바다, 바다낚시, 활어공급, 해산물 식당 물상 등입니다. 사주당사자가 밤에 배에서 낚시하는 것을 좋아하고 배 타는 것을 좋아하는지를 쉽게 이해하고 戌亥天門으로 명리에 관심도 많습니다. 지금은 甲寅대운을 지나기에 亥水가 반응해서 亥子子로 외도하면서 이혼을 고려하고 월지 戌土의 時空에 좋지 않은 영향을 미치기에 가게를 운영해도 망해버리는 것입니다.

乾命				陰/平 1963년 12월 23일 22:30							
時	日	月	年	89	79	69	59	49	39	29	19	9
丁亥	乙酉	丙寅	甲辰	乙亥	甲戌	癸酉	壬申	辛未	庚午	己巳	戊辰	丁卯

조폭임에도 300억 자산가라고 합니다. 寅亥 合하는데 중간에 酉金이 夾字로 끼어서 寅酉로 조합하고 辰酉로 合합니다. 寅酉는 경찰, 킬러, 암살, 심장마비 물상이고 生氣를 자르기에 일반인은 상상할 수 없는 과단성이 있습니다. 酉金이 寅을 자르면 丙火로 향하는 피의 흐름에 문제가 발생하기에 심장마비, 뇌출혈, 정신이상과 같은 문제가 발생할 수 있습니다. 乙木이 양쪽에 丙丁을 두었기에 이거저거 잘 다루고 년과 월에서 甲辰과 丙寅으로 조합했고 대운도 巳午未로 흘러 水氣는 마르고 酉金은 화기에 더욱 날카로워져 寅酉 살기도 점점 강해집니다. 따라서 戊辰, 己巳, 庚午, 辛未대운을 지나는 과정에 甲辰과 寅木 生氣를 酉金으로 자르려는 의지가 강해집니다.

특히 巳午未로 酉金을 자극하면 酉金 칼로 寅木을 베는 느낌입니다. 時支에 亥水가 없었다면 살인도 저지를 구조입니다. 辰年을 기준으로 申子辰 三合을 벗어난 丙丁은 저승사자와 같아서 일정한 틀에서 벗어나려는 일탈성향이 매우 강하며 乙酉와 甲辰으로 辰酉 合하기에 乙木은 국가자리에 있는 甲木을 이용하려는 의도가 강하기에 바지사장을 내세워 조종합니다. 巳午未대운으로 흐르면 년에 있는 甲木 生氣가 상하기에 乙木의 경쟁상대가 될 수 없습니다. 酉金이 辰土와 合하는 과정에 夾字로 끼어있는 寅木이 상하니 甲木도 상하기 쉽습니다. 月干에 丙火가 있기에 밝아서 올바른 세상을 사는 것처럼 보이지만 잘 드러나지 않는 地支에서는 寅酉로 殺氣가 강하기에 조폭두목인 이유를 이해하기 어렵습니다. 寅酉는 살벌한데 亥水가 있기에 조폭이면 서도 300억 재산도 축적하고 교도소에 가지도 않았습니다.

乾命				陰/平 1911년 7월 10일 12:30							
時	日	月	年	88	78	68	58	48	38	28	18	8
壬午	乙亥	丙申	辛亥	丁亥	戊子	己丑	庚寅	辛卯	壬辰	癸巳	甲午	乙未

도박의 황제라고 합니다. 丙申 月로 배합이 좋은데 申亥亥로 너덜거리고 辛亥로 더합니다. 申亥로 조합하면 한탕, 투기, 도박물상이라고 했는데 이 사주당사자도 도박의 황재라고 합니다. 카지노 주식 83%를 소유하고 부끄러움이 많고 완벽주의자라고 합니다. 丙申월에 乙庚 합으로 乙丙庚 三字조합이고 대운이 申月에 필요한 火氣를 공급합니다. 庚寅대운에 이르면 사주원국에서 양쪽의 亥水에 풀어지던 申金이 庚으로 드러나 문제가 발생할 것임을 알려줍니다.

地支는 寅亥로 합하고 寅申 沖하는데 戊午년에 午火 六害가 와서 午亥로 합하면 木火의 흐름이 막히면서 심장 동맥에 문제가 발생하자 심장수술을 했지만 사망했습니다. 특히 문제는 천간에서 乙辛 충하고 있는데 戊午년에 辛戊乙 三字로 殺氣가 강해지자 사망했습니다. 68세로 時支 午火에 이르렀고 戊午年에 사주구조대로 午亥 합하고 午火가 답답해지고 乙과 寅이 午火로 가는 피가 막히면서 심장마비, 뇌출혈 문제가 발생하고 심장수술 했지만 고비를 넘기지 못했습니다. 도박의 황제였던 이유 중 하나는 亥年을 기준으로 亥卯未 三合을 벗어난 辛과 申은 저승사자와 같아서 일반인들은 상상도 못할 정도로 총명하고 한탕에 능해서 하늘에서 돈벼락을 맞았기 때문입니다.

坤命				陰/平 1983년 1월 3일								
時	日	月	年	86	76	66	56	46	36	26	16	6
모름	甲戌	甲寅	癸亥	癸亥	壬戌	辛酉	庚申	己未	戊午	丁巳	丙辰	乙卯

사주팔자에 戌土가 있는데 운에서 지장간에 있는 <u>丁火가 천간에 드러나는 시기는 항상 주의</u>해야 합니다. 戌土는 화로와 같아서 불안정해지고 흔들리면 마치 불꽃이 튀듯 주위에 흉한 일들이 발생할 수 있기 때문입니다. 이 여인의 33세 丁巳대운에 戌土 속의 丁火가 천간으로 드러나고 巳火는 寅巳 刑합니다. 乙未년에 이르면 未土는 亥水를 탁하게 만들기에 寅木으로 흐르던 水氣가 막혀버립니다. 따라서 寅巳 刑의 강도는 점점 심해지면서 寅木 生氣가 상합니다. 甲寅과 甲으로 월과 일이 복음으로 乙未年 未月에 자살한 한국 유명가수입니다. 寅亥 合하고 있다가 丁巳대운에 戌土가 寅戌로 조합하면서 살기가 강해졌습니다. 또 未土가 亥水 흐름을 방해하자 寅戌과 寅巳 刑으로 寅木 生氣가 더욱 심하게 상하자 자살했습니다.

乾命				陰/平 1974년 5월 1일 22:30								
時	日	月	年	86	76	66	56	46	36	26	16	6
辛亥	壬辰	庚午	甲寅	己卯	戊寅	丁丑	丙子	乙亥	甲戌	癸酉	壬申	辛未

癸酉대운 33세 丙戌년에 심근경색으로 사망했습니다. 일지 辰土 속에 있는 癸水가 천간으로 드러나자 亥水가 辰土 墓地에 들어오고 酉金이 酉亥辰 三字로 廢墓 조합을 이루어 辰土 속의 乙木이 응결되고 午火로 가는 피의 흐름이 막히는데 丙戌년에 이르러 년과 월에서 寅午戌 三合을 이루고 辰戌 沖해버립니다. 癸酉대운의 핵심은 日支가 반응하여 문제가 발생한 것인데 酉金과 寅酉로 걸리기에 심장 스탠트 시술 물상입니다. 또 年支 寅과 時支 亥水와 合하는데 중간에서 辰酉가 夾字로 끼어서 불편합니다. 日支가 반응하면 다른 宮位와 다른 이유는 나와 직접 관련된 사건이 발생하기 때문입니다. 따라서 日支가 夾字로 끼어 있는 사주구조는 불편한 일들이 발생합니다. 神煞로 살피면 癸酉대운의 酉金은 六害요 癸水는 재살, 사주원국의 壬, 亥는 겁살로 저승사자와 같은 기운이 강해서 33세에 단명했습니다.

乾命				陰/平 1974년 1월 24일 18:30								
時	日	月	年	86	76	66	56	46	36	26	16	6
己	丁	丙	甲	乙	甲	癸	壬	辛	庚	己	戊	丁
酉	亥	寅	寅	亥	戌	酉	申	未	午	巳	辰	卯

이 사주도 寅亥 合하고 있습니다. 寅月에 태어났기에 亥水는 년과 월에서 필요로 하는 생명수를 甲寅과 丙寅에게 공급하는 과정에 水氣가 마릅니다. 인체에서는 신장이 마르며 酉金은 寅酉로 불편한 조합입니다. 酉金에서 亥水를 지나 寅木으로 순차적인 흐름이면 좋은데 時에서 年을 향하여 거꾸로 흘러갑니다. 문제는 년과 월에 水氣가 전혀 없는데 유일하게 日支 亥水가 水氣를 공급해주기에 배우자의 쓰임이 매우 좋지만 배우자는 질병에 시달리거나 육체가 상하거나 죽기 싫어서 도망갑니다. 亥水

신장, 방광, 생식기가 상하고 남자는 신장(腎臟)이나 전립선에 문제가 발생합니다. 허리가 아픈 것도 생식기 관련 문제입니다. 사주 당사자도 水氣가 부족하기에 오랜 세월 허리통증이 있었고 좋아지지 않습니다. 대운도 丁卯, 戊辰, 己巳, 庚午, 辛未로 흐르는데 현재 庚午대운에도 水氣가 부족해 계속 허리가 아프다고 합니다. 木은 많고 土는 없기에 脾臟도 좋지 않습니다. 피를 몇 번 토하고 죽을 뻔했는데 병원에서는 이유를 모르기에 치료도 어렵습니다. 근본원인은 亥水가 木을 生하느라고 힘들어서 그런 것입니다.

坤命				陰/平 1988년 10월 11일 06:30							
時	日	月	年	84	74	64	54	44	34	24	14	4
乙卯	戊寅	癸亥	戊辰	甲寅	乙卯	丙辰	丁巳	戊午	己未	庚申	辛酉	壬戌

월과 일에서 寅亥 合하고 있습니다. 亥月에 戊癸 合하고 亥辰으로 亥水가 辰土에 담길 뿐만 아니라 亥寅으로 일지를 향하는 시간방향입니다. 따라서 癸亥가 戊辰과 戊寅사이에 夾字로 끼어서 水氣를 공급하기에 癸亥는 年과 日 사이에서 방황합니다. 부모가 이혼해서 모친과 삽니다. 癸水 부친은 戊辰, 戊寅, 乙卯 중간에 끼어서 어디로 가야할지 산만합니다. 亥水는 亥辰으로 辰土에 들어가고 寅木과 合하는데 모친 亥水의 마음은 당연히 寅木을 향하여 오기에 일간과 함께 삽니다. 다만 寅亥 合하면서도 辰土와도 관계를 형성하기에 모친 또한 한 번의 결혼으로 끝나지 않으며 남자관계가 복잡합니다. 사주원국에 정해진 구조는 숙명으로 피하기 힘들며 운이 오면 반드시 반응합니다. 부친과 이혼한 亥水 엄마는 나와 살면서도 辰土를 향하고 그 위에 일

간과 동일한 戊土가 있으니 배다른 형제가 있거나 엄마의 남자 관계가 복잡하다고 읽습니다. 이 구조의 단점은 木氣가 너무 많아서 戊土의 물형을 유지하지 못하면 정신과 육체에 문제가 발생합니다.

乾命				陰/平 1957년 11월 12일 22:30								
時	日	月	年	88	78	68	58	48	38	28	18	8
癸	戊	壬	丁	癸	甲	乙	丙	丁	戊	己	庚	辛
亥	寅	子	酉	卯	辰	巳	午	未	申	酉	戌	亥

丁壬 합하고 寅亥 합하고 寅酉로 조합했으며 酉子 파합니다. 子水와 癸水는 酉年을 기준으로 巳酉丑 三合하기에 신살로 육해에 해당합니다. 戊土가 박하기에 수많은 木氣에 휩쓸리면 정신에 이상이 올 수도 있습니다. 사주당사자는 살인자, 유괴범, 강간자로 자살했습니다. 이처럼 戊己 土가 박하면 주체성이 결여되는 것이 문제입니다. 겉으로는 착해 보이지만 내면에 피해망상, 음흉한 성정을 감추었습니다.

癸子 육해로 성욕이 강하고 酉年을 기준으로 寅木은 겁살이니 저승사자와 같아서 평범한 사람들은 할 수 없는 행위를 과감하게 저지르며 寅酉로 殺氣도 강합니다. 살인, 유괴, 강간을 실행했던 이유입니다. 寅亥 합으로 밑으로만 뿌리내리면 土가 갈라집니다. 戊土는 陽氣를 받아내는 터전인데 적절한 역할을 못하고 수많은 水氣, 木氣에 휘둘립니다. 이런 구조를 물귀신, 땅 귀신에 시달린다고 합니다. 子水 육해인데 酉子로 씨종자를 갑자기 풀어버리기에 이 또한 정신에 문제가 발생할 수 있는 구조입니다. 이런 구조들은 겉으로는 굉장히 착해 보이지만 내면에는

상상도 못할 잔인한 殺氣를 품었습니다. 겉으로는 순둥이처럼 행동하지만 전혀 그렇지 않습니다. 寅酉는 경찰, 암살, 킬러, 심장마비 물상이라고 했습니다.

지금까지 寅巳申亥 刑破 조합을 살폈습니다. 기억할 점은 두 글자 조합으로는 확실한 물형을 결정하기 어렵습니다. 반드시 寅巳申, 巳申亥, 申亥寅, 申亥辰, 申亥丑, 亥寅巳 등 三字로 조합해야 더 명확한 물형을 결정합니다. 三刑 중에서 가장 강한 殺氣를 가진 조합은 寅巳申 三刑으로 寅木 生氣가 상하는 문제입니다. 巳申亥 申亥寅 亥寅巳는 덜 심각한 이유는 亥水 생명수를 품었기 때문입니다. 三合과정으로 살피면 寅巳 刑은 寅午戌 三合이 巳酉丑 三合을 돕습니다.

巳申은 巳酉丑과 申子辰, 申亥는 申子辰과 亥卯未가 생하는 과정입니다. 그 외에도 寅巳申亥의 地藏干에 戊丙甲, 戊庚丙, 戊壬庚, 戊甲壬 戊丙甲으로 순환하는데 中氣와 餘氣의 변화를 살펴보면 甲이 庚으로 庚이 甲으로 끊임없이 순환합니다. 甲이 巳月까지 가면 庚金이 長生하고 庚金이 亥月까지 가면 甲이 長生하는 이유는 달라 보이지만 甲木이 庚金이고 庚金이 甲木이기 때문입니다. 甲은 巳月에 이르면 자신을 희생해서 庚金을 내놓고 庚金이 亥月까지 가면 자신을 희생해서 甲木을 내놓습니다. 巳亥 沖하고 甲庚 沖하는 방식으로 甲과 庚으로 물형을 바꾸는 겁니다. 水火의 변화과정으로 살피면 丙丙壬壬을 반복합니다. 丙火는 분산하고 壬水는 응축하기에 甲과 庚이 순환할 수 있습니다. 다음 章에서 寅巳申亥가 스스로 刑破하는 방식에 대해 살펴보겠습니다. 아울러 子卯午酉까지 정리해서 寅巳申亥, 子午卯酉, 辰戌丑未를 마치도록 하겠습니다.

제 32강

◆寅巳申亥와 子卯午酉의 刑破

寅木의 刑 156

巳火의 刑 160

申金의 刑 162

亥水의 刑 164

子午卯酉 刑破 170

子卯午酉 刑破 조합 178

子卯 刑 179

卯午 破 180

午酉 破 181

酉子 破 182

子午卯酉의 生 186

앞 章에서 辰戌丑未와 寅巳申亥에 대해 살펴보았고 이 장에서는 寅巳申亥의 고유한 刑破작용을 살펴보겠습니다. 즉, 自然은 스스로 物形을 조절할 능력을 가졌기에 12地支도 스스로 刑破작용으로 물형을 조정하는 것이 분명합니다. 우리는 이런 이치에 대해 이해하기 어려워하는 경향이 있습니다. 刑이나 沖이 있어야 물형이 조정되는 것으로 인식하지만 12支는 스스로 물형을 조정할 수 있습니다. 12支가 소유한 에너지속성과 그 내부에 공간의 특징을 결정하는 時間 즉, 地藏干을 품었기 때문입니다. 지금까지는 辰戌丑未와 寅巳申亥 두 글자 조합을 설명하면서 물형을 바꾸는 방식을 설명하였습니다만 지금부터는 寅巳申亥가 어떤 방식으로 물형을 바꾸고 사계를 순환하는지 살펴보겠습니다. 이미 寅巳, 巳申, 申亥, 亥寅 조합을 살폈기에 어렵지는 않습니다.

寅木의 刑

寅月의 地藏干에 戊丙甲이 있는데 그 중에서 戊土는 丑月에 있는 에너지를 이어받아서 새로운 陽氣를 쏟아내기에 物形을 직접 조정하는 작용은 아닙니다. 10년 전만 해도 刑沖會合을 설명할 때 마치 戊土가 지대한 역할을 하는 것처럼 설명했습니다만 戊己는 오로지 水火木金의 터전역할이기에 물형변화에 직접적인 영향을 미치지 않습니다. 따라서 地藏干 내부에 있는 水火木金이 어떤 방식으로 物形을 전환하는지를 집중해서 살펴야 합니다. 寅月의 지장간은 丙火와 甲木이 조합하고 干支로 바꾸면 丙寅이며 甲木의 에너지는 강력하고 丙火는 長生으로 미약한데 시간이 지날수록 木生火로 丙火는 점점 강해지고 甲木은 점점 生氣를 상실하기에 水氣를 보충하지 않으면 寅木속 甲木은 점점 生氣를 상실해서 문제가 발생합니다. 寅巳 刑을 학습할 때 寅木의 生氣가 상하면 이유 없이 질병에 시달리거나 교통사고,

심하면 사망하는 사례들을 살펴보았습니다. 그 이유는 寅木의 地藏干에 있는 甲丙이 寅巳 刑으로 조합하기에 殺氣를 가진 겁니다. 寅木에 호랑이를 배속한 이유가 있을 겁니다. 寅巳 刑을 干支로 바꾸면 丙寅으로 寅巳 刑의 의미가 숨어있습니다. 丙寅에서 生氣를 상실하면 자살, 사망하는 이유입니다. 화려한 꿈나무처럼 느껴지는 丙寅에서 자살물상이 나오는 것을 이해하기 어렵습니다. 丙寅干支를 木生火로 丙火가 寅木의 성장을 돕는다고 판단하면서 굉장히 좋은 干支처럼 착각하기에 자살하는 이유를 이해할 수 없습니다. 丙寅日에 자살하는 사례가 많은데 寅木 자체에 寅巳 刑하기에 生氣에 문제가 발생합니다. 특히 丙寅日 未時처럼 水氣가 심하게 마르면 生氣를 포기합니다. 丙寅이 癸未年에 자살하려고 했다는 소리를 들었는데 寅木이 未土를 만나 生氣를 유지하기 힘들었기 때문입니다.

결국 丙寅의 핵심은 壬水, 亥水를 보충하지 않으면 살아야 하는 이유를 모르겠다고 하면서 무기력증에 빠집니다. 丙寅을 좋다고만 볼 것이 아니라는 겁니다. 寅月에 水氣를 보충해서 水木火 흐름이 아니면 문제가 발생합니다. 특히 火氣가 강력한 구조에서 寅木 生氣는 더욱 심하게 상합니다. 기억할 점은 <u>寅木 스스로가 寅巳 刑작용</u>을 하며 반드시 寅木과 巳火가 만나야 寅巳 刑하는 것이 아닙니다. 丙寅간지는 寅木이 丙火를 生하고 寅木이 巳火에게 生氣를 전달해주면 巳火는 木生火로 분산움직임을 폭발합니다. 빛이 분산하는 작용을 물상에 비유하면 카메라를 촬영하는 것이라고 했습니다. 丙寅과 寅巳 刑의 차이는 寅巳 刑이 훨씬 물질, 육체적이기에 흉함이 훨씬 강합니다. 만약 申까지 개입해서 寅巳申 三刑으로 조합하면 寅木이 더욱 상합니다. 육체가 상하거나 질병에 시달리거나 예측하기 어려운 자연재해, 교통사고, 갑작스런 수술, 심장마비, 뇌출혈, 호랑이에게 물리는 것처럼 성형수술 하거나 정신이상과 같은 문제들이 발생합니다. 따라서 寅月이나 寅木의 개운방법은 육체에 상처, 흉터를 내는 것으로 살아가는 과정에 흉이 덜어집니다. 운에서 寅巳로 걸리면 수술이나 문신도 개운 방법입니다. 寅木의 地藏干에서 戊丙甲이 水氣를 간절히 바라는데 없다면 자체 조합만으로도 수술 물상입니다. 戊丙甲, 甲丙戊, 丙甲戊 三字조합은 기본적으로 살기가 있음을 느껴야 합니다. 水氣를 품지 못한 戊土는 사막처럼 갈라지고 생명체가 살기 어려운 땅으로 바뀝니다. 寅木에 의사, 의료계 물상이 자주 보이는 이유로 寅木을 수술물상이라고 주장하는 이유입니다. 다른 이야기이지만 寅木은 생명체의 탄생을 상징하기에 이름을 지어주어야 하기에 寅은 작명과 관계가 있습니다. 寅日에 작명하러 오고 申日에 개명하러 옵니다. 개명 효과도 분명히 있습니다. 아들이 너무도 공부하지 않아 개명했더니 다시 공부한답니다. 공부를 열심히 하던 학생이 갑자기 놀면 개명해주는 것도 한 방법입니다. 사주팔자를 바꿀 수는 없지만 개명을 통해 기운을 전환해주는 겁니다.

寅月 물상은 탄생하였기에 이름을 지어야 하고 옷을 입어야 하므로 섬유, 의복과 인연이 많습니다. 특히 丙寅월에 태어나면 섬유업과 인연이 강합니다. 丙寅과 丁卯에서 교육, 공직물상을 활용하지 않으면 주로 섬유, 의복과 인연이 강합니다. 반대편에 申이 있는데 寅월에 새 옷을 입는 것과 申월에 옷을 입는 것은 다릅니다. 寅월은 막 태어나 새 옷을 입지만 사회활동을 위한 옷이 아닙니다. 申월에 입는 옷은 寅에서 입었던 옷을 벗어던지고 큰 변화를 주려는 겁니다. 심하게 표현하면 죽을 준비하고자 옷을 갈아입는 겁니다. 寅木을 숙살하기에 결코 生氣를 위해 입는 옷이 아니라 윤회를 준비하고자 갈아입기에 특별한 옷입니다. 검경, 의사, 군인, 장의사, 도복과 같은 특수한 옷으로 사회

에서 쉽게 입는 종류의 옷은 아닙니다. 寅巳 刑으로 발생하는 生氣의 문제를 어떻게 해결할까요? 반드시 壬水, 亥水를 보충해야 한다고 설명했으며 壬甲丙 三字조합을 이루면서 발전합니다. 이런 방식이 月支 時空을 분석하는 방법입니다. 따로 月支時空에 대해 자세히 다루겠지만 각 달에는 인간이 원하는 행위가 아니라 자연이 순환하는 과정에 반드시 필요한 행위를 적절하게 수행해야만 합니다. 사주팔자에서도 동일한 논리가 적용되기에 각 달에서 원하는 행위는 무엇이고 사주팔자에서는 어떤 구조를 원하는지를 고민해야 합니다. 寅月의 경우에는 반드시 壬水, 亥水를 보충해야 하는데 조후를 다룬 궁통보감은 寅月에는 丙火가 필요하다는 엉뚱한 주장을 해서 그 오류를 수정하는데 지금까지도 애를 먹고 있습니다.

참고로 壬亥와 癸子는 동일한 오행이지만 그 작용이 많이 다릅니다. 寅月에는 甲이 뿌리내려야 하므로 반드시 먼저 하강하는 壬水, 亥水가 필요하며 卯月처럼 癸水의 도움으로 좌우확산 하려는 것이 아닙니다. 子水의 경우는 비록 지장간에 壬水를 가졌지만 癸水의 폭발력을 품었기에 튀어나가는 성향도 강하기에 亥水에 비해 효율이 떨어집니다. 동일한 水氣이지만 효율적인 측면에서는 큰 차이가 있음을 이해해야 합니다. 이런 이유 때문에 사주구조에서 癸甲과 壬甲이 조합할 때의 그릇이 다릅니다. 壬甲丙 삼자로 조합하는 것이 寅月의 시공간을 적절하게 활용하는 가장 좋은 방법입니다. 만약 壬甲으로 조합하면 밖으로 나갈 생각을 하지 못하고 뿌리만 내린다고 했으며 사주구조가 나쁘면 우울증에 걸리거나 진행하는 일들이 풀리지 않고 꼬이는 경우가 많습니다. 甲丙으로 조합해도 生氣가 상하는 문제가 발생할 수 있는데 마찬가지로 壬亥의 배합을 살펴야 합니다.

巳火의 刑

巳火의 地藏干에는 丙庚이 있는데 干支로 바꾸면 丙申입니다. 火氣가 강하고 金氣는 약해서 火生金으로 丙火가 申金을 확장하는데 시간이 흐를수록 丙火가 점점 무기력해집니다. 丙申년에는 누구나 열매를 확장하려는 욕망이 강해지고 물질을 추구하는 과정에 내부에서 壬水가 생겨납니다. 丙申干支에서 연애한다면 사업이나 직장에서 만나는 인연입니다. 예로, 사주상담 업에 종사하는 경우라면 丙申년 인연은 상담하러 온 손님 중에서 생기는 겁니다. 다만, 丙申은 丙火가 申子辰 三合과 조합했기에 직장, 공직인연이 아니라 주로 장사, 사업하는 과정에 인연이 생기는 겁니다. 丙申년에 庚寅, 辛卯, 壬辰월로 흐르기에 壬辰월에 남녀 인연에 문제가 발생하고 새로운 인연을 찾습니다.

그 이유는 丙申의 申의 地藏干에 숨어있던 壬水가 밖으로 드러나기에 丙火와 沖 하면서 멀어지기 때문에 그렇습니다. 丙火에 순응하던 申金이 壬水를 만나자 갑자기 丙火를 공격하기에 인연이 바뀌는 겁니다. 丙申은 巳申, 丙申, 丙庚으로 조합하기에 굉장히 물질지향적인 구조입니다만 문제는 丙火가 庚金을 生하는 과정에 점점 무기력해지는 겁니다. 丙申과 丁酉 그리고 癸卯와 壬寅 干支들은 목적물을 키우거나 부피확장 과정에 무기력해집니다. 木金은 물질로 壬寅, 癸卯, 丙申, 丁酉 네 종류의 干支는 물질을 키우고 확장하는데 지대한 흥미를 느낍니다. 壬寅과 癸卯는 성장을 위주로, 丙申과 丁酉는 물질을 수확하는데 집중합니다. 따라서 丙火가 庚金을 剋하는 것처럼 보이지만 결국 丙火가 庚金 때문에 점점 무기력해집니다. 丙火 빛이 丁火 열로 바뀌고 庚金 내부에 열기를 축적하기에 庚金과 辛金은 뜨거운 열기를 품었다는 사실을 잊지 말아야 합니다. 庚金이 丙火의 도움으로 부피를 확장하는데 申金의 지장간에는 壬水가 있기에

申金 내부에 壬水가 생겨나기에 운에서 壬水를 만나 丙火를 충하면 병화가 매우 힘들어집니다. 丙火는 申에게 자신의 기운을 방사하기에 이런 이치를 남녀애정에 비유하면 외도하는 겁니다. 물질욕망이 강하고 이성을 밝힙니다. 이런 이유로 丙火는 庚金만 보면 열매를 키워주겠다고 달려드는 겁니다. 地支로 바꾸면 巳火가 申金을 생하는 과정에 기운을 빼앗기는 조합입니다. 巳火의 地藏干 내부에서는 이런 움직임이 이루어집니다. 결국 <u>巳火는 극히 물질 지향적입니다.</u> 巳火의 물상을 홍보, 광고, 영상으로 기억하지만 巳火의 행위는 돈, 물질을 추구하는 강력한 욕망을 감추었기에 겉과 속이 많이 다릅니다. 巳酉丑 三合은 亥卯未, 寅午戌, 申子辰과는 달리 현실적이고 물질적입니다만 시간이 지날수록 巳申, 丙申, 丙庚으로 丙火와 巳火가 무기력해지기에 丙火, 巳火가 申金을 탐하다가 부도날 수도 있습니다. 남녀의 애정관계에 비유하면, 巳火가 申金을 확장하려는 욕망이 강하기에 주위 여자들을 탐합니다. 또 巳火는 빛이요 申金은 기계 물상이기에 빛과 교통사고 혹은 육체가 기계에 상합니다.

丙火, 巳火가 庚金을 확장하는 과정에 점점 무기력해지는 문제를 해결하는데 두 방법이 있습니다. 첫째, 火氣가 강하면 金氣를 보충해야 합니다. 만약 火氣가 부족하면 木氣를 보충해야 좋은데 특히 乙卯를 보충하면 효율이 높습니다. 그 이유는 卯木이 巳火를 생하는 과정이 매우 자연스럽고 巳중 庚金과 乙庚 합하고 乙丙庚 三字로 열매를 확장하기에 더욱 효율적입니다. 하지만 甲寅으로 보충하면 寅巳 刑으로 불편합니다. 만약 庚金은 많은데 丙火, 巳火가 무기력하면 오지랖만 넓어서 가치나 결과가 없는 행동만 하거나 庚申열매를 키운다고 남 좋은 일만 합니다. 이때 丙火가 庚金을 다스리는 능력이 좋으려면 반드시 乙木을 보충해야 합니다. 만약 乙丙으로 구성되었다면 庚金을 보충해야 합니다. 乙木이 丙火를 生해주면 힘은 나지만 庚金이 없으면 丙火가 할 일이 없습니다. 문제는 丙과 庚의 조합이 나쁘면 丙火가 심하게 탐욕을 부려서 부도, 마약, 도박중독에 빠집니다. 이런 문제를 해결하려면 乙卯로 丙火를 生하고 庚金을 배합하여 乙丙庚 三字를 효율적으로 활용해야 합니다.

巳月의 時空으로 살피면, 地藏干 내부에서 丙火와 庚金이 巳申 合하는 과정에 丙火의 기세가 너무 강하면 庚金이 상합니다. 그 문제를 방지하고자 약간의 水氣 바로 癸水를 보충해야 구조가 좋아집니다. 주의할 점은 癸水가 강하면 좋지 않습니다. 癸巳月로 배합했는데 다른 宮位에 子水나 亥水, 壬水가 또 있으면 배합이 나빠집니다. 특히 巳月에 亥水를 배합하면 결코 좋은 모습은 아닙니다. 그 이유는 巳月에 무한분산해서 꽃을 활짝 피워야 하는데 亥水로 응축하면 꽃을 적절하게 피울 수 없습니다. 癸巳月의 경우, 強弱과 通根을 살피는 경우에는 癸水가 무기력하다고 인식하지만 巳月의 시공간에서는 꽃을 활짝 피워야하기에 그 행위를 적절하게 해줄 에너지가 필요합니다. 바로 癸水를 활용해서 巳月에 水氣를 최대로 분산해서 꽃이 활짝 피도록 돕습니다. 정리하면, 巳月의 시공간을 맞추는 방법은 두 가지로, 첫째, 火氣가 무력한데 金이 많으면 卯木으로 보충하고 둘째, 巳月은 六陽으로 무한분산하기에 癸水가 필요하지만 癸巳로 굉장히 무력해 보이는 정도로 충분하기에 癸巳 月로 干支를 이루면 時空이 매우 적절합니다.

申金의 刑

申月을 살펴보겠습니다. 地藏干에 庚金과 壬水가 있기에 干支로 바꾸면 壬申이며 金氣는 강하고 水氣는 長生을 만나 무기력하지만 金生水 과정에 庚金은 점점 무기력해지고 壬水는 점점 응축하는 기운이 강해집니다. 결국 申金의 문제는 庚金이 壬水를 만나 본래의 딱딱한 체성을 유지하지 못하고 너덜거리는 상황을 申亥 穿이라고 부릅니다. 庚金 내부에 壬水를 채우는 과정은 크게 문제가 없지만 壬水가 가득차면 댐이 터지듯 흘러넘치는데 이런 움직임을 申亥 穿이라 부르고 딱딱했던 庚金의 틀, 체계가 와해되는 것이 문제입니다. 정리하면, 申金의 地藏干 내부에서는 壬申干支처럼 원래의 체성을 유지하지 못하는 문제를 가졌습니다. 地支로 바꾸면 申亥로 水氣가 너무 많은 사주구조에서 金氣의 속성이 변질되면 정신적, 육체적 기능에 문제가 발생합니다. 물상에 비유하면 도박, 투기, 한탕주의, 마약, 정신병, 인체의 딱딱한 치아, 뼈와 같은 부위에 문제가 발생합니다. 이런 이유로 壬申干支의 기본개념은 틀이나 체계를 유지하는 권위를 지키지 못하고 방탕 하는 것입니다. 딱딱해야할 申金이 壬水에 의해 체성을 상실할 때 발생하는 문제입니다.

이런 이유로 壬申 月에 火氣가 없으면 마치 지도자가 없는 것과 같아서 법과 규칙을 깨고서라도 자기 마음대로 하려는 속성이 강하기에 水氣가 많아지면 더욱 심하게 방탕하면서 도박, 투기, 마약과 같은 불법도 저지를 수 있습니다. 따라서 사주에 壬申干支가 있다면 丙丁의 유무를 살펴야 합니다. 만약 없다면 어린 나이에 조숙하거나 방탕할 수 있습니다. 地支로 바꾸면 申亥로 亥水가 너무 강하면 물탱크가 터지는 것과 같아서 그 문제를 해결하려면 반드시 火氣가 필요합니다. 결국 申亥조합의 가장 큰 문제는 원래의 체성을 유지하지 못하는 것입니다. 딱딱해야할 申金이 亥水에 너덜거리니 문제입니다. 申亥로 조합했는데 水氣가 과하면 열매가 썩어버리듯 수확할 수 없는 지경에 이릅니다. 이런 물상이 바로 정신불안, 술 중독, 도박, 투기, 방탕 더욱 심해지면 마약 물상입니다. 정신적, 육체적으로 불안정해지는 것입니다. 申月의 문제를 해결하려면 어떻게 해야 할까요? 金氣가 강하면 계속 金生水 움직이지만 金氣의 가치를 높이려면 반드시 丙丁 火氣가 필요합니다. 火氣는 없고 金水로 구성되면 사고방식이 비정상적이고 문란해져 문제가 발생합니다. 申月의 문제를 해결하는 방법은 첫째, 金氣가 강하면 火氣를 보충해서 金氣를 적절하게 키우면 적절한 水氣가 만들어집니다. 만약 金氣가 부족하면 金氣를 보충해야 그나마 체성을 유지하려고 노력합니다. 丙庚壬, 丁庚壬 三字로 조합하면 申金을 효율적으로 활용하는데 丙丁이 부족하면 문제가 발생합니다. 丙庚으로 조합했는데 丙火가 너무 강하면 庚金이 상하는 것이 문제이고 庚壬으로 조합하면 壬水 때문에 庚金이 체성을 상실하고 방탕할 수 있기에 항상 丙庚壬 三字로 조합해야 효율이 높아집니다.

亥水의 刑

亥月은 지장간에 甲木과 壬水가 있고 干支로 壬寅입니다. 壬寅, 癸卯, 丙申, 丁酉는 물질을 추구하는 성향이 매우 강합니다. 壬水가 寅木의 성장을 돕고자 생명수를 공급하는데 亥水의 문제는 하강하면서 깊이 뿌리만 내리려고 하므로 발전하기 어렵습니다. 이 문제를 해결하려면 반드시 丙火와 배합해서 壬甲丙 三字로 조합해야 합니다. 地支로는 亥寅으로 사주 어딘가에 巳火나 丙火가 있어야 亥水의 응축하는 문제를 해결합니다. 이런 이유로 亥寅 合하는데 亥水가 너무 강하면 寅의 지장간에 있는 丙火가 무력해지면서 빛이 어둠 속으로 잠기듯 인생이 어두워지고 존재감을 드러내지 못하기에 발전하기 어렵습니다. 甲木은 壬水를 품어서 하강만 하기에 밖으로 나갈 수 없으니 우울증에 시달릴 수 있습니다. 기본적으로 亥水는 우울증 성향이 있음은 분명합니다. 만약 亥寅 合하는데 甲이 강하면 亥水가 무기력해지면서 허리, 신장, 방광, 자궁 등 생식기에 질병이 발생하는 사례도 많습니다. 물론 水氣가 너무 강하면 寅중 丙火에 문제가 생기기에 심장병, 뇌출혈, 우울증 문제가 발생할 수 있습니다. 또 甲木이 너무 강하면 亥水 생명수가 고갈되고 戊土가 상하면서 육체손상, 수술, 위장, 소화불량, 大腸문제도 발생할 수 있으며 戊土가 불안정해지면서 삶의 터전도 불안정해집니다. 사주팔자에 戊土가 없으면 자신의 존재가치를 드러낼 터전이 없는 겁니다. 살아가는 과정에 반드시 필요한 집, 재물, 배우자가 불안정합니다. 亥月의 문제를 보충하려면 어떻게 해야 할까요? 구조를 살펴서 水氣가 너무 강하면 丙火가 壬甲丙으로 어둠을 밝히고 밖으로 나갈 수 있도록 유도해야 합니다. 만약 木氣가 너무 많으면 金氣를 보충해서 亥水 생명수가 마르지 않도록 해야 합니다. 辛壬甲으로 조합하면 쓰임이 좋아지는데 만약 辛壬으로만 조합하면 미용실, 문신, 종교, 철학에 어울립니다. 또 辛金이 水氣를 만나 차가워지기에 칼잡이, 교도소 물상으로도 발현됩니다.

乾命				陰/平 1957년 11월 12일 22:30							
時	日	月	年	88	78	68	58	48	38	28	18	8
癸亥	戊寅	壬子	丁酉	癸卯	甲辰	乙巳	丙午	丁未	戊申	己酉	庚戌	辛亥

위에서 살폈던 사주입니다. 년과 월에서 丁壬 合하고 子酉 破하고 寅木으로 나온 후 다시 寅亥로 合합니다. 문제는 사주원국에 水氣가 너무 많아 寅중 丙火 빛을 빼앗고 寅酉로 암살, 킬러, 수술 속성도 강합니다. 寅중 丙火가 수많은 水氣에 존재를 드러내지 못하고 빛이 꺼지면 그 성정이 음습해집니다. 살인, 유괴, 강간으로 교도소에 수감되었다가 자살했다고 합니다. 格局으로 財格에 寅木 偏官까지 있으니 丁火用神을 주장하거나 종격이라

주장할만한 구조이지만 문제의 핵심은 寅木이 亥水와 合하자 丙火 빛이 사라지고 음습해지면서 방탕합니다. 신살로 살피면 酉年을 기준으로 癸, 子는 六害, 寅木은 劫煞이고 寅酉로 殺氣가 강하니 色慾이 강하고 일반인들은 함부로 할 수 없는 행동을 과감하게 저지릅니다. 여자의 경우는 주로 화류계로 빠집니다.

坤命				陰/平 1983년 1월 3일							
時	日	月	年	86	76	66	56	46	36	26	16	6
모름	甲戌	甲寅	癸亥	癸亥	壬戌	辛酉	庚申	己未	戊午	丁巳	丙辰	乙卯

위에서 살폈던 사주입니다. 丁巳대운 乙未年에 자살했습니다. 丁巳대운에 일지 戌土에 있는 丁火가 천간으로 드러났고 巳火는 寅巳 刑하는데 乙未年에 亥未로 생명수 亥水가 마르면 탁해지고 열이 오르기에 甲寅은 생명수를 공급받지 못하고 生氣를 상실합니다. 寅巳申亥 사주사례를 살펴보겠습니다.

乾命				陰/平 1962년 1월 19일 04:00							
時	日	月	年	83	73	63	53	43	33	23	13	3
壬寅	壬辰	壬寅	壬寅	辛亥	庚戌	己酉	戊申	丁未	丙午	乙巳	甲辰	癸卯

사주원국에 金이 없고 天干에 印星도 없습니다. 다만, 日支 辰土가 수많은 壬水들을 墓地로 담아서 갈무리하기에 많은 사람들과 재물을 일지에 담는 능력을 가졌습니다. 이 구조에서는 자연스럽게 寅중에 있는 丙火를 원하기에 食神生財라 부르는 구

조입니다. 대운도 壬寅, 癸卯, 甲辰, 乙巳, 丙午로 흘러가면서 火대운에 크게 발전하였습니다. 발전의 원동력은 일지 辰土가 水氣를 활용하기에 인맥, 돈을 잘 다룹니다.

乾命				陰/平 1962년 1월 29일 04:00								
時	日	月	年	80	70	60	50	40	30	20	10	0
壬	壬	壬	壬	辛	庚	己	戊	丁	丙	乙	甲	癸
寅	寅	寅	寅	亥	戌	酉	申	未	午	巳	辰	卯

辰土가 없기에 壬辰과 다른 점은 재물을 日支에 담으려는 욕망이 없기에 공직자입니다. 辰土가 일지에 있다면 물질소유 욕망이 강해지면서 교육, 공직으로 활용하기 어렵지만 壬寅으로만 있기에 壬水가 寅에게 생명수를 공급해서 성장을 돕기에 공직자에 어울립니다.

乾命				陰/平 1972년 1월 7일 20:00								
時	日	月	年	86	76	66	56	46	36	26	16	6
庚	壬	壬	壬	辛	庚	己	戊	丁	丙	乙	甲	癸
戌	午	寅	子	亥	戌	酉	申	未	午	巳	辰	卯

사주의 흐름이 참으로 좋습니다. 정해진 時間方向대로 天干에 있는 庚금은 유일한 印星이고 子寅午戌로 시간이 순차적으로 흘러갑니다. 또 寅午戌 火氣도 강하고 壬水가 寅을 만나 실행능력도 뛰어납니다. 子壬壬壬으로 水氣는 충만하였기에 巳午未대운으로 흐르면서 壬甲丙 三字로 발전하고 또 時干 庚金에게 빛과 열을 가하면 庚金이 자연스럽게 일간 壬水를 향하기에 돈과

명예를 취합니다. 가수 서태지 사주팔자입니다.

乾命				古書 사례							
時	日	月	年	86	76	66	56	46	36	26	16	6
庚戌	壬寅	壬寅	壬午	辛亥	庚戌	己酉	戊申	丁未	丙午	乙巳	甲辰	癸卯

서태지와 유사하지만 寅午戌 三合으로 구성되고 서태지는 子水가 있습니다. 寅午戌 화기에 庚金을 배합했고 日支에서 寅午戌 三合의 교육, 공직속성이 강하기에 공직자가 되었습니다. 三合의 기본개념을 정리하면 申子辰은 장사, 사업에 어울리고 寅午戌은 교육, 공직에 적합합니다. 이런 근본 이치는 절대로 바뀌지 않습니다. 따라서 壬辰과 壬寅은 유사해 보이지만 실제로 살아가는 과정은 차이가 큽니다. 壬辰은 申子辰 삼합의 속성을 깔고 앉았기에 장사, 사업에 인연이 깊지만 壬寅은 寅午戌 三合의 속성을 깔고 앉았기에 교육, 공직에 인연이 강합니다. 이 구조가 좋은 점은 寅午戌 火氣로 庚金을 자극하면 庚金이 내부에 열을 축적한 후에 빠른 속도로 일간 壬水를 향하기에 자연스럽게 명예와 권위를 취하는 것입니다. 도독에 올랐다고 합니다.

坤命				陰/平 1963년 7월 12일 10:00							
時	日	月	年	83	73	63	53	43	33	23	13	3
辛巳	乙巳	庚申	癸卯	己巳	戊辰	丁卯	丙寅	乙丑	甲子	癸亥	壬戌	辛酉

이 여자의 원래직업은 약사였는데 나중에 부동산으로 수백억 부

를 축적했습니다. 申月에 庚申으로 굉장히 큰 열매를 확장하려면 반드시 丙火가 있어야만 합니다. 이 조건이 충족되면 그 다음에는 乙木, 卯木을 보충해서 乙丙庚 三字조합을 이루어야 합니다. 그 이유는 巳火가 庚金을 확장하는 과정에 무기력해질 수 있기에 땔감이 필요한데 바로 乙卯입니다. 이 사주구조는 庚申으로 열매가 크고 癸水로 약간의 水氣를 보충하였습니다만 丙火가 없기에 년과 월의 癸卯와 庚申의 배합이 적절한 것은 아닙니다. 하지만 일주의 시기 38세 이후에 巳火를 만나면 庚申 열매를 크게 확장할 수 있습니다. 이런 이유로 크게 발전하면서 부동산으로 수백억 재산을 축적했다고 합니다. 日支 巳火의 육친은 남편으로 庚申 열매를 확장해주는 역할이기에 남편은 항상 사회활동 과정에 할 일이 많으며 의사라고 합니다. 비록 이 여인의 사주구조가 乙丙庚 三字조합으로 쓰임이 좋기에 부동산으로 수백억을 모았지만 日支 巳火 남편의 역할이 너무도 좋기에 가능한 것입니다.

만약 庚申이 없거나 巳火가 없다면 작은 기술이나 재주에 그쳤습니다. 예로, 乙巳가 있는데 庚申 열매가 없다면 좋은 재주를 가졌으나 쓸모가 없고 또 庚申만 있고 巳火가 없다면 庚申 열매(남편)를 확장할 수 없으니 乙庚 合으로 남자관계는 복잡하지만 좋은 남자를 만나지 못합니다. 이처럼 庚申월에 巳火가 사주원국 어느 宮位에 있는지에 따라서 재물의 크기, 발전하는 시기, 육친의 길흉이 크게 달라집니다. 이 구조를 官殺混雜(관살혼잡)에 巳火로 합살, 제살하기에 접대부 팔자라고 읽거나 남자인연이 복잡하다고 통변했다가 망신당하기 쉽습니다. 정리하면, 여자가 乙巳 日에 태어난 경우에는 남편, 남자의 외모가 좋지만 재주는 없는데 庚申을 만나면 갑자기 할 일이 생기고 庚申열매를 확장하면서 부자가 됩니다.

坤命				陰/平 1955년 6월 25일 18:00							
時	日	月	年	89	79	69	59	49	39	29	19	9
乙 酉	乙 巳	甲 申	乙 未	癸 巳	壬 辰	辛 卯	庚 寅	己 丑	戊 子	丁 亥	丙 戌	乙 酉

乙乙甲乙로 동일 五行이 많기에 육체가 강하거나 주위에 많은 인맥을 활용해서 세력을 형성하기에 정치성향이 강합니다. 申月에 丙火가 필요한데 년과 월에서 乙未와 甲申으로 乙庚 合하지만 丙火는 없습니다. 다행하게도 日支 배우자 宮位에 巳火가 巳申 合으로 庚金을 확장합니다. 시주는 乙酉로 巳酉로 合하기에 巳火를 활용해서 申金과 酉金을 수확합니다. 따라서 이 사주구조는 日支의 역할과 쓰임이 참으로 좋고 중요합니다. 이 여인도 부동산으로 부를 축적했고 구의원에 당선되어 활동하는데 2014년 甲午年에 재선을 기다리던 상황이었으며 배우자도 능력이 뛰어납니다. 乙巳일에 태어난 여인이 申이나 酉가 없다면 일지 배우자의 외모는 좋을지 몰라도 할 일이 없어 빈둥거립니다. 巳火에서 꽃이 활짝 피어서 화려하지만 결실이 없는 이치로 미남이지만 사회활동 능력이 부족합니다.

子午卯酉 刑破

子午卯酉를 살펴보겠습니다. 子午卯酉의 개념을 정립하기 어려운 이유는 子卯 刑, 子酉 破, 卯午 破, 午酉 破라고 부르는 두 글자 조합의 관계가 애매하고 모호하기 때문인데 특히 午酉 破의 작용에 대해서 개념을 잡아내는 것이 굉장히 어렵습니다. 명리공부 10년 해도 午酉 破를 체감하기 어려워하며 상응하는 물상을 찾아내기도 어렵습니다. 酉子 破도 유사합니다만 실제 현실에서는 굉장히 많이 활용해야만 하는 조합입니다. 먼저 子午卯酉의 근본개념을 살펴보겠습니다. 첫째, 子午卯酉 가장 뚜렷한 특징은 기운의 전환 작용입니다. 子卯午酉를 桃花(도화)로만만 몰아가는데 사실 陽氣가 陰氣로의 전환 작용은 참으로 중요합니다. 陽氣가 陰氣로 바뀌어야만 하는 이유는 寅巳申亥에서 陽氣가 動하여 三合운동을 출발한 후 다음 단계인 子午卯酉에 이르면 陽氣의 움직임이 魃에 이르러 반발작용으로 陰氣로 전환됩니다. 예로 巳酉丑 三合의 경우, 巳午未, 申酉戌, 亥子丑 과정인데 巳午未申까지는 庚金의 陽氣가 기세를 펼치다 酉月에 이르면 庚金에서 辛金으로 전환하여 酉戌亥子丑까지는 陰氣가 기세를 확장합니다.

자연의 순환과정으로 살피면 酉月을 기준으로 전후의 시공간 특징이 크게 달라지는 이유는 酉金의 지장간에 있는 庚金의 시기까지는 여전히 열매가 나무에 매달려 땅으로 낙하하지 않았지만 辛金의 시기에 이르면 열매가 땅으로 낙하하기 때문입니다. 두 차이를 땅으로 낙하했느냐의 정도로 인식할 수 있지만 시공간의 특징은 하늘과 땅처럼 다릅니다. 비록 庚金과 辛金의 五行은 동일하다고 해도 庚金은 여전히 나무에 매달려 주위 열매들과 함께하기에 단체, 조직 속성을 유지하지만 辛金은 홀로 땅에 떨어져 분리되기에 조직, 단체의 속성에서 벗어나면서 고독하고 쓸쓸한 상황에 처합니다. 庚金에게는 아직 辛金의 속성이 없고 辛金은 비록 庚金의 도움으로 완성되었지만 庚金의 속성을 거의 버린 상태입니다. 결국 酉金의 가장 큰 의미는 열매가 씨종자로 전환한 것입니다. 다만 酉金에서 辛金으로 바뀌었지만 아직 그 기운이 강한 상태는 아닙니다. 酉月에 열매가 땅으로 떨어졌다고 해도 바로 활용할 수는 없습니다. 酉戌亥子丑을 지나는 과정에 딱딱한 물형을 바꿔서 부드러운 木氣로 풀어내야 합니다. 따라서 酉월이라고 해도 아직 辛金의 쓰임이 좋은 상황은 아닙니다. 子月에 이르면 辛金이 子水에서 長生한다고 주장하는데 長生이 아니고 帝旺의 공간을 만난 겁니다. 그 이유는 극히 명확한데 申子辰 三合운동을 하는 辛金의 응축움직임이 子水에서 극에 이르렀기 때문입니다. 정리하면, 子卯午酉의 공간특징은 陽氣가 陰氣로 전환하면서 陽氣가 꺾이고 음기는 강해지기 시작합니다. 帝旺을 기운이 旺한 것으로 인식하지만 중요한 점은 陽氣의 기세가 꺾이고 陰氣가 자신의 역량을 드러내기 시작했다는 것입니다. 그렇게 하는 이유는 삼합운동이 원하는 실질적인 물형을 갖추기 위해서입니다. 삼각형 꼭지를 기준으로 가장 높이 올라간 陽氣가 하강을 시작하는 공간이 바로 帝旺입니다. 위로 올라가는 것과 아래로 내려가는 것은 천지 차이입니다. 낭떠러지로 굴러 떨어지는 분기점이 子午卯酉입니다. 극점까지 올라가는 것도 子午卯酉이지만 꺾이고 무섭게 추락하는 것도 子卯午酉입니다. 사업에 비유하면 갑자기 추락하는 상황입니다.

<u>둘째</u>, 이런 이유로 子午卯酉의 공간특징은 그 기운이 매우 불안정하다는 것입니다. 빅뱅이 폭발하듯 陽氣가 갑자기 陰氣로 전환하기에 필연적인 현상입니다. 세상 만물은 삼각형 모양으로 이루어지는데 그 꼭짓점이 바로 子午卯酉로 전환과정에 위에서 아래로 확 꺾이는 움직임 때문에 기존의 흐름에 갑작스런 변화가 발생하고 불안정해집니다. 子午卯酉에서 발생하는 陽氣가 陰氣로 변환과정 때문에 모든 상황이 번거롭고 혼란스럽고 변화무쌍합니다. 신살로 子卯午酉를 도화, 장성, 육해, 재살로 표현하는데 年支를 기준으로 戊申年의 상황을 예로 보겠습니다. 申子辰 三合을 하기에 酉金이 도화, 巳酉丑 三合이라면 午火가 도화입니다. 三合운동의 두 번째 단계에서 실질적인 움직임이 시

작되고 성장과정에 물형이 계속 변하는 것을 뜻합니다. 마치 어린이들이 매일 성장하면서 신체와 얼굴형태가 계속 바뀌는 겁니다. 아이들은 몇 달 만에도 외모가 바뀌어 있습니다. 이런 변화를 도화라고 부르는 것입니다. 다음단계인 將星은 陽氣가 陰氣로 크게 전환하고 丙火의 寅午戌 三合운동과정에 酉金은 六害로 丙火의 쓰임을 제거하는 과정을 상징합니다. 부연하면, 酉金의 地藏干에 庚金과 辛金이 있는데 庚金까지는 병경으로 조합하여 열매를 확장하는데 문제가 없지만 庚金이 辛金으로 전환하는 순간 丙辛으로 조합해서 丙火의 빛을 소멸시켜버립니다. 즉, 寅午戌 三合을 제거하려는 움직임이 酉에서 발생하기에 六害라 불렸던 것입니다.

災殺을 수옥이라고 부르는데 三合운동을 벗어난 공간으로 亥卯未 三合의 경우는 申金이 劫殺, 酉金이 災殺, 戌土가 天殺입니다. 災殺은 劫殺과 天殺 중간에 있으면서 亥卯未 三合의 王인 將星을 공격하는데 수옥이라 부르는 이유는 함부로 왕에 덤볐기 때문입니다. 다만 三合운동에 따라서 災煞 종류가 달라지는데 酉金 재살의 경우 地藏干에 庚金과 辛金이 있는데 庚金은 乙庚 合으로 크게 흉하지는 않지만 辛金은 亥卯未삼합의 중심인 卯木을 沖으로 공격합니다. 이처럼 災煞도 庚金과 辛金에 따라 작용이 크게 달라지기에 庚金까지는 서로의 관계를 잘 유지하다가 辛金으로 바뀌는 순간 갑자기 沖하면서 그 성질이 수옥으로 바뀌어 卯木 將星을 공격합니다. 이처럼 桃花, 將星, 六害, 災煞의 작용을 地支로만 살피면 그 변화가 얼마나 급박한지 감 잡기 어렵지만 地藏干에서 陽氣가 陰氣로 전환하면 갑작스런 일들이 발생할 수 있음을 알아야 합니다. 酉에서 庚辛, 午에서 丙丁, 卯에서 甲乙, 子에서 壬癸로 급작스런 변화 때문에 이상한 일들이 발생하기에 그런 특징을 저런 명칭으로 표현했습니다.

셋째, 생각보다 훨씬 급격한 변화가 발생하는 공간입니다. 불안정한 정도에 그치지 않고 훨씬 급격하고 심각한 문제를 가진 공간입니다. 예로, 寅午戌 三合의 경우 午火에서 분산에서 수렴으로 급속하게 변하는 과정에 물질적, 육체적으로 엄청난 타격을 받을 수 있습니다. 午中 丙火는 분산하지만 丁火에 이르는 순간 갑자기 수렴을 시작하기에 확장하던 기세가 갑자기 확 쪼그라들고 심하면 추락합니다. 巳酉丑 三合의 경우, 丙火의 도움으로 酉金의 지장간에 있는 庚金이 부피를 확장하다가 辛金으로 바뀌면 씨종자로 낙하하기에 부피, 규모가 확 줄어듭니다. 申子辰 三合은 子水의 지장간에 壬水와 癸水가 있기에 응축하다 갑자기 폭발합니다. 壬水의 응축으로 쪼그라들다 癸水가 폭발하면서 오히려 부피가 크게 확장됩니다만 문제는 壬水에서 癸水로 폭발하려면 굉장히 강한 에너지가 필요하기에 반발력이 엄청납니다. 이런 움직임을 성정에 비유하면 성질이 폭발적이거나 강한 충동, 충돌을 암시합니다.

예로 충동적으로 자살하거나 참지 못하고 범죄를 저지르거나 갑자기 타인을 구타하는 행위입니다. 酉子 破에서 추락, 낙하 물상이 나오는 이유입니다. 亥卯未 三合은 甲木과 乙木이 전환하는데 甲木은 땅속에서 뿌리내리기에 수직운동만 하는데 乙木은 좌우로 확 펼칩니다. 보수적이던 사람이 갑자기 생각도 못했던 개방적인 행동을 합니다. 卯木은 사회활동 측면에서 흉하지는 않지만 문제는 내부에 머물다 밖으로 튀어 나가면서 능력이상으로 설치거나 절제되지 않은 행동을 하는 것이 문제이고 辰月에 水氣가 더욱 무력해지면서 더 이상 성장하지 못하는 문제가 발생합니다. 이처럼 子午卯酉는 생각보다 훨씬 급격한 변화가 발생합니다.

넷째, 陰氣로의 전환입니다. 陽氣가 陰氣로 전환되면 타격을 받는 것은 陽氣가 분명합니다. 寅巳申亥에서 출발하고 子午卯酉에서 陰氣로 전환하면 陽氣는 더 이상 원래의 기운을 유지하지 못합니다. 보통 羊刃이나 劫財라 표현하는데 이때부터는 陽氣의 가치를 드러내지 못할 뿐만 아니라 오히려 陰氣를 生하면서 희생당합니다. 예로, 甲木이 卯月에 태어나면 甲에서 乙로 바뀌면서 기운을 계속 빼앗깁니다. 가장 심각한 문제는 甲木이 뿌리 내렸던 己土터전을 乙木이 망가뜨리는 겁니다. 이런 작용을 羊刃이나 劫財라 부르는데 甲木 입장에서는 억울합니다. 甲木이 만들어낸 것이 乙木임에도 은혜를 잊고 근본터전을 망가뜨리는 겁니다. 또 乙木이 땅을 뚫고 나오는 순간 甲을 生하던 壬水의 작용도 무기력해지기에 甲木이 더욱 힘들어집니다. 甲木은 壬水의 도움으로 뿌리내린 후 상승하여 乙木을 만들었는데 乙木이 땅 밖으로 나와 좌우로 펼치면 壬水는 무기력해집니다. 癸水가 壬水를 대신해서 乙木을 키우는 과정에 甲木은 더욱 무력해집니다. 이와 같은 복잡한 움직임이 陽氣가 陰氣로 전환했을 때의 벌어지는 상황입니다.

酉月의 경우 庚金이 辛金으로 바뀌기에 辛金에게 자신의 에너지를 계속 빼앗깁니다. 기억할 점은, 庚金이 辛金으로 전환해도 기운이 철저히 소멸한 것이 아니고 천천히 辛金을 生하면서 철저히 딱딱해지도록 돕습니다. 乙庚 合으로 丙火가 키우던 열매가 辛金으로 완성되면 丙火는 확장하는 움직임을 더 이상 유지하지 못하고 소멸합니다. 이 조합의 문제도 辛金이 乙庚 合한 乙木을 괴롭히는 것입니다. 이런 작용이 바로 陽氣가 陰氣로 전환했을 때 가장 심각한 문제입니다. 十神으로 표현하면 <u>群劫爭財군겁쟁재</u>입니다. 庚이 辛으로 바뀌면 丙辛 合으로 丙火 빛을 잡고 어둠 속으로 들어가 사라집니다. 丙火가 사라지자 庚金을 확장하지 못합니다. 사회활동에 비유하면, 乙丙庚 三字조합으로 돈을 벌었는데 酉月에 辛金이 드러나면 더 이상 돈을 벌 수 없습니다. 특히 丙火가 적절하게 활동하지 못하기에 辛金은 乙木의 움직임을 제거해버립니다. 酉月에 庚金에서 辛金으로 전환하거나 卯月에 甲木에서 乙木으로 전환할 때 흉한 이유입니다. 羊刃의 작용을 흉하고 무섭다고 하는 이유입니다. 子月에 壬水가 癸水로 전환하기에 壬水는 癸水의 움직임을 계속 도와줍니다만 나중에 癸水가 壬水와 합하는 丁火를 沖해버리면 壬水는 무기력해집니다. 또, 金生水로 壬水를 生하던 庚金이 子水에서 癸水의 발산작용으로 단단하게 할 수 없습니다. 이런 문제 때문에 庚金이 癸水를 만나면 傷官이라고 부르는 겁니다. 또 庚金이 子水에서 원래의 체성을 유지하지 못하기에 12운성으로 死地라 부릅니다. 지금까지 설명하는 내용들은 드러나는 현상이 아니라 전환 과정에 발생하는 부수적이지만 중요한 작용을 설명하는 겁니다. 이런 이치를 이해할 때에서야 비로소 羊刃이 난폭하고 凶하며 子午卯酉에서 陰干의 행위가 무서운 이유를 이해합니다.

甲木이 卯月을 만나면 丙火가 午月을 만나면 庚金이 酉月을 만나면, 壬水가 子月을 만나면 흉할 수 있음을 암시하는 이유는 양간과 음간이 경쟁하는 과정에 <u>양간이 음간에게 배신당하기 때문</u>입니다. 결국 子午卯酉를 만나면 財星이 심하게 상할 수 있음을 암시하는데 그 원인은 바로 믿었던 사람에게 배신당하기 때문입니다. 그런 두려움 때문에 羊刃은 반드시 偏官으로 合해서 그 흉함을 처리해야 한다고 주장합니다. 예로 甲木이 卯月에 태어나면 偏官 庚金으로 卯申 合해서 卯木이 甲木의 터전 己土를 망치는 것을 막아야 한다는 것입니다. 하지만 이런 주장은 허점이 많습니다. 가장 큰 문제는 성장해야할 卯木이 좌우로 펼치지 못하는 것입니다. 예로, 申年 卯月에 태어나면 년과 월에서 卯

申 숩하기에 월지에 있는 모친과 모친의 육친들에게 매우 답답한 상황이 발생합니다. 성장하지도 못하고 生氣가 상하기에 그 宮位의 육친들에게 문제가 발생하는 겁니다. 질병이나 사고로 단명하거나 정신병에 시달립니다. 이처럼 고서에서 주장하면 무조건 맞는다는 생각에서 벗어나야 합니다. 성장해야할 卯月의 새싹이 卯申 숩으로 묶여서 심각한 문제를 일으키는데 偏官으로 陽刃을 합해야 한다고 주장합니다. 卯월에 만물은 무조건 성장해야 하기에 陽刃이라고 묶고 잘라야 하는 것이 아닙니다. 오로지 甲木 일간에게 좋다고 인식하기에 卯木이 陽刃이라는 누명을 쓰게 되었습니다. 또 다른 문제는 甲日이 卯月을 만나 시절을 잃어버리는 분기점에 선 것입니다. 卯의 지장간에 있는 乙木의 움직임이 甲木을 대신하기 때문입니다. 卯중 乙이 좌우로 펼치기 시작하면서 己土를 뚫고 밖으로 나가 戊土 위에서 적극적으로 활동합니다. 甲己 숩으로 뿌리내리다가 乙木이 땅을 뚫고 올라오면 己土의 좁은 땅을 버리고 넓은 戊土의 땅에서 뛰어다닙니다. 己卯간지가 그런 움직임을 잘 보여주는데 卯木이 좁은 己土의 땅을 뚫고서 땅위로 올라옵니다. 땅 속에 있던 새싹이 힘차게 땅을 뚫고 좌우로 펼치는 상황입니다. 바로 목과 토가 만나기에 己卯에서 건축, 건설, 임대, 분양과 같은 물상이 나옵니다. 己卯를 천간으로 바꾸면 乙己요 地支로 卯未이며 모두 임대, 건설과 인연이 많습니다.

午月에 丙火가 丁火로 바뀌는 순간부터 丙火는 丁火를 生해야만 합니다. 陽氣의 본질은 陰氣를 만들어내는 것이기에 필연적인 행동입니다. 반대로 丁火는 丙火의 도움으로 金열매를 완성해야 합니다. 丙火로 庚金의 부피를 확장하고 丁火로 辛金 씨종자를 딱딱하게 완성해야 하는데 그 과정에 丁火 열기가 너무 심하면 辛金이 상하는데 그런 조합을 干支로 표현하면 丁酉로 만물을 최대로 쪼그라트리기에 적절하게 수기를 보충하지 않거나 寅卯가 조합하면 살기가 강해져 문제가 발생합니다. 酉金을 天干으로 표현하면 辛金이요 丙辛 合하는데 丁火가 등장해서 辛金을 괴롭히는 겁니다. 또 丙火에서 丁火로 바뀌면 丙火를 생하던 乙木의 움직임이 수렴작용으로 무기력해집니다. 이런 것들이 陽氣에서 陰氣로 전환했을 때 겉으로 드러나지 않는 문제들입니다. 이런 상황을 生剋으로 분석하여 陽刃이라고 불렀습니다.

子卯午酉 刑破 조합

이제 子午卯酉 刑破에 대해 살펴보겠습니다. 子午卯酉의 地藏干 흐름을 펼치면 子水에 壬癸, 卯木에 甲乙, 午火에 丙丁, 酉金에 庚辛, 그리고 다시 子水에서 壬癸로 이어집니다. 辰戌丑未, 寅巳申亥를 학습할 때 木이 金으로 金이 木으로 火가 水로 水가 火로 바뀌었고 餘氣에서 中氣로 中氣에서 本氣로 에너지가 점점 강해지면서 이동했습니다. 하지만 子午卯酉 시공간 흐름에는 그런 특징이 전혀 없습니다.

子	卯	午	酉
壬癸	甲乙	丙丁	庚辛

위 흐름을 살펴보면 기운이 서로 이어지지 않습니다. 寅巳申 三刑처럼 에너지 파동을 증폭시키는 것도 아니고 丑戌未 三刑처럼 완성된 물질형태를 조절하는 작용도 아니며 단지 陽氣가 극極에 이르러 자연스럽게 陰氣로 전환하는 움직임입니다. 시간흐름에 따라서 生하는 것처럼 보이는 子卯, 卯午, 午酉, 酉子로 조합하였는데 실제로는 어떤 관계를 형성하고 있는지를 이해해야 子卯午酉 문제를 인식하게 됩니다. 五行의 生剋작용으로 살펴보겠습니다.

子卯 刑

子卯가 조합하면 子水가 卯木에게 생명수를 활용해서 卯木의 성장을 촉진하기에 子水가 점점 무기력해집니다. 또 卯木이 午火에게 생기를 전달하느라 점점 무기력해집니다. 午火가 酉金 열매를 완성하고자 生하기에 가을로 갈수록 점점 무기력해집니다. 또 酉金은 子水를 生하는 과정에 점점 무기력해집니다. 극히 정상적으로 보이는 이 작용이 사주구조에 따라서 크게 달라집니다. 예로, 子卯로 조합할 경우 子水가 卯木을 생하지만 사주구조에 따라 子水나 亥水가 너무 강하면 卯木을 생하는 작용이 적절하지 않기에 卯木이 응결되면서 문제가 발생합니다. 亥水에 풀어진 酉金의 기운 때문에 卯木이 응결되면서 육체가 상하거나 질병에 시달리거나 피의 흐름이 바르지 않으니 정신병에 걸릴 수도 있습니다.

이런 문제 때문에 刑이라는 명칭을 부여한 것이며 子水가 卯木을 무조건 생하는 것이 아니라 매우 흉한 작용도 동시에 하는 겁니다. 生은 生이자 剋이고, 剋은 剋이자 生이라고 주장하는 이유입니다. 生은 무조건 生이 아니고 剋은 무조건 剋이 아니며 사주구조에 따라 그 작용이 결정되고 길흉이 달라지며 운에 따라서 길이 흉으로, 흉이 길로 변하기에 사주원국의 구조와 운의 흐름을 종합해서 판단해야 합니다. 예로, 子水와 亥水가 卯木과의 조합에서 흉하지만 사주원국에 丙火가 있다면 갑자기 壬甲丙 三字조합으로 바뀌면서 亥子는 卯木의 성장을 촉진하는 생명수로 바뀝니다. 卯木은 亥子의 도움으로 성장한 후 丙火를 향하여 달려갑니다. 사주구조에 따라서 1억짜리와 100억짜리 운명으로 갈라지는 겁니다. 하나의 글자차이로 하늘과 땅만큼 다른 인생을 만들어냅니다. 子卯의 작용이 흉하면 우울증, 정신병, 자폐증과 같은 물상이고 입이나 손발을 적절하게 활용하지 못합니다. 卯木의 발랄한 움직임이 水氣에 응결되면서 문제가 생기는 겁니다. 甲木은 머리요 乙木은 입이며 甲乙丙丁戊己庚辛壬癸에 이르기에 癸水가 발바닥입니다. 즉, 인체의 가장 위가 甲이요 가장 아래가 癸水입니다. 甲이 十干의 출발점이기에 머리에 배속했습니다. 또 머리에 가까운 乙木 입은 글로 기록하는 것을 싫어하고 대부분 입을 활용합니다. 입이 손보다 빠르기에 기록하는 행위가 귀찮은 겁니다. 乙木을 상대할 때 주의할 점은 입으로 표현한 것들을 실행할 것이라고 단정하지 말아야 합니다. 실행하지 않을 약속도 희망적으로 표현하기에 그렇습니다. 이런 작용을 하는 乙卯가 子水나 亥水에 응결되면 입이 얼어서 말문이 막히는 겁니다. 질병문제로는 卯木이 丙火로 가는 길이 막히면 심장마비, 뇌출혈과 같은 문제가 발생합니다. 卯木의 좌우확산 운동으로 인체 구석구석에 피를 실어 나르다가 응결되면 문제가 발생합니다. 水氣의 쓰임이 적절하지 않으면 심장, 뇌로 가는 피의 흐름이 막히면서 <u>심장마비, 뇌출혈, 수족마비, 반신불수, 정신병</u>과 같은 문제가 발생합니다. 이런 조합 중 하나가 바로 寅酉로 심장, 뇌로 가는 피가 막힌다고 했습니다. 기억할 점은 木火의 흐름은 인체의 활력에 지대한 영향을 미친다는 겁니다. 보통 子水를 피의 흐름으로 생각하지만 卯木으로 살피는 것이 더욱 정확합니다.

卯午 破

卯木이 午火를 生하는 과정에 卯木이 많으면 午火는 卯木을 수렴해서 열매로 바꾸는데 애를 먹습니다. 午火가 卯木을 소화시키느라 답답한 상황입니다. 천간으로 올리면 乙木과 丁火로 乙木이 너무 많으면 丁火가 乙木의 움직임을 통제하는데 애를 먹습니다. 丁火가 스스로 무언가를 하려는 생각이 사라지고 타인에게 의지하려는 속성이 강해집니다. 丁火는 甲木 하나만 만나는 것이 좋습니다. 만약 巳火, 午火가 많고 卯木이 무기력하면 木生火의 작용이 약하기에 火氣의 기세가 점점 무기력해 지기에 운이 寅卯辰으로 흐르는 것을 좋아합니다. 午火는 寅卯辰의 도움으로 火氣를 적극적으로 활용하면서 庚金, 辛金 열매를 키우고 완성합니다. 이처럼 丙, 巳火, 丁, 午火는 庚辛 열매와 씨종자를 완성하는 것에 존재가치를 얻는데 木氣가 너무 많으면 열매를 생산하는 역량이 부족하기에 火氣를 보충하고 巳午는 많은데 木氣가 없다면 木氣를 보충해야 합니다. 이런 움직임들이 효율적으로 작용해야 재물을 축적합니다. 十神으로 財星을 재물이라고 판단하는 것은 2차원적 입니다. 사주원국에서 卯木이 巳火, 午火를 향하는 흐름이라면 卯木은 마르지 않는 사업자금처럼 巳火, 午火를 도와서 庚辛 재물을 계속 완성합니다. 十神으로 卯木이 印星, 官殺, 食傷 무엇이든 木氣를 활용해서 金氣로 물형을 바꿀 수만 있다면 그것이 바로 재물입니다. 十神 生剋은 초등학교 입학 전에 손가락으로 숫자를 세는 행위처럼 단순합니다. 財星을 돈으로 인식하는 것도 그런 수준입니다. 사주구조를 분석하는데 집중해야 합니다. 사주구조가 무엇을 원하는지 파악하는 것이 중요합니다. 그것이 바로 명리 高手에 이르는 지름길 입니다.

午酉 破

이제 午酉 破의 관계를 살펴보겠습니다. 이 조합은 사실 生剋으로 이해하기 어려운데 午火가 酉金을 剋한다는 일방적인 생각에서 벗어나지 못하기 때문입니다. 자연의 순환과정으로 살피면 오히려 午火가 酉金을 生하는 것입니다. 여름에 빛과 열이 없다면 申酉 金氣는 내부에 빛과 열을 품지 못하기에 열매와 씨종자로 완성될 수 없습니다. 열매는 火氣를 품어야 물형을 완성시킵니다. 이런 이치를 이해하지 못하면 午火가 酉金을 극하고 酉

金이 상한다는 생각에서 벗어나지 못합니다. 만약 사주구조에 巳火 午火가 너무 많으면 酉金이 火氣를 너무 많이 품어서 水氣를 만나지 못하면 꼬들꼬들 마르기에 씨종자로서의 가치를 상실할 수 있습니다. 수천 년 지난 씨앗이 우연히 발견되어서 발아될 여건을 조성해주니까 거대한 나무로 성장했다는 뉴스도 있습니다. 즉, 씨종자에게 필요한 적당한 습기, 수분이 없으니까 수천 년 지나도록 발아하지 못했던 것입니다. 씨앗 내부에는 生氣를 품었지만 火氣가 너무 강하면 水氣를 만날 때를 기다립니다. 반대로 酉金이 너무 많고 午火가 약하면 능력도 없는 午火가 수많은 열매들을 키운답시고 오지랖만 넓습니다. 이거 저거 해보겠다고 일을 벌이지만 수습하지 못합니다. 丁火가 甲木을 반드시 만나야 좋은 이유는 바로 열매를 적절하게 완성하려면 丁火가 허탈해지는 것을 막아야하기 때문입니다.

酉子 破

酉子 破는 酉金이 子水에 무기력해지는 것은 맞습니다만 사주원국에 酉金이 많고 子水가 무기력하면 수많은 金氣를 풀어내는 과정에 子水가 굉장히 탁해집니다. 폐, 신장에 질병이 발생하거나 金氣 조상신들이 많은데 子水 영혼은 하나뿐이기에 새로운 육체를 얻고자 영혼 쟁탈전이 발생하는 과정에 정신이상, 접신, 빙의와 같은 문제에 노출됩니다. 물질에 비유하면 돈은 엄청 투입했는데 子水에서 흐름이 막히면서 수익률이 형편없는 상황입니다. 콩은 잔뜩 있는데 물이 조금 밖에 없다면 콩나물로 바뀔 수 없습니다. 물과 접촉한 극히 일부만 발아되다가 결국에는 썩어버릴 것입니다. 이처럼 子午卯酉 破의 작용은 寅巳申亥, 辰戌丑未의 刑破 작용과는 크게 다릅니다. 반드시 양쪽의 勢를 살펴야 하고 子卯 刑이라고 무조건 子水가 상하는 것도 아닙니다. 즉 강한 세력이 약한 세력을 망가뜨릴 수 있는 관계가 子午

卯酉로 寅巳申亥 生地, 辰未戌丑 墓地와의 가장 큰 차이점입니다.

生의 관계를 다시 살펴보면, 壬癸甲乙丙丁庚申壬癸로 흘러가는데 壬癸가 甲乙을 동시에 生합니다. 壬水는 무조건 甲만 生하는 것도 아니고 癸水도 무조건 乙木만 生하는 것도 아닙니다. 동시에 生하는 과정에 길흉이 달라지기에 그 의미를 이해해야 합니다. 주의할 점은 偏印, 正印과 같은 十神에 얽매이지 말고 자연의 순환과정으로 살펴야 합니다. 壬水가 甲木을 生하면 시간이 지나 乙木으로 변합니다. 공간 환경도 크게 달라지는데 땅속에 있던 甲木이 땅밖의 乙木으로 변하기에 壬水가 乙木을 생하는 효과도 떨어지고 행위도 적절하지 않습니다. 이런 이유로 壬과 乙이 만나면 사고방식, 행동방식이 어색하고 적절하지 않기에 불법, 비리, 구설, 사고, 관재와 같은 문제가 발생합니다. 또 癸水가 甲木을 生하면 乙木으로 변하는데 癸와 乙이 만나면 가치를 극대화 시키지만 癸水가 甲을 生하면 시공간이 적절하지 않기에 그 행동이 어색합니다.

또 甲은 丙火를 향하기에 결국 丁火로 바뀌고 수렴운동으로 전환하면 甲木은 무기력해집니다. 간지로 바꾸면 甲午로 甲木이 死地를 만났다고 표현합니다. 乙木이 丙火를 生하면 결국 丁火로 바뀌고 수렴되면서 乙木의 움직임이 답답해집니다. 다만, 각 조합의 의미가 일률적인 것은 아닙니다. 乙木이 丙火를 향하고 丁火로 바뀌기에 乙과 丁의 조합이 좋을 것 같아도 불편합니다. 乙丙은 실속은 없어도 乙木의 꿈을 펼치지만 乙丁은 실속은 있어도 내부에 들어가 수렴되기에 좌우확산 운동을 적절하게 못하는 겁니다. 丙火가 庚金을 키우고 辛金에 이르면 丙辛 合으로 丙火는 무기력해집니다. 丁火가 庚金을 키워서 辛금을 완성하면

丁火의 작용력은 壬水에 상실됩니다. 庚辛이 壬癸를 만나면 庚金은 壬水를 生해서 癸水로 바뀌면 발산작용으로 庚金의 딱딱한 속성이 변질됩니다. 辛金이 壬水를 만나 존재가치를 드러내다가 癸水로 바뀌면 응축된 辛金의 물형이 너덜거립니다. 또 壬甲과 壬乙도 차이가 큰데 壬甲은 자기가 원하는 일을 하지만 壬乙은 비록 총명해도 자신이 하고 싶은 일이 아니라 남 좋은 행동을 합니다. 예로 검사, 변호사처럼 타인을 대변하거나 타인을 위하거나 무언가 적절하지 않은 행동을 합니다. 癸甲도 壬乙과 유사하지만 癸乙은 자신이 원하는 행위를 하기에 壬甲과 유사합니다. 이런 차이는 모두 時空間 환경에 따라서 달라지는데 사계도의 기준대로 겨울에는 壬甲을 활용하고 봄에는 癸乙을 활용합니다. 壬乙이나 癸甲으로 조합하면 시공간이 적절하지 않기에 어색해집니다. 시공간의 장단으로 살피면, 壬甲은 장기적, 壬乙은 즉흥적입니다. 壬水가 키워야 하는 甲木을 癸水가 키우면 행위가 적절하지 않기에 성정이 거칠고 보편적이지 않은 행위를 합니다. 癸乙은 癸卯로 매우 좋은 조합이지만 酉金과 조합하면 심하게 상할 수 있기에 배우자가 상하거나 심하면 사망할 수도 있습니다.

甲丙이 굉장히 느긋한 이유는 甲木은 겨울, 丙火는 여름에 활용하기에 두 글자가 결실을 맺으려면 많은 시간이 필요하기 때문입니다. 甲丙은 스스로 시간이 많이 소요된다는 것을 알기에 공직이나 교육에 적절합니다. 甲日이 月干이나 時干에 丙火로 조합하면 교육에 어울립니다. 동일한 오행이라도 甲丁으로 조합하면 조정, 교정, 수리, 법조, 검경, 기술에 어울립니다. 乙丙은 乙木이 丙火를 통해서 자신의 존재를 빠르게 드러내기에 말로 표현하는데 뛰어나지만 심하면 양치기 소년이 됩니다. 乙丁은 丁火가 乙木을 수렴해버리기에 떠벌이는 성향이 확 줄어들면서

丁火의 기술, 특별한 재능을 가졌습니다만 물질적으로는 축소됩니다.

午酉의 과정을 살펴보면 丙庚조합은 시공간이 적절하지만 丙火가 너무 강하면 庚金이 상한다고 했습니다. 반드시 壬水나 子水를 배합해서 <u>丙庚壬, 丙庚子 三字</u>로 조합해야 효율이 높아집니다. 하지만 동일한 오행이라도 丙火가 辛金과 合하는데 壬水가 오면 丙辛 合이 깨지고 壬水에 시달리기에 丙火에게는 매우 불편한 운입니다. 丁火와 庚金이 만나면 庚金 내부에 열을 축적해서 과일이 익어갑니다. 丁辛은 丁火와 辛金의 시공간이 적절하지만 丁火가 계속 열기를 가하면 辛金은 내부에 열기를 축적하기에 불편해지면서 반발합니다. 그 이유는 가을에 이르러 辛金은 내부에 열기를 가득 담았기에 씨종자로 완성된 것인데 丁火가 계속 열기를 가하면 열병이 나는 것처럼 답답한 辛金은 癸水나 壬水를 만나면 총알처럼 튀어나가기에 궤도를 이탈합니다.

酉子의 과정을 살펴보겠습니다. 庚壬으로 조합하면 庚金이 壬水의 물탱크 역할을 하지만 문제는 庚金에게 반드시 필요한 丙火가 없다면 壬水에 의해 庚金의 체성에 문제가 발생합니다. 壬申干支가 좋지 않은 이유는 申金이 壬水의 물탱크 역할을 하는데 丙火를 만나지 못했기에 바른 지도자를 거부하는 것처럼 행실이 바르지 않거나 고집이 강해지고 주위의 공감을 얻기 어렵습니다. 만약 丙庚子 三字로 조합하면 庚金이 바른 지도자 丙火를 만나서 성장한 후 그 뜻을 子水에 펼쳐내는 흐름이기에 검경, 교육, 성악, 기술사업 물상이라고 했습니다. 하지만 壬申干支는 庚金이 壬水의 물탱크 역할을 하다가 일정 시점에 이르면 水氣에 의해 물탱크가 터지는데 그것이 바로 위에서 살폈던 申亥 조합으로 도박, 투기, 마약, 정신병, 방탕, 방랑과 같은 물상이라고 했습니다. 이처럼 壬申干支가 丙火를 만나지 못하면 불편한 물상을 만들어냅니다.

辛金이 壬水를 만나면 壬水가 辛金을 품기에 좋은 관계이고 씨종자를 풀어내 甲木을 생산하려는 것입니다. 辛金이 癸水를 만나면 癸水가 폭발하면서 파작용으로 딱딱한 辛金의 물형이 변형되면서 원래의 모양을 유지하지 못하고 너덜거리기에 존재 가치를 상실합니다. 辛癸조합을 地支로 바꾸면 酉子로 子水의 폭발력으로 酉金의 물형을 변형시킵니다. 의미를 확장해보면, 癸水는 乙木의 성장을 촉진하는데 엉뚱하게 辛金과 접촉하면서 성정이 냉정하고 잔인해집니다. 예로 丑土를 배합하면 酉子丑 三字로 저승사자가 씨종자 酉金을 빼앗는 퍽치기 물상이라고 했습니다. 지금까지 설명은 壬癸甲乙丙丁庚申壬癸으로 순환하는 과정에 두 글자의 상호작용을 살핀 것인데 生의 관계처럼 보이지만 구조에 따라서 의미가 크게 달라진다는 것을 이해해야 합니다. 동일한 五行도 두 글자의 배합에 따라 성정과 물상이 크게 달라집니다. 분명히 壬水가 甲을 生하든 乙을 生하던, 癸水가 甲을 혹은 乙을 生하든 水生木은 동일함에도 발현되는 성정이나 물상은 크게 다르다는 겁니다. 따라서 十神으로 正印, 偏印으로 나누는 수준으로는 이해하지 못하는 수많은 의미들이 숨어있기에 十神으로 판단하지 말라고 하는 것입니다. 十神을 배우지 않아야 명리의 깊은 수준에 들어가고 나중에 필요할 때 조미료 정도로 十神을 참조하면 됩니다.

子午卯酉의 生

지금부터는 子午卯酉 生의 관계를 살펴보겠습니다. 子水에서 卯木까지의 흐름을 보면 子月에 癸水가 一陽으로 동하고 발산운동으로 온도를 올리고 시간이 흐르면서 壬水가 癸水로 풀어집니다. 이것을 生剋으로 살피면 壬水가 계속 癸水를 생하는 움직임입니다. 卯月에 이르면 壬水와 癸水의 작용은 경계점에 이르면서 壬水는 무력해지고 癸水는 乙卯를 적극적으로 키우는 과정이 子月에서 卯월까지의 흐름입니다. 따라서 子月에 폭발하면서 陽氣가 動한 이유는 卯중 乙木을 키우기 위한 것이었습니다. 결국 癸水의 쓰임은 卯月에 가장 적절해지지만 壬水 응축에너지는 卯月에 가치와 쓰임을 상실해버립니다. 이런 이유로 壬水가 卯木을 만나면 死地를 만났다고 표현합니다. 정리하면, 子卯는 子水가 卯月에 乙木을 드러내고자 子丑寅卯 과정을 거쳤던 겁니다. 이것이 자연 순환과정에 보여주는 子卯 生의 관계입니다. 그렇다면 왜 生의 관계임에도 刑이라고 부를까요? 子水는 卯月에 乙木을 밖으로 내놓고자 水生木이라는 움직임으로 진행했는데 이상하게 子卯 刑이라고 부른다는 겁니다. 위에서 설명한 것처럼, 子水와 卯木이 조합할 때 상호간에 균형을 이루지 못하면 둘 중 하나는 상하기 때문입니다. 子卯 刑으로 子水 생명수 혹은 卯木 새싹에게 문제가 발생합니다. 발현되는 물상은 성장장애, 生氣가 상하면서 자식 낳기 힘들거나, 질병에 시달리거나, 뇌졸중, 심장마비와 같은 현상들도 발생합니다. 생명체를 만들어내는 생식기의 문제, 성욕과 외도의 문제로 관재구설 등입니다. 다만 어떤 물상으로 발현되는지는 사주구조를 살펴서 판단해야합니다.

乾命				陰/平 1944년 2월 19일 02:00								
時	日	月	年	87	77	67	57	47	37	27	17	7
己丑	丙子	丁卯	甲申	丙子	乙亥	甲戌	癸酉	壬申	辛未	庚午	己巳	戊辰

이 사주는 구조가 복잡합니다. 甲申年에 卯月이기에 卯申으로 卯木의 활동이 답답해지고 子卯 刑하므로 불편한데 또 卯표으로 卯木을 응결시키기에 卯木이 심하게 상하고 있습니다. 辛未 대운은 사주원국 일지 子水에 이른 시기로 未土가 자수를 탁하게 만드는 것이 문제입니다. 卯木에게 생명수를 공급하던 子水가 상하면 丙丁 火氣에 자극받은 申金이 卯木을 더욱 괴롭힙니다. 卯申은 乙庚 合작용이지만 卯月에 성장해야할 乙木을 심하게 조이면 生氣가 상할 수밖에 없는 겁니다. 卯木이 상하고 있는데 辛酉年에 이르자 酉金이 卯木을 沖해버리기에 문제가 심각해집니다. 辛酉年 38세에 부친이 차사고로 사망하고 모친이 중병으로 고생하였으며 본인은 다양한 악질로 고생했으며 가산은 탕진하여 치료도 못해서 辛酉年 음력 2월 10일에 자살했다고 합니다. 이처럼 子卯午酉의 경우 두 글자로는 그 속성이 뚜렷하지 않지만 三字 이상으로 배합할 때는 반응이 뚜렷해집니다.

乾命				陰/平 1944년 2월 19일 02:00								
時	日	月	年	87	77	67	57	47	37	27	17	7
庚	丙	丁	甲	丙	乙	甲	癸	壬	辛	庚	己	戊
寅	子	卯	申	子	亥	戌	酉	申	未	午	巳	辰

이 사주도 申卯子로 조합하니 卯木이 답답합니다. 묘하게도 이 사주도 辛酉年에 갑상선 질병으로 자살해버렸습니다. 이런 구조의 문제는 卯木 生氣가 잡혀서 답답한 것으로 卯木과 丙丁이 사주원국에 연결되어 있다가 辛酉가 卯木을 沖으로 자르면 丙丁으로 가는 피가 막히면서 심장마비, 뇌출혈, 정신이상과 같은 물상으로 발현되는데 자살도 또한 심장이 갑작스럽게 멈추는 것

과 같습니다. 이런 이유로 월지 卯木을 申으로 合하면 좋을 것이 없습니다. 卯申 暗合이라고 부르는데 암합이라는 명칭이 중요한 것이 아니라 卯木 月支가 申金에게 잡히면 生氣가 상하면서 다양한 문제가 발생합니다. 이런 구조는 본인뿐만 아니라 모친, 모친의 형제자매, 그리고 형제들도 자살하거나 단명하거나 정신질환에 시달릴 수 있습니다. 형제자매가 많으면 그만큼 줄어들어야만 합니다.

乾命				陰/平 1962년 12월 1일 06:00								
時	日	月	年	84	74	64	54	44	34	24	14	4
丁	己	壬	壬	辛	庚	己	戊	丁	丙	乙	甲	癸
卯	亥	子	寅	酉	申	未	午	巳	辰	卯	寅	丑

己土가 수많은 水木에 의해 정체성을 유지하기 힘들 수 있습니다. 己土가 己土로서의 체성을 유지하려면 땅이 두터워야 좋은데 水氣가 과하면 파도에 휩쓸리듯 안정적인 터전 역할을 충실히 하지 못합니다. 다행하게 丁火가 중력으로 중심을 잡아주고 丁壬 合으로 壬水를 조정해주고 다행히 寅중 丙火가 있지만 子月에 子卯 刑으로 卯木이 응결되기에 움직임이 편하지는 않습니다. 甲寅대운은 13세부터 22세까지인데 己土가 불안정한 상태에서 甲寅의 터전 역할도 해야만 하기에 己土의 체성이 더욱 불안정해집니다. 甲寅이 뿌리내리는 과정에 땅이 더욱 갈라지는 느낌입니다. 이 구조는 평시에는 자신의 체성을 유지하지 못해도 반발력이 없지만 운에서 日干이 강해지거나 자신의 의지를 드러낼 수 있는 庚辛이 들어오면 본래의 태도를 버리고 반발합니다. 日干이 무기력한 상태로 반발하지 않으면 문제가 없는데 甲寅대운 辛酉年에 이르러 甲寅을 자르겠다고 달려듭니다. 이런

조합이 관재구설입니다. 十神의 生剋으로 食神制殺이라고 부르지만 원국에 金도 없는데 운에서 들어오자 참고 살았던 울분을 강하게 드러냅니다만 문제는 감당 못할 甲木에게 덤비다가 문제가 발생합니다. 辛酉年에 교도소에 수감되었다고 합니다. 또 乙卯대운에 이르러 己土를 괴롭히자 庚金으로 수많은 乙卯를 대적하겠다고 덤비다가 구속되고 벌금을 냈다고 합니다. 丙辰대운에는 壬水가 丙火 빛을 빼앗아서 활용하려고 덤빕니다. 그 상태에서 戊寅年이 오면 戊土가 동업을 제안합니다. 사주원국에서는 己土가 壬壬亥子를 감당하지 못하다가 戊土가 오자 친구가 유혹합니다. 시기, 질투, 경쟁, 투기, 도박과 같은 심리가 동하면서 유혹에 넘어가 투자했지만 사기만 당했습니다. 득비리재得比利財라는 논리를 무조건 수용하는 것은 합리적이지 않습니다. 또 하나 고려할 점은 寅年을 기준으로 亥子丑, 壬癸 저승사자가 많습니다. 호시탐탐 저승사자들이 己土를 노리고 있습니다.

坤命				陰/平 1972년 1월 22일 20:00								
時	日	月	年	80	70	60	50	40	30	20	10	0
庚戌	丁酉	癸卯	壬子	甲午	乙未	丙申	丁酉	戊戌	己亥	庚子	辛丑	壬寅

년과 월에서 壬子, 癸卯로 흐름이 나쁘지 않습니다만 丁酉까지 개입되면 子卯酉로 조합하고 庚戌까지 개입되면 卯酉戌 三字로 과거에는 철쇄개금이라고 부르면서 열쇠를 쥔다고 주장했지만 비논리적입니다. 卯酉戌 三字의 문제는 卯酉 沖하고 卯戌 合하는 과정에 卯木이 심하게 상하는 것이 문제입니다. 주로 육친들이 질병에 시달리거나 정신질환, 육체결함, 종교, 명리, 철학과 인연이 깊습니다. 子卯酉도 卯木이 子水에 응결되어 있다가 酉

金에 沖당하지 불편하며 壬子, 癸卯를 발전시키려면 丙辰과 같은 干支가 卯木의 움직임을 확장시켜주어야 하는데 오히려 酉金으로 자르고 壬癸로 丁火 열기를 빼앗으며 대운도 亥子丑으로 흐르기에 丁火의 체성을 유지하기 힘듭니다. 庚子대운 庚辰年 사주구조대로 卯酉 沖이 발생하고 乙酉월에 교통사고로 두 다리를 절단했습니다. 사주원국에 정해진 卯酉 沖이 반응하였습니다.

乾命			陰/平 1945년 2월 6일 14:00							
時	日	月	年	84	74	64	54	44	34	24	14	4
丁未	丁亥	己卯	乙酉	庚午	辛未	壬申	癸酉	甲戌	乙亥	丙子	丁丑	戊寅

卯月에 亥卯未 三合을 이루고 卯酉 沖합니다. 月支가 卯木이기에 성장해야만 하는데 酉金이 沖으로 잘라버리기에 반드시 卯木을 보호해야 합니다. 丁丁 두 개가 있지만 마땅하지 않습니다. 亥水로 도우려 해도 卯木이 응결될 수 있고 火氣로 酉金을 자극하면 卯木이 더욱 상할 수도 있는 불편한 구조입니다. 丁丑 대운이 14세에서 24세까지인데 亥卯未와 丑土가 만나서 三合 沖하고 卯丑으로 응결되면 정신도 탁해집니다. 丁丑대운의 丁火는 未土가 亥卯未 三合을 이루어서 丑土와 沖하려는 움직임이 분명합니다. 三合 과정에 未土 옆에 있는 亥水를 탁하게 만들면 부수적인 움직임이 발생하는데, 사주원국에서는 酉金이 亥水에 풀어지는 과정에 夾字로 끼어있는 卯木을 沖하면서 亥水를 향합니다. 하지만 未土가 亥水를 막고 탁하게 만들면 酉金은 亥水에 풀어내기 어렵기에 상대적으로 날카로워지면서 卯木을 沖하는 강도가 더욱 강해집니다. 丁丑대운에 卯丑조합으로 탁한 귀

신까지 붙어서 己酉年에 이르러 18건의 연쇄살인 사건으로 기소되었고 1992년 壬申年에 사형집행으로 사망했습니다. 그때까지 밝혀진 내용만 무려 67명의 게이들을 살해했다고 합니다. 무시무시한 살인마가 되었던 이유를 정리하면,

1. 전생의 탁한 귀신이 이승으로 이어지는 卯丑조합의 문제
2. 亥水가 卯酉 沖의 문제를 해결하고 있는데 未土 때문에 亥水가 탁해지면서 열기에 자극받은 酉金이 날카롭게 卯木을 沖하며
3. 년지 巳酉丑 三合을 기준으로 인묘진은 저승사자와 같은데 사주원국에 乙卯, 甲등 산만하게 저승사자들이 산만하게 흩어져 있습니다.

坤命				陰/平 1964년 2월 6일 04:00								
時	日	月	年	84	74	64	54	44	34	24	14	4
壬	丁	丁	甲	戊	己	庚	辛	壬	癸	甲	乙	丙
寅	卯	卯	辰	午	未	申	酉	戌	亥	子	丑	寅

사주원국에 卯卯辰으로 卯卯가 두 개가 있기에 탁합니다. 甲子 대운이 오면 子卯辰 三字로 조합하고 子卯 刑도 합니다. 丙子年이 오면 子卯, 子卯로 刑합니다. 화재로 전신에 40% 화상을 입었다고 합니다. 子卯辰, 辰土는 水氣의 상황이 적절하지 않으면 生氣에 문제가 생기는 조합이라고 했습니다. 이 여인은 25세에서 35세 사이에 子卯辰으로 조합하자 육체가 상하는 사건이 발생했습니다만 다른 조합들과 심각하게 연결되지 않아 다행입니다. 예로 酉金이 있거나 午火가 있으면 더욱 복잡한 문제가 발생했을 겁니다. 그래도 이해하기 어려운 점은, 甲子대운과 丙

子년은 겉으로 보기에 문제가 없어 보이는데 왜 하필 40% 화상을 입었는지 의아한 부분이 있습니다. 그 이유는 十神과 生剋작용에 익숙해져서 偏官도 아니고 沖도 없기에 크게 흉하다고 인식하기 어렵습니다. 하지만, 卯木은 육해로 죽음을 상징하는데 卯卯로 중첩되었고 子卯辰 三字로 조합하면서 生氣가 상했습니다.

坤命				陰/平 1966년 6월 11일 06:00							
時	日	月	年	87	77	67	57	47	37	27	17	7
乙	戊	乙	丙	丙	丁	戊	己	庚	辛	壬	癸	甲
卯	子	未	午	戌	亥	子	丑	寅	卯	辰	巳	午

사주원국의 일과 시에 子卯 刑이 있는데 성욕이 강한 경우가 많으며 색욕에 의한 관재구설에 노출되어 있습니다. 다만 무조건 性的 문제로만 판단할 수 없는 이유는 나머지 사주구조에 따라 의미가 달라지기 때문입니다. 다른 요인들, 예로 日支와 財星, 官星, 그리고 일지의 복음 등으로 남녀관계가 복잡한 구조일 때 子卯 刑이 색욕과 구설로 반응합니다. 이 사주는 子卯 刑했는데 戊土가 未月이기에 子水를 간절히 필요로 합니다. 子水가 日支에 있기에 좋은데 문제는 子卯 刑으로 걸리고 子未로 未土 때문에 흐름이 막히고 열이 오르고 탁해졌으니 日支가 상하고 있음이 분명합니다. 또 戊일에 태어났으니 여기저기 흩어진 乙과 卯가 戊土 위로 날아듭니다. 남자들이 이곳저곳에서 戊土 터전 좀 활용하자고 달려드는 겁니다. 문제는 戊土에서 존재감을 드러내는 것에 그치지 않고 地支에서 子卯 刑하기에 도화, 색욕의 문제도 발생합니다. 이 여인은 간호사인데 壬辰대운에 地支에 숨어 있어야 할 子水가 天干에 드러나 문제가 될 것임을 알립

니다. 또 대운의 辰土와 子卯辰 三字로 조합하면서 生氣가 상하는 문제도 발생할 수 있습니다. 丁丑年에 卯丑과 子丑으로 조합하고 丑未 沖으로 어지럽습니다. 평소에 지나치게 음란하여 군대에 근무하던 남편이 총으로 살인했다고 합니다.

乾命				陰/平 1963년 11월 2일 18:00							
時	日	月	年	84	74	64	54	44	34	24	14	4
癸酉	甲午	甲子	癸卯	乙卯	丙辰	丁巳	戊午	己未	庚申	辛酉	壬戌	癸亥

년과 월에서 子水가 卯木과 刑하고 있습니다. 子月에 태어났고 대운도 癸亥, 壬戌, 辛酉로 흘러 酉金을 풀어내 새로운 목기를 생산하는 과정입니다. 술집을 운영하다가 庚辰年에 파산하고 壬午年까지 백수로 지냈습니다. 子水가 壬水로 드러나 子午 沖, 子卯 刑, 子酉 破로 동합니다. 丁未월에 午火가 酉金을 자극하면 未土가 子水를 막고 탁하게 만들어버립니다. 乙酉일에 술을 마시고 횡단보도를 건너다 교통사고로 사망했습니다. 사주원국에 子卯午酉가 모두 있을 때는 六害가 끼어 있는지 살펴야 합니다.

乾命				陰/平 1963년 11월 13일 18:00							
時	日	月	年	87	77	67	57	47	37	27	17	7
乙酉	乙巳	甲子	癸卯	乙卯	丙辰	丁巳	戊午	己未	庚申	辛酉	壬戌	癸亥

이 구조에도 子卯酉가 있습니다. 위 사주와 다른 점은 子卯午酉

중에 午火가 빠졌습니다. 癸酉年에 子水가 천간으로 드러나고 卯酉 沖하니까 직장을 바꿨으며 결혼도 했는데 甲子월에 갑자기 사망했습니다. 위 사주는 庚申대운에 사망하고 이 사주는 辛酉대운에 사망하였습니다. 사주구조를 분석하는 과정에 寅木과 卯木의 동태를 주의하여 살펴야만 하는 이유는 생사를 결정할 수도 있기 때문입니다. 寅卯가 十神으로 무엇이던 그 자체로 생명을 상징하기에 寅卯 木이 상하면 좋을 것이 없습니다. 이 사주는 일간이 乙木이고 卯木과 연결되어 있지만 멀리 떨어져 있습니다. 위 사주는 癸卯, 甲子, 甲午, 癸酉로 甲木과 卯木이 陽刃으로 辛酉年에 사망하지는 않았는데 庚申대운에는 甲庚 沖으로 사망해버립니다.

이 사주는 辛酉年에 乙과 卯가 상하면서 문제가 발생합니다. 甲寅, 乙卯, 壬寅, 癸卯처럼 천간과 지지가 서로 연결된 干支들은 상하면 문제가 심각합니다. 癸酉年에 酉金이 卯木을 沖하고 甲子월에 이르러 심하게 상한 卯木이 천간에 드러나 견디기 힘들다고 합니다. 이런 이유로 辛酉대운 癸酉년 甲子월에 사망해버립니다. 卯酉 沖이 무시무시한 이유입니다. 卯月에 태어나는 경우 酉金 운을 만나면 生氣가 상하기에 기본적으로 질병이나 사고에 조심해야 합니다. 특히 卯月이 심한 이유는 성장하는 시공간이기 때문에 그렇습니다. 酉月이라면 乙卯는 수확의 대상이기에 沖해도 크게 문제가 없습니다.

乾命				陰/平 1966년 11월 3일 18:00								
時	日	月	年	88	78	68	58	48	38	28	18	8
己酉	丁未	庚子	丙午	己酉	戊申	丁未	丙午	乙巳	甲辰	癸卯	壬寅	辛丑

甲辰대운 46세 상황입니다. 사주원국에 丙庚子 三字조합과 子午 沖이 있습니다. 또 午未 合하는데 子水가 중간에 夾字로 끼어서 탁해지고 열이 오르고 증발합니다. 생명수가 변질되면 정신에 문제가 발생하거나 심하면 사망할 수 있습니다. 이처럼 子月에 태어났는데 未土나 戌土에 의해서 水氣의 흐름이 막혀서 좋을 것이 없습니다. 丙, 庚子로 丙火 조상의 얼을 庚金이 이어 받아서 子水로 풀어내는 과정에 癸卯대운에 이르면 子卯午로 이어지는데 酉金까지 있기에 子卯午酉가 모두 모였습니다. 癸卯대운의 癸水는 子水가 天干에 드러났기에 午未 사이에 夾字로 끼어있는 子水의 문제가 발현되는 시기입니다. 癸卯대운에 서울에서 사업하는데 여러 번의 교통사고로 온몸의 뼈가 부서졌지만 구사일생으로 살아났다고 합니다. 후유증으로 실명 위기를 겪었음에도 구조가 튼튼하기에 돈도 많고 수만 평 재산을 소유하고 있습니다.

지금부터 卯木에 대해서 살펴보겠습니다. 卯月에 이르면 甲木의 물형이 乙木으로 바뀝니다. 즉, 甲木 陽氣가 乙木 陰氣로 전환되면서 癸水의 발산작용으로 乙木의 성장세가 확장합니다. 卯辰巳로 巳月에 이르면 癸水가 丙火로 바뀌어 巳중 庚金 꽃을 활짝 피웁니다. 寅午戌 三合운동의 丙火가 午火에서 帝旺에 이르고 丁火의 수렴작용으로 바뀌고 열매 맺습니다. 이 과정이 卯午 破인데 卯木이 午火를 生하고 午火로 열매가 열리기에 나쁜 조합이 아님에도 破라고 부르는 이유를 이해해야 합니다. 午月에 분산운동이 수렴운동으로 전환되면서 열매가 열리면 木의 성장을 막아야 하기에 卯木의 움직임에 문제가 발생하는 작용을 卯午 破라고 불렀던 겁니다. 결국, 卯午 破의 문제는 卯木의 기세가 답답해지면서 육체장애, 질병에 시달리는 것입니다.

乾命				陰/平 1963년 2월 9일 20:00								
時	日	月	年	89	79	69	59	49	39	29	19	9
戊戌	丙午	甲寅	癸卯	乙巳	丙午	丁未	戊申	己酉	庚戌	辛亥	壬子	癸丑

甲寅月에 水氣가 적절하지 않습니다. 天干에 癸水가 있지만 戊癸 合으로 답답합니다. 卯木이 寅午戌 三合을 生하느라고 허탈하고 또 卯午 破입니다. 년지에 있는 卯木이 적절하게 성장하지 못하기에 다리를 절고 있습니다. 水氣가 부족할 때 卯木이 午火에 破당하면 발생하는 문제입니다. 물론 현대에는 소아마비와 같은 증세가 극히 드물기에 다른 병상으로 나타날 수도 있습니다.

乾命				陰/平 1966년 4월 13일 06:00								
時	日	月	年	82	72	62	52	42	32	22	12	2
辛卯	辛卯	癸巳	丙午	壬寅	辛丑	庚子	己亥	戊戌	丁酉	丙申	乙未	甲午

일지와 시지에 있는 卯木이 巳火를 향하여 갑니다. 生剋작용으로는 生이라고 표현합니다. 巳月이기에 庚金으로 이어져야 결과를 얻을 수 있는데 나쁜 점은 庚金이 드러나지 않은 상태에서 바로 辛金으로 노출되었습니다. 예로 辛卯대신, 庚辰이었다면 혹은 辛卯일 寅 時였다면 혹은 庚申, 庚午였다면 흐름이 훨씬 좋아졌을 겁니다. 丙午年 癸巳月로 癸水가 무기력하게 巳月의 시공간에 배합하여 좋지만 辛卯, 辛卯로 辛金이 卯木을 상하게 만듭니다. 여기에 丁酉대운이 오면 丁火 열기를 품은 酉金이 卯

木을 잘라 버립니다. 국책사업 공정 책임자였는데 丁酉대운 甲申年 壬申月에 교통사고로 혼수상태에 빠지고 수술했는데 결국 사망했습니다. 구조가 나쁘지 않은 이유는 丙午가 년에서 辛金에게 빛을 방사하기에 국가자리에서 자신의 존재감을 밝혀주기 때문입니다. 다만 辛卯와 卯午 破하는데 丁酉대운에 酉金이 卯木을 잘라서 문제입니다. 그냥 자르는 정도가 아니라 강한 火氣에 자극받은 상태에서 沖하니 상황이 심각해졌습니다. 살상력이 보통의 卯酉 沖보다 훨씬 더 강했습니다. 丁火가 辛酉를 자극하는 개념을 이해하는데 20년이나 걸렸습니다. 지금 설명해도 그 의미나 가치를 명확하게 이해하지 못하겠지만 깨우칠 때가옵니다. <u>火氣에 열기를 품어서 견디지 못하고 水氣로 뛰어가는데 없다면 날카로운 기세로 木氣를 잘라버립니다.</u> 이런 이치를 十神으로는 이해하기 힘듭니다. 金氣가 火氣를 내부에 품으면 生氣가 사라지면서 날카로워집니다. 그래서 辛金이 丁火를 만나면 그 성정이 날카롭다고 하는 겁니다. 심보도 틀어지고 얼굴도 틀어집니다.

이런 상황에서 癸水를 만나면 辛金이 총알처럼 튀어나가는데 발현되는 물상은 다양합니다. 폭발적으로 재산을 축적하거나, 갑자기 똑똑해지거나, 갑자기 난폭해지고, 갑자기 자살해버리고, 갑자기 정신병에 시달리고, 갑자기 사망하는 일들이 발생하는데 그 특징은 모두 갑작스럽다는 것으로 사주구조에서 상응하는 물상을 읽어내야 합니다. 평시에 1억 벌던 사람이 갑자기 100억을 버는 것도 모두 丁辛壬 삼자조합의 에너지 때문입니다. 이 사주가 국책사업 했던 이유가 바로 사주구조 때문인데 丁酉대운 甲申年에 사망한 이유는 卯酉 沖으로 生氣가 상하고 있다가 甲申年에 반응했기 때문입니다.

乾命				陰/平 1964년 2월 21일 12:00								
時	日	月	年	80	70	60	50	40	30	20	10	0
丙午	壬午	丁卯	甲辰	丙子	乙亥	甲戌	癸酉	壬申	辛未	庚午	己巳	戊辰

卯午 破로 조금 거슬립니다. 丁壬 합하는데 火氣들이 매우 강합니다만 다행하게 土는 없습니다. 庚午대운이 오면 사주원국에는 전혀 없는 庚金이 오면 수많은 화기들이 바쁘게 움직여서 庚金을 탐하기 시작하고 卯午 破도 발생합니다. 癸酉年이 오면 辰土에 있던 癸水가 반응하여 辰酉로 合하기에 교통사고, 불법비리, 교도소, 임플란트 물상이며 卯酉 沖하니 卯木 生氣가 상합니다. 그 해에 살인 사건으로 구속되었습니다. 辰酉 합 물상을 교도소로 활용하였습니다. 살인사건을 저지를 정도의 흉한 작용은 辰年을 기준으로 三合을 벗어난 巳午未가 겁살, 재살, 천살로 저승사자와 같은 작용인데 丙丁, 午午요 庚午의 午火도 과감하게 일탈을 감행하기 때문입니다.

坤命				陰/平 1960년 5월 27일 20:00								
時	日	月	年	85	75	65	55	45	35	25	15	5
甲戌	己卯	壬午	庚子	癸酉	甲戌	乙亥	丙子	丁丑	戊寅	己卯	庚辰	辛巳

地支에서 子卯午로 조합합니다. 또 卯戌, 卯午破 子卯 刑으로 복잡합니다. 子卯午酉 세 개 이상이 모이면 구조가 복잡해지고 다양한 사건들이 발생합니다. 다만 년과 월에서는 庚과 壬午로 조합이 좋습니다. 그 이유는 午月에 필요한 壬水가 드러났고 년

에서 庚金을 보충하여 壬水가 마르지 않도록 보호하기에 교통은행 지점장을 지냈습니다. 그런데 일지가 卯木으로 子卯, 卯午, 卯戌로 卯木 生氣가 상하고 있습니다. 戊寅대운이 오면 壬水가 조금 상하고 寅午戌 三合하는 과정에 일지 卯木이 夾字로 끼어서 비틀리는 문제가 있습니다. 己卯年이 오면 일주와 복음이기에 나와 배우자의 문제인데 그해에 미국으로 출장 간 남편이 교통사고로 사망했다고 합니다. 壬水는 庚과 壬午로 좋은데 子水가 좀 부담스럽긴 해도 午月이기에 크게 나쁘지 않습니다. 다만 卯木은 卯戌, 卯午, 子卯로 복잡한 것은 사실입니다. 또 壬水와 子水가 卯木을 구하러 오고 싶지만 卯木의 주위환경이 壬子를 받아서 활용하기 쉽지 않습니다. 결국 사주원국에서 일지 남편의 조합이 좋지 않은데 대운에서 三合 沖하고 세운에서 일주와 복음으로 반응하자 남편이 사망하고 말았습니다.

乾命				陰/平 1939년 4월 21일 12:00							
時	日	月	年	80	70	60	50	40	30	20	10	0
甲午	丙子	庚午	己卯	辛酉	壬戌	癸亥	甲子	乙丑	丙寅	丁卯	戊辰	己巳

日支 子水가 힘들어 보입니다. 年支 卯木이 卯午 破로 상합니다. 또 庚午에 丙午까지 있으니 庚金도 좀 힘들어 보입니다. 따라서 전체의 문제를 해결하려면 子水가 반드시 필요하며 중요한 역할을 담당합니다. 己巳대운 乙酉年이 오면 오중 己土와 巳火가 반응해서 子水를 증발시키고 卯午 破합니다. 사주팔자의 水木은 生氣이자 생명인데 乙酉年에 酉金이 卯木을 沖 해버립니다. 子午卯酉가 모두 모이니 모친이 사망하고 丙戌年에는 부친도 사망했습니다. 丁卯대운 癸卯年에는 자식도 갑자기 불치병에

걸려서 사망하였습니다. 모두 子卯 生氣가 상할 때 발생하는 희한한 반응들입니다.

乾命				陰/平 1970년 12월 1일 18:00								
時	日	月	年	83	73	63	53	43	33	23	13	3
己酉	壬午	戊子	庚戌	丁酉	丙申	乙未	甲午	癸巳	壬辰	辛卯	庚寅	己丑

壬日이 子月에 태어나면 戊土를 用神으로 쓴다고 주장합니다. 子月에 戊土, 戌土, 午火가 子水를 탁하게 만드는데 왜 좋을까요? 일간을 기준으로 판단하는 格局의 문제 때문에 그럴 수밖에 없습니다. 사주를 분석할 때 주의할 점은 日干을 살피지 말아야 합니다. 먼저 月支를 살펴서 년과 월에서 해야 할 일을 적절하게 할 수 있는지 살펴야 합니다. 이 사주는 子月 좌우에서 午火와 戌土가 午戌 合하면서 夾字로 끼어있는 子水를 탁하게 비틀면 생명체 나오기 어렵고 또 戊土가 戊癸 합으로 탁하게 만들고 己土가 子水를 탁하게 만들기에 子月에서 해야 할 일을 적절하게 할 수 없습니다. 大運이 어떻게 흐르던 사주원국에서 子水가 적절하게 자신의 가치를 발휘할 수 없는 구조입니다. 월지 宮位 엄마의 상황이 매우 어렵고 사주당사자는 일용노동직으로 하루하루 근근이 살아가며 결혼도 하지 못했습니다.

乾命				陰/平 1969년 2월 3일 00:00								
時	日	月	年	84	74	64	54	44	34	24	14	4
甲子	甲午	丁卯	己酉	戊午	己未	庚申	辛酉	壬戌	癸亥	甲子	乙丑	丙寅

子卯午酉가 모두 있으며 하필 卯月입니다. 甲과 卯木은 陽刃이라 부르지만 중요한 점은 卯木이 生氣라는 것입니다. 酉金이 卯木을 沖하고 午火가 卯木을 破시키니 구조가 좋지 않습니다. 乙丑대운에 卯丑으로 걸리면 卯木이 응결됩니다. 乙木이 반응하면서 卯午 破, 卯酉 沖으로 반응합니다. 辛未年에 酉金이 반응해서 卯酉 沖으로 卯木이 상하는 것이 분명합니다. 未土가 子水를 탁하게 막아버리면 酉金은 火氣에 날카로워지면서 卯木을 沖하는 강도가 훨씬 강해집니다. 木火의 흐름에 문제가 발생하면 심장마비, 뇌출혈, 정신병과 같은 물상으로 발현되는데 이 사람은 <u>눈을 실명</u>했다고 합니다. 사주원국에 子水가 있고 大運이 亥子丑으로 흘렀기에 눈이 실명하는 정도로 끝났나 봅니다. 다음 章에서는 午酉 破부터 시작하겠습니다.

제 33강

◆子卯午酉의 刑破 2

적천수 從格에 대한 생각 204
午酉 破 212
酉子 破 219
子午卯酉 글자의 특징 226
子水 228
卯木 234
午火 237
酉金 239

적천수 從格에 대한 생각

適天髓(적천수)는 사주를 분석하는 기준점으로 月支를 활용한 것이 아니라 日干을 위주로 살폈습니다. 그런 맹점 때문에 일간의 旺衰를 기준으로는 도저히 이해하기 어려운 사주들이 보이면 당황했습니다. 일간이 강해야 財官을 감당하고 강하지 못하면 財官에 휘둘린다는 생각에 미치니까 희한한 상상력을 동원합니다. 바로 일간을 포기하고 세력에 從해버린다는 아주 요상한 논리를 만들어서 오랜 세월 후대를 골탕 먹이고 있습니다. 모든 고서는 월지가 가장 중요한 기준이라고 강조하면서도 실제로 사주를 분석할 때는 日干을 기준으로 하는 이상한 행동을 합니다. 만약 고서의 주장대로 月支를 기준으로 사주를 분석하면 종격이라는 용어 자체가 성립할 수가 없습니다. 예를 들어서,

乾命				고서 자료							
時	日	月	年								
壬	戊	壬	戊	辛	庚	己	戊	丁	丙	乙	甲	癸
子	子	子	子	酉	申	未	午	巳	辰	卯	寅	丑

50대 이후에 戊午대운이 옵니다. 이 사주는 일간이 극히 무기력해 보이지만 사실 戊土를 공격하는 글자는 없습니다. 사주원국에 子水들은 많지만 그렇다고 戊土를 공격하는 것은 아닙니다. 子月에 戊土가 時節을 잃었지만 많은 水氣들이 의지할 곳은 戊土밖에 없기에 땅을 활용하게 해달라고 부탁합니다. 그렇다면 수많은 水氣들은 어떤 용도로 활용해야 할까요? 생명수로 木을 키우거나 金을 품어서 木氣를 내놓을 수 있습니다. 어느 방향으로 가느냐에 따라 인생이 달라집니다. 癸丑, 甲寅, 乙卯, 丙辰,

丁巳, 戊午로 흐르면 壬水를 활용해서 木氣를 키워서 火로 확장하려는 흐름입니다. 다만 午대운에 이르면 얌전하던 4개의 子水 쥐들이 午火와 沖해서 난리가 납니다. 세운에서 문제가 없으면 상관없지만 난동을 부리면 문제가 심각해집니다. 이런 방식으로 사주구조를 살피면 從格을 개입할 이유가 없습니다.

坤命				陰/平 1972년 11월 18일 00:00								
時	日	月	年	86	76	66	56	46	36	26	16	6
壬	戊	壬	壬	癸	甲	乙	丙	丁	戊	己	庚	辛
子	子	子	子	卯	辰	巳	午	未	申	酉	戌	亥

현대인 사주로 여자이기에 辛亥, 庚戌, 己酉, 戊申으로 흘러갑니다. 水가 많으니까 金을 활용해서 뻥튀기합니다. 己酉대운 35세에 酉금을 부풀려서 잘 살아갑니다. 특히 丙戌年에 돈을 많이 벌었다고 합니다. 從格, 正格 따져야할 이유가 없습니다.

乾命				陰/平 1923년 10월 3일 20:00								
時	日	月	年	81	71	61	51	41	31	21	11	1
癸	戊	癸	癸	甲	乙	丙	丁	戊	己	庚	辛	壬
亥	子	亥	亥	寅	卯	辰	巳	午	未	申	酉	戌

壬戌, 辛酉, 庚申, 己未, 戊午 丁巳로 흐르는데 초년에는 비교적 부유하게 생활하였으나 결혼한 후부터 하는 사업마다 실패하고 많은 풍파를 겪다가 丙대운에 사망했습니다. 이 사주는 癸亥와 조합하고 위 사주는 壬子와 조합했습니다. 이 사주는 초년에 부유하게 살았으나 결혼 후에는 사업마다 실패하고 많은 풍파를

당하다가 丙대운에 사망하였습니다. 辛酉와 庚申까지 발전하면서 사업하다 망하고 사망했습니다. 두 사주의 차이를 보겠습니다. 子月과 亥月은 크게 다릅니다. 亥月의 지장간에는 물질에 해당하는 甲木이 있고 응축해야 하기에 丁火가 필요하지만 子月은 폭발하는 움직임으로 내가 소유한 것을 밖으로 꺼내야 하므로 물질과 인연이 약하기에 정신을 추구하거나 교육, 공직에 어울립니다. 壬子사주는 벼슬을 했던 공직자입니다. 巳亥 沖과 子午 沖은 의미가 다른데 子午 沖으로는 정신을 추구하거나 총명함을 무기로 활용해야 합니다.

壬子 壬子 戊子 壬子 여인의 경우도 대운에서 金生水로 흐르지만 木이 없기에 木과 金이 다투는 문제는 없습니다. 하지만 癸亥 癸亥 戊子 癸亥는 亥中 甲이 세 개나 있기에 돈을 추구하는 욕망이 강합니다. 亥月에 태어나면 중년에 사업하려는 이유가 바로 亥中 甲木 때문입니다. 辛酉 庚申대운에 金生水로 金氣를 水氣에 풀어내면서 발전하였는데 亥中 甲木을 괴롭히는 것도 아니고 상하지도 않습니다. 하지만 대운이 己未, 戊午, 丁巳로 흐르는 과정에 많은 水氣들의 흐름이 막히고 亥中 甲木도 상합니다. 특히 己未, 戊午를 지나는 과정에 동업하다가 망하기 쉽습니다. 月支의 공간 환경은 무시하고 亥水도 水요 子水도 水라는 식으로 판단합니다. 子月에는 폭발하기에 돈을 지키기 어렵지만 亥月에는 亥中 甲木을 키워서 재물로 활용할 수 있습니다.

坤命			
時	日	月	年
癸	戊	庚	辛
亥	子	子	酉

고서								
己	戊	丁	丙	乙	甲	癸	壬	辛
酉	申	未	午	巳	辰	卯	寅	丑

년에 酉金이 子水에 풀어지고 亥의 지장간에 甲이 있기에 金水木 흐름입니다. 辛酉가 있기에 많은 水氣들의 쓰임과 가치가 높아졌고 亥중 甲이 나오면 결과를 얻을 수 있습니다. 대운에서 東方을 만나니 남편을 도왔고 자식을 낳았으며 발전했다고 합니다. 다만 몸은 항상 골골했다고 합니다. 질병에 시달렸던 이유는 냉하고 亥중 甲이 나오고 싶어도 金氣가 너무 강하기에 힘이 듭니다. 혹은 金生水로 金이 딱딱함을 유지하지 못하니까 체질이 단단하지 못합니다. 또 天干에 甲乙이 드러나면 庚辛에 상하기에 질병에 시달립니다.

이처럼 運과 疾病은 좀 다른 개념인데 질병은 生剋으로 살피고 運의 흐름은 시공간 반응으로 살피면 됩니다. 둘의 차이점을 구분하지 못하면 매우 혼란스럽습니다. 運의 흐름을 生剋으로 살피면 맞지 않으니 문제입니다. 육체 내부에서는 동시다발적으로 발생하는 生剋이 있다고 보는 겁니다. 五行이 동시다발로 치고 받을 수는 있지만 運은 시공간흐름대로만 반응합니다. 마치 미시와 거시의 차이와 같습니다. 참고로 亥水와 子水는 그 속성이 전혀 다릅니다. 子水는 총명함으로 승부하는 것이 좋고 亥水는 甲이 있기에 사업성향을 드러냅니다. 亥月에 회계사 직업과 인연이 강합니다. 자료를 모아서 흐름을 분석합니다. 亥辰으로 조합하면 그런 성향이 더욱 강해집니다.

乾命				陰/平 1952년 10월 22일 02:00								
時	日	月	年	90	80	70	60	50	40	30	20	10
癸丑	戊子	壬子	壬辰	辛酉	庚申	己未	戊午	丁巳	丙辰	乙卯	甲寅	癸丑

子月인데 戊癸로 合합니다. 壬壬과 子子로 戊土가 지붕 위의 닭 쳐다보듯 하는 이유는 戊土가 壬水를 극해주어야 癸水로 바뀝니다. 즉, 陽氣가 陰化 되려면 극하는 과정이 필요하고 결국 癸水를 취하게 됩니다. 그 癸水가 時干에서 戊土와 合하기에 46세 이후 재물에 대한 욕망이 매우 강해질 겁니다. 또 日支 子水가 子丑 合합하면 어둡고 비밀스럽고 불법, 비리의 속성과 합하는 모양입니다. 사주원국에서 丑辰 破하고 子丑 合도 두 번이나 합니다. 丑辰은 뻥튀기 작용이라고 했는데 乙酉年에 年支 辰土가 반응합니다.

酉金이 왔으니 酉子破로 酉金을 파시킵니다. 그리고 酉丑辰 三字로 조합하면서 한탕을 노립니다. 그에 상응하는 물상은 돈벼락, 교도소, 교통사고, 임플란트 물상이라고 했습니다. 대운까지 감안하면 丁巳대운 乙酉年이기에 巳酉丑 三合도 이루어지는데 주로 일과 시에서 반응하기에 개인적인 일입니다. 부인이 남의 일을 봐주기로 하고 대가로 15억을 받았는데 일이 해결되지 않자 丁亥年에 상대가 부인에게 소송을 걸었습니다. 이 문제로 사주당사자는 경찰로 근무하다 퇴직 당했습니다. 戊癸 合, 子丑 合하고 乙酉年에 巳酉丑, 酉丑辰 三字조합으로 돈을 노리다가 소송에 걸려서 돈도 빼앗기고 교도소에 들어갈 수 있습니다.

乾命				陰/平 1972년 7월 17일 16:00							
時	日	月	年	84	74	64	54	44	34	24	14	4
庚申	戊子	戊申	壬子	丁巳	丙辰	乙卯	甲寅	癸丑	壬子	辛亥	庚戌	己酉

申月에는 열매를 맺어야 하는데 丙火가 없으니 열매를 단단하게

만들 생각은 하지 못하고 申金을 좌우로 부풀리려는 성향이 강합니다. 돈을 벌어보겠다는 의지가 강한데 청과물 야채 장사를 합니다. 하지만 己丑年에 교도소에 들어갔습니다. 申, 壬子子로 申金의 체성을 유지하지 못하고 너덜거리기에 申亥조합에서 설명한 것처럼 도박, 투기성향이 강합니다. 또 申子丑으로 조합하면서 무리하게 탐욕을 부리다 교도소에 들어갔습니다.

乾命				陰/平 1972년 7월 17일 22:00								
時	日	月	年	84	74	64	54	44	34	24	14	4
癸	戊	戊	壬	丁	丙	乙	甲	癸	壬	辛	庚	己
亥	子	申	子	巳	辰	卯	寅	丑	子	亥	戌	酉

이 사주는 亥중 甲木이 있습니다. 위와 마찬가지로 申, 壬子子로 申金이 너덜거립니다. 초년에 잘 살았는데 점점 형편이 나빠지기 시작합니다. 사주구조와 흐름을 살피고 시공간 반응을 읽으면 종격을 주장할 이유가 전혀 없습니다.

乾命				陰/平 1972년 11월 18일 00:00							
時	日	月	年	86	76	66	56	46	36	26	16	6
甲	戊	壬	壬	癸	甲	乙	丙	丁	戊	己	庚	辛
子	子	子	子	卯	辰	巳	午	未	申	酉	戌	亥

사주원국에서 子水는 매우 안정적인 상태입니다만 乙卯대운이 오면 子卯 刑합니다. 子卯 刑은 색욕을 암시하며 乙卯대운에 午火까지 오니까 子午 沖까지 합니다. 조용히 있던 쥐들이 충돌하면서 시끄럽게 소리를 냅니다. 하루에 여섯 번 섹스를 못하면

잠을 못 자고 몸을 가해하는 상황까지 갔다고 합니다. 그렇게 강한 성욕을 느꼈던 겁니다. 子卯 刑, 子午 沖의 문제 때문에 그렇습니다.

乾命				陰/平 1960년 11월 9일 00:00							
時	日	月	年	86	76	66	56	46	36	26	16	6
壬子	戊子	戊子	庚子	丁酉	丙申	乙未	甲午	癸巳	壬辰	辛卯	庚寅	己丑

庚寅대운 戊午 年에 子午 沖하자 쥐들이 난동을 부리니 십대에 교도소에 들어갔습니다.

乾命				陰/平 1948년 11월 29일 00:00							
時	日	月	年	83	73	63	53	43	33	23	13	3
壬子	戊子	甲子	戊子	癸酉	壬申	辛未	庚午	己巳	戊辰	丁卯	丙寅	乙丑

乙丑 丙寅 丁卯 戊辰 己巳 庚午대운으로 흐르는데 甲子 月에 태어났으니 甲이 戊土를 공격하는 구조입니다. 하지만 水氣가 충분하니까 戊土를 뚫는 힘이 강하지는 않습니다. 다만 戊土의 시절이 적절하지 않고 甲木이 있으니 스트레스가 많습니다. 庚午대운이 오면 시끄러워집니다. 나중에 재혼했는데 부인이 100억대 부자이지만 본인은 일이 없습니다. 이 구조들에서 기억할 점은 子水는 사업이 쉽지 않습니다. 공직에 있는 것이 좋긴 합니다. 위의 壬子, 壬子, 戊子, 甲子도 공무원이었습니다. 그런데 공무원이 돈을 노리면 일이 풀리지 않습니다. 물론 주색을 밝힐

수도 있습니다만 子水에서 주색, 돈을 밝히면 망합니다. 子水는 물질이 없는데 탐하기 때문입니다. 하지만 亥水에는 甲이 있기에 교육, 공직보다는 물질을 추구합니다. 이때 子水가 많은데 巳火가 오면 子水와 무리가 없기에 문제 될 것은 없습니다만 午火가 오면 子午 沖으로 심하게 출렁거리는데 만약 酉金이 끼거나 卯木이 끼면 돈, 여자, 육체, 질병문제가 발생합니다. 그 전까지는 子水가 아무리 많아도 조용하게 반응이 없으니 안정적입니다. 예로, 일간이 乙인데 사주원국에 庚辛이 있다면 힘들어 보이지만 운에서 庚辛이 오지 않으면 乙木은 부담을 느끼지 않습니다. 오히려 丙丁이 오면 乙木이 丙丁으로 庚辛을 다스려서 공직, 특수조직에서 발전합니다. 하지만 운에서 사주원국에 있는 庚辛이 오면 乙木이 상합니다. 위 사주도 동일합니다. 戊土가 운에서 甲寅을 만나면 피곤해집니다. 이때도 조건은 戊土나 己土가 하나 더 있어야 戊土가 甲寅에게 덤비다가 피곤해집니다. 관재구설, 시비와 같은 물상입니다.

만약 甲寅이 왔는데 戊土가 혼자라면 그리고 충분한 水氣가 있다면 甲寅이 아무리 戊土를 공격해도 상하지 않고 또 戊土도 甲寅에게 덤빌 수 없으니 순응합니다. 이런 조합들은 공직, 교육에 적합합니다. 이것이 생극과 자연이치의 차이입니다. 戊土에게 甲寅은 偏官인데 財生殺에 익숙하면 구조도 살피지 않고 무조건 壬子 財星이 甲寅 偏官을 생해서 甲木이 戊土를 더욱 괴롭힌다고 인식하기에 종격으로 몰고 갑니다. 자연의 이치로 살피면, 水氣가 넉넉하면 甲寅은 난동을 부릴 맘이 전혀 없습니다. 성장하기 좋은데 왜 난동을 부립니까? 종격의 배경에는 자연의 순환원리를 전혀 고려하지 못하고 十神의 생극만 따져서 그렇습니다. 만약 저 구조에서 戊土에 己未를 가미하면 세력을 형성해서 甲에게 반항하기에 조폭처럼 변합니다. 이처럼 戊土

하나만 있으면 순응하면서 살아갑니다. 둘이 있으면 甲木을 이기려고 하므로 육체를 활용합니다. 승부욕이 생겨서 덤비기에 조폭처럼 바뀝니다. 庚子年 戊子月 戊子日 己未時 이런 구조는 戊戊己未로 육체를 쓰는데 庚까지 있으니 조폭입니다. 만약 己未 時가 아니면 조폭은 아닙니다. 己未 때문에 구설, 시비가 발생하는 팔자입니다. 안하무인 인생입니다. 지르는 이유는 통제할 것이 없기 때문에 그렇습니다. 甲乙이 있으면 통제를 받는데 년에 庚子로 있으니 甲乙을 우습게봅니다. 여기에 戊戊己未로 세를 모아서 육체를 활용하기에 건달입니다. 지금까지 설명한 내용은 從格이라는 이론이 왜 허탈한 주장인지에 대해서 설명하였습니다. 종격은 잊으면 됩니다. 참으로 무의미한 이론입니다.

午酉 破

앞 章에서 午卯 破까지 했고 지금부터 午酉 破를 이어서 하겠습니다. 午未申酉 사이에 어떤 일들이 발생하는지를 이해해야 午酉 破를 이해합니다. 申酉는 동일한 오행으로 金氣인데 그 속성은 참으로 다릅니다. 가장 큰 차이라면 午未申까지는 아직 살아 있는 생물입니다. 그 이유는 아직 나무에 매달린 상태이기에 단체에 소속된 상황이지만 酉에 이르면 홀로 열매가 땅으로 낙하합니다. 酉金의 地藏干에 庚과 辛이 교차하는 이유는 매우 중요한데 庚金까지는 열매들이 함께 모여 있기에 조직, 단체에 소속된 상황인데 辛金에 이르면 홀로 떨어져 나옵니다. 따라서 두 글자가 선호하는 조건은 크게 다른데 庚金은 火氣를 활용해서 열매를 키워야 하지만 辛金은 내부에 丁火 열기를 충분하게 축적했기에 水氣를 필요로 합니다. 이처럼 전혀 다른 方向의 분기점이 酉月입니다. 이런 이유로 午申과 午酉 조합은 火氣를 활용하느냐, 水氣를 활용하느냐의 갈림길입니다. 午申은 火氣를 필요로 하고 午酉는 火氣가 가득 찼기에 水氣를 보충해달라고 요구합니다. 火氣가 필요하고 필요하지 않고의 경계가 酉月로 딱 딱한 경화작용이 완성되면 자연스럽게 땅으로 떨어지는데 가장 중요한 역할은 丙丁으로 水氣를 말려서 딱딱하게 만들었기에 열매를 완성할 수 있었습니다. 午月에 丙과 丁이 교체하였지만 丙火의 힘은 매우 강하고 丁火는 丙火를 내부에 품어서 巳酉丑 三合운동을 출발했기에 아직은 무기력합니다. 午未申酉를 지나는 과정에 수렴작용으로 열매를 단단하게 함으로써 酉月에 열매가 떨어지면 더 이상 단단하게 만드는 작용은 쓸모가 없습니다. 이런 이유로 丙火의 쓰임은 酉月에 이르러 丙辛 合으로 사라지고 丁火도 酉月에 경화작용을 완성해서 열매를 땅으로 떨어뜨렸기에 쓰임이 줄어들기 시작합니다. 이 午未申酉 과정에서 午火와 酉金이 만나면 서로 쓰임이 다르기에 조절할 필요가 생기는데 그 특징을 午酉 破라고 불렀습니다. 결국 午酉는 午중 丙丁의 쓰임이 더 이상 필요 없다는 겁니다. 酉에서 丙火를 丙辛 合으로 잡아 버리고 丁火는 잔여 기운을 酉戌亥月까지 유지해야 합니다. 破의 속성대로 午火에 담겨진 火氣 중 일부를 조정하겠다는 의지로 전부를 조정하려는 것이 아닙니다. 조정할 필요가 있는 일부를 고치려는 행위를 午酉 破라고 부르는 겁니다. 午酉 破의 속성은 두 가지를 살펴야 합니다.

첫째, 午火가 강하고 酉金이 약하면 酉金이 날카로워집니다. 반대로 午火가 약하고 酉金이 강하면 午火가 酉金에 열을 전달하느라 무기력해지기에 오히려 午火가 상할 수 있습니다. 현실상황으로 표현하면, 실력이나 능력도 없는 午火가 많은 辛酉 金들을 상대하기에 설쳐대면서 일을 벌이지만 실속이 없고 남 좋은 일만 하는 사람입니다. 만약 午火 열기가 넉넉하면 酉金이 날카로워지고 木을 자르거나 水氣에 총알처럼 풀어집니다. 丁辛壬 三字로 매우 총명하거나 재산을 폭발적으로 축적합니다. 하지만

木을 자르면 질병에 시달리거나 사고로 육체가 상하고 심하면 사망합니다. 午酉 破가 地藏干 내부에서 발생하는 경우가 바로 戌土로 丁火가 辛金에게 열기를 빼앗겨서 무기력하기에 戌月의 午酉 破는 무조건 午火가 상합니다. 이런 이유로 戌月의 시공간에는 반드시 火氣를 공급해야 가치와 쓰임이 높아집니다. 다만, 午酉 破, 子卯 刑 등은 그 작용을 두 가지로 나눠서 살펴야 합니다.

첫째 辰戌丑未 地藏干 내부에서 발생하는 酉子 破, 子卯 刑, 卯午 破, 午酉 破

둘째 사주구조에 따르는 午酉 破, 子卯 刑, 卯午 破입니다. 즉, 사주원국에서 子卯 刑, 卯午 破, 午酉 破, 酉子 破가 있다면 두 글자 중에서 어느 글자의 기세가 더 강한가를 판단해야 합니다. 그 이유는 子卯 刑하면 무조건 子水가 상하는 것이 아닙니다. 子水의 기세가 강하면 卯木이 응결되어 상할 수 있습니다. 이런 차이점을 인식해야 합니다. 다만, 辰戌丑未의 공간에서 발생하는 破작용은 어느 것이 상할 것인지 결정되어 있습니다. 辰土는 子卯 刑으로 子水가 상하고 未土는 卯午 破로 卯木이 상하고, 戌土는 午酉 破로 午火가 상하고, 丑土는 酉子 破로 酉金이 상하도록 자연이 프로그램을 설정하였습니다. 사주 예문을 보겠습니다.

坤命				陰/平 1961년 2월 1일 20:00								
時	日	月	年	86	76	66	56	46	36	26	16	6
甲	己	辛	辛	庚	己	戊	丁	丙	乙	甲	癸	壬
戌	酉	卯	丑	子	亥	戌	酉	申	未	午	巳	辰

년과 월에서 卯丑으로 조합하고 卯酉 沖, 卯酉戌 三字 그리고 酉丑 사이에 卯木이 夾字로 비틀리고 辛卯로 辛金이 卯木을 찍어 누르니 매우 복잡합니다. 時干에서 甲己 합하지만 地支는 酉戌로 또 불편합니다. 卯丑은 귀신 장난과 같은 작용으로 甲午대운이 오면 卯木이 반응한 것이 분명합니다. 卯木의 구조대로 卯酉 沖, 卯丑, 卯戌 합하는 방식으로 세운에 따라 반응합니다. 또 午火가 酉金을 자극하면 酉金이 卯木을 날카롭게 沖 합니다. 여기에 丁丑年이 오면 午火가 천간에 드러납니다. 午丑, 卯午破, 午酉 破등이 반응합니다. 지지에 丑土를 끌고 왔으니 丑戌 刑, 酉丑 합하고 卯丑으로 卯木이 상합니다. 庚戌월이 오면 酉金과 戌土가 반응합니다.

사주 전체가 흔들리면 凶이라고 했습니다. 사주원국에 丑辰, 酉丑, 酉丑辰, 酉辰 이런 조합들은 교통사고 물상 혹은 한탕주의, 벼락부자 물상입니다만 卯木이 중간에 夾字로 상하기에 한탕의 개념보다는 卯木이 상한다고 읽어야 합니다. 실제상황은 <u>차량이 전복되어 성형수술 할 정도로</u> 외상을 당했고 요추 때문에 반년 동안 고생하다가 회복 되었다고 합니다. 원국에서 卯酉戌도 정신적으로 불안정할 뿐만 아니라 육체도 상하는 조합입니다. 또 卯酉戌은 종교, 명리, 철학에도 인연이 많습니다.

坤命				陰/平 1935년 5월 26일 06:00								
時	日	月	年	84	74	64	54	44	34	24	14	4
乙	癸	壬	乙	辛	庚	己	戊	丁	丙	乙	甲	癸
卯	酉	午	亥	卯	寅	丑	子	亥	戌	酉	申	未

卯酉午로 상하기 쉬운 조합입니다. 午火가 酉金을 자극하면 酉

金은 卯木을 沖 합니다. 癸酉, 乙卯로 조합하면 배우자가 상할 수 있다고 했습니다. 자신이 사망하기 보다는 주위 사람들 특히 배우자가 상하기 쉬운 조합입니다. 癸酉 乙卯, 癸卯 辛酉가 그런 성향이 강합니다. 乙酉대운에 卯酉 沖으로 반응하자 남편이 사망했고 자식도 없이 혼자 살았습니다. 戊대운에 乙癸戊 三字로 조합하자 연상의 의사와 결혼했는데 子대운에 재혼남도 사망하고 말았습니다. 이런 구조는 만나는 남자를 황천길로 안내할 가능성이 있습니다. 丁巳년 壬子월 癸卯일 辛酉시의 사례도 癸卯 辛酉로 조합하자 배우자가 사망했습니다. 癸卯 辛酉, 癸酉 乙卯로 조합하면 주로 배우자가 상하는 사례가 많습니다.

乾命				陰/平 1936년 5월 2일 22:00							
時	日	月	年	85	75	65	55	45	35	25	15 5
癸亥	癸酉	甲午	丙子	癸卯	壬寅	辛丑	庚子	己亥	戊戌	丁酉	丙申 乙未

癸酉인데 다행하게 卯木은 없습니다. 午酉로 열기를 품은 유금이 癸亥에 풀어집니다. 다만 丙子와 甲午로 子午 沖하고 午酉 破로 불안정합니다. 이 구조는 癸酉보다는 癸卯가 훨씬 간지 배합이 적절해 보입니다. 午月에는 壬午로 水氣가 많으면 안되는데 癸水, 子水, 癸亥까지 亥午 合하고 子午 沖하기에 오화가 심하게 상하고 있습니다. 癸甲으로 조합하니 날카롭고 甲午와 子午 沖으로 부친은 망했을 겁니다. 대운은 金水로 흘러 평생 고생하며 살다가 午火가 動하는 己亥대운 丁卯年에 午火에 자극받은 酉金이 卯木을 沖 해버립니다. 地支에서 子午卯酉가 모두 모이는 52세 丁卯年에 사망했습니다. 이런 구조는 癸甲으로 부친이 몰락했고 부모도 없고 子午 沖해버리고 亥午 暗合으로 물

질을 만드는 午火를 빼앗기니 인덕도 없습니다. 癸酉, 癸亥로 말년으로 갈수록 점점 어둠 속으로 들어가기에 종교, 명리, 철학하는 팔자입니다.

乾命				陰/平 1966년 2월 18일 00:00								
時	日	月	年	89	79	69	59	49	39	29	19	9
庚	丁	辛	丙	庚	己	戊	丁	丙	乙	甲	癸	壬
子	卯	卯	午	子	亥	戌	酉	申	未	午	巳	辰

년과 월에서 丙辛 合하기에 부모인연이 길지 않을 것이고 부모 중에서 한 명은 사망했을 가능성이 높은데 특히 부친일 가능성이 높습니다. 또 卯卯로 복음이기에 모친이 두 명일 가능성도 높고 子卯 刑으로 색욕의 문제도 보이고 卯午 破와 卯卯로 결혼도 불미하기에 子卯 刑, 卯午 破의 문제가 운에 따라 반응합니다. 辛酉年 1981년 16세 즈음 공원 잔디에서 강간하고 도망갔다 잡혀서 1년 동안 교도소에 수감되었습니다. 사주원국 월주에 辛卯가 있는데 辛酉年을 만나면 천간은 동일하고 地支는 충하기에 정신이 멀쩡하지 않습니다. 또 년지 寅午戌 三合을 기준으로 辛金이 육해요 辛酉년에 강력한 육해가 오자 이상하게 성욕이 강해지면서 범죄를 저지릅니다. 월지 卯木이 육해에 상하면 머리가 어지럽거나 정신이상이 오거나 접신, 빙의될 수도 있습니다. 귀신장난에 놀아나는 겁니다.

乾命				陰/平 1980년 2월 18일 18:00								
時	日	月	年	80	70	60	50	40	30	20	10	0
丁酉	丙午	己卯	庚申	戊子	丁亥	丙戌	乙酉	甲申	癸未	壬午	辛巳	庚辰

일과 시에서 丙午 丁酉로 조합하여 午酉 破하고 있습니다. 年과 월에서는 庚申과 己卯로 수기가 부족하기에 육친 특히 모친과 이모들이 불미한 조합입니다. 申年을 기준으로 月支 卯木이 六害로 반드시 성장해야만 하는 卯木이 申金에 묶여서 답답해졌고 卯午 破, 卯酉 沖으로 불편합니다. 월지 宮位는 어머니로 특히 卯木이기에 여자가 분명합니다. 따라서 모친의 식구들 중에서 이모들의 육체가 상하거나 불구가 되거나 정신이상이나 심하면 단명할 수도 있습니다. 壬午대운이 오면 원국에 없는 壬水가 왔으며 午火가 申金과 酉金을 자극합니다. 乙酉年이 오면 卯木이 상할 것임을 암시합니다. 부모님 두 분이 한 달 사이에 모두 돌아가셨습니다. 어머니는 교통사고로 사망하고 부친은 우울증으로 자살했으니 한 달 사이에 부모를 모두 잃었습니다.

乙酉는 무서운 干支로 生氣를 제거하는 것이 문제입니다. 甲申, 乙酉월에 태어나면 수확하는 시공간이기에 육친 불미를 논할 정도로 심각하지는 않지만 다른 宮位에 있다면 乙木이 상하기 쉽습니다. 甲申월과 乙酉월은 甲乙이 絶地에 임했다거나 상했다고 읽지 말라는 것입니다. 오히려 甲申, 乙酉월 주위에 水氣가 많으면 甲乙을 생하기에 절처봉생을 주장하지만 자연의 이치는 그렇지 않습니다. 수확해야할 시기에 水氣를 보충해서 성장도 어렵고 수확도 어려운 환경을 만들면 운이 풀리지 않는 겁니다. 물론 乙酉월에 년에 火氣가 있고 日支가 子水라면 뻥튀기로 풀어내기에 물질적으로 크게 발전합니다.

酉子 破

酉子 破에 대해 살펴보겠습니다. 酉子 破는 묘한 특징을 가졌는데 흥미롭습니다. 그 흐름은 酉戌亥子로 酉金이 戌土에서 나뭇잎에 위에 쌓이고 亥水에 이르면 밖에서는 서리가 내리지만 땅속에서는 열기가 생기면서 딱딱한 씨종자가 亥水에 풀어지기 시작합니다. 이 과정이 酉戌亥까지의 과정으로 戌土가 빠지고 酉亥로 조합해도 시간방향은 바르게 흘러갑니다. 두 글자는 모두 응축하려는 움직임들로 폭발하려는 癸水가 없기에 응축 상태를 유지합니다. 만약 丁火도 없으면 熱氣를 품을 수 없기에 酉金이 亥水에 폭발하지도 않습니다. 酉亥를 干支로 바꾸면 辛亥로 미용, 반영구 문신, 칼잡이, 회 뜨는 물상이라고 했습니다.

정신으로 활용하면 종교, 명리, 철학에 어울립니다. 亥水를 지나고 子水에 이르면 공간 환경이 급변합니다. 癸水가 생겨나면서 폭발하기 시작하면 그때부터 酉金은 원래의 형태를 유지하지 못하고 부드러워지기 시작합니다. 사실 부드러워지는 움직임에는 다양한 의미들이 숨어있습니다. 酉金에서 子水까지 가는 과정에 酉金이 원래의 속성을 유지하지 못하고 점점 부드러워집니다. 子水는 발산해야 하므로 딱딱함을 유지하려는 酉金을 가만 두지는 것입니다. 완벽하게 딱딱한 酉金을 子水가 破시켜버리는 것입니다. 콩에 물과 열을 공급하면 부드러워지는 과정을 酉子 破라고 불렀습니다. 자연에서 그렇게 해야만 하는 이유는 子月에 破시켜서 甲木을 생산해야하기 때문입니다. 자연은 극히 자연스럽게 이런 과정을 수행하는데 사주명리에서는 酉子 破라고 불렀습니다. 그렇다면 왜 酉亥 破라는 명칭은 없을까요? 酉金이 폭발하는 에너지 癸水를 만나지 못해 물형에 변화가 발생하지 않기 때문입니다. 酉亥 두 글자가 만나도 물형에 큰 변화가 없습니다. 하지만 바로 다음 단계인 子月에 이르면 물형이 빠르게 변합니다. 午酉 破도 酉金 내부에 庚金과 辛金이 있는 것처럼 酉子 破도 子水의 地藏干에 壬水와 癸水가 있으며 壬水까지는 破의 작용이 발생하지 않지만 癸의 시점에 이르면 酉金의 물형을 빠르게 조정합니다. 이런 이치를 이해했다면 酉子 破가 사주팔자에서 어떻게 활용하는지 보겠습니다.

乾命				陰/平 1978년 8월 6일 18:00							
時	日	月	年	90	80	70	60	50	40	30	20	10
辛	癸	辛	戊	庚	己	戊	丁	丙	乙	甲	癸	壬
酉	酉	酉	午	午	巳	辰	卯	寅	丑	子	亥	戌

년에 午火가 있고 많은 辛酉가 흩어져있고 일간 癸水가 있기에 午火가 많은 金들에게 열기를 공급하느라 힘듭니다. 午火는 조모 宮位이기에 할머니가 많은 金氣들에 열기를 공급하느라 무기력해지면 단명할 수 있습니다. 엄마 宮位를 기준으로 日支, 時支가 복음이기에 좋아 보이지 않습니다만 다행하게 午火라도 있기에 열을 품었다가 癸水를 향해 폭발합니다. 문제는 조상신을 상징하는 씨종자들이 많은데 癸水가 홀로 생명수를 공급해야 하므로 편해 보이지 않습니다. 물론 사주구조가 좋으면 수많은 金들이 스스로 癸水를 찾아오기에 돈과 명예를 취하는 연예인, 인기스타처럼 癸水의 가치를 많은 사람들이 알아주는 겁니다. 문제는 金이 너무 많습니다. 또 하필 辛酉가 六害인데 5개나 있기에 운에 따라서 정신이상이 올 수도 있습니다. 수많은 조상신들이 유일한 癸水에서 새 영혼을 얻으려고 달려듭니다. 귀신들이 가득한 무속인 사주입니다. 다섯 귀신들이 癸水를 에워싸고 달

려들기에 탈출할 곳이 없습니다. 戊癸 合까지 해버리니 도망갈 곳이 없습니다. 이런 구조가 바로 여러 조상신(씨종자)들이 새 육체로 태어나려고 하지만 영혼은 하나뿐이기에 서로 아귀다툼 하면서 탈이 납니다. 癸亥대운이 오면 수많은 金들을 풀어내는 과정에 난리가 납니다. 잘못하면 여러 영혼이 섞이면서 정신이 상이 생깁니다. 영혼도 짝이 맞으면 흉하지 않은데 사주원국에 癸水가 턱없이 부족하기에 영혼의 짝이 맞지 않습니다. 癸亥대운 癸未年 음력 8월에 아파트에서 추락해서 사망했습니다. 기억할 점은 아파트에서 추락하는 움직임도 酉子 破입니다. 子水와 午火에는 추락물상이 있다고 했습니다. 특히 子水는 추락, 낙하 물상입니다. 삼각형 꼭짓점 子午卯酉는 기본적으로 추락물상입니다. 가장 높은 곳까지 올라갔다가 굴러 떨어지기 시작합니다. 백척간두에서 추락하는 이치입니다.

乾命				陰/平 1948년 8월 28일 18:00							
時	日	月	年	83	73	63	53	43	33	23	13	3
辛酉	戊午	辛酉	戊子	庚午	己巳	戊辰	丁卯	丙寅	乙丑	甲子	癸亥	壬戌

酉子 破가 있고 辛酉와 辛酉로 씨종자가 4개나 있는데 다행하게도 戊土가 씨종자의 존재를 드러낼 터전을 제공합니다. 다만, 아쉬운 점은 丙火가 없으니 화려하지는 않습니다. 午火가 있으니 辛酉에 열기를 가하고 子水에 풀어지는 丁辛壬 三字조합을 활용할 수 있습니다. 癸亥대운에 년지 子水가 반응해서 辛酉를 풀어냅니다. 위 사주는 일간이 씨종자를 풀어내고 이 사주는 년지 子水가 풀어냅니다. 己酉年에 이르러 午酉子로 반응하자 집에서 추락해서 뇌출혈로 사망했습니다. 酉子 破의 물상 중에서

추락의 속성으로 반응한 사례입니다. 사주원국에서 戊子와 戊午가 다투고 辛酉와 辛酉가 복음이기에 구조가 좋지 않습니다.

乾命				陰/平 1969년 11월 13일 16:00								
時	日	月	年	85	75	65	55	45	35	25	15	5
甲申	庚午	丙子	己酉	丁卯	戊辰	己巳	庚午	辛未	壬申	癸酉	甲戌	乙亥

酉子 破가 년과 월에 있고 子午 沖까지 있으며 午酉子의 흐름이 적절하지 않습니다. 예로 午年, 酉月, 子日이라면 년에서 일까지 흐름이 바른데 酉子午로 뒤죽박죽입니다. 癸酉대운이 오면 월지 子水가 天干에 드러나 반응합니다. 甲戌年 26세에 추락사 하였습니다. 사주원국에서 酉子 破가 발생하는 시기가 분명합니다. 癸酉대운에 癸水가 천간에 드러난 것은 月支 子水가 酉金을 破시키려는 의지인데 하필 六害이기이게 좋지 않음을 암시합니다. 酉子 破에 추락 물상이 있다는 것을 기억해야 합니다. 甲戌년은 사주원국 구조대로 甲己 合하는 과정에 협자로 끼어있는 庚金과 甲庚 沖하면서 生氣가 상했습니다.

坤命				陰/平 1945년 11월 29일 00:00								
時	日	月	年	81	71	61	51	41	31	21	11	1
戊子	丙子	戊子	乙酉	丁酉	丙申	乙未	甲午	癸巳	壬辰	辛卯	庚寅	己丑

년과 월에서 酉子로 조합했는데 子子子로 세 개의 子水가 있습니다. 子子子 쥐들이 반응하지 않으면 매우 조용하게 지냅니다.

만약 운에서 午火가 와서 子子子와 沖하는 경우에는 시끄러운 일들이 발생합니다. 57세 甲午대운이 오면 午火가 子水와 충돌하면서 酉子 破, 午酉 破, 丁辛壬 三字가 반응합니다. 午火가 酉金을 자극하면 하나뿐인 酉金이 세 개의 子水에 풀어지는데 하필 조상신을 상징하는 六害에 해당하기에 육체는 하나인데 영혼은 세 개와 같아서 정신적으로 불안정합니다. 辛巳年이 오면 酉金 씨종자가 천간에 드러나고 酉子 破로 반응하면서 16층 아파트에서 투신자살했습니다. 우울증이 있었다고 합니다. 甲午대운에 午火가 酉金을 자극하니까 酉金이 子水와 破로 동하면서 추락물상을 만들어냅니다. 破의 작용은 두 개의 조합으로는 명확한 물상을 결정하지 못합니다. 하나가 더 오거나 원국에 세 개가 있으면 子卯午酉의 흉한 물상이 뚜렷하게 발현됩니다.

乾命				陰/平 1937년 12월 1일 02:00							
時	日	月	年	88	78	68	58	48	38	28	18	8
乙丑	甲午	壬子	丁丑	癸卯	甲辰	乙巳	丙午	丁未	戊申	己酉	庚戌	辛亥

子丑 合, 子午 沖, 午丑으로 조합했지만 子丑 合 사이에 午火가 끼어있습니다. 戊申대운 辛酉年 44세 즈음에 강간죄로 10년형을 받았습니다. 사주원국 日支 午火를 지나는 시점으로 午丑, 子午 沖으로 반응하는 시기입니다. 辛酉年에는 年支와 時支에 있는 丑土에서 반응한 辛金이 천간에 드러나 午丑탕화, 子丑 合, 子午 沖이 반응하는 해이기에 멀쩡하던 사람도 정신이 이상해지고 생각도 못한 행동을 할 수 있습니다. 학교 교장이었는데 강간죄로 교도소에 들어갑니다. 사주원국 午火의 시기 38~45세를 지날 때 酉金을 자극해서 子水에 풀어지는 酉子 破작용인데

하필 子水가 六害이기에 강력한 성욕을 느낍니다. 午酉子, 酉子
丑 퍽치기 조합으로 정신이상이 생긴 겁니다. 일과 시에서 甲午
와 乙丑으로 乙木이 소유한 丑土에 탐욕을 부립니다. 이런 조
합은 피곤합니다. 六害와의 破작용에 충동적으로 반응한 것입니
다. 교육자임에도 순간적으로 절제력을 상실하고 문제를 일으켰
습니다. 乙丑이 아니었다면 시기, 질투, 육체활용과 관계없기에
강간물상으로 발현되지는 않았을 겁니다. 또 辛酉年에는 甲乙
모두에게 불편한 해였지만 壬과 子가 있기에 충격을 어느 정도
완화시켰지만 교도소에 수감되었습니다.

坤命				陰/平 1967년 8월 18일 18:00							
時	日	月	年	86	76	66	56	46	36	26	16	6
辛酉	戊子	己酉	丁未	戊午	丁巳	丙辰	乙卯	甲寅	癸丑	壬子	辛亥	庚戌

연월일에서 丁未, 己酉, 戊子로의 흐름은 좋은데 하필 辛酉時를
받았기에 흐름이 막힙니다. 辛酉는 많고 子水는 하나뿐이기에 문
제가 발생할 수 있으며 酉子酉 쌍 복음으로 결혼이 불안한 조합
입니다. 또 年支 未土가 호시탐탐 日支 子水에 열을 가하여 탁
하게 만들어버리기에 戊土에게는 불편한 존재가 분명합니다. 결
혼도 못하고 癸未年에 子水가 天干에 드러나 子未로 반응하자 교
통사고 당했습니다. 子未로 조합하는 것도 우습게 볼 것이 아닙
니다. 未土가 子水의 흐름을 막으면 酉金이 子水에 풀어지는 과
정이 불편해집니다. 항상 사주팔자에 존재하는 글자들의 쓰임을
생각해야 합니다. 未土가 子水를 공격하면 辛酉酉들이 어떻게 반
응할지 고민해보는 겁니다. 기존 명리에는 이런 설명들이 없습니
다. 辛酉酉가 水氣에 풀어지지 못하면 날카로워지면서 木을 자

르려고 달려듭니다. 甲乙 生氣가 상하면 육체에 문제가 발생하거나 질병에 시달리거나 직장에서 문제가 발생합니다. 이 사주는 공직팔자는 아닌데 기본 유형은 酉金이 子水에 풀어지고 있을 때 未土가 子水를 탁하게 만들면 酉金은 甲乙, 寅卯를 잘라 버리는 문제가 발생합니다. 子未의 문제가 결국 연쇄반응으로 甲乙, 寅卯가 상하는 결과를 만듭니다.

乾命				陰/平 1963년 11월 5일 22:00							
時	日	月	年	85	75	65	55	45	35	25	15	5
辛	丁	甲	癸	乙	丙	丁	戊	己	庚	辛	壬	癸
亥	酉	子	卯	卯	辰	巳	午	未	申	酉	戌	亥

이 사주도 酉子卯로 순서만 약간씩 다르지만 子卯 刑, 子酉 破로 조합합니다. 甲子월에 辛酉, 庚申대운은 좋습니다만 丁日 입장에서 酉金을 깔았고 辛金과 亥水와 癸子까지 있으니 丁辛壬 三字조합임에도 산만합니다. 이리저리 돈을 노리는 흐름인데 庚申대운에 丁火가 오지랖만 넓어지고 감당하기 어려운 庚申을 탐하면 돈이나 여자 문제가 발생할 수 있는 운입니다. 庚申대운 庚辰年에 돈을 노리다 교도소에 수감됩니다. 운에서 많은 金氣를 만나자 丁火가 돈을 탐하는 것입니다. 丁火가 할 일은 辛金을 완성하기 때문에 병화로 부피확장을 원하는 庚金 입장에서는 丁火가 달려들어도 달갑지 않은 겁니다. 庚申대운, 庚辰年에 甲木도 심하게 상하기에 財剋印이라고 표현하지만 사실 이 사주구조는 그렇게 판단하기 어렵습니다. 그 이유는 甲子 월이기에 庚申, 辛酉로 甲子의 단점을 보충해줄 때 오히려 발전하기 때문입니다. 다만 나머지 구조들이 흉하기에 좋은 대운을 적절하게 활용하지 못하고 돈을 노리다 교도소에 들어갔습니다. 사주팔자를

분석할 때 生剋으로만 관찰하면 실력이 늘지 않습니다. 위에서 살폈던 연쇄반응처럼 未土가 子水를 공격하면 나머지 글자들이 어떤 식으로 반응할지를 고민해야 합니다. 대운이 오면 두 글자의 生剋으로 물상을 읽으려고 노력하는데 그런 방식으로는 엉뚱한 통변을 하게 됩니다.

子午卯酉 글자의 특징

이제 子午卯酉 글자고유의 특징을 살펴보겠습니다. 지금까지 두 개 혹은 세 글자가 조합했을 때의 상황을 분석하였는데 12地支는 스스로 刑의 작용을 활용해서 물형을 변화시킬 능력을 가졌습니다. 만약 그렇지 않다면 스스로 그러하다는 自然이라는 용어를 사용하지 않았을 겁니다. 사계가 순환하는 이치를 설명하는 이론이 天干 합과 地支 합입니다만 六合의 경우는 子丑, 午未 合 등으로 지구 회전과정에 반대편 에너지들이 서로 밀고 당기는 작용을 표현한 것이고 三合은 물질을 생산하는 時空間 흐름을 표현한 것입니다. 子午卯酉 地藏干에 陰陽이 다르지만 동일한 五行이 들어있는데 陽氣가 기운을 유지하지 못하고 陰氣로 전환하기 때문입니다.

이런 속성으로 나타나는 현상은 번잡, 혼선, 변화입니다. 寅巳申亥는 새로운 기운이 動하고 子卯午酉에서 陽氣가 陰氣로 전환하고 辰戌丑未 墓庫에서 물질을 저장한 후 다시 寅巳申亥로 넘겨서 새로운 陽氣 창조하기를 반복합니다. 이처럼 子午卯酉는 陽氣를 陰氣로 전환하는 중요한 역할을 하는데 문제는 자연과 인간의 입장이 전혀 다릅니다. 천지불인 천도무친(天地不仁 天道無親)이기에 자연은 자신의 의지대로 시공간을 순환시킵니다. 인간들이 적응하든 말든 따라오고 싶으면 따라오라고 합니다. 하지만 인간은 물질세상을 살기에 받아들이는 입장이 다를 수밖에 없습니다. 무조건 돈을 벌어야 하고 물질이 많아야 합니다. 그런 생각을 가지고 살아가는데 子午卯酉에서 갑자기 상황이 급변하면 당황합니다. 무조건 확장하는 것을 원하는데 급속도로 줄어들면 힘들어합니다. 陽氣가 陰氣로 변한다는 의미는 화려하고 확장하던 움직임에서 수렴하고 줄이고 저장하기에 규모가 축소됩니다. 아무리 가치가 높아졌다고 해도 규모, 부피가 줄어드는 것을 싫어합니다. 辛金은 보석이라고 표현하는데 소유한다고 꼭 좋은 것이 아닙니다. 차라리 庚金이 훨씬 좋습니다. 인간은 陽을 지향하고 陰을 싫어합니다. 밝음을 지향하고 어둠을 싫어합니다. 외형을 중시해서 부피가 크고 화려한 것을 좋아합니다.

자연에서 가장 물질적인 특성을 가진 글자는 乙木과 辛金이기에 두 글자가 상하면 무조건 흉하다고 읽어야 합니다. 특히 乙木이 상하면 육체가 상하거나 목숨을 잃을 수도 있습니다. 乙木과 辛金 그리고 卯木과 酉金이 어떤 상황인지 자세히 살펴야 합니다. 十神으로 무엇이든 상관이 없습니다. 기본적으로 生氣가 상하고 물형이 변질되는 개념들에 대해서 생각해야 합니다. 乙辛, 卯酉의 변화는 인간의 삶에 큰 영향을 미칩니다. 육체와 물질은 물론이고 生死에 지대한 영향력을 행사합니다. 乙木이 육체, 辛金이 물질입니다. 두 글자가 卯丑, 卯酉丑, 卯戌, 卯辰, 酉丑辰, 酉辰, 酉丑 등 어떻게 반응하는지 살펴야 합니다. 그래서 사주에 陰氣만 가득하면 어떤 식으로든 변질되기에 좋은 것이 아닙니다. 예로, 甲寅과 乙卯의 경우 甲寅은 말로만 때리지만 乙卯는 실제로 때립니다. 庚金은 줄서라고 하지만 辛金은 먼저 주먹을 날립니다. 사주팔자에 陽氣가 많으면 순수하다고 읽어야 합니다. 陰氣는 물질적이고 변화를 주기에 피부로 느껴야 합니다. 乙卯, 乙丑, 丁未, 辛丑, 辛酉, 癸丑 등은 매서운 글자들입니다. 子午卯酉 전환과정에 우리는 굉장히 당황합니다. 적응하기 힘들어 합니다. 인간은 좋고, 편하고, 확장하고, 발전하는 것에만 익숙한데 갑자기 줄이라고 요구하면 적응하기 어려워합니다. "나이대 나온 여자야" "나 백억 굴리던 사람이야" 향수에 젖어서 현재를 직시하지 못하고 과거에 매달립니다. 子酉 破에서 낙하가 발생하는 이유도 변화를 견디지 못하기 때문입니다. 심리적으로 좌절하자 자살해버리는 겁니다.

子水

이제 子月의 전환에 어떤 문제가 있는지 살펴보겠습니다. 명리에서 子水의 의미는 중요합니다. 甲子로 시간이 열리고 응축에서 발산으로 전환하는데 축소, 수렴운동이 성장, 확장운동으로 전환합니다. 겨울에서 봄을 향하고 희망을 갖게 하며 물질적으로 발전하는 출발점입니다. 문제는 처음으로 陽氣로 전환하니까 酉戌亥까지는 陰氣로 가득 차 있다가 子水에서 가을, 겨울의 지루한 과정을 끝내고 처음으로 陽氣가 動합니다. 문제는 맨손입니다. 酉戌亥를 지나 子水에서도 맨손으로 시작해야 합니다. 단지 발산의 움직임을 시작했지만 손에 쥔 것이 없습니다. 막 시작했기에 오랜 시간이 필요합니다. 바로 이룰 수 없고 또 子午는 水火로 정신적인 부분, 氣的인 부분이기에 지속하지 못하면 포기할 수밖에 없기에 子水는 그 행보가 매우 불안정합니다.

둘째, 60甲子의 처음이기에 지도자 역할을 해야 하지만 많은 준비를 해야 합니다. 만약 지도자 역할을 맡지 못하면 더욱 불편하게 살아야 합니다. 위에서 子子子子의 사주는 공무원이었는데 물질을 추구하면 오히려 힘들어집니다. 물질이 없는데 물질을 추구하면 엉뚱한 길을 가기에 그렇습니다. 子水에서 교육, 공직에 인연이 될 수밖에 없는 이유이며 열심히 미래를 준비하고 배우고 가르쳐야 하는 것이 子水입니다. 亥水와는 그 특징이 전혀 다릅니다. 亥水의 지장간에 甲木이 있기에 물질을 추구합니다. 오행이 동일해도 亥水와 子水는 크게 다릅니다. 子水는 壬水와 癸水가 응축에서 발산으로 전환하지만 폭발하기에 문제입니다. 子水는 酉金에서 출발해서 酉戌亥子로 이어졌기에 子水 내부에 酉金을 품었습니다. 이것은 무슨 의미일까요? 子水가 金을 품어서 그 성질을 바꿔놓습니다. 辛金, 酉金은 과거에 완성했던 체성을 子水에 풀어낼 수밖에 없기에 소유한 것을 밖으로 내놓는 것입니다. 그래서 子水에서 방향을 상실하고 힘들어 합니다. 어디로 가야할지 몰라서 방황하고 소유했던 酉金을 子水에 내놔야 합니다. 내놓지 않으려 해도 반드시 꺼내야 金을 木으로 바꿀 수 있습니다. 결국 자연에서 응축을 발산으로 전환하는 이유는 酉金을 子水에 풀어내려는 것입니다. 소유했던 물질을 밖으로 꺼내야 하므로 재물을 모으기 어렵습니다.

子水에 壬癸가 있기에 생각이 많고 갈팡질팡 하면서 꾸준하지 못하고 계속 변화하기에 재물 복이 박합니다. 이런 이유로 子水 공간은 소유한 재물을 유지하기 어렵습니다. 특히 日支에 子水가 있다면 더욱 그렇습니다. 38~45세 사이에 배우자가 떠나거나 떨어져 살아갈 수 있습니다. 이처럼 日支에 子水를 갖고 있으면 불편한 점이 많습니다. 甲子, 丙子, 戊子, 庚子, 壬子는 酉金이 子水에 풀어지고 사라지는 것과 같아서 불안정합니다. 子水는 미래를 설계하기에 교육, 종교, 철학, 공무원처럼 공부하는데 적합하고 물질을 추구하면 힘들어질 수 있습니다. 甲子 日 남녀가 물질을 추구하면 子午 沖하는 시기에 몸이 상하거나 재산을 탕진할 수 있습니다.

乾命				陰/平 1969년 3월 3일							
時	日	月	年	84	74	64	54	44	34	24	14	4
모름	甲子	戊辰	己酉	己未	庚申	辛酉	壬戌	癸亥	甲子	乙丑	丙寅	丁卯

辰月이고 酉金을 子水에 풀어야 하므로 일지 子水가 좋은 작용입니다만 子水가 辰月에 필요한 水氣를 공급하느라 힘이 듭니다. 만약 未土와 같은 운에서 子水의 흐름을 막고 탁하게 하면 문제가 발생합니다. 이 사람은 부인을 세 번이나 바꿨다고 합니다. 子水가 굉장히 좋은 역할임에도 子水는 힘들어 도망가 버립니다. 아프거나 사망하는 경우도 있고 죽기 싫어서 도망가는 경우도 있습니다. 타인들 눈에는 여자 복이 없다고 생각하지만 반드시 子水가 필요하기에 절대로 혼자 살지 않고 반드시 여자를 채워놓습니다. 나가면 데려오고, 나가면 데려오기를 반복합니다. 일간에게는 子水 배우자가 매우 좋은 역할이지만 배우자 子水는 그 상황을 싫어하는 것입니다.

저런 사주구조를 가진 남자와 살면 비실비실 아프고 무기력해집니다. 水氣가 많은 부인이 들어오면 좋습니다. 38세 즈음에 子水가 들어오기에 그 시기의 인연은 좋을 겁니다. 37세까지의 여인들은 부족한 물을 공급하느라 힘들어 죽을 지경이었습니다. 時柱가 무엇이냐에 따라 子水의 상황이 결정됩니다. 未時에 태어났다면 자수는 더욱 힘이 듭니다. 이 남자는 子水의 시기에 운이 풀리기 시작하니 사업하면서 발전하는 중인데 지금까지 2번 이혼하고 38세 즈음 세 번째 부인과 인연이 되어서 10년을 함께 살고 있습니다. 子水의 시기에 만났기에 배우자 인연이 좋은데 친정이 부자라고 합니다.

乾命				陰/平 1982년 1월 29일 16:00							
時	日	月	年	84	74	64	54	44	34	24	14	4
丙申	丙子	壬寅	壬戌	辛亥	庚戌	己酉	戊申	丁未	丙午	乙巳	甲辰	癸卯

壬戌年에 태어나면 타향이나 해외에서 발전해야 합니다. 즉, 고향과 인연이 박하다는 겁니다. 이 구조는 壬甲丙 삼자로 순차적으로 흐르는데 壬戌年의 속성대로 30세까지는 힘들게 살았지만 30세 후에 가게를 차려서 35세 당시 세 개의 점포를 운영한다고 합니다. 일간 丙火의 시기에 발전한 이유는 바로 壬甲丙의 흐름 때문입니다. 어둠에서 출발해서 밝음을 향해 갑니다. 일본에서 고생하면서 돈을 벌어 한국에서 음식점을 차려서 발전합니다. 다만 문제는 丙火의 시기에 크게 발전하지만 일지 子水에 이르면 갑자기 어두워질 수 있습니다. 따라서 子水의 시기에 이르기 전에 현금을 부동산에 투자하면 좋습니다. 일주가 丙寅, 丙午, 丙辰이라면 발전을 이어갈 수 있지만 丙子이기에 갑자기 어두워질 수도 있다는 겁니다.

특히 丙辰日이었다면 년과 월에 있는 壬水를 辰土 墓地에 담아서 갈무리하기에 재물 복이 매우 좋았을 겁니다. 乙未年에 강남에 가게 두 개를 늘렸는데 폭발적으로 발전하는 시기는 맞습니다. 壬戌, 壬寅으로 응축해 있다가 丙火에서 폭발적으로 발전하지만 子水에서 한순간에 추락할 수도 있습니다. 발전할 때 미래를 준비하지 않으면 추락하여 재기하지 못할 수도 있습니다. 子水가 끝나고 時干 丙火의 시기에 이르면 재기해서 발전할 겁니다. 그래서 乙未년, 丙申년까지만 확장하고 부동산에 투자하는 것이 현명한 방법입니다. 두 사주는 다행히 발전하는 상황이지만 子水를 만나면 대부분 풀리지 않습니다. 부정적인 관점으로 子水를 봐주는 것이 맞습니다. 甲子는 子水에 酉金이 풀어지는데 사주구조에 따라서는 日支의 시기에 발전하는 구조도 있습니다만 기본적으로는 子水가 辛酉 씨종자를 야금야금 무기력하게 만듭니다. 子水는 申子辰 三合으로 장사, 사업에 적합하고 공직에 활용하기 어렵습니다. 반대로 寅午戌 三合은 교육, 공직에 어울린다고 했습니다. 이런 이유로 甲子에서 돈을 벌겠다고 달려들다가 운을 잘못 만나면 크게 꺾일 수 있습니다. 이런 이유로 배우자와 함께 살지 못하고 멀리 떨어져 살아갈 날이 많습니다. 癸甲, 甲子, 子寅은 모두 교육계에 어울리고 甲子일 여자는 庚金과 辛金이 子水에서 풀어지기에 남편이 발전하는데 애를 먹습니다. 子水는 火氣를 만나면 내부에 머물지 못하고 밖으로 나가는 문제도 있습니다. 壬癸 어둠속에서 발전하기 힘든 남편은 멀리 떠나거나 종교, 명리, 철학, 교육처럼 재물과 인연이 없는 직업을 갖습니다.

丙子는 地藏干에 壬癸가 있기에 天干과 地支가 조화를 이루지 못합니다. 丙火는 日支로 들어가고 싶어도 壬癸가 모두 있기에 빛을 상실하는 공간에 뛰어들기 힘듭니다. 멀리서 바라보지만 가까이 가지는 못합니다. 丙子가 해외무역이나 대행 업무에 적합한 이유입니다. 丙火가 子水를 통해서 申子辰 역마 속성을 전파합니다. 종교, 명리, 철학, 정보통신, 스마트폰, 흥신소 물상입니다. 둘은 직접 만나기 어렵다는 겁니다. 직접 접촉할 수 없고 함께 하기 어려운 상황입니다. 木金 매개체가 반드시 필요하거나 丙 + 申子辰 三合으로 정보, 통신 물상으로 활용해야 합니다. 매개체가 없으니 중간에 연결 통로를 만들어야 하는데 이런 행위가 대행업입니다.

戊子는 壬癸가 모두 있기에 물질욕심이 많습니다. 또 申子辰으로 장사, 사업에 어울리는데 戊癸 合으로 묶여서 떨어지지 않습니다. 戊土는 봄과 여름에 陽氣를 발산하는 터전이기에 子水의 어둠을 싫어하지만 合으로 연결되어 벗어나기도 어렵습니다. 사실 戊土는 子水의 어둠을 좋아하지 않습니다. 庚子는 庚이 壬癸를 깔아서 庚金의 물형이 흐물흐물 해집니다. 庚子년이라면 종교, 명리, 철학, 교육에 적합합니다. 壬子는 壬壬癸로 종교 명리 철학의 속성이 강합니다. 火氣도 전혀 없으니 해외로 떠나야 합니다.

乾命				陰/平 1958년 1월 10일 02:00								
時	日	月	年	82	72	62	52	42	32	22	12	2
己丑	丙子	甲寅	戊戌	癸亥	壬戌	辛酉	庚申	己未	戊午	丁巳	丙辰	乙卯

이 사주구조에서 일지 子水는 寅月에 水氣를 공급해주기에 좋은 역할입니다. 하지만 大運이 丁巳 戊午 己未로 흘러가기에 子水가 있어도 水氣가 부족하므로 生氣가 마르고 甲木이 戊土를 거칠게 공격합니다. 따라서 조상의 터전, 음덕을 무너뜨리는 구조로 성정도 거칠어 조폭과 같습니다. 水氣 찾아서 마도로스도 하고 부동산 중개도 하는데 金이 없기에 丙火의 행위는 오지랖만 넓고 결과가 없습니다. 丙火가 戊土에 火氣를 방사하는데 庚金이 없으니 남 좋은 일만 하는 겁니다. 말년에 丙子와 己丑으로 조합하면 己丑에서 火氣를 흡수하면서 어두워집니다. 대운을 감안하면, 52세 庚申대운에 열매가 들어오고 丙火가 열매를 확장할 수 있습니다. 甲寅월이기에 大運이 亥子丑으로 흐르면 뿌리내리는데 집중하는데 巳午未로 흘러 뿌리를 내리지 못하고 일

- 233 -

찍 사회에 진출합니다. 戊戌년 甲寅월이기에 水氣가 없으면 학업과 인연이 없습니다. 사주팔자 년월에 水氣가 부족하면 일찍 사회에 진출하는 이유입니다. 일주와 시주 丙子와 己丑에 이르고 대운에서 庚申을 만나면 丙火만으로는 열매를 확장하기 어렵습니다. 巳午未 대운을 지날 때는 丙子, 己丑의 역할은 火氣를 해소했지만 庚申, 辛酉로 흐를 때는 金氣가 아무리 강해도 丙火로는 역부족입니다. 지금 설명은 사주원국과 대운 변화에 대한 것입니다. 火氣가 강렬할 때는 열매도 없으면서 오지랖만 넓어서 실속이 없고 대운에서 열매가 들어와 실속을 챙기려고 하지만 火氣가 충분하지 않으니 키울 힘이 없습니다. 운에 따라서 일지 배우자도 좋은 역할과 나쁜 역할을 번갈아서 할 수 있습니다. 화기가 탱천할 때는 부인의 역할이 반드시 필요하지만 부인은 굉장히 힘이 듭니다. 다행히 丑土가 있기에 부인이 도망가지는 않았습니다. 도와주는 자가 없었다면 子水 부인은 벌써 도망갔거나 사망했을 겁니다.

卯木

卯木의 지장간에는 甲乙이 있습니다. 甲木은 壬水의 生을 받아 성장하고 乙木을 내놓습니다. 그리고 癸水와 짝을 이루어 봄에 성장합니다. 卯月에 癸水의 발산작용이 가장 강한 이유입니다. 卯木의 문제는 壬水가 무력해지고 癸水가 주도권을 잡습니다. 子水에서 壬水와 癸水 중 어느 것을 택하느냐는 大運에 따라 달라집니다. 卯木에 甲과 乙이 있는데 甲木은 壬水가 필요하고 乙木은 癸水가 필요한데 大運이 巳午未로 흐르면 乙木을 택하고 申酉戌 亥子丑으로 흐르면 甲을 택합니다. 직업을 판단할 때 엄청 중요한 요인입니다. 子午卯酉에서 중점적으로 판단할 문제들입니다.

坤命				陰/平 1975년 2월 10일 04:00								
時	日	月	年	85	75	65	55	45	35	25	15	5
壬	丁	己	乙	戊	丁	丙	乙	甲	癸	壬	辛	庚
寅	卯	卯	卯	子	亥	戌	酉	申	未	午	巳	辰

日時가 丁卯, 壬寅이기에 교육, 공직과의 인연이라고 읽어야 합니다. 두 조합은 교육, 공직에 적합합니다. 丁卯 日이 己卯 月을 만났기에 부동산 중개, 임대업, 건설에도 적합한데 丁卯와 壬寅으로 조합하고 여자이기에 교육, 공직에 더 어울립니다. 卯月의 대운이 辰巳午未로 흐르기에 地藏干에 있는 甲과 乙을 운에 따라 다르게 활용합니다. 甲을 택하면 내부, 기획 관리에 적합하고 乙을 택하면 밖으로 나가서 활동합니다. 대운이 巳午未로 흘렀기에 甲에서 乙로 바뀝니다. 따라서 대학 졸업 후에는 섬유 에이전트에서 근무하다가 다시 초등학교 교사로 활동합니다. 이것이 바로 子午卯酉에서 양기가 음기로 전환할 때의 상황입니다. 만약 일진에 활용하면, 子午卯酉일에 상담하러 왔다면 전환하려는 의도가 분명합니다. 혹은 둘 중 하나를 선택해야만 하는 상황입니다.

乾命				陰/平 1917년 4월 17일 12:00								
時	日	月	年	90	80	70	60	50	40	30	20	10
庚	己	乙	丁	丙	丁	戊	己	庚	辛	壬	癸	甲
午	卯	巳	巳	申	酉	戌	亥	子	丑	寅	卯	辰

이 사주는 어떻게 보입니까? 특별히 좋아 보이지 않습니다. 巳月에 꽃을 피우려면 새싹이 필요합니다. 乙卯 새싹이 월과 일에

있고 乙巳, 卯巳로 이어집니다. 巳月에 꽃을 활짝 피우고 時干에 있는 庚金을 향하는데 좋은 점은 乙庚 合하고 午火에 있기에 乙丙庚 三字로 열매를 확장합니다. 이 과정에 가장 힘든 글자는 무엇인가요? 乙卯가 분명한 이유는 乙卯를 계속 공급해야 巳에서 꽃으로 庚에서 열매로 바뀌고 물질을 생산합니다. 사주원국에서 卯木은 卯午 破, 卯巳巳로 계속 희생당하는 이유는 乙卯를 보호해줄 癸水가 없기 때문입니다. 그래도 庚金은 癸水가 없기에 乙卯를 빠른 속도로 열매로 바꿀 수 있습니다. 乙卯에게는 피곤하지만 庚金 재물을 빠르게 얻어냅니다. 수천억 재산을 축적했는데 결국 재물의 원천은 乙卯입니다. 乙卯가 巳火를 거쳐 庚金과 합하기에 乙卯의 노력이 헛되지 않습니다. 이런 시공간 변화를 읽어야 합니다. 卯木을 활용해서 부를 창출하는 능력이 뛰어납니다. 문제는 일지 卯木 배우자가 힘이 듭니다. 계속 돈을 생산하고자 희생당하기에 견디기 힘듭니다. 己卯도 卯木에 甲乙이 모두 있기에 己土가 압박을 견디기 힘듭니다. 결국 己卯는 부부에게 모두 불편하고 己土가 卯木을 버거워합니다.

辛卯는 辛金이 卯木을 내놓거나 辛金이 甲乙을 관리합니다. 辛金은 가을, 卯木은 봄으로 시공간이 상이한데 干支로 배합하여 부부사이가 沖으로 불안정하고 직업이 자주 변하고 한탕과 투기, 도박 속성도 강합니다. 癸卯는 甲乙 食傷이 섞여서 이것저것 배우고 가르치고 육체를 활용합니다. 재주는 좋지만 癸甲으로 성정이 거칠어지면서 적절한 용도를 찾기 어렵습니다. 주로 신문기자, 노조 등 현실을 비판하는 행위 혹은 예술, 육체를 활용하는 기술, 종교, 철학을 활용합니다. 만약 癸乙을 활용하면 丙火를 만나서 사회를 위하여 공적인 행위에 적합하므로 교육이나 공직에 적절합니다.

午火

午月의 문제는 丙火 분산에서 丁火 수렴으로 쭈그러드는 것이기에 丁대운과 午대운이 이어지면 10년 동안 힘들게 살 수 있습니다. 丙午, 丁未로 흐르면 午와 丁이 연결되면서 발전하지 못하고 답답해지는 겁니다. 丙火에서 확장하다가 午火, 丁火에서 쪼그라듭니다. 활동범위, 경제규모가 갑자기 줄어듭니다. 또 癸水가 증발하면서 정신도 이상해집니다. 마치 자동차가 최대로 달리다 갑자기 브레이크 밟아야만 하는 상황입니다. 卯木, 酉金, 子水보다 午火의 상황이 가장 힘들 수 있습니다. 子丑寅卯辰巳까지는 확장일로를 달려왔는데 午에서 처음으로 도로가 막혀버립니다. 酉金의 경우는 午火에서 브레이크를 밟았기 때문에 당황스럽지 않고 충격도 덜합니다만 처음으로 축소해야만 하는 午火의 상황은 충격적입니다. 가장 심하게 낙하, 추락하는 속성이입니다. 子水는 응축에서 발산으로 폭발하기에 활용하는 시공간은 훨씬 넓어집니다. 巳火까지는 속도를 최대로 뽑았는데 갑자기 장애물이 나타나고 브레이크를 밟는 상황이기에 당황하는 겁니다. 午火에서는 甲乙의 움직임이 매우 답답해집니다. 甲木은 墓地에 들어가기 직전이고 乙木도 시들시들 해서 좌우확산 운동을 할 수 없습니다. 午火에서 수렴으로 돌아섰을 뿐만 아니라 甲乙의 움직임도 현저히 답답해졌습니다.

甲午는 甲이 乙처럼 바뀌어서 재주는 많지만 쓸모없는 재주일 가능성이 높습니다. 전체 사주구조를 살펴야하지만 甲午의 성정이 그렇다는 겁니다. 午火에 丙丁이 모두 있으니 甲이 水氣가 부족한 상태에서 丙丁으로 설쳐댑니다. 午중 己土와 甲己 合하기에 甲木은 성장하려는 본성을 잃습니다. 丙午는 문제가 없을 것 같은데 丙火의 분산작용이 丁火에 이르러 수렴으로 확 돌아섭니다. 丙火에서 사방팔방 돌아다녔다면 午火에서 갑자기 내부에 박혀서 나오지 못합니다. 丙午가 운에서 庚金을 만나면 열매를 확장하는데 庚申으로 오는 것과 庚午로 오는 것은 전혀 다릅니다. 당연히 넉넉하게 庚申을 만나는 것이 좋습니다. 丙午는 분산과 수렴을 동시에 하기에 庚午를 만나면 庚金이 상하기 쉽습니다. 庚金을 노리고 탐욕을 부리다가 재산을 탕진합니다. 丙午가 있으면 庚金이 두터워야 많은 열매를 수확합니다. 만약 壬水나 癸水가 약하면 배합이 더욱 좋습니다. 丙申일인데 운에서 庚午가 오면 일지 申金 속에 있던 庚金 부인이 도망가거나 사망할 수 있습니다. 戊午 干支는 좀 맹합니다. 金氣도 없고 水氣가 부족하니까 戊午 日에 태어난 여인의 경우는 자연스럽게 金水관련 즉 금속, 철강, 선박에 종사하는 배우자를 고릅니다. 午火는 庚金을 키우기에 그에 상응하는 물상을 고르는 겁니다. 戊午日 여자는 水氣가 부족하면 맹하지만 金水를 보충하면 활발하게 재물을 추구합니다.

庚午는 庚金이 丙丁을 모두 만나서 빛과 열에 의해 갈고 닦입니다. 마치 수도승이 절에서 도를 닦는 모습입니다. 寅午戌 三合으로 庚金의 틀을 만드는 과정이기에 교육, 공직, 직장생활에 적합한데 화기가 너무 강하면 庚金이 그 열기를 흡수하느라 견디지 못하고 조폭처럼 변할 수 있습니다. 丙戌, 庚午로 조합했는데 壬水가 없으면 庚金이 타죽을 지경이기에 신경질적이고 거칠어지면서 조폭처럼 변합니다. 만약 壬水가 배합하면 丙庚壬 三字로 좋아지면서 벼락부자가 됩니다. 조폭도 壬水를 배합하면 부를 축적합니다. 壬午의 의미는 壬水의 흐름이 午火에서 막히는 겁니다. 午火에 丙丁과 己土까지 있기에 물이 더 이상 흘러가지 못합니다. 강물이 흐르다가 어느 지역에 이르면 말라서 흘러가지 못하고 멈춘 상태입니다. 壬午에는 丙丁이 모두 있으니 壬水 남자가 만나는 첫 부인은 丙火로 화려하고 물질 지향적이며 사치스럽고 외모를 중시합니다. 壬水가 丙火의 빛을 견디지 못하고 이혼한 후 재혼하면 그 여자는 丁火로 조용하고 내면을 밝히는 직업에 종사합니다. 丙火 화려한 여자와 丁火 실속이 강한 여자로 전혀 다른 두 여인과 인연됩니다.

酉金

酉金에는 庚과 辛이 모두 있습니다. 庚金과 辛金은 전혀 다르다고 했습니다. 庚金은 나무에 매달려 生氣를 유지하지만 辛金은 나무에서 떨어져 나와 죽은 것과 다를 바 없습니다. 따라서 庚金은 확장, 辛金은 수렴하는 움직임입니다. 인간에게는 庚金이 훨씬 좋습니다. 辛金을 보석이라고 주장하지만 홀로 쓸쓸하게 정착해서 존재감을 드러나지도 못합니다.

坤命				陰/平 1964년 4월 25일							
時	日	月	年	90	80	70	60	50	40	30	20	10
모름	乙酉	己巳	甲辰	庚申	辛酉	壬戌	癸亥	甲子	乙丑	丙寅	丁卯	戊辰

乙酉日 여자입니다. 40세부터 대운이 乙丑대운으로 들어옵니다. 일지를 포함해서 巳酉丑 三合하기에 남편이 사라지는 운입니다. 또 酉中 辛金이 巳酉丑과 亥子丑을 지나가면서 적극적으로 활동하기에 乙木은 辛金 남편이 부담스럽습니다. 젊어서는 酉中 庚金 남편의 사랑을 받는데 40대에 이르러 辛金으로 바뀌면서 乙木은 불편합니다. 乙酉는 운에 따라 남편의 속성이 庚金에서 辛金으로, 辛金에서 庚金으로 바뀌면서 결혼생활이 불안정해집니다. 좋은 남자를 골랐음에도 일정 시점에 이르러 남편이 불편해지고 벗어나려고 합니다. 乙酉일 여인의 경우, 오해하는 점

은 酉金 남편이 나쁘다고 판단하지만 결코 아닙니다. 문제는 乙木 스스로 남편의 존재를 감당하지 못하고 이혼하고 다른 남자를 고르지만 첫 남편보다 못합니다. 그래서 乙酉가 도 닦는 干支로 巳火가 있어야 유금을 자연스럽게 다룹니다. 午火가 있으면 午酉 破로 酉金을 자극해서 乙木이 더욱 상할 수도 있기에 巳酉로 합해야 배합이 좋습니다. 물론 乙巳일이고 년과 월에 庚辛이나 申酉가 있으면 남편의 능력이 뛰어나고 좋습니다. 혹은 甲申년이나 甲申 월의 경우도 배우자 상황이 좋습니다. 丁酉일은 水氣를 만나지 못하면 불편한 관계입니다. 丁火가 酉金을 열기로 자극하면 사업한다고 달려드는데 水氣를 만나지 못하면 날카로워지고 쓰임이 좋지 않습니다. 甲寅이나 乙卯 생기를 자르면 흉한 일이 많습니다.

己酉는 내부에 庚辛을 품었기에 보석을 품었습니다. 문제는 己土와 酉金은 모두 수렴, 응축하려는 기운이 강하기에 밖에서 존재가치를 알아주지 않습니다. 이런 이유로 己酉 스스로는 매우 뛰어나다고 인식하지만 주위에서 몰라주니 야속하며 일지 酉金이 甲乙을 받아들이기 어렵기에 배우자 인연이 좋지 않습니다. 己土는 甲木과 합해야 하는데 일지에 酉金을 품었기에 甲木은 안방에 들어오기 싫습니다. 따라서 己酉는 남자들에게 굉장히 거만해 보이지만 실상은 고독한 간지입니다. 辛酉는 水氣를 만나지 못하면 쓰임이 좋지 않습니다. 水氣를 봐야 내면에 품은 보석을 밖으로 드러냅니다. 남녀관계에서는 辛酉도 이혼 가능성이 높은 干支로 辛酉와 水氣가 만나면 방탕하기 때문입니다. 그래서 辛酉는 참으로 다루기 힘든 干支입니다. 반드시 水氣로 풀어내야 하지만 水氣가 너무 강하면 丙丁火 남편의 통제를 벗어나 방탕합니다. 따라서 사회활동하기에는 오히려 화기를 더욱 선호합니다. 조직, 직장생활에 적합하기에 그렇습니다. 癸酉는 다양하게 배우려고 노력하는 干支로 癸酉월에 태어나면 교육, 공직에 적합합니다. 다만, 癸水는 乙木의 성장을 촉진하는데 활용하지 못하고 酉金과 배합해서 그 성정이 차갑습니다. 癸酉의 또 다른 문제는 酉子 破로 씨종자에 문제가 있습니다. 癸酉를 잘못 활용하면 유전적으로 결함이 있는 DNA를 물려주는 문제가 발생합니다. 특히 癸酉時에 태어나면 장애인 자식이 나오거나 정신적으로 문제가 발생할 수 있기에 가능한 癸酉時는 선택하지 않는 것이 좋습니다. 癸酉가 무서운 이유는 정신세계가 잘못되면 조상의 업보로 불구, 장애, 정신이상과 같은 문제가 생기기 때문입니다. 그래서 癸酉는 종교, 명리, 철학과 인연이 깊습니다.

■제 34강■

◆子丑寅卯 의미 확장

子月 244

丑月 253

寅月 264

卯月 272

天干, 地支 기초를 학습할 때 대략 9개의 의미들을 살펴보았습니다. 조금 더 확장해서 地支에 대한 틀을 잡은 후에는 스스로 의미를 확장해서 활용해야 합니다. 天干, 地支, 干支 그리고 干支조합을 계속 연구해야합니다. 사주팔자 干支조합을 굵게 나누면 年과 月이 하나의 시스템이고 日과 時가 또 다른 시스템입니다. 年과 月을 하나로 보는 이유는 日干의 의지와 전혀 상관없이 日干의 통제를 벗어난 조합이기 때문입니다. 日과 時는 조상과 부모의 기운을 이어받아서 日干이 주도적으로 만들어가는 세상입니다. 따라서 年月과 日時가 나뉘고 年과 月의 과정을 지날 때는 주로 月支에 주어진 時空間에 적응하며 살아야 하기에 日干이 月支에 어떤 작용을 하는지 살펴야 합니다. 또 日과 時가 어떤 干支조합으로 구성되느냐에 따라 달라지는데 干支조합은 그들만의 독특한 의미를 만들어냅니다. 干支 조합에 따라 길흉이 대부분 결정되어 있는데 우리는 그 의미를 인지하지 못합니다. 예로, 丁卯와 壬寅, 丁巳와 壬寅, 丁未와 壬寅 혹은 丁未, 庚戌로 조합하면 대부분 좋은 물형을 만들어냅니다. 이 조합들은 格局, 十神, 旺衰와 같은 논리로는 이해하지 못합니다.

그것을 학습하려면 먼저 天干, 地支의 속성을 이해하고 干支를 이해하고 두 干支를 조합했을 때 어떤 의미를 파생하는지를 이해해야 합니다. 각 地支가 소유한 특징이 다른 글자와 접촉하면 어떤 의미와 물상을 만들어내는지 학습해야 합니다. 더 확장하면 天干, 地支를 三字, 四字조합으로 살펴야 합니다. 이처럼 명리공부는 끝이 없기에 뜻이 맞는 사람들이 서로 힘을 합하여 학문을 발전시켜야 합니다. 나 홀로 비법이라고 숨겨봐야 의미가 없습니다. 세상에 비법은 존재할 수 없습니다. 과거에는 비법이라고 생각했던 것들이 세월이 지나 돌아보니 가치도 의미도 없는 것들이었습니다. 앞으로 뛰어난 비법들은 계속 튀어나왔다가 사라질 겁니다. 子月부터 亥月까지 月支를 기준으로 空間특징과 月支 地藏干에 담겨진 時干의 특징도 함께 살피고 글자의 속성 혹은 독특한 특징까지 살펴보겠습니다.

子月

子月의 가장 중요한 특징은 陽氣가 동하는 겁니다. 甲子의 子이고 天地人 子丑寅의 子입니다. 모든 것의 출발점이기에 누구도 가보지 못한 새로운 길을 가야합니다. 그런 상황이 어떨까에 대해서 고민해야 子水의 의미를 추론합니다. 누구도 가보지 못한 새로운 길, 金을 子水에 풀어서 木을 내놓는 출발점이기에 과거와의 단절을 뜻하지만 씨종자를 품었기에 총명함을 상징하는 쥐와 어둠 속을 흘러 다니는 申子辰 三合의 특징도 함께 고려해야 합니다. <u>글자의미, 月支 時空 그리고 三合운동의 성질, 독특한 동물의 속성이나 행위들을</u> 연구해야 합니다. 첫째, 子月은 안정을 취하기 어렵고 계속 변화를 모색합니다. 이런 표현도 있습니다. 子水에서 여자는 평생 베개 잇이 젖는다고 합니다. 독수공방의 뜻입니다.

이런 저런 속성을 감안하면 子水에게 가장 좋은 물상은 교육입니다. 癸甲, 甲子, 子寅은 모두 유사한 속성들입니다. 새 출발 하려고 단단히 준비해야 지치지 않고 나아가는데 준비하지 못하면 평생 방향을 상실하고 헤맵니다. 적절히 준비하지 못하면 갈지자 행보를 보이며 불안정합니다. 사주팔자에 水氣가 없어서 일찍 사회에 진출해서 일정시점에 이르면 더 이상 발전하지 못하고 방황하는 상황과 子水의 상황이 크게 다를 바 없습니다. 다만 子水는 水氣가 있기에 水氣 부족으로 공부가 싫어서 일찍 사회에 진출하는 상황과는 다릅니다. 子水는 앞길을 개척하는 지도자 역할을 해야 하기에 그렇습니다. 그 속성을 육친으로 살피면 장남, 장녀를 암시합니다. 아니라고 해도 그런 역할을 해야 합니다. 광주 수강생이 子水의 특징이 보여서 장남이 아니라도 집안을 책임지고 부모를 모셔야 한다고 하니 그것을 어떻게 아느냐고 놀라더군요. 막내이고 형제들이 많음에도 부친을 모시고 살아야하는 상황입니다. 문제는 고향을 떠나지 않고 부모를 모시면 발전하기 어렵습니다. 甲子가 있는 宮位에서 해외로 떠나는 이유가 바로 子水는 고향에서 발전하기 힘들기 때문에 그렇습니다. 물론 장남, 장녀 역할에서 벗어나는 것은 아닙니다. 몸은 멀리 있기에 책임감으로부터 자유롭지만 고향에 계시는 부모님을 보살펴야 하는 의무감을 가지고 살아갑니다. 이런 이유로 子水는 부모덕이 별로 없습니다. 子水는 물질이 박한 공간이기에 더욱 그러합니다.

坤命				陰/平 1956년 11월 7일 18:00								
時	日	月	年	81	71	61	51	41	31	21	11	1
癸酉	己酉	庚子	丙申	辛卯	壬辰	癸巳	甲午	乙未	丙申	丁酉	戊戌	己亥

년과 월에서 丙, 庚子 三字로 子月에 丙火가 있지만 단점은 金이 너무 많습니다. 그래도 丙火 하나가 전체 사주구조에 매우 중요한 역할입니다. 子月에 태어나 친정 덕은 전혀 없고 친정 엄마가 원망스럽고 결혼한 후에는 오히려 행복해 합니다. 친정 엄마보다 시 엄마가 훨씬 잘해주고 남편의 사랑도 지극하다고 느낍니다. 子月에 필요한 酉金이 일지에서 월지로 향해 가기에 일종의 피해망상이 생겨납니다.

子水는 丑土와 유사한 부분이 있는데 子丑 合하고 丑土의 地藏

干에 癸水도 있기에 그렇습니다. 癸水는 영혼, 귀신과 같아서 丑土가 있으면 제사를 잘 지내야 합니다. 子水는 酉金에서 왔기에 씨종자, 조상신을 품어서 그렇습니다. 酉子 破는 정신병, 종교, 무당, 철학과 인연이 많다고 했습니다. 조상이 괴롭힐 수도 있으니 제사를 통해서 업보를 풀어주는 겁니다. 달리 표현하면, 조상과 부모를 잘 모셔야 발전합니다. 그래서 고향을 떠나기 힘든 것이 丑土인데 고향을 떠나지 않으면 발전이 어려우니 문제입니다. 子丑은 참으로 애매합니다. 폭발하는 속성을 생각하면 벗어나야 하는데 조상과 연결되어 있으니 벗어나기도 어렵습니다. 조상신을 子丑에서 풀어내기에 원한이나 업보가 생기지 않도록 제사를 잘 지내야 문제가 없습니다. 다섯째, 子水는 교육업이라고 설명한 것처럼 사업은 하지 않는 것이 좋습니다. 만약 사업해야 한다면 교육 사업이 좋습니다. 학원운영 같은 교육관련 아이템을 활용하면 좋습니다. 혹은 육영사업, 학교를 운영한다면 적절합니다. 甲子일주가 물질사업을 하면 38세 즈음부터 45세까지 子水에서 부도나는 사례가 많습니다. 혹은 육체가 상할 수도 있습니다. 직장생활이라면 문제가 없지만 사업을 추구하면 子水에서 酉金을 풀어버리기에 돈을 벌기는커녕 경제적으로 어려움에 봉착합니다. 물론 日支 子水가 월지 酉金을 풀어내는 흐름이라면 좋지만 배우자가 상할 수 있습니다. 예로, 이혼, 별거, 사별할 수 있습니다. 물질측면만 살피면 좋지만 다른 면에서 나쁠 수도 있다는 겁니다.

여섯째, 子水의 의미는 고독, 고난, 역경, 가난과 같은 것으로 좋은 것은 아닙니다. 子水에서 출발하므로 물질이 풍부할 리 없고 子水의 폭발력 때문에 안정적으로 발전하기 어렵기에 빈손으로 재출발하거나 자수성가 합니다. 기존의 명리 이론을 버리고 새롭게 출발하는 이유도 甲子나 壬子의 성향 때문입니다. 노자,

맹자, 공자처럼 창조의 기운이 강하기에 새로운 길을 개척하고자 고독, 고난, 역경의 길을 가는 겁니다. 일곱째, 申子辰과 연결되면 어둠, 비밀, 밤, 접대부, 사창가, 술장사, 물장사와 연결됩니다. 辰辰도 地藏干에 癸癸, 子子로 어두운 속성입니다. 子丑, 子丑辰도 모두 그런 성향이 강합니다. 丑土와 辰土는 子水와 다르지만 地藏干에 癸水가 있기에 그 속성을 벗어날 수 없습니다. 辰土에 癸水와 乙木이 子卯 刑하며 성욕, 생식기 관련이라고 했습니다. 옹녀, 변강쇠와 같은 개념입니다. 辰辰으로 조합하면 子卯 刑이 두 번 발생합니다. 辰土에서 술장사를 많이 하고 여자가 庚辰일인데 구조가 나쁘면 술집에 나갑니다. 辰土에서 <u>子水와 卯木이 刑하기에 남녀애정, 성욕과 연결되기 때문</u>입니다. 여덟째, 子水는 굉장히 차가운 속성입니다. 냉정하고, 싸늘한데 냉철하다는 개념은 아닙니다. 쌀쌀하고 차갑고 냉정합니다. 癸酉로 조합하면 냉철함도 들어갑니다. 또, 子水는 이별, 죽음, 낙하로 子酉 破에서 살폈습니다. 빅뱅처럼 폭발하는 성향이 강하기에 酉子로 조합하면 추락해서 사망할 수 있습니다. 子水는 陽氣 발산임에도 子酉 破로 폭발하면서 충동적으로 자살해버립니다. 화를 참지 못하기에 편하게 사망하는 개념은 아닙니다. 다만, 丑土는 죽을 때가 되어서 죽는 경우입니다. 丑月에 사람들이 가장 많이 죽는다고 하는 이유입니다.

子水는 은밀, 비밀, 음흉, 음습해서 申子辰과 연결되면 어둠의 무리, 조폭들이 밤에 어슬렁거리며 휩쓸려 다니는 상황과 유사합니다. 술 마시고 방탕하고 도둑, 강도, 조폭과 같은 행위를 합니다. 물론 사주구조가 좋으면 도둑, 강도를 잡는 경찰, 검찰이 됩니다. 이상하게 <u>子丑에서 검찰, 경찰, 법조계 물상</u>이 나오는 이유입니다. 신살로 災殺(재살)이 있으면 경찰, 검찰이라고 하는데 子丑寅은 겨울, 어두운 밤의 속성을 그대로 활용합니다. 亥

水는 地藏干에 甲이 있기에 물질을 추구하는 사업성형이 강하기에 子丑寅과는 좀 다릅니다. 물론 亥水도 시작단계의 행보는 불안정하지만 중년에 이르면 사업으로 전환하는데 甲木이 있기에 가능합니다. 子水와 丑土는 金을 풀어내는 속성이 강합니다. 辛酉를 풀어내는 속성은 명리에서 굉장히 독특한 특징입니다. 그 과정이 잘못되면 정신병, 귀신, 접신, 빙의 등의 문제가 발생하고 물질을 뻥튀기하려는 욕망 때문에 사기, 공갈, 강도, 도둑 행위로 타인의 재산을 강탈합니다. 물질을 추구하지 않으면 子丑寅 어둠을 해결하는 검찰, 경찰로 활용할 수 있으며 寅木도 공권력, 법률의 속성이 강합니다. 만약 丑寅으로 연결되면 甲己 습하면서 좋은 면에서는 법률을 제정하거나 통치체계를 세우는데 나쁘게 활용하면 어둠 속에서 生氣를 강탈하는 속성도 강합니다. 丑土는 영혼의 마지막 세계이고 寅木은 새로운 탄생을 상징하기에 둘 사이는 녹녹하지 않습니다. 저승과 이승의 갈림길로 서로 함께 할 사이가 아님에도 丑寅의 地藏干에는 엄청난 引力이 존재하기에 벗어날 수도 없습니다. 삶과 죽음 사이에서 상상도 못하는 배반, 배신, 암살과 같은 흉한 물상도 발현됩니다. 물론 물질적으로는 도둑, 강도, 살인과 같습니다.

丑土는 巳酉丑 三合의 끝자락으로 물질을 품었는데 寅木으로 탄생하는 과정에 甲己 合, 丙辛 合, 戊癸 合으로 丑土가 가진 것들을 寅木이 빼앗기에 겁살劫煞과 같은 작용입니다. 탄생은 전혀 새로운 세상으로 떨어지는 것이 아니고 전생의 모든 것을 이어받아서 오는 겁니다. 丑寅의 겁탈과정은 영혼과 육체를 뺏고 빼앗는 살벌한 과정입니다. 三合운동을 벗어나 새로운 세상으로 떠나는 것인데 현실에서 나쁘게 활용하면 육체, 영혼, 재물의 강탈행위입니다. 기억할 점은 亥子丑에서 亥水는 子丑과 많이 다른 개념이라는 겁니다. 亥水와 子水는 전혀 다른 행보를 보이기에 子丑寅을 함께 묶어서 이해하는 것이 좋습니다. 재살이기에 검찰, 경찰에 종사한다고 판단할 것이 아니라 글자속성, 時空間 특징이 어둡기에 사주구조가 좋으면 범죄자를 잡아들이는 겁니다. 이런 이유로 丑土는 반드시 戌이나 未로 刑沖해야 도둑심보를 고칠 수 있습니다. 丑戌 刑이 적절하게 쓰이면 丑土 교도소 문을 戌土로 열어서 범죄자를 잡아넣고 풀어주기를 반복합니다. 물론 구조가 나쁘면 해외에서 납치당하거나 사고로 육체가 상할 수도 있습니다. 다만, 月支의 時空을 고려하지 않은 丑戌 刑은 의미가 없습니다. 丑戌 刑의 작용은 동일해도 교도소에 들어가는 범죄자와 검찰, 경찰로 나뉘는 이유는 월지 시공과 사주구조가 다르기 때문입니다. 戌月의 경우에는 丑土로 刑하면 대부분 흉합니다. 아무리 검찰, 경찰이라고 해도 日支 丑土가 월지 戌土를 刑하면 일지의 시기인 38세에서 45세 사이에 불편한 문제가 발생할 수 있습니다. 戌土의 재물창고를 축토 도둑이 털어버리기 때문입니다.

子水에 가장 적합한 직업은 교육, 연구, 종교, 명리, 철학입니다. 이런 직업, 공부를 해야 甲子干支도 물질적으로 방황하지 않고 지나갑니다. 乙木이 亥子丑을 만나면 밖으로 나가지 못하고 안으로 들어가야 합니다. 時空에서 원하는 것이 그런 행위이기에 방법이 없습니다. 子卯 刑과 연결되면 이성문제, 생식기 문제, 신장, 방광문제, 자궁문제, 전립선 문제가 발생할 수 있습니다. 子水를 신경선이라고 부르기에 정신병과도 연결됩니다. 癸水는 신경선이라면 乙木은 피의 흐름을 주관하는 정맥과 같습니다. 사주를 분석할 때 甲乙을 주의 깊게 살펴야 하는데 특히 乙木과 辛金, 地支 酉金도 자세히 살펴야 하는 이유는 육체와 물질을 상징하기에 金이 木을 치면 火로 흐르는 길이 막히면서 막대한 영향을 끼치기 때문입니다. 天干에서 辛甲이 조합해도 피가 막힌다고 했습니다. 이런 조합들은 명리이론에 없기에 피부에 와 닿지 않습니다만 흉한 작용들입니다. 金이 木을 치면 丙丁 심장과 뇌에 이르는 길이 막히면서 심장마비, 뇌출혈, 정신질환이 발생하는데 十神 生剋으로 살피면 이해하기 어렵습니다. 食神制殺처럼 火氣가 金氣를 통제하면 金이 木을 공격하지 못하는 것으로 착각하는데 그렇지 않습니다. 金이 水氣를 만나지 못하면 반드시 木을 공격하는데 문제는 丙丁으로 가는 피의 흐름이 막혀서 문제입니다. 종교측면에서 子水는 金生水로 辛酉를 풀어내기에 도교, 불교에 가깝습니다. 보이지 않기에 증명하기 어렵지만 자신에게 맞는 종교가 있습니다. 子水의 작용이 좋으면 불교, 도교에 적합합니다. 물론 종교도 단편적인 판단으로는 불가능합니다. 火氣가 강해서 水氣가 필요함에도 강력한 火氣를 따라서 교회에 나가고 水氣가 많아서 火氣가 필요함에도 水氣에 취해서 불교, 도교에 빠질 수 있습니다. 즉, 부족한 오행을 채우는 경우와 강력한 오행을 따르는 경우로 달라집니다.

<u>地藏干</u>으로 <u>子水의 특징</u>을 살피면 壬癸가 모두 있으니 丙火가 들어오지 못하기에 굉장히 陰的이고 내성적입니다. 그래서 피의 흐름도 둔해서 신경이 예민하지만 구조에 따라서 癸水의 폭발력으로 발랄한 성향도 드러냅니다. 지금 설명은 근본개념이기에 주위조합에 따라서 子水의 성향이 달라질 수 있다는 겁니다. 먼저 근본 개념을 잡아야 응용할 수 있습니다. 子水는 빅뱅과 같아서 앞장서야 합니다. 이기적인 면도 강하지만 스스로는 고독합니다. 甲子의 경우, 지도자임에도 어떻게 앞길을 개척해야 하는지 모릅니다. 그래서 두 가지 성향으로 나뉘는데 지도자가 되기 위해서 열심히 공부합니다. 대학교에 가고 대학원에 가고 박사과정 거치고 해외로 유학 갑니다. 水氣가 지나쳐서 공부와 담을 쌓는 사례도 많습니다. 돈을 벌려고 노력하는데 문제는 물질

과 인연이 박하기에 이리 저리 깨지면서 불안정합니다. 子水는 영혼의 세계와 같아서 육체노동은 어렵고 주로 두뇌를 활용하는 직업에 어울립니다. 十神으로 壬癸를 偏印, 正印이라고 부르는 이유는 물질과 육체활동이 사라지는 시공간이기에 그렇습니다. 子丑寅으로 寅木에 가서야 육체를 얻기에 子水에서는 물질과 육체를 활용하는데 애를 먹기에 공부하는 것이 바람직한데 육체, 물질을 활용하면 극히 불안정해집니다. 子水는 항상 申子辰과 묶어서 살펴야 합니다. 申子辰은 물처럼 흐르므로 방탕, 방랑의 속성이 강하고 정신적 방황도 포함됩니다. 申子辰과 酉子破는 다른 겁니다. 申子辰의 申金은 火氣를 품어야 하는데 申子辰으로 水氣로 변질되면 申金이 너덜거리는 申亥 穿이라는 개념으로 지켜야 할 틀이나 경계를 허물어버리는 겁니다. 申子辰을 방탕, 방랑, 물처럼 돌아다니는 개념으로 이해해야 합니다. 두뇌를 활용하면 주로 교육, 공직, 사무직, 군인, 경찰, 종교, 철학에 적합하고 어둡게 활용하면 술집이나 화류계로 흐릅니다. 子水의 어두운 속성을 직업에 활용한 것으로 이 범주를 벗어나지 않습니다. 간단하게 살펴도 日支 子水는 장사, 사업에 적합하고 午火는 교육, 공직, 직장에 적합합니다.

月支 子水는 교육, 종교, 명리, 철학에 인연이 많음에도 日支 子水는 본인, 배우자가 장사, 사업하는 사례가 많은 이유는 申子辰 三合의 특징을 활용해서 그렇습니다. 물론 사주구조에 따라 달라질 수 있기에 무조건 그렇다는 것은 아닙니다. 年과 月에 子水가 있는 것과 日에 있을 때의 차이를 간단히 언급한 것입니다. 日支에 申子辰이 있으면 특히 辰土와 子水가 있으면 본인이나 배우자는 장사, 사업할 가능성이 많으며 역마속성이 강한 직업을 갖습니다. 해외를 돌아다니거나 출장을 자주 다닙니다. 표현을 바꾸면 부부가 떨어져 살아갈 일이 많습니다. 만약

그렇지 않으면 무언가를 내놔야 합니다. 예로, 돈을 모으지 못하거나 건강이 나빠집니다. 日支 辰土의 경우도 본인이나 배우자가 장사, 사업, 접객업에 어울립니다. 특히 식당, 술집과 같은 접객업에 어울리고 申子辰의 종교, 명리, 철학을 활용하면 상담, 교육에도 적합합니다. 이런 이유로 辰土는 교육의 속성과 장사, 접객의 속성이 섞여서 사주당사자도 어느 방향으로 가야할지 고민하는 경우가 많습니다. 사주상담, 여관, 부동산중개도 辰土의 속성이지만 子水는 그런 속성은 별로 없습니다. 年과 月 그리고 日時 宮位의 속성이 다른 것으로 日支 子辰은 장사, 사업을 원하는 배우자가 들어와서 자꾸 떨어져 살아가는 날들이 많습니다. 子水가 쥐처럼 왔다 갔다 해서 그렇습니다. 쥐처럼 생겼을 수도 있고 총명할 수 있습니다. 子水 흐름에 문제가 생기면 호르몬, 수족냉증, 혈액순환 문제 등이고 子水가 도화로 쓰이면 예술, 연예인, 술집, 화류계로 나가거나 무속, 스님 등으로 활용됩니다.

子水의 핵심은 酉金을 풀어내기에 어둡고 비밀스럽게 불법, 비리를 저지르며 공금도 횡령합니다. 酉金은 巳酉丑 三合으로 연결되어서 물질의 속성인데 子水가 몰래 酉金을 풀어내서 그렇습니다. 특히 丑土에 공금횡령 물상이 많은 이유는 子水가 酉金을 풀어서 丑土에 숨기기 때문입니다. 그래서 酉子丑 三字를 퍽치기라고 부르는데 믿는 도끼에 발등 찍히듯 믿었던 사람에게 배신당하는 경우입니다. 특히 丑土의 지장간에 癸水가 있기에 비밀, 불법, 비리로 단체의 재물을 꿀꺽하는 겁니다. 子丑辰 세 글자에는 유사한 속성이 있습니다. 酉金을 잘 풀어내면 재개발, 재건축처럼 오래된 씨종자, 과거의 낡은 물형을 새로운 것으로 변화를 주는 겁니다. 金生水로 잘 풀어내서 새로운 물형을 창조합니다. 子水와 卯木의 차이는 卯木은 원래의 모습을 모방합니다. 물형을 업그레이드 시키는 행위는 동일하지만 酉金을 철저하게 새로운 것으로 창조하는 것은 子水이고 卯木은 이미 있는 물형이나 기능에 약간의 변화를 주어서 활용합니다. 子水는 기존의 것을 창조, 혁신하는 것으로 정보 분석을 통해서 창의적인 이론을 정립하는 것도 포함됩니다. 마케팅조사, 마케팅전략을 세우는 것도 유사합니다. 金을 水로 전환하면 창조인데 水氣가 木氣로 향하면 성장을 주도하기에 교육으로 나갑니다. 金水와 水木의 차이를 느껴야 합니다. 金물질을 풀어서 창조하는 개념에는 한탕을 노리는 물질속성도 있지만 水木으로 가면 생명수로 木의 성장을 촉진하기에 교육, 종교, 출판, 지도력을 발휘하는 직업에 적합하고 종교 명리도 포함됩니다.

丑月

丑月을 보겠습니다. 丑土의 속성에는 잘 베푸는 사람과 구두쇠처럼 베풀지 않는 사람으로 나뉩니다. 어느 태도를 보이느냐에 따라서 인생이 크게 달라집니다. 전생업보에 따라서 잘 베풀거나 구두쇠로 절대로 내놓지 않으려고 합니다. 丑土는 巳酉丑 三合을 완성하였기에 물질을 저장했고 地藏干 내부에 酉子 破로 폭발하기에 한탕을 노리는 탐욕을 버리지 않으면 寅木이 세상 밖으로 나올 수 없습니다. 만삭으로 아이를 낳아야 하는데 낳을 수 없는 상태와 다를 바 없습니다. 이런 이유로 丑土는 베풀고 버려야 寅木으로 보상받습니다. 丑土는 굉장히 냉하고 맹하면서도 밖으로 돌아다니고 멀리 떠나는 속성도 강합니다. 子丑으로 연결되면 폭발하는 성향 때문에 고향을 떠나 해외, 타향으로 떠나는 경우가 많은데 사주구조에 따라서는 가족, 고향에서 절대로 벗어나지 않으려는 사례도 많기에 매우 극단적입니다. 시공간으로 살펴도 영혼의 세계와 같은 子月과 丑月에 먹거리를 얻기 어렵기에 가난한 자들에게 베풀면 나중에 보상을 받더라는 겁니다. 마치 祖上 제사를 정성껏 차려서 많이 드시고 좋은 데 가시라고 하는 행위와 동일합니다. 제사를 지내는 이유는 눈으로는 보이지 않지만 丑土 속의 辛金 조상에게 음식을 제공하는 행위입니다. 乙丑의 경우는 부도의 상황이라고 했습니다. 甲子와 乙丑은 한 쌍으로 甲子는 氣요, 乙丑은 質입니다. 甲子의 속성이 현실화되는 것으로 甲子는 과거를 버리고 출발하는데 그런 기운이 실질적으로 현실화 되는 것이 乙丑이기에 부도의 상이라고 했습니다. 乙丑 日에 상담자가 전화해서 사주도 없이 부도의 상황이고 돈이 묶여 답답한데 미련이나 욕심을 버리고 다 털어내라고 했더니 사주도 보지 않고 어떻게 아는지를 반문합니다. 며칠 전에는 남녀 문제를 물어서 집착 때문에 지금 끝내지 못하고 있다고 했더니 사주도 안 보고 어떻게 아느냐고 반문합니다. 당일의 에너지 파동(일진)을 연구하면 사주 없이도 자세한 상담이 가능합니다. 물론 완벽할 수는 없지만 일정부분은 세부적으로 상담이 가능합니다. 매일 매일 노트에 일진의 상황 중에서 독특한 사건, 사고들을 기록하다 보면 일진에 대해 눈이 뜨이고 干支의 뜻을 이해하게 됩니다. 사주가 없어도 집착 때문에 못 헤어진다고 설명하니까 황당한 겁니다.

乙丑 日에 상담하면 자금회전이 어려워지고 부도에 몰려서 이러지도 저러지도 못하고 강한 미련이 남습니다. 乙丑은 떠나고 싶으면서도 과거를 포기하지 못합니다. 하늘에서 버리라고 요구하는데 털어내지 못해서 문제입니다. 반드시 털어내야 깔끔하게 새 출발할 수 있지만 실천에 옮기지 못하기에 丑土의 집착이 무서운 겁니다. 버릴 용기가 있느냐에 따라서 丑土의 상황은 크게 달라집니다. 丑土는 집착이 굉장히 강해서 베풀지 않을 듯해도 사실 대부분은 남에게 잘 베풉니다만 소수의 경우는 자꾸 내 것이라는 욕심으로 감추고 지키려 하기에 운이 막혀버립니다. 이

런 이유로 丑土도 중년에 한 번은 물질적으로 실패하고, 이혼합니다. 丑土의 묘한 특성으로 40세 즈음에 그런 일이 발생하는 것을 자주 봅니다. 혹은 타인에게 이용당하고 사기당하고 음해당하거나 납치당하는 경우도 있습니다.

子水의 속성이 폭발적이라고 했는데 丑土도 地藏干에 癸水를 품어서 내부에 가스를 축적한 것처럼 조용히 있다가 한순간 폭발합니다. 평시에 조금씩 가스를 밖으로 배출해야 하는데 털어내지 못하고 차곡차곡 쌓아두다가 한 순간 가스가 폭발하듯 심각한 문제가 발생합니다. 丑土를 상대하는 사람들은 갑자기 폭발한다고 생각하지만 丑土의 그런 행동에는 참을 만큼 참았다가 견디지 못하고 폭발한 겁니다. 丑土의 좋은 점은 巳酉丑 三合 끝자락으로 金氣를 담아서 재물 복은 있습니다만 베풀어야 재물이 계속 들어옵니다. 丑일에 상담하면 보시하라고 조언해야 하는 이유입니다. 제사도 지내고 사람들에게 베풀거나 기부를 자주해야 좋습니다. 구두쇠처럼 살면 뇌출혈, 중풍, 심장마비가 올 수 있는 것이 丑土입니다. 丑土는 부모, 형제 특히 부모 중 한 사람과 인연이 없는 경우를 많이 봅니다. 丑土는 피붙이에 강한 애착을 가졌습니다만 부모와 함께 살기 어렵고 만약 함께 산다면 물질적으로 도움을 받기 어렵습니다. 부모 중 한분이 사망하지 않는다고 해도 물질혜택은 받기 어렵다는 겁니다.

다만 丑土는 酉丑, 酉丑辰, 巳酉丑으로 조상, 부모로부터 독특하고 우수한 자질을 물려받을 수 있습니다. 丑土의 地藏干에 있는 辛金이 酉子 破로 변질되지만 부모로부터 독특한 정신적 재능을 이어받습니다. 물론 인간이 활용하기에는 불편한 글자입니다. 정신문제, 귀신, 접신, 빙의 등의 문제와 육체결함 등으로 불편하기 때문입니다. 丑土도 子水처럼 고독합니다. 특히 日支

丑土는 한 번의 결혼으로 끝나기 어렵습니다. 흥미로운 점은 丑土는 이혼해도 계속 결혼하려는 욕망이 강하기에 사주구조에 따라서 2번, 3번 결혼할 수도 있습니다. 丑土는 이혼하면 재혼하지만 巳火는 꽃이 지듯 한번 이혼하면 재혼이 힘들다고 했습니다. 丑土도 배우자가 자꾸 밖으로 돌아다니기에 고독해집니다. 배우자와 떨어져 살아가야 하는 세월이 있습니다. 짝을 이루려는 속성과 떨어져 살려는 속성이 섞여있는데 일지 <u>丑土와 未土는 三合을 끝낸 공간이기에 새로운 공간으로 이동하려는 역마의 특징</u>이 강합니다. 地藏干에 己土가 있기에 생각 밖으로 돌아다니는 것을 좋아합니다. 己土는 내부에 저장하기에 가만있을 것 같아도 자꾸 돌아다닙니다. 壬乙己 三字가 모이면 방탕 물상이라고 했습니다. 壬乙, 乙己는 물론이고 壬己도 丁火가 없으면 구심점이 없어 돌아다닙니다. 다만 壬己乙 三字로 이어지면 검경, 교육, 정치 물상으로 바뀝니다.

이처럼 天干조합도 壬己乙, 壬乙己가 어느 宮位에 있느냐에 따라서 의미가 크게 달라집니다. 丑土는 湯火로 그 속성에 대해 자세히 설명했으며 卯丑과 연결되면 귀신이 붙은 것처럼 희한한 일들이 발생합니다. 卯丑으로 응결되면서 피가 돌지 않아서 이상한 문제들이 발생합니다. 육체와 정신이 모두 상할 수 있는데 卯木 生氣가 丑土에 응결되는 것이 문제입니다. 丑土에 담겨진 으스스한 전생의 기운이 卯木을 타고 오르기에 업보와 연결되는 겁니다. 卯午丑, 卯酉丑으로 걸리면 더욱 심각합니다. 湯火의 폭발력의 문제가 丁丑처럼 가스폭발, 화재, 비관자살, 음독자살 물상으로 연결되는 경우도 많습니다. 子年이나 丑年에 자살이 많은 이유는 비관적이고 탕화로 충동적이라 그렇습니다. 六親의 덕은 별로 없으면서도 식구들과 끈끈한 관계를 유지하려고 노력하는 것도 丑土의 독특한 특징입니다.

坤命				陰/平 1987년 12월 1일 18:00								
時	日	月	年	85	75	65	55	45	35	25	15	5
辛酉	癸酉	癸丑	丁卯	壬戌	辛酉	庚申	己未	戊午	丁巳	丙辰	乙卯	甲寅

년과 월에서 卯丑으로 걸렸습니다. 또 癸水가 丑을 만났고 癸酉 辛酉로 卯木이 상합니다. 25세 乙卯대운 壬辰年에 이르러 뺑소니 당했습니다. 酉丑辰 三字는 물론이고 酉丑, 丑辰, 酉辰 등은 모두 교통사고 물상이라고 했습니다. 사주원국에 있다면 돈벼락을 맞을 수도 있지만 구조가 나쁘면 교통사고에 주의해야 합니다. 이 사주는 酉丑으로 있는데 乙卯대운에 卯丑에 걸렸고 酉丑辰으로 조합하자 뺑소니 교통사고로 사망했습니다. 사주구조대로 우울증에 자주 자살 시도를 했고 얼굴은 미인인데 몸이 약하고 위도 좋지 않지만 가족에게 책임감이 매우 강했다고 합니다. 가족을 먹여 살려야 한다는 생각이 강했고 남자친구가 반드시 있어야 했으며 헤어지면 또 사귀기를 반복했습니다. 丑土의 집착과 卯丑의 작용 때문입니다.

坤命				陰/平 1948년 6월 21일 02:00								
時	日	月	年	86	76	66	56	46	36	26	16	6
癸丑	癸丑	己未	戊子	庚戌	辛亥	壬子	癸丑	甲寅	乙卯	丙辰	丁巳	戊午

미국교포인데 癸丑과 癸丑으로 기회만 되면 한국에 있는 형제들을 미국으로 불러 함께 살자고 합니다. 1년마다 가족끼리 해외에서 모임을 갖습니다. 丑土에는 육친에 대한 강한 애착이 있습

니다. 丑土는 짝 지으려고 하므로 화합의 개념이 강합니다. 따라서 짝수에 해당하므로 丑土는 2와 인연이 많습니다. 丑日의 경우에 이상하게 아들 둘이 많습니다만 물론 남녀궁합에 따라서 반드시 그런 것은 아닙니다. 丑土는 아들 子가 두 개로 보입니다. 위에서 설명한 것처럼 부친과는 인연이 박하고 모친과 인연이 많은데 이 분도 홀어머니 모시는 효녀입니다. 天干 合 중에서 부모와 인연이 없는 것은 丙辛 合입니다. 부모도 견우직녀처럼 자꾸 떨어져 살거나 죽습니다. 干支로는 辛巳입니다만 근본 속성은 바뀌지 않습니다. 질병으로는 수족냉증, 자궁수술, 丑戌 刑이 임산부, 산부인과 물상이라고 한 이유는 子水를 丑土에 배태하여 엄마 뱃속에 생명체를 품어서 만삭의 상태가 丑土라고 했습니다. 뒤집어 보면, 丑土에는 사망의 개념도 강합니다. 실제로 丑月에 사망하는 사람들이 가장 많다고 합니다. 그 이유는 새로운 생명의 탄생을 위해서 늙은 사람들이 생기를 잃어야하기 때문입니다. 丑土가 있으면 어려서 건강하지 못한 사례가 많은데 고향을 떠나야 좋아집니다. 부모와 함께 성장하기 어려운 글자가 바로 丑土로 辛金과 酉金도 그런 속성을 가졌습니다.

丑土는 신음하고, 卯丑이 만나 귀신, 접신 등과 같은 특징을 드러내고 조상, 부모와 끈끈하게 연결되어 있으면서도 고향 떠나서 살아야하는 이중적인 속성입니다. 丑日의 인연은 천살에 해당하기에 일종의 귀인입니다. 막힌 문제를 해결해주거나 도움을 주는 인연입니다. 丑日, 丑月, 丑年의 인연은 나를 피붙이, 가족, 친인척처럼 간주합니다. 평시의 인연들과는 다른 이유는 亥子丑 저승길에서 만나는 인연이라 그렇습니다. 丑日 상담은 식구관련 질문도 많습니다. 또 인맥을 통해서 도움을 청하는 사연도 많습니다. 식구나 친인척에게 도움을 받아서 어려운 상황을 극복하려는 겁니다. 먹고 살 수 있도록 기회를 달라는 부탁을 아무에게나 할 수 있는 것도 아니기에 丑土 식구들에게 하는 겁니다. 丑土가 식구, 친인척들에게 집착하는 이유입니다. 年과 月에 丑土가 있으면 효자, 효녀가 많습니다. 丑年 丑月이면 효녀, 효자라고 하면 맞는다고 합니다. 타향에서 따로 살아도 효자 효녀 노릇합니다. 글자 속성이 그렇기에 벗어나기 어렵습니다. 丑土의 집착을 특정 물품에 쓸 수도 있습니다. 오래되고 잡다한 것들을 버리지 않고 모으려고 합니다. 골동품처럼 오래된 물건이나 사용한 물건들을 버리지 못합니다. 丑土의 반대편 午未에도 특정 물건에 집착하는 경우가 많은데 차이점이라면 亥子丑에서는 재활용 속성이 강합니다. 사용한 지 오래 되었지만 여전히 가치를 가진 골동품이나 새로운 가치를 부여해서 재생합니다. 예로, 구제의류나 아파트 의류수거함에서 옷을 수거해서 다양하게 활용합니다. 丑土에서 巳酉丑 三合이 끝났고 亥子丑 윤회과정을 거쳤으며 地藏干에서 酉子 破로 씨종자를 새 영혼으로 바꾸는 과정이기에 계속 쌓아두어서 좋을 것이 없습니다. 새로운 영혼과 육체를 얻으려면 오래된 것을 버려야만하기 때문입니다.

辛丑년 辛丑月에 태어난 여명인데 집에 오래된 물건을 많이 쌓아둡니다. 도자기, 옷 등을 계속 모으다가 필요한 사람이 있으면 마구 퍼주는데 그런 경우는 나쁘지 않습니다. 계속 쌓아두면 악살 맞는데 퍼주기에 문제는 없습니다. 이처럼 丑土는 애착이나 집착을 가지면 좋지 않습니다. 결국 그런 집착이 심해지면 비관자살, 음독자살로 이어집니다. 집착하면 피가 돌지 않는 것처럼 막혀버립니다. 午丑 탕화작용이나 卯丑조합처럼 丑土 내부에서 밖으로 배출하지 못하는 가스가 축적되고 응결되면서 피가 돌지 않아 심장마비, 뇌출혈, 중풍과 같은 문제가 발생합니다. 사주팔자에 丑土가 있는 분들께 설명하면 공감합니다. 丑土는 亥子丑 윤회과정의 끝자락이기에 오래된 육체와 영혼을 새로운 육체와 영혼으로 교환하는 과정이기에 반드시 원한, 업보, 미련, 집착이 남는데 씨종자의 한이 서려있기 때문입니다. 巳午未 과정에는 씨종자 辛金이 개입되지 않기에 업보와 관련 없지만 丑土는 반드시 酉子(辛癸) 破로 전생의 업보와 한이 남아있는 것이 문제입니다. 이런 이유로 丑土에서 제사를 지내달라고 조언하는 겁니다. 가끔 영가 옷도 태워주거나 절에서 천도 재를 지내는 것도 모두 丑土의 업보를 털어내려는 행위이며 卯丑 조합의 문제를 해결하는 방법이기도 합니다. 따라서 丑土는 오래되고 낡은 것을 모아두는 것이 좋지 않으며 계속 버려야 새롭고 좋은 물건이 생기고 새 영혼과 육체를 받아서 발전합니다. 丑土의 속성은 윤회과정과 연결하면 이해하기 쉽습니다. 丑土가 터전, 조상신, 제사, 귀신, 종교, 철학, 장례, 풍수와 연결되는 이유입니다. 물건이 아니라면 피붙이에 대한 집착도 강합니다. 기본적으로 亥子丑은 피붙이들에게 집착이 강합니다.

丑時 새벽이기에 숙박, 식당과 연결되고 丑未로 驛馬의 속성도 강합니다. 또 저승과 이승으로 시공간이 크게 바뀌기에 마치 잠시 묵어가는 숙소와 같습니다. 丑土는 금속의 기운을 품었기에 금융, 재무, 세무, 경리 속성도 강합니다. 의미를 확장하면 금전을 酉子 破시키니 교도소, 범죄, 검찰, 경찰 물상과도 연결됩니다.

乾命				陰/平 1964년 4월 13일 02:00							
時	日	月	年	84	74	64	54	44	34	24	14	4
癸丑	癸酉	己巳	甲辰	戊寅	丁丑	丙子	乙亥	甲戌	癸酉	壬申	辛未	庚午

巳酉丑이 모두 있습니다. 癸水의 목적은 乙木을 키우는 것이지만 이 사주에는 없고 巳酉丑으로 수확하려는 속성이 매우 강합니다. 電子회사 공장 사출담당이라고 합니다. 巳月의 빛처럼 빠른 속성에 巳酉丑 금속이 섞여서 그런 물상을 활용합니다.

坤命				陰/平 1939년 3월 3일 06:00								
時	日	月	年	85	75	65	55	45	35	25	15	5
丁	己	戊	己	丁	丙	乙	甲	癸	壬	辛	庚	己
卯	丑	辰	卯	丑	子	亥	戌	酉	申	未	午	巳

숙박, 임대업에 종사합니다. 戊辰과 己丑으로 많은 사람들을 끌어 모읍니다. 己戊己와 丑辰으로 여러 형태의 공간이 있고 붙어 있고 己卯로 임대물상, 己丑의 숙박시설 물상까지 있기에 매우 적절한 직업을 찾았습니다.

坤命				陰/平 2001년 4월 21일 10:00								
時	日	月	年	87	77	67	57	47	37	27	17	7
乙	丁	癸	辛	壬	辛	庚	己	戊	丁	丙	乙	甲
巳	丑	巳	巳	寅	丑	子	亥	戌	酉	申	未	午

巳酉丑이 많습니다. 丑土에 금속을 저장합니다. 하지만 시간 乙木은 계속 좌우로 펼치기에 乙木과 巳酉丑의 움직임이 상이합니다. 따라서 乙木이 펼치면 巳酉丑은 정리하고 정돈합니다.

丑土가 있으면 돈을 다리미로 빳빳하게 펼쳐서 차곡차곡 쌓는다고 합니다. 인체에 비유하면 바늘에 들어갈 틈이 없는 것처럼 피가 통하지 않으니 중풍, 뇌출혈, 반신불구가 될 수 있으니 조심해야 합니다. 마치 금속이 녹슬고 병드는 것처럼 하자가 생기기에 낡고 오래된 것을 버려야 생기를 되찾습니다. 丑土는 상대적으로 반응이 느립니다. 남들 웃을 때 가만히 있다가 나중에서야 웃습니다. 丑月의 여자인데 친구들과 함께 대화하는 과정에 혼자 멍하고 있다가 나중에 웃습니다. 반응이 느린 겁니다. 丑土에서 관재가 동한다면 주로 금전문제 때문입니다. 계산을 정직하게 하지 않고 뻥튀기해서 한탕을 취하려는 도둑, 강도심보가 문제입니다. 丑寅으로 연결되는 것도 금전갈취나 강탈의 문제요 子丑이나 酉子丑도 모두 금전문제입니다. 子丑에서 교도소에 간다면 타인의 금전을 노리다 강도, 소매치기, 도둑 문제요 丑寅은 丑土가 소유한 돈을 寅木이 강탈해서 도망가는 움직임입니다. 丑土는 실속이 없거나 타인을 위한 일이기에 피해망상이 있습니다. 일복은 많아서 소처럼 일했는데 보상을 받아낼 수 없으니 억울한 겁니다. 질병으로는 丑土 속 辛金이 癸水에 破당하면서 관절염, 신경통, 요통과 같은 문제가 발생합니다. 요통은 丑未 沖도 포함됩니다. 土끼리 沖, 刑하면 요통이 많습니다. 갑자기 허리가 아프다면 丑未 沖이나 丑戌 刑으로 沖刑하는 경우입니다.

丑土는 부도입니다. 물질의 결실운동을 상징하는 巳酉丑 三合이 끝나는 공간이기에 중년에 丑土를 만나면 부도날 개연성이 있습니다. 乙丑干支를 부도의 상이라고 설명했습니다. 丑土는 스스로 子丑 合하고 未土는 스스로 午未 合합니다. 子丑 合은 굉장히 배타적입니다. 동일한 씨종자들끼리 놀려고 합니다. 午未 合은 모르는 사람끼리 결속합니다. 따라서 丑土는 자꾸 식구들과 끈을 만들어서 활용하려고 합니다. 丑日에 상담하는데 취직하고 싶다면 주위 식구들을 활용하라고 합니다. 丑月은 추운 겨울이기에 할 일이 부족합니다. 또 巳酉丑 三合을 완성했기에 열매를 수확하지 못하고 일자리를 얻기 힘듭니다. 丑土에서 할 수 있는 일들은 숙박, 식당 등이기에 일자리를 찾으려면 해외에 있는 친인척을 찾아가기도 합니다. 새로운 삶의 터전을 찾아가는 것이 바로 丑土입니다. 독특하게도 丑土나 未土는 모두 해외와 인연이 있거나 해외에서 활동해야 발전합니다. 戊子년 己未월 癸丑일 癸丑시 여성인데 미국에서 디자이너로 활동하면서도 己丑년에 순두부찌개 식당을 오픈하여 자식에게 주었습니다. 丑土는 창고, 숙박, 주차장, 냉동실 등으로 움직임을 잠시 멈추는 행위에 적합합니다. 따뜻한 이불, 의류도 적합하고 식당의 경우에는 가격이 저렴해야 합니다. 亥子丑 긴긴 겨울을 지나기에 고급식당은 어렵습니다. 丑土는 巳酉丑으로 조직, 단체를 형성하기에 申子辰과 같은 개인장사나 사업은 어렵습니다. 주로 육친이나 친인척의 유대관계를 활용하는 직업이 좋습니다. 예로, 대리점, 지점, 분점과 같은 형태가 어울리며 혼자 사업하기 어렵습니다.

丑寅으로 연결되면 새로운 터전, 영역을 구축하고자 멀리 떠나려고 합니다. 丑寅도 육체가 상하는 문제가 있습니다. 丑의 지장간에 酉金이 있는데 寅木과 만나기에 강탈, 킬러, 암살과 같은 물상도 있지만 육체가 상하는 경우도 많습니다. 그 이유는 丑土는 저승이요, 寅木은 저승에서 벗어나 色界로의 탄생을 상징하기에 반드시 피를 봐야하기에 육체가 상하는 겁니다. 丑寅暗合으로 외도, 강간, 뇌물, 횡령의 문제도 발생합니다. 巳酉丑 직장, 조직에서 관리하는 丑土의 지장간에 있는 辛金 씨종자를 비밀리에 빼앗아 활용하기 때문입니다. 필연적인 과정으로 寅의 地藏干에 있는 甲으로 탄생하려면 반드시 丑土 속의 辛金 씨종자를 빼와야 하므로 도둑, 강도, 강탈, 간보기, 킬러와 같은 물상으로 발현됩니다. 이처럼 丑寅에는 탄생을 둘러싸고 목숨을 뺏고 빼앗는 심각한 암투가 발생합니다. 의미를 확장하면, 丑土에서 멀리 떠나는 이유는 저승에서 이승으로 건너오기에 시공간을 넓게 활용합니다. 예로 사주팔자에 丑土가 있는데 寅대운이나 寅년이 오면 丑土나 寅木 宮位가 반응하면서 멀리 떠납니다. 丑土는 역사적으로 오래된 과거를 상징하기에 고고학과 인연도 강합니다. 또 종교, 철학과도 인연이 깊습니다.

寅月

寅月에 대해 살펴보겠습니다. 寅木은 호랑이처럼 자존심이 강합니다. 물질보다 명예, 의리를 중시합니다. 寅木은 주위와 함께 지내려는 성향이 아니기에 친해지기 어렵지만 친해지면 오래 관계를 유지합니다. 寅木은 스스로 고독하기에 중년에 이혼해서 과부, 홀아비로 지낼 가능성도 있습니다. 호랑이와 같은 寅木은 기본적으로 고독과 외로움의 성향이 강합니다. 만약 일지 배우자 宮位에 寅木이 있다면 38세에서 45세 사이에 이혼, 별거하고 고독해질 수 있습니다. 결국 寅木은 결혼을 늦게 하는 것이 좋습니다. 甲寅 년에 태어나면 결혼하지 않거나 늦게 하는 경우를 많이 보는데 이런 이유로 자식 얻기도 어렵습니다. 寅木은 탄생을 상징하기에 반드시 피를 봐야 하므로 수술, 상처, 얼굴 흉터 물상이지만 고독, 외로움, 과부, 홀아비, 만혼, 자식을 얻기 어렵다는 특징도 함께 기억해야 합니다.

丑寅으로 연결되면 자수성가할 가능성이 있습니다. 丑土는 저승, 寅木은 탄생이기에 그렇습니다. 저승에서 이승으로 넘어올 때는 아무 것도 가져오지 못하고 육체만 얻을 수 있습니다. 丑土에 있던 辛金 씨종자의 물형을 寅木으로 바꿔야 나올 수 있기에 마치 종묘사직을 떠나 홀로 독립해서 고독한 길을 가야 합니다. 하지만 寅午로 연결되면 寅午戌 三合의 화려한 세상에서 조직, 단체의 속성으로 사회에서 적극적으로 활동하기에 직장인으로서는 가장 적합한 조합입니다. 사주원국에 寅午로 조합하면 사회활동하기 좋다고 합니다. 사업 마인드는 약하고 교육, 공직, 직장인 속성이며 寅木의 기획과 午火의 실행이 조합하였습니다. 丑寅도 무속 기운이 강한 이유는 丑土에 숨겨진 辛金 조상의 기운과 강하게 연결되기 때문입니다. 丑에서 寅으로 나올 때는 반드시 丑에 있는 辛金과 癸水를 새로운 육체 寅木에 담아서 나오기에 전생, 조상과 인연이 강한 겁니다. 물론 좋으면 조상의 음덕이고 나쁘면 접신, 빙의, 귀신 짓으로 탁해집니다. 따라서 제사도 지내주고 기도해 주면 좋다고 하는 겁니다. 이처럼 전생의 기운이 강한 글자들은 酉金에서 시작해서 子水 丑土 寅木 卯木, 辰土까지로 직감, 예감이 뛰어나다고 합니다.

寅木에 미남, 미녀가 많고 예술, 기술, 연예인 계통도 많습니다. 또 종묘사직을 이어받아서 상상력도 풍부하고 천재적 자질도 있습니다. 특히 壬水가 寅午로 연결되면 창조능력과 예술, 기술, 연예인 성향도 좋습니다. 寅木의 근본개념은 새로운 출발입니다. 丑寅, 寅午戌로 새로운 생명체의 발현입니다. 子丑寅으로 이어지면 새로운 정부를 구성하듯 寅木에서 법률, 통치와 같은 속성도 강합니다. 寅木은 탄생이기에 두 가지 특징을 모두 가지고 있는데 철없는 아이와 같은 순수함으로 여리고 계산적이지 않습니다. 또 상상력을 활용해서 기획, 은둔자형 통치능력은 뛰어납니다. 맹하고 경솔한 면도 있지만 카리스마와 고집, 창의력을 활용합니다. 寅木에는 수술 상처, 교통사고 흉터, 특히 얼굴 흉터는 寅巳 刑으로 사주팔자에 寅木이 있으면 얼굴에 흉터가 있는데 마치 호랑이에게 물린 훈장처럼 일종의 개운하는 방법입니다. 寅木은 삶을 새롭게 출발했기에 희망적으로 미래를 설계하는데 丑寅으로 연결되면 巳酉丑과 寅木이 조합해서 단체에서 개인으로 독립하는 과정에 내부문제로 구설시비가 발생하고 단체와 개인이 다툴 일이 발생합니다. 예로 丑年에서 寅年으로 넘어오는 과정에 구설시비가 생겼다면 대부분 기존의 조직과 독립하여 나온 개인 사이에 돈 문제로 송사가 발생합니다. 丑土는 巳酉丑으로 열매를 완성해서 저장했는데 寅木은 홀로 봇짐을 싸서 저승을 떠나 이승으로 넘어옵니다. 예로 <u>사주원국에 丑土가 있는데 寅年을 만나면 丑土 속의 것들을 자연스럽게 寅木에게 빼앗길 수 있기</u>에 뇌물이나 불법, 비리, 성범죄와 같은 문제가 발생하거나 밝혀집니다. 따라서 丑年에 뇌물은 문제가 발생하기에 받지 않는 것이 좋습니다. 예로 丑土의 도둑, 강도의 영향을 받기에 당장은 문제가 없지만 寅年에 조사받고 문제가 드러나면 관재가 발동합니다. 寅木에는 음향, 소리, 방송, 寅巳 刑의 개념으로 스피커, 폭발물, 노래방 인연도 있습니다. 탄생과정에 울음을 터드리기에 그런 속성이 있는 듯합니다.

乾命				陰/平 1973년 1월 5일 20:00							
				81	71	61	51	41	31	21	11	1
時	日	月	年									
甲	甲	甲	癸	乙	丙	丁	戊	己	庚	辛	壬	癸
戌	戌	寅	丑	巳	午	未	申	酉	戌	亥	子	丑

노래방을 운영합니다. 甲과 寅은 하강 움직임이고 丑寅의 속성은 어둡습니다. 물상에 비유하면 지하계단으로 내려가는 조합입니다. 戌土는 寅午戌 三合 陽氣가 소멸되는 공간이자 戌時에 회사를 마치고 술을 마시는 시간대이기에 주로 밖으로 돌면서 향락을 즐깁니다. 丁亥는 풍류보다는 바다낚시, 고독한 성향이고 어두운 곳에서 짝짓기 개념이 강합니다. 특히 丁壬 합하는데 辛金을 배합하지 않으면 <u>丁辛壬 三字</u>를 활용하지 못하고 짝짓

기로만 활용하기에 성욕이 강합니다. 나이트클럽, 룸살롱처럼 밤에 술을 마시면서 향락을 즐기는 물상은 조금 다릅니다. 육체를 탐하는 것과 술과 음악을 즐기는 행위는 동일하지 않습니다. 戌土가 있거나 巳戌이나 丙戌로 연결되면 풍류를 즐기려는 속성이 강합니다. 단순히 짝짓기를 원하는 것이 아니라 노래방, 룸살롱, 나이트클럽처럼 술과 음악을 즐기는데 숨겨진 의미는 배우자와의 관계에 만족하지 못하고 밖으로 돌아다닌다는 암시가 강합니다. 이 사주는 寅戌戌로 戌土가 많고 寅중 丙火가 戌土에 들어갑니다. 戌土향락과 寅木 탄생과정에 울음소리를 터트리는 물상을 배합해서 노래방을 운영합니다. 이처럼 寅木은 호랑이처럼 평소보다 높은 소리를 내는 겁니다. 물론 寅木을 우레, 번개소리 물상이라고 표현합니다. 마치 호랑이가 으르렁 거리는 소리와 유사합니다. 또 巳戌로 조합하면 룸살롱에서 여인과 눈이 맞아서 사랑에 빠져서 정신 못 차리고 가정을 버릴 수도 있습니다. 丙庚子, 丙庚壬 三字로 조합하면 성악교수 물상이라고 했습니다.

庚子도 교육과 인연이 많은데 丙火를 가미하면 공명작용으로 성악, 가수 물상이며 종교, 명리, 철학과의 인연도 강합니다. 丙火 日干이 庚子 月과 조합하면 아름다운 소리를 내지만 丙庚에 水氣가 없으면 아름다운 소리가 아니고 우렁찬 소리를 냅니다. 위에서 언급한 호랑이 寅木도 우렁찬 소리를 낸다고 했습니다. 寅木의 특징 중에서 빼놓을 수 없는 것이 두뇌를 활용하여 창조력을 발휘하는 것으로 기획력은 뛰어나지만 실행력은 부족합니다. 寅木의 생각을 실행에 옮기려면 卯木, 巳火, 午火가 있어야 寅卯, 寅巳, 寅午로 실행할 수 있습니다. 寅木 자체는 직접 행동으로 옮기지 못하고 자꾸 남을 시키려 합니다. 특히 丑으로 연결되면 음습한 의도로 간을 보는 행위를 많이 합니다. 사회활동에서 寅木은 기획에 적합하지만 문제는 寅木에 水氣를 배합하지 않거나 丙丁, 巳午未로 壬癸를 증발시키면 다중영혼처럼 뇌와 입은 바쁘지만 실속이 없습니다. 水氣를 적절하게 배합한 寅木은 숫자 3으로 팀을 이뤄서 전략을 짜거나 기획하는 업무에 적합합니다.

寅木은 학문과의 인연도 강합니다. 寅木이 성장하는 과정은 반드시 壬水나 亥水를 통해서만 가능한데 전생의 정보를 다양하게 축적한 壬水, 亥水의 지혜를 흡수하기 때문입니다. <u>壬亥, 子水, 寅木, 未土</u>는 공부와 인연이 강한 글자들입니다. 未土는 역마의 속성이 매우 강함에도 강렬한 火氣에서 살아남고자 증발하는 壬癸를 끌어 모으기에 학문과 인연이 강하고 또 산만한 정신을 집중하고자 종교, 명리, 철학, 참선, 수도와 인연이 많습니다.

寅木은 권력, 통치, 집권, 법률의 특징이 강한 이유는 삼권분립을 상징하기 때문입니다. 숫자로 3이며 三合처럼 삼각형으로 균형을 유지합니다. 입법, 사법, 행정의 삼권을 활용해서 나라를 통치합니다. 寅속의 甲은 生氣의 탄생이자 선구자를 뜻하고 백성에 해당하는 戊己토를 다스리는 통치자로 법률과 관련이 깊습니다. 따라서 寅木을 효율적으로 활용하려면 공부를 많이 해야 합니다. 亥寅으로 성장하고 丙火로 빛을 발하는 <u>壬甲丙 三字조합</u>은 장기적으로 학문에 전념하기에 박사급으로 국가에서 활용하는 인물이 됩니다. 만약 水氣를 배합하지 못하고 寅木이 巳午未를 만나면 학업에는 흥미를 느끼지 못하고 일찍 사회에 나가 물질을 추구하지만 水氣가 부족하기에 중년에 한계를 느끼고 다시 공부하는 경우도 많습니다. 寅木의 밑천에 해당하는 水氣가 부족하니 성장에 한계가 있는 겁니다. 이런 이유로 寅木에서는 <u>壬水를 먼저 보충하고 나중에 丙火를 보충해야</u> 하는데 궁통에서는 丙火가 반드시 필요하다는 억지스런 주장을 합니다. 공부를 많이 해야만 하는 이유는 바른 통치를 위한 것이기에 壬과 亥가 없다면 학업에 충실하지 못하기에 바른 지도자는 어렵습니다. 물론 사주원국에 水氣가 부족하거나 전혀 없는데 공부하려고 노력하는 사례들이 많은데 그 이유는 보이지 않는 水氣를 보충해서 寅木의 성장을 촉진하려는 의지를 가졌기 때문입니다. 이런 태도는 현생에서 생겨난 것이 아니고 전생에서 이어져온 습관 같은 겁니다. 따라서 사주팔자에 寅木이 있는데 壬水, 亥水가 없는 경우에는 두 갈래로 나아가는데 지혜를 충전하고자 학문에 열심이거나 학문과는 담을 쌓고 철저하게 물질을 추구합니다. 사주팔자에 水氣가 없는데 이상하게 공부를 좋아하거나 학문에 전념하는 분들은 寅木이 있기 때문입니다. 이런 의미는 格局, 抑扶, 生剋, 調喉와 상관이 없고 자연의 순환과정에서 보여주는 十干과 十二支의 의지입니다. 이런 이유로 글자가 품은 에너지 특징을 모르면 十神으로 印星이 학문이라는 엉터리 설명을 해야 하며 印星은 없는데 박사인 이유를 설명할 수도 없습니다.

丑寅으로 조합하면 고향과 인연이 없고 타향에서 발전합니다. 寅木 자체로 지살과 驛馬의 개념이 강하기에 이동을 상징합니다. 또 예술 성향도 강해서 주위에 인기가 좋습니다. 다만 그 인기를 잘못 활용하면 결혼생활에 풍파가 많고 고독하기에 결혼을 늦게 하라는 겁니다. 寅木이 있는데 결혼하지 않는다면 독촉할 필요가 없습니다. 寅木은 고독함을 해소하려면 늦게 결혼하는 것이 좋거나 寅木의 시기에 홀로 고독해져야만 합니다. 천간 辛金, 지지 寅木이 모두 고독을 상징하지만 辛金은 죽음을 향하기에 고독하고 寅木은 저승에서 이승으로 나와 홀로 구만리 길을 가야하기에 고독합니다. 그 과정에 갑자기 추락하는 느낌으로 소리 지르기에 국악, 성악, 가요, 예술, 연극, 연예계와도 인연이 강합니다. 丑寅으로 연결되면서 神氣, 촉도 강합니다.

坤命				陰/平 1976년 6월 5일								
時	日	月	年	88	78	68	58	48	38	28	18	8
모름	甲寅	甲午	丙辰	乙酉	丙戌	丁亥	戊子	己丑	庚寅	辛卯	壬辰	癸巳

예술에 종사하다가 호주로 떠나서 혼자 사는데 이혼했으며 바람을 피웠습니다. 일찍 결혼하면 발생하는 문제이기에 늦게 결혼해야 좋은데 팔자구조가 그것을 용납하지 않습니다. 글자의 속성을 깊이 연구하면 사주구조를 읽지 않고도 다양한 설명이 가능합니다. 사주를 몰라도 무슨 띠고 몇 월에 태어났는지를 물어서 두 글자만으로 통변하면 반응이 재밌습니다. 그런 연습을 많이 해야 자연스럽게 일진도 이해하고 年柱가 주는 특징도 자세히 살피고 또 月支까지 대입해서 년과 월의 상황을 설명하는 겁니다. 만약 寅申 沖하면 고향 떠나서 살겠네요, 역마 기운이 강하네요, 결혼을 늦게 하겠네요, 등으로 대화가 가능합니다.

<u>대화 부분</u> : 宮位가 제일 재밌어요?
답변 : 宮位는 시간방향, 시공간 반응으로 연결시키면 사주통변에 얼마나 핵심적인 이론인지를 이해합니다. 宮位는 시공간흐름을 설명한 것이지만 十神은 生剋을 다루는 2차원적 논리입니다. 十神生剋과 時空間흐름을 마구 섞어버린 것이 대만 하 선생의 宮星 논리인데 명확한 기준이 없습니다. 宮位도 지구자연의 순환원리를 뚫지 못하면 이해하기 어렵습니다. 宮位에 대해서 책으로 350페이지 정도 썼지만 많이 보충해야 합니다. 十神, 神煞, 12운성, 三字조합, 干支조합도 모두 宮位에 활용할 수 있습

니다. 예로 年에 있는 甲木 比肩하나로 다양한 설명이 가능합니다. 日支 궁위에 있는 己土와 甲己 合으로 묶어서 그 이치를 풀어내고 甲庚 沖으로 풀어낼 수 있습니다. 宮位論에서 보물을 캐보세요. 地藏干의 원리처럼 계속 보물이 튀어나오는 것이 宮位입니다.

이어서 하겠습니다. 寅木은 신경성 두통이 있습니다. 그 이유는 피의 흐름 때문으로 특히 水氣가 부족한 상태에서 寅木의 地藏干에 있는 甲丙이 寅巳 刑하면 피의 흐름이 원활하지 않기에 두통이 생길 수 있습니다. 寅木은 생각보다 까다로운 글자입니다. 첫째 주위에 넉넉한 水氣가 있느냐가 관건입니다. 그렇다고 너무 많으면 우울증이 발생합니다. 또 일도 풀리지 않고 꼬입니다. 둘째 水氣는 없는데 火氣만 탱천하면 다혈질로 거칠고 설치면서 공명정대를 외칩니다. 甲木이 巳月을 만났는데 水氣가 부족하면 조급합니다. 이처럼 水氣가 없거나 부족하면 특수조직에서 활동하는 것이 편합니다. 예로, 경찰이나 군인처럼 다혈질이나 殺氣의 문제가 발생하지 않는 조직입니다. 이런 이유로 寅木이 水氣와 火氣를 적절하게 배합한 壬甲丙 三字조합이 장기교육, 박사급으로 가장 좋은 조합이라고 하는 이유입니다.

寅木은 막 탄생하였기에 이름을 부여하는 행위를 합니다. 예로, 막 태어난 아기에게 이름을 지어주는 행위, 식당을 개업하여 이름을 짓거나 회사를 개업하여 회사명을 결정하는 행위입니다. 또 벌거벗은 상태로 왔으니 옷을 입어야 합니다. 따라서 寅木의 물상에는 옷, 섬유, 원단과 관련된 물상이 많습니다. 여기에 丙火와 조합하면 丙火의 화려한 색채를 가미하면 새벽에 오픈하는 동대문에서 옷이나 원단장사를 하거나 옷가게를 운영하거나 유사한 섬유업종에 종사합니다. 결국 탄생해서 옷도 맞추고 이름도 짓는 겁니다. 만약 壬寅월에 태어나면 丙火의 화려한 색채가 없기에 의료, 검경, 교육에 적합합니다. 寅木은 갓 태어난 아이처럼 순수합니다. 寅卯辰은 탄생에서 청소년까지의 시기이기에 사주팔자에 寅卯辰이 많으면 철부지가 많고 순수합니다. 寅卯辰이 年과 月에 있으면 어려서 철부지로 지내는 것이고 日時에 있으면 배우자나 자식들이 철부지입니다. 乙癸戊 三字처럼 寅卯辰도 봄에 산으로 들로 돌아다니는 것을 좋아합니다. 정리하면, 寅卯辰과 乙癸戊는 순수한 성정으로 육체를 적극적으로 활동하는 아이들처럼 꾸밈이 없고 산으로 들로 뛰어다니는 밝은 심성입니다. 등산이나 절에 다니는 행위도 유사합니다. 乙癸戊, 寅卯辰 들판, 등산, 순수함, 연애, 타인을 기쁘게 하는 결혼식장, 웨딩플래너와 같은 직업에 어울립니다. 寅木은 갈 길이 구만리이기에 미래를 설계하는 행위에도 적합합니다.

卯月

卯月에 대해서 살펴보겠습니다. 卯의 地藏干에 乙木이 있는데 다른 地支의 지장간에 乙木이 있는 글자들도 함께 비교해보는 것도 좋은 학습방법입니다. 子丑辰의 경우, 지장간에 癸水가 있습니다. 酉戌丑에는 辛金이 들어있고 卯辰未에는 乙木이 들어있습니다. 이처럼 동일한 글자가 들어있는 地藏干을 묶어서 살펴야 개념을 빨리 잡습니다. 地支에서 깊이 연구할 글자를 고르라면 卯木과 酉金으로 사주분석 과정에도 주의 깊게 살펴야 합니다. 우리가 살아가는 과정에 실질적인 물질과 육체를 상징하기에 사고, 질병, 죽음 등의 문제와 직접적으로 연결되어 있습니다. 종교, 철학에서도 가장 중시하는 것이 인간의 生死요, 인생을 살아가는 과정에 生死를 결정하는 인자가 卯木과 酉金이기에 집중적으로 살펴야 하는 겁니다.

卯木은 민첩합니다. 토끼라고 부르는 이유입니다. 또 육체를 활용하기에 짝짓기에도 강합니다. 계속 좌우로 펼치면서 사람들과 접촉하기 때문입니다. 卯木은 새끼 치려는 욕망을 버릴 수 없습니다. 乙卯는 生氣를 사방팔방으로 퍼뜨리려는 욕망을 멈추지 않습니다. 그래서 卯木은 연애를 상징하는 도화, 년살과 같은 명칭으로 불립니다. 육체를 적극적으로 활용하는 이유는 卯木의 성장본능 때문입니다. 성장하는 모습이 오늘 다르고, 내일 다르기에 매일 화장하듯 외형을 꾸미고 바꿉니다. 그래서 乙卯는 옷을 자주 갈아입습니다. 모델처럼 다양한 방식으로 변화를 주려는 의지입니다. 이런 모습을 도화라고 불렀던 겁니다. 매일 새싹의 모양이 달라지는 것을 상상하면 됩니다. 오늘은 왼쪽에, 다음 날엔 오른쪽에, 그다음 날엔 또 다른 쪽에 가 있고 이리저리 왔다 갔다 하는 모습을 상징한 것이 바로 도화입니다. 卯木의 접촉하려는 성향을 남녀관계에 적용하면 바로 성욕입니다.

사람과 사람이 접촉해서 生氣를 퍼트리고자 짝짓기가 이루어집니다. 또 卯木이 양 갈래로 계속 인연을 바꾸기에 배우자 인연도 불안정합니다. 卯木은 자꾸만 변화를 주려고 하므로 원래의 물형을 유지하기 힘들어합니다. 총명하지만 꾸준함은 떨어지고 어떤 일이든 속전속결로 후딱 해치우려 합니다. 용두사미라는 단어에 어울리는 글자가 卯木입니다. 따라서 卯木에게 반드시 필요한 것은 집중력, 지구력입니다만 그 본성은 나쁘지 않습니다. 솔직하고 담백하면서도 변덕이 심한 이유는 생각이 너무 많기 때문입니다. 겉으로는 즉흥적으로 처리할 듯해도 이리저리 생각을 계속 바꾸기에 일종의 결정 장애로 결단을 내리지 못합니다. 卯木이나 乙木은 좌우로 확산하기에 생각이 많습니다. 卯木의 재주는 다양한데 재치, 인기, 말솜씨, 글 솜씨, 그림솜씨가 좋습니다.

卯木은 이상한 특징을 가졌는데 보이지 않는 조상의 업보를 가지고 세상에 나왔습니다. 寅木은 땅속, 卯木은 땅 밖이므로 씨종자 酉金이 卯木으로 물형을 바꿔서 튀어나오는 과정에 조상의 업보가 이어집니다. 이런 이유로 卯木에서 필요한 것이 정신수양입니다. 卯木은 사주구조에 따라서 이상한 쪽으로 빠질 가능성이 있습니다. 무당, 접신, 빙의, 귀신과 같은 물상이나 정신병, 조상업보로 일이 꼬이고 풀리지 않습니다. 卯木 자체만으로도 그런 속성이 있으며 卯표으로 연결되면 더욱 확실해집니다. 酉金 반대편으로 나온 첫 글자가 卯木이기에 인간의 生死와 깊은 관련이 있기에 종교색채도 굉장히 강합니다. 전생에 해결하지 못한 辛金 씨종자의 숙제를 卯木이 이어받았기에 영향을 받는 겁니다. 卯木은 토끼처럼 밖으로 돌면서도 전혀 어울릴 것 같지 않은 종교, 명리, 철학과 인연이 깊은 이유가 바로 저승과 이승으로 이어진 업보 때문입니다. 따라서 <u>卯木은 조상을 잘 돌봐야 운이 풀리는</u> 글자입니다. 업보를 풀어내야하는 의무감이 있습니다. 조상제사를 꾸준히 지내주는 것이 좋고 종교를 갖는 것도 좋습니다. 종교를 통해서 조상의 업보를 풀어내는 겁니다. 卯木에는 전생에 불교에 심취한 조상이 있었음을 암시합니다.

卯木은 총명하지만 창조보다는 응용력이 좋습니다. 寅木은 창조, 발명이라면 卯木은 존재한 것을 활용, 응용하는데 뛰어납니다. 卯木의 이상한 특징은 부모로부터 유산을 물려받아도 지키기 어렵습니다. 자꾸 밖으로 튀어나가려는 卯木의 움직임 때문에 유산을 지키기 쉽지 않습니다. 卯木에는 입양의 개념도 있습니다. 卯木이 두 갈래로 갈라지기에 절에 팔아 주라는 표현처럼 부모를 두 명 모시면 좋습니다. 혹은 입양가기도 합니다. 卯木은 땅을 뚫고 나왔고, 아침에 집을 나섰기에 근본터전과 인연이 없습니다. 근본터전을 지키지 못하기에 고향과 인연이 약하고 고향에서 발전하거나 안정을 취하기 어렵습니다. 사주팔자에 乙乙乙이 많으면 바람처럼 돌아다닙니다. 卯卯卯, 乙乙乙己도 그런 성향이 강합니다. 그렇다면 卯木에서 사업이 가능할까요? 이렇게 저렇게 계속 바뀌기에 불안정합니다. 일을 시작하고 중단하기를 반복합니다. 卯木은 결벽증이 있을 정도로 까다롭고 민감하고 사고방식도 4차원적입니다. 일반인들이 생각하는 평범한 사고방식이 아니라 독특한 사고방식을 갖고 있습니다. 卯木의 뇌를 이해하는 것은 쉬운 문제가 아닙니다. 사차원적 사고방식을 독특한 예술성으로 승화할 수 있습니다. 예로, 탱화나 문신을 그리는 행위입니다. 辛亥 干支도 칼을 활용하는 직업에 많습니다. 예로, 이발, 미용, 문신과 같은 것들입니다. 辛金은 고대에 죄인의 얼굴에 글자를 파서 범죄자임을 알리는 행위였는데 현대에는 문신과 유시합니다. 문신도 개운 방법으로 원래의 육체에 상처를 냄으로써 변화를 주는 겁니다.

눈썹문신도 마찬가지입니다. 辛亥가 있는데 丁火가 없으면 丁辛壬 三字를 활용하지 못하기에 사주구조가 좋지 않으면 몸에 문신을 하거나 엉덩이, 허리부위에 문신을 하는 겁니다. 마치 수술로 개운하는 것과 동일한 이치입니다. 사촌 여자가 엉덩이에 문신을 했다는 이야기를 들었습니다. 辛亥간지의 개운법이 그렇습니다. 육체 어느 부위라도 문신을 하면 유사한 효과로 <u>사주팔자의 殺氣를 제거하는 방법</u>입니다. 卯木은 정해진 틀을 흩트리고 파괴시키거나 포기합니다. 원래의 물형을 유지하지 못하고 자꾸 깨버립니다. 예로 정치인들이 합의하고서 조금 지나 약속을 파기하는 행위입니다. 卯木에서 새싹이 땅을 뚫고 나오기에 세대교체를 암시합니다. 卯대운이나 乙대운에 집안에 사망하는 노인들이 바로 세대교체 당사자입니다. 표土는 癸水가 폭발하므로 밖으로 나가는 움직임이기에 사람, 물건을 받는 것이 좋지 않다고 했는데 卯木도 안으로 들어오는 사람, 물건을 받는 것은 좋지 않습니다. 새로운 식구가 丑이나 卯에서 집으로 들어오거나 탄생하면 노인들이 사망할 수 있습니다. 바로 세대교체를 원하는 겁니다. 글자의 속성대로 丑이나 卯에서 식구들이 줄어야 하고 늘어나는 것은 좋지 않습니다. 乙亥干支는 여자가 친정으로 돌아가면 집안 어른이 건강에 문제가 생기거나 사망하기도 합니다. 이혼하고 친정으로 들어갔다니 아버지가 자살했다는 사례도 있습니다. 乙木, 丑土, 卯木은 時間方向이 안에서 밖으로 향하기에 짐승, 물건, 사람이 들어오면 악살 맞는다고 합니다. 자기에게 적절하지 않는 물건이나 사람이 들어와서 힘들게 하고 일도 꼬이게 만들어 버립니다.

그래서 丑土에서 돈을 받으면 뇌물, 불법, 비리와 같은 문제를 일으킵니다. 도둑, 강도와 같은 속성으로 뇌물을 받으면 卯木에서 드러나 들통 납니다. 丑卯조합의 또 다른 물상입니다. 丑土에서 뇌물 받으면 卯木에서 들통 나고 교도소에 가거나 관재가 동합니다. 丑寅卯 과정에 감추어졌던 실체가 폭로됩니다. 丑土에서 돈 받고 寅木에서 검사받고 卯木에서 교도소 갑니다. 乙木과 卯木은 죽음, 방랑, 역마의 속성이 굉장히 강하고 해외로 가는 간지가 乙亥라고 했습니다. 卯木은 도화, 바람, 색욕, 풍파로 트레이드마크입니다. 卯木은 접촉하는 과정에 육체를 더듬고 만지는 행위입니다. 卯木, 乙木, 壬水도 물이 흘러가면서 주위와 접촉합니다. 卯木은 객사귀입니다. 특히 卯丑으로 연결되면 집 떠나서 결혼 못하고 죽은 처녀, 총각귀신입니다.

乾命				陰/平 1965년 5월 17일 16:00								
時	日	月	年	83	73	63	53	43	33	23	13	3
丙申	辛丑	壬午	乙巳	癸酉	甲戌	乙亥	丙子	丁丑	戊寅	己卯	庚辰	辛巳

사주팔자에 卯丑은 보이지 않고 午丑으로 조합하고 있는데 己卯대운에 복상사 했습니다. 주로 술집 여자, 이혼녀와 지나치게 여색을 탐하다 문제가 발생했습니다. 癸酉年과 甲戌年 사이라고 합니다. 丑土가 動했습니다. 卯丑으로 걸렸는데 丑중 癸水가 動했고 酉金이 卯木을 沖하면서 피의 흐름에 문제가 발생했습니다. 글자의 속성을 모르면 이해하기 어렵습니다. 卯대운에 卯丑으로 걸리면 전생에 결혼하지 못하고 죽은 귀신이 들어오는 겁니다. 卯木에는 의처, 의부 증세도 있습니다. 생각이 너무 많아서 그렇습니다.

乾命				陰/平 1964년 6월 17일 18:00								
時	日	月	年	84	74	64	54	44	34	24	14	4
丙戌	乙亥	辛未	甲辰	庚辰	己卯	戊寅	丁丑	丙子	乙亥	甲戌	癸酉	壬申

애인이 있는데 심하게 의심합니다. 辛未와 乙辛으로 乙木의 흐름이 좋지 않으면 사고방식에 문제가 발생합니다. 丑土, 辛酉와 乙卯가 엮이면 정신적으로 불안해지고 심하면 정신병에 걸립니다.

■제 35강■
◆辰巳午未 의미 확장

卯月 279
辰月 285
巳月 293
午月 298
未月 304

卯月

卯木을 이어서 하겠습니다. 卯木은 땅하고 인연이 별로 없습니다. 땅과 접촉해서 성장하는 것으로 인식하지만 땅과의 인연은 寅木이 훨씬 강합니다. 寅木주위에는 항상 흙탕물 壬水, 己土가 섞여 있습니다. 뿌리를 캐보면 축축한 이유입니다. 배추를 뜯어보면 흙이 묻은 부분과 묻지 않는 부분으로 나뉘는데 寅木과 卯木의 경계를 표시해줍니다. 寅木이 축축한 이유는 己土와 壬水 寅木이 壬甲己 三字로 섞여서 물과 흙과 뿌리가 함께 하기에 그렇습니다. 하지만 卯木은 寅木을 근거로 땅 밖으로 튀어나왔기에 흙과 질퍽한 물을 좋아하지 않기에 인연이 없습니다. 卯丑, 乙己, 己卯 조합이 불편한 이유입니다. 寅木을 근거로 땅을 뚫고 올라와 좌우로 펼치는 과정에 흙을 털어버리고 벗어납니다. 즉, 근거지를 버리려는 시도가 묘목에서 이루어집니다.

문제는 근거지, 바탕이 없기에 안정을 취하기 어렵기에 그 문제를 해결하고자 계속 변화를 주기 때문에 일이 잘 풀리지 않는다고 생각합니다. 따라서 卯대운에 일이 꼬이면 안정적인 터전의 문제입니다. 혹은 丑土에서 卯木으로 이어지는 과정에 墓地의 일부가 무너져 좋지 않은 영향을 미치는 경우도 많습니다. 혹은 담벼락이 무너져 내리는 일이 생기는 것은 모두 묘목에서 운이 풀리지 않는 원인이기에 그런 문제를 해결해 주어야 합니다. 땅에 흙을 깔아서 안정적인 터전을 마련하거나 정원에 흙을 보충하고 꽃을 더 심어서 근거지가 흔들리지 않도록 해야 합니다. 흙의 속성은 지저분한데 卯木은 흙과 인연이 없기에 깔끔하지만 심하면 결벽증과 같은 문제가 발생합니다. 卯木을 卯木으로만 살피면 보이지 않지만 시공간흐름으로는 酉에서 시작해서 丑寅 卯로 이어지기에 반드시 前生의 기운이 들어오면서 신경성 질병, 결벽증, 과대망상, 정신분열, 노이로제, 불안증세, 빙의, 접신과 같은 문제가 발생하고 子水와 연결되면 子卯 刑으로 애정 문제가 발생합니다.

乾命				陰/平 1969년 4월 20일 02:00								
時	日	月	年	89	79	69	59	49	39	29	19	9
丁丑	庚戌	己巳	己酉	庚申	辛酉	壬戌	癸亥	甲子	乙丑	丙寅	丁卯	戊辰

丁卯대운 甲戌年에 정신병에 걸리고 丁丑年까지 상황이 심각했습니다. 그 이유는 丁丑과 丁卯가 만나서 卯丑으로 조합합니다. 또 巳酉丑 三合의 중간에 戌土가 夾字로 끼어서 三合 沖, 三合 刑합니다. 丁卯대운에 戌土의 지장간에 있는 丁火가 천간에 드러나고 卯戌 合, 丑戌로 刑하는 과정에 丑土에 있는 육해 癸水가 흔들리면서 귀신이 동하고 정신병에 걸립니다. 卯巳戌 三字로 卯木 生氣가 상하고 卯酉戌로 잘리면 피의 흐름이 막힙니다. 사주원국에 없던 卯木이 들어와 분란만 일으키고 木火의 흐름이 酉金에 잘리면 卯木에서 丁巳 심장과 뇌로 가는 피가 막히자 정신병에 걸렸습니다. 甲戌년에 卯대운의 문제가 천간으로 현실화 되었습니다.

乾命				陰/平 1963년 9월 15일 18:00								
時	日	月	年	88	78	68	58	48	38	28	18	8
癸卯	丁未	壬戌	癸卯	癸丑	甲寅	乙卯	丙辰	丁巳	戊午	己未	庚申	辛酉

卯年을 기준으로 午火가 육해인데 천간으로 올리면 정화로 日

干도 육해입니다. 戌月의 시공에는 무기력한 해수 정도면 충분한데 癸壬로 산만하기에 좋은 구조는 아닙니다. 戊午대운과 丁巳대운의 午火, 丁火는 육해로 대략 10년 동안 정신적으로 방황할 수 있습니다. 丁대운이 끝나 가는데 정신분열로 10년 동안 약을 먹고 있다고 합니다. 大運은 물론이고 사주원국일간 丁火, 戌중 丁火, 未중 丁火와 戌未 刑하므로 육해가 불안정해지고 정신에 이상이 발생합니다. 戌土 月支를 건들어도 좋을 것은 없습니다.

坤命				陰/平 1967년 8월 7일 16:00							
時	日	月	年	90	80	70	60	50	40	30	20	10
戊	丁	己	丁	戊	丁	丙	乙	甲	癸	壬	辛	庚
申	丑	酉	未	午	巳	辰	卯	寅	丑	子	亥	戌

대운이 庚戌, 辛亥, 壬子, 癸丑, 甲寅으로 흘러갑니다. 日干이 丁火로 六害요 年干도 육해입니다. 월주 己酉를 사이에 두고 년과 일이 丑未 沖하기에 酉金이 夾字로 비틀리면서 辛亥, 壬子, 癸丑대운에 귀신이 보였다고 합니다. 丑대운에 이르자 더 이상 귀신이 보이지 않았다고 합니다. 이처럼 卯木의 문제는 전생의 업보가 현생까지 이어지고 묘한 반응을 일으키는 것입니다. 또 좌우확산 움직임으로 접촉하는 범위가 넓어서 남녀인연이 복잡할 수 있습니다. 卯丑으로 조합하거나 卯木만 있어도 무속, 종교, 명리와의 인연도 강합니다. 결국 酉金에서 시작된 윤회과정이 卯木에서 완성되기에 두 글자는 모두 그런 속성을 품었습니다.

卯木은 4차원적이라고 표현한 것처럼 IQ가 높고 총명합니다. 특히 응용력이 뛰어나 여러 방면으로 활용하는데 연구 활동도 가능하고 남들이 풀지 못하는 문제들을 풀어내는 수사활동, 프로파일러처럼 범인들을 연구합니다. 卯木 자체로는 그런 속성이 강하지 않습니다만 卯木이 움직이는 과정에 자극을 받는 글자들은 매우 총명합니다. 天干에서 乙辛 沖하면 乙木이 辛金으로부터 탈출하려고 노력하기에 총명해질 수밖에 없습니다. 丙火까지 있으면 辛金이 乙木을 훼하고 乙木은 丙火를 활용해서 辛金을 제거하려고 하므로 두뇌회전이 빠릅니다만 공황장애, 강박 증세를 보이기도 합니다. 사실 卯丑 조합도 길하게 활용하면 매우 총명한 이유는 神氣가 강하기 때문입니다.

坤命				陰/平 1983년 12월 20일							
時	日	月	年	84	74	64	54	44	34	24	14	4
모름	乙卯	乙丑	癸亥	甲戌	癸酉	壬申	辛未	庚午	己巳	戊辰	丁卯	丙寅

개그우먼 김신영 사주팔자라고 합니다. 월과 일에서 卯丑으로 조합하여 두뇌회전이 굉장히 빠르고 순발력이 뛰어납니다.

卯木은 卯酉 沖하면 틀린 점을 지적하기에 논리가 명확한 것을 원합니다. 乙辛 沖처럼 삶과 죽음이 충돌하면 논리가 명확해야 하며 辛金이 乙木의 움직임을 관찰하면서 옳고 그름을 따지려고 합니다. 卯木은 집 내부에서 밖을 향하기에 가정보다는 만인을 위해 활동하는 움직임이기에 사방팔방으로 돌아다닙니다. 부동산과 연결하면, 卯木은 자신의 집을 소유하고 머무는데 익숙하지 않습니다. 계속 밖으로 돌아다니는 특징 때문에 소유한 주택은 임대주고 활동지역에서 임대하여 사는 경우가 많습니다. 의미를 확장하면, 乙木은 재산증식에 서투르기에 땅이나 부동산에 돈을 묻어두는 것이 좋습니다. 비록 땅이나 집과 인연은 없지만 미래에 남는 것은 부동산이나 땅 밖에 없기 때문입니다. 己卯처럼 己土의 좁은 땅을 卯木이 양쪽으로 가르는 구조도 임대업에 적합합니다. 문제는 卯木 스스로가 부동산이나 돈에 흥미를 느끼지 않습니다. 정해진 방향대로 소유한 것을 저장하지 못하고 밖으로 꺼내는 것을 좋아하기 때문입니다. 물론 사주구조에 金水를 보충하면 이런 성향은 크게 줄어듭니다.

卯는 조상 墓에 문제가 발생할 가능성이 많습니다. 乙이나 卯가 운에서 왔을 때는 조상의 墓를 살피는 것이 좋습니다.

坤命				陰/平 1967년 8월 7일 16:00								
時	日	月	年	90	80	70	60	50	40	30	20	10
戊	丁	己	丁	戊	丁	丙	乙	甲	癸	壬	辛	庚
申	丑	酉	未	午	巳	辰	卯	寅	丑	子	亥	戌

이 여인은 辛卯年에 아이를 낳았는데 이상하게 부친이 갑자기 정신이 이상해졌다고 합니다. 辛卯年에 丑土와 酉金의 지장간에 있는 辛金이 천간으로 반응했습니다. 그리고 卯丑으로 연결되면서 조상의 업보가 卯木으로 이어지는 과정에 강한 金氣에 상하자 멀쩡했던 정신이 잠시 이상해지더라는 겁니다. 이런 현상들은 눈으로 보이지 않기에 설명하기 어려운 부분들입니다. 분명한 점은 卯丑이나 卯酉丑으로 조합하면 일종의 귀문작용이 발생합니다. 이런 관점들은 명리학이 아니라고 생각하지만 세상에 명리를 벗어나는 것은 없습니다. 근본원리, 이치를 명확하게 설명할 수 있는 것은 명리학 뿐이기에 그렇습니다. 卯丑이 연결되

면 황당한 현상들이 많습니다. 卯子丑으로 조합한 사주가 있는데 먹고 마시고 주색과 도박으로 지냅니다. 乙卯年에 부친이 사망하고 丁丑대운 丙寅年에 결혼했는데 주색잡기를 일삼고 성격이 악랄합니다. 한사람은 동생이 교통사고로 죽었고 癸酉年에 좋지 않은 일들만 생겼고 식구들이 계속 아픕니다. 月支가 卯木일 경우에 酉운이 오면 좋을 것이 없습니다. 심지어 天干에 辛이 와서 卯木을 답답하게 해도 문제가 발생합니다. 예로, 庚申年 己卯 月의 경우 卯木이 卯申으로 묶여서 月支 궁위관련 문제가 발생합니다. 乙酉年에 부친과 모친이 모두 사망하였습니다. 庚申年 己卯月 남자의 경우 두 번째 대운이 辛巳로 卯木이 天干에서 辛金을 만났음에도 좌우로 펼치는 움직임이 답답해지면서 총명했던 사람이 갑자기 바보처럼 멍해지고 일도 풀리지 않습니다. 마찬가지로 卯丑, 乙丑, 乙亥로 조합해도 전생의 기운들이 연결되고 이해하기 어려운 문제들이 발생합니다.

坤命				陰/平 1929년 2월 20일 00:00								
時	日	月	年	82	72	62	52	42	32	22	12	2
甲子	甲戌	丁卯	己巳	丙子	乙亥	甲戌	癸酉	壬申	辛未	庚午	己巳	戊辰

壬申대운에 이르면 子水에 있던 壬水가 천간에 드러납니다. 卯申으로 卯木의 움직임이 답답해지고 癸丑年에 갑자기 정신병에 걸렸습니다. 특히 巳年을 기준으로 子水는 육해인데 癸丑년에 천간에 드러나자 정신이 불안정해지고 卯丑으로 전생의 업보가 연결되면서 卯木이 응결되자 丁火, 巳火로 가는 피가 막히고 정신병에 걸렸습니다. 이처럼 卯丑으로 조합하면 피의 흐름에 이상이 생기는지 살펴야 합니다. 子水 육해를 성욕으로 사용해서

그에 상응하는 문제가 발생할 수도 있습니다. 예로, 복상사, 강간, 성범죄와 같은 물상입니다. 卯木이 丑土와 연결되거나 卯巳戌, 卯酉戌로 걸리거나 卯酉 沖으로 걸리거나 天干 辛金으로 卯木이 찍히면 정신적, 육체적으로 문제가 발생할 수 있음을 기억해야 합니다. 가장 현실적인 글자가 卯木과 酉金인데 酉金은 生氣가 없기에 문제가 약하지만 卯木은 生氣, 活力을 상징하기에 卯酉 沖이나 卯申 合으로 묶이면 상할 수밖에 없습니다. 특히 卯月의 경우가 가장 심합니다. 참고로 甲과 乙丑으로 조합하면 甲木은 乙丑을 보호하는 역할이고 甲일 丁卯 時로 조합하면 육체가 강하기에 주로 색욕의 문제를 일으킵니다. 다만 丁卯가 월주에 있다면 직업적으로 활용하기에 그런 성향이 크게 줄어듭니다.

辰月

辰月로 가겠습니다. 辰土의 특징이 묘합니다. 다른 글자들과 많이 다릅니다. 12支 중에서 유일하게 비현실적인 동물에 비유하였습니다. 子丑寅卯辰巳午未申酉戌亥 중에서 오로지 辰土만 현실에는 없는 상상의 동물입니다. 辰土의 地藏干에 乙木의 좌우 확산, 癸水의 폭발력으로 戊土에 陽氣가 오르면 사람들이 산으로 들로 뛰어다니고 사회에서는 출근하느라 바쁘고 마치 시장처럼 시끄러운 환경입니다. 따라서 학업과 인연은 약하고 주로 논과 밭으로 일하러 나가야 합니다. 모내기하려면 사람들도 구해야하고 힘을 합쳐야 모내기를 적절하게 해낼 수 있습니다. 따라서 辰土의 특징은 적극적으로 육체를 활용하고 많은 사람들과 접촉합니다. 사화생활에 비유하면 회사에 출근해서 근무를 시작하였기에 다들 바쁘게 움직이는 시간입니다. 이에 적절한 직업으로는 접객, 상담, 식당, 무역, 장사, 다단계, 성인오락실, 짝퉁, 사기행위입니다. 흥미로운 점은 辰土는 인정도 많고 동정심도 많습니다. 이처럼 글자 하나에는 다양한 의미들이 섞여 있습니다. 辰土의 흥미로운 점은, 많은 사람들을 상대하지만 용의 속성대로 자존심이 무척 강합니다. 많은 사람들을 상대함에도 스스로를 용이라 생각하기에 자존심이 굉장히 강하고 고개를 숙이지 못하기에 손해를 많이 봅니다. 주위 사람들과 더불어 살아가는 동물이 아니기에 사람들이 가까이 오면 도망가고 멀어지면 다가와서 호기심을 보입니다. 이처럼 辰土는 밀고 당기는 행위에 익숙합니다. 日支에 辰土가 있는 여자를 유혹하려면 밀고 당기는 행위를 잘해야 합니다. 가까이 가는 척하다 갑자기 멈추고 다시 가는 척하면 나중에 辰土가 지쳐서 따라옵니다. 일지 辰土는 겉으로는 사람들을 잘 대하면서도 내면에는 결코 호락호락하지 않는 자존심을 숨기고 있습니다. 친한 사람들과 더불어 지내면서도 항상 일정한 거리를 유지합니다. 辰土를 접객업이라 표현했는데 다단계처럼 조직을 형성하는데 뛰어난 능력을 보이지만 지도자급은 아닙니다. 寅卯辰에서 지도자급은 寅木입니다. 卯木은 실행자요 辰土는 辰중 乙木이 있기에 중간브로커 역할에 어울립니다.

辰土는 水氣가 말라서 오래 공부할 수 있는 환경은 아닙니다. 열이 오르기에 일찍 사회로 나가서 물질을 추구할 가능성이 농후합니다. 하지만 辰土의 그릇을 크게 활용하려면 공부를 많이 해야 합니다. 만약 辰土 운에 공부를 중단할지 해외로 유학가야 할지를 묻는다면 水氣가 마르면 공부에 집중하기 어렵기에 사회활동 하거나 학업을 이어가려면 해외로 유학 가는 것이 좋습니다. 辰대운에 사주원국에 水氣가 마르면 학교를 그만두는 이유이기도 합니다. 辰土에 물이 많다고 표현하는 것은 참으로 억지스런 주장으로 水氣를 보충하지 않으면 辰土의 쓰임은 매우 좋지 않습니다. 사주원국에 水氣가 부족해도 해외로 유학하는 경우가 많습니다. 辰土에 水氣를 채우지 못하거나 申子辰으로 너무 어두우면 조폭, 깡패, 도둑의 무리가 됩니다. 辰대운을 만나면 적절하게 조언해야 합니다. 학업을 중단하려는데 어떨까요? 라고 질문하면 경제적으로 문제가 없다면 유학을 보내라고 해야 합니다. 유학을 보낼 정도가 아니라면 서울에서 부산정도로 먼 곳으로 전학을 시키는 것도 한 방법입니다. 동일한 공간에만 머물면 기운을 바꿀 수 없기에 각도를 바꿔주는 겁니다. 현재의 공간에서는 학교를 다니다가 그만두어야 하는 운인데 공간을 이동해서 氣의 각도를 바꾸거나 해외로 가면 기운을 바꿔서 학업을 이어갈 수 있습니다. 마치 辰土를 戌土로 바꾸는 것과 다를 바 없습니다.

각 나라의 五行까지 따질 필요도 없습니다. 중국은 戊辰, 일본은 丙火, 동남아도 火氣요 미국은 庚申, 辛酉, 캐나다는 辛酉, 독일은 金水, 영국은 亥水로 보거나 戌土로 보고 홍콩 戌土, 섬나라는 戌土로 봅니다. 각 나라마다 독특한 특징이 있는데 프랑스 네덜란드는 예술로 乙卯로 봅니다만 태어난 나라를 벗어나 해외로 떠나기만 해도 기운이 크게 달라진다고 이해해야 합니다. 한국에서는 공부하기 어려운데 중국만 가더라도 훨씬 집중력이 좋아진다는 겁니다. 辰土에서 공부하지 않으면 명리, 한의, 침술, 약국, 화류계로 빠집니다. 특히 여자가 庚辰의 경우에는 식당, 화류계, 술집, 유흥업과 인연이 많습니다. 辰대운에 술집 나갑니다. 辰土 속의 癸水를 상상해봅니다. 적천수에서 표현하기를 天津에 다다른다고 했는데 가볍다는 의미입니다. 하늘까지 올라가려면 가벼워야 합니다. 辰土에 水氣가 없기에 가능하며 열이 오르는 공간이기에 당뇨, 고혈압이 발생합니다. 辰土에는 군중 속의 고독이 있습니다. 龍이기에 사람들과 함께 하는 것을 즐기지 않습니다. 戌土는 남자의 양기가 무기력해지고 辰土는 여자의 양육기능이 무기력해지기에 노처녀, 과부를 상징합니다. 사주원국에 辰이 있거나 辰대운에 술집에 나가거나 남녀관계가 복잡할 수 있습니다. 戌土가 日支에 있으면 부부사이에 성적으로 문제가 발생하고 남자가 밖으로 돕니다. 남자의 기능이 떨어지면서 여자도 밖으로 돌거나 외도하거나 유흥업소를 즐겨 찾습니다. 辰土도 부부사이가 편하지 않아서 밖으로 돌아다닙니다. 여자의 경우, 과부로 살거나 엄청난 남성편력을 보입니다. 辰土와 戌土의 묘한 특징입니다. 핵심은 부부사이에 성적인 문제가 발생할 수 있지만 밖에서는 문제가 없다는 겁니다. 日支 戌土인 여자가 집안도 돌보지 않고 애도 키우려고 하지 않으며 놀러 다니면 남자가 힘을 쓰지 못한다는 반증입니다. 건강함에도 辰土, 戌土에서 잠자리가 불가능한 이유입니다. 辰土는 水氣를 마감해서 잉태의 기능을 상실하고 戌土는 火氣를 마감해서 남자의 양기를 상실해서 그렇습니다.

辰土는 고집이 있습니다. 水氣가 부족하면 굉장히 답답하고 소통하기 어렵기에 고독해집니다. 만약 사주구조에 火氣가 강해서 다혈질이면 깡패, 조폭, 협잡꾼과 같은 성향을 보입니다. 잔인함도 있는 이유는 申子辰이기에 그렇습니다. 여자의 사주팔자에서 日支 辰土는 남편이나 인연되는 남자가 조폭 성향을 보입니다. 양복 입고 머리를 짧게 깎은 모습으로 여성은 군복, 제복 입은 남자를 선호합니다. 日支가 辰土인 여자와 인연을 맺으려면 <u>양복, 군복, 경찰복</u>을 입으라는 겁니다. 눈에 쌍꺼풀이 있고 눈알이 앞으로 튀어나오고 殺氣가 도는 눈도 壬水, 辰土의 속성입니다. 壬辰대운에 술집에서 근무한다는 여성은 조폭들과 연결되었다고 합니다. 辰土에서 가장 좋은 개운방법은 방생입니다. 바닷가에서 살거나 물하고 친하게 지내야 합니다.

辰土는 똥통이라고 표현합니다. 辰月에는 열이 오르고 水氣가 마르고 탁해져서 그렇습니다. 亥辰, 壬辰은 열이 올라 탁해진 辰土 공간에 壬水, 亥水를 공급해서 木이 적절하게 성장하도록 유도합니다. 그런 행위를 직업으로 활용하면 약국, 심리상담, 침술, 정수기, 화공약품 등의 물상입니다. 辰土에는 癸水가 있기에 전생의 업보와 연결되며 귀신물상과도 연결됩니다. 열이 오르면 고혈압, 당뇨, 피가 탁해지고 고지혈증 등으로 고생하며 심하면 사망합니다. 辰戌丑未 年에 질병이 발견되는 것은 좋지 않습니다. 고질병이 3-4년 지난 후에 토에서 결정체로 딱딱해진 후에 발견되었기에 암이 꽤 오래되었음을 암시합니다. 土에서는 암이 딱딱하게 굳어가기에 미리 검사를 해주는 것이 좋습니다. 辰戌丑未 刑의 개념도 그렇습니다. 土가 스스로 刑하기에 구조에 따라 비틀리면서 암이 문제를 일으킵니다. 예로 乙未年에 암이 발견되었다면 壬辰年에 암이 자라고 있었다는 겁니다. 辰戌丑未年년 초에는 암 검사를 조언해야 합니다. 암보험도 추천하는 것이 좋습니다.

辰土에서 <u>부족한 水氣를 보충하는 직업</u>을 활용하면 무역, 술, 식당, 접객, 화류계, 유통, 낚시터 등입니다. 丙戌, 巳戌, 亥辰, 壬辰도 유흥업과 인연됩니다. 辰辰, 戌戌도 유사합니다. 물장사 외에도 인력소개소, 부동산 중개업도 좋습니다. 辰土는 그 특징이 극히 양면적인데 교육에도 적합하지만 유흥에도 어울리며 두 개를 동시에 할 수도 있습니다. 낮에는 학원 강사, 밤에는 술집에서 일하는 경우입니다. 庚辰일의 경우는 여자가 사회활동해서 가정을 꾸려가는 경우가 많은데 특히 식당이나 술집을 운영해서 무기력한 남편을 먹여 살립니다.

坤命				陰/平 1985년 4월 10일 04:00							
時	日	月	年	82	72	62	52	42	32	22	12	2
甲寅	戊辰	辛巳	乙丑	庚寅	己丑	戊子	丁亥	丙戌	乙酉	甲申	癸未	壬午

日支에 辰土가 있고 甲寅 時에 태어났습니다. 寅卯辰으로 일시가 구성되면 뿌리와 가지가 함께 엮이니 가정에서 가장 노릇하면서 책임질 일들이 많습니다. 엄마, 아빠, 동생, 남편이 모두 이 여인을 중심으로 돌아갑니다. 식구들을 책임져야 할 의무를 가졌습니다. 寅卯辰 주위에 형제들이 떠나질 않습니다. 무능력한 식구들을 살리는 팔자입니다. 辰土 주위에 뿌리와 같은 형제들이 엉켜있기에 돌봐야만 하는 상황입니다. 辰土가 두 개 있는 여인의 경우에는 다단계를 하다가 이혼하고 애를 키웁니다. 여자 일지에 辰土가 있으면 가장 노릇하는 사례가 많습니다. 辰土에서 개운하는 방법은 다양한 공부가 좋습니다. 공부 많이 해서 중생을 구하라는 암시입니다. 壬辰에서 스님이 많이 나오는 이유입니다.

辰土는 사람들을 상대하는 처세술이 좋아서 접객, 상담업과 연결 됩니다. 다만 辰土는 쉽게 접근할 수 있는 사람은 아닙니다. 龍이기에 겉으로 쉬워보여도 자존심이 강해서 내면에서는 쉽게 접근하는 것을 꺼립니다. 나는 일반인들과 다르다는 생각이 강하면서도 접객에도 어울리니 참으로 이중적입니다. 辰辰복음으로 붙으면 외도, 바람기가 많고 남녀관계가 복잡합니다. 특히 辰土를 申子辰 어둠으로 활용하면 쉽고 빠르게 돈을 벌고자하는 욕망이 강합니다만 사주구조에 따라서 의미와 물상이 크게 바뀌기에 단정하기 어렵습니다. 辰土는 水氣가 없기에 조급합니다. 또 시장처럼 많은 사람들이 모여듭니다. 水氣가 없기에 저장 기능도 약하며 밖으로 꺼내 놓는 것을 좋아하기에 정리, 정돈이 어렵습니다. 농담으로 여자 日支에 辰土가 있으면 속옷도 밖으로 꺼내 놓는다고 합니다. 성격은 숨길 것이 없다는 태도로 화끈합니다. 물론 子水나 丑土와 조합하면 숨기려고 할 수 있지만 辰土 자체의 속성은 숨기려고 하지 않습니다. 대충대충 성격 때문에 辰土에서 물건을 구입할 때 생각 없이 이것, 저것 유사한 것들을 동시에 구입해서 하나만 활용하고 나머지는 버리기에 후회합니다. 이처럼 사려 깊지 못하고 쉽게 판단하는 것이 辰土입니다. 辰土는 용의 속성대로 호기심이 많습니다.

甲辰 干支의 경우에 水氣가 충분하면 공직, 교육에 적합하고 水氣가 부족하면 군인, 경찰에 어울립니다. 甲辰의 구조를 地藏干으로 살피면 甲과 乙이 섞이고 乙木이 좋아하는 戊土가 있습니다. 표면적으로 辰土를 다스리는 것은 甲木이지만 辰土를 차지한 것은 乙木이 분명하기에 甲은 경쟁에서 밀리는 바지사장에 불과합니다. 따라서 甲木은 직접 사업하면 문제가 발생한다는 것을 알기에 乙木에게 戊土를 다스려달라고 부탁합니다. 甲辰의 남녀관계는 생사이별이라고 했습니다. 첫 부인과 이혼, 사별할 수 있는데 불가항력적인 이유로 헤어지고 나중에는 젊은 여자와 재혼하는 식입니다. 그 이유는 甲 + 乙戊로 조합하기에 乙木과 지내던 戊土 여자가 甲木을 찾아오지만 관계가 오래 지속되는 것도 어렵습니다. 甲木과 戊土는 시공간이 적절하지 않아서 그렇습니다. 戊土는 甲木의 남자다움에 반해서 접근하지만 직선적이기에 힘들어 합니다. 甲木, 寅木의 특징으로 사람들이 접근하기 어려워하고 스스로도 접근하는 것을 좋아하지 않습니다. 고독한 호랑이처럼 혼자 어슬렁거립니다. 寅木의 宮位에는 사람들이 몰려들지 않기에 조용히 기획하는데 적합합니다. 甲辰에서

군인물상이 나오는 이유는 甲과 乙이 섞였기에 비견과 겁재로 강인한 육체를 활용하기 때문입니다. 甲辰에서 壬水가 부족하면 이른 나이에 사회에 진출하는데 특히 木火의 기세가 강하면 사회활동 보다는 군인, 경찰, 스포츠처럼 육체를 적극적으로 활용하는 특수조직에 적합합니다. 사업에 비유하면 甲과 乙이 戊土를 다투는데 甲木이 戊土를 취하면 乙에게 빼앗기는 핫바지사장과 같아서 문제가 있습니다. 시간이 지나면 경쟁으로 사업이 힘들어지고 다른 공간으로 이동해서 다시 시작하기를 반복합니다. 甲辰은 水氣가 부족하면 항상 乙木에게 경쟁에서 밀리기에 그렇습니다. 만약 壬水를 보충하면 甲木의 학력이 높아지고 공직이나 교육에 종사합니다.

辰土는 水氣가 부족하면 고집스럽고 水氣를 잃지 않으려고 구두쇠처럼 행동합니다. 이처럼 辰土에 水氣가 부족하면 좋을 것이 없습니다. 조폭, 깡패, 다혈질이고 또 申子辰으로 水氣가 강해도 조폭, 깡패에 많습니다. 심각한 점은 辰土에 水氣가 없으면 깡패, 짝퉁, 위조지폐, 불량품의 물상으로 학업에는 흥미가 없고 육체를 활용하면서 辰土 속의 癸水를 활용하여 부풀리는 행위를 합니다. 학력이 낮은 상태로 사람들을 상대하면 사기, 거짓말과 같은 행위에 익숙하고 폭력을 가미하면 조폭, 깡패처럼 변합니다. 辰土에 반드시 水氣를 채워야 하는 이유가 바로 이런 문제를 해결하기 때문입니다. 辰土에 요리사, 영양사. 식품연구원, 외식업, 대중음식점, 술집이 많은 이유는 辰土에 水氣 채워서 辰중 乙木 生氣를 살리려는 행위를 하기 때문입니다.

이렇게 기본개념을 정리하고, 辰戌丑未를 두 글자, 세 글자로 조합해서 살펴야 합니다. 예로, 辰未의 경우는 水氣가 더욱 마르면서 부풀리고 과장하는 행위를 좋아합니다. 辰未로 조합하면

水氣가 부족해지고 과장, 허위, 거짓말을 좋아한다는 것만 알아도 다양한 통변이 가능해집니다. 辰戌, 未戌 刑의 개념만 이해해도 이해의 폭이 넓어집니다. 刑에 대해서 충분히 이해하고 있습니다만 물상을 다양하게 이해해야 합니다.

巳月

巳火로 가겠습니다. 글자를 많이 이해할수록 사주분석이 쉬워집니다. 사주에 존재하는 글자의미를 설명해주면 놀라워합니다. 十干과 十二支는 항상 계절특징도 함께 기억해야 합니다. 巳月은 꽃이 활짝 피어나는데 적극적으로 짝짓기를 통하여 열매를 맺으려는 것이 목적입니다. 사주팔자에 巳火, 亥水가 많으면 짝짓기 기술이 좋다고 했습니다. 따라서 巳火에 독수공방이라는 뜻이 있다는 것을 이해하기 어렵습니다만 꽃이 활짝 피고 열매가 맺히면 다시는 꽃이 피지 않기에 그렇습니다. 연애는 실컷 할 수 있지만 결혼 후 이혼하면 남녀 공히 재혼이 힘들거나 가정을 버리고 유부남의 애인으로 살아가는 사례도 많습니다. 정식 결혼이 아니며 巳火, 亥水의 특징대로 다양한 짝짓기를 시도하는 겁니다. 사주팔자에 巳火나 亥水가 많으면 애 낳고 살다 도망가서 유부남 애인으로 살아가는 경우가 많은 이유는 모두 짝짓기 본능이 강하기 때문입니다. 남편은 황당한 상황을 맞이하는데 애 낳고 살다가 갑자기 도망가 다른 남자와 동거하는 부인을 이해하기 어렵고 배신감을 느낍니다. 사주구조를 살펴야 하지만 乙巳, 乙亥, 辛巳, 辛亥일에 이런 사례가 많습니다.

乙丑년 辛巳월 戊辰일 甲寅시 여자로 위에서 살폈던 사주인데 乙酉年 쯤 이혼하고 남자들이 많아도 결혼 못하고 혼자 살면서 늙은 유부남 애인으로 생활합니다.

巳火의 地藏干에 庚金이 長生한다고 주장합니다만 새로운 陽氣가 동했지만 아직 기운이 없다고 설명했습니다. 庚金은 巳火에서 태어나고, 甲木은 亥水에서, 丙火는 寅木에서, 壬水는 申金에서 태어나는데 가장 화려한 공간에서 태어난 것은 庚金이기에 성장하면 식구들을 벗어나 멀리 떠나기에 인연이 없다고 합니다. 화려한 세상으로 떠나기에 타향, 해외에서 발전합니다. 亥子丑 寅卯辰은 피붙이와 형제를 상징하는데 巳午未는 육친, 형제를 벗어나는 시공간으로 타향, 해외를 암시합니다. 이런 이유로 庚金은 고향 떠나 살아갈 일이 많습니다. 巳火를 丙辛 合의 개념과 연결하면, 년과 월에 丙辛 合이 있다면 부모와의 인연이 박합니다. 특히 부친과 떨어져 살거나 사별할 가능성이 높습니다. 丙과 辛이 合해도 둘의 속성이 밝음과 어둠으로 너무도 달라서 生死를 상징하기에 조화를 이루기 어렵습니다. 특히 年과 月에서 丙辛 合하면 부모와 떨어져 살아갈 가능성이 높습니다.

干支로 辛巳요, 地支로 巳酉 合입니다. 巳火는 辛酉와 合하려고 하기에 丙辛 合하면 빛을 잃고 어둠 속으로 사라집니다. 이런 이유로 어려서 부모와 인연이 박하고 결혼하면 배우자와 떨어져 살아갈 날이 많습니다. 의미를 확장하면, 년에 丙火가 있고 辛일이면 멀리서 合하기에 결혼하고서도 남편과 떨어져 살아갈 날들이 많은데 근본원인은 남편이 외도하기 때문입니다. 다만, 合의 인력으로 헤어지기는 어렵고 가끔 만나서 관계를 유지합니다. 신기한 점은, 남편이 외도하는 것도 잘 모릅니다. 合의 작용 때문에 남편이 자신을 사랑한다고 느낍니다. 이처럼 丙辛은 生死를 가르는 合이기에 만나고 떨어지기를 반복하는 운명입니다. 丙辛, 巳酉, 辛巳干支도 부모인연, 부부인연이 박해서 만나고 떨어지기를 반복합니다. 이처럼 巳火의 물상은 풍요 속 빈곤처럼 고독합니다. 월주가 乙巳, 辛巳, 乙亥, 辛亥의 경우는 부모가 떨어져 살아갈 가능성이 높습니다. 화려한 巳月의 속성에 이런 고독한 의미가 숨겨 있습니다. 특히 辛巳, 乙巳가 더욱 뚜렷합니다. 巳火는 고독하고 외로워야 오히려 풍파가 없습니다. 고독, 외로움을 참지 못하면 남녀 인연이 복잡해지고 불행해집니다. 특히 여자는 말년으로 갈수록 고독해집니다. 고독해야 풍파가 없는 이유는 고독하지 않으려고 짝짓기에 집중하면 복잡한 애정문제로 인생이 꼬이고 물질도, 육체도 상합니다. 巳火에서는 공부를 많이 해서 교육, 공직으로 활용하는 것이 좋습니다. 어떤 분이 교사인데 결혼하고 1~2년 지나 남편이 외도해서 이혼했습니다. 이 여인은 평생 독신으로 살면서 교육에 헌신했다고 합니다. 巳火의 속성 때문에 그렇습니다. 교육으로 희생하고 봉사하면 풍파는 없는데 외로움을 해결하고자 관계를 맺기 시작하면 복잡한 인생이 됩니다. 남편이 자신의 돈을 탕진하고 빚을 남기도 도망가는 사례들이 생깁니다. 巳火에서 개운하는 방법은 짝짓기를 피하는 겁니다. 인생이 꼬이고 풀리지 않으면 혼자 고독해지면 됩니다. 사람들을 멀리하고 공부에 전념하는 겁니다.

巳火는 가장 화려하여 많은 사람들과 교류하기에 풍파, 구설, 시비가 발생합니다. 이런 문제가 발생하면 밖으로 향하는 문을 닫고 고독해지면 문제가 해결됩니다. 巳火가 꽃처럼 펼쳐서 밖을 향하는 움직임이기에 도움을 받는 것도 쉽지 않습니다. 밖을 향해서 자신이 소유한 것을 내줘야하는 운명입니다. 퍼주고 뺨을 맞지는 말아야 하는데 그런 문제가 발생하기에 巳火에 강박관념이 생기고 자신이 손해 본다는 피해의식이 생겨납니다. 마음속에 담아두면 뒤끝이 강하며 스스로 베푼다고 생각하면서도 나중에 반드시 본전을 찾으려고 합니다. 巳火는 巳酉丑 三合의 출발점이기에 반드시 자신이 노력한 결과를 얻으려고 하는데 실패하면 피해망상에 시달립니다. 겉으로는 대범하게 베푸는 것처럼 행동하는 巳火의 내면에는 그런 복잡한 속내가 있습니다. 巳火의 특징은 화려하기에 만인을 위해서 희생하는 척, 대범한 척 하지만 모든 생각과 행동은 결국 열매를 완성해서 이익을 추구하기에 이런 저런 계산을 철저하게 한 후에서야 비로소 행동합니다. 사람들은 그런 계산법을 모르기에 巳火가 밥 사고 술사면 그대로 받아들이고 巳火의 계산법을 모릅니다. 이런 이유로 巳火에서 희생, 봉사, 교육을 해야 인생이 복잡하지 않다는 겁니다. 丑土에서 희생, 봉사하거나 억지로 돈을 쓰라고 설명하는 이유도 모두 巳酉丑이 三合으로 연결되기 때문입니다. 巳火도 베풀어야 좋으며 조건을 달면 문제가 복잡해집니다. 손해 본다는 생각으로 갈등만 생기기에 공짜로 퍼주고 기대를 하지 말거나 싫으면 주지 말아야 합니다. 만약 미련 없이 준다면 반드시 돌아오지만 반드시 대가를 기대하면 피해망상에 시달립니다. 미련 없이 퍼줘야 문제가 없습니다. 예로, 천만 원 빌려달라고 하면 백만 원을 주는 겁니다. 비록 돌려받지는 못해도 천만 원을 잃는 것도 아니고 사람을 잃지도 않습니다.

巳火에는 효자, 효녀의 개념도 있습니다. 식구들을 책임지려는 의지가 강합니다. 베풀어야 하므로 月支에 巳火가 있을 때 그런 특징이 훨씬 강합니다. 어떤 여인이 사월에 태어났고 서구적인 미모인데 21세에서 25세 딱 5년 결혼생활하고 이혼한 후 다시는 재혼하지 않았답니다. 와일드하고 술이 세고 예술 성향이 강하지만 돈은 없다고 합니다. 巳火는 인덕이 별로 없습니다. 내부로 받아들이는 움직임이 없어서 그렇습니다. 저장하려는 생각을 포기하고 베푼다고 생각해야 합니다. 조건부로 행동하지 않아야 공덕이 돌아옵니다. 여자의 경우, 연애하면 나이 많은 남자와 인연이 강합니다. 물질적으로 좋을 수는 있지만 결혼을 늦게 하는 것이 좋습니다. 乙丑 辛巳 戊辰 甲寅 사례도 너무 일찍 결혼해서 이혼하고 혼자 삽니다. 乙巳 辛巳 癸亥 癸亥 여성도 남편과 이혼할까봐 노심초사 합니다. 甲午 己巳 壬辰 중국남자인데 부부 인연이 없어서 부인은 홍콩에 살고 자신은 중국에 삽니다.

巳火에서 공부하지 않으면 화려한 육체를 사용할 수밖에 없습니다. 화려할수록 내면은 허하기에 많이 배워야 합니다. 특히 乙巳干支는 공직, 교육에 활용해야 합니다. 남녀인연에 활용하면 인생이 복잡해집니다. 학문에 관심이 없으면 자꾸 남녀관계로 활용하기에 문제입니다. 乙巳年 남자가 아파서 병원에 누워있으면서 간호사를 유혹하더라는 이야기도 들었습니다. 또 다른 乙巳年생은 결혼하지 않고 혼자 사는데 길가는 여자들을 끊임없이 쳐다봅니다. 乙巳에 짝짓기 속성이 강해서 그렇습니다. 巳火에서 그런 문제가 발생하는 이유도 업보입니다. 巳火에서 前生에 사랑과 이별을 많이 겪어서 이생에서 고독한 기운을 이어 받았습니다. 만약 巳火에서 결혼하면 이혼하지 않아야 방황하지 않습니다.

巳火에 미남미녀가 많습니다. 十二支 중에서 특히 巳月이 그렇습니다. 미남, 미녀이면서 공부하면 좋지만 색욕만 강하면 문제가 발생합니다. 巳火의 일반적인 직업 물상은 홍보, 광고, 화장품, 방송, 예술, 화려한 색상, 유통, 운송 등에 활용합니다. 巳火의 특징들은 결국 외형을 추구하지만 적절하게 통제해야 허무하지 않습니다. 巳火에는 背反의 성향이 있습니다. 巳火의 地藏干에 庚金이 있고 巳酉丑으로 귀결되기에 그렇습니다. 물질을 추구하는 욕망이 강하고 계속 확장하기에 열매가 완성되면 巳火를 버립니다. 화려한 홍보, 광고처럼 보이지만 이익추구가 목적입니다. 인간관계도 좋고 영업능력이 뛰어나지만 배신, 배반의 소리를 듣지 않으려면 계산방법이 진실해야 합니다. 바라지 말고 퍼주어야 돌아오지만 계산하고 퍼주면 낭패당하고 배신당했다는 피해망상에 시달립니다. 巳酉丑으로 이어지기에 법조계, 정치외교, 금융, 언론, 방송, 의료와도 인연이 강합니다.

乾命				陰/平 1971년 5월 7일 04:00							
時	日	月	年	87	77	67	57	47	37	27	17	7
戊	乙	癸	辛	甲	乙	丙	丁	戊	己	庚	辛	壬
寅	卯	巳	亥	申	酉	戌	亥	子	丑	寅	卯	辰

기획관광, 관광개발, 호텔경영 쪽에서 일하는데 나중에 게스트하우스를 운영하고 싶다고 합니다.

午月

午月로 갑니다. 巳月과 午月은 공간 환경이 크게 다릅니다. 巳火는 화려한 빛을 활용해서 홍보, 광고에 적합하지만 午火는 열매로 바뀌었기에 굉장히 실질적으로 홍보, 광고에서 그치는 것이 아니라 반드시 실질적인 결과물을 원합니다. 따라서 지극히 현실적인 글자가 午火입니다. 동물로는 말을 배속하였기에 굉장히 활동적이고 강인한 육체를 가졌습니다. 두뇌활용 보다는 육체를 활용하는 노동에 어울리고 성욕도 강합니다. 말처럼 돌아다니는 驛馬 속성이 강해서 집 안에서는 견디지 못하고 자꾸 밖으로 돌아다닙니다. 특히 午未 두 글자가 있으면 성욕이 강합니다. 午火의 상황은 극명하게 갈리는데 병들어 누워 있거나 사방팔방 뛰어다닙니다. 午火는 火氣가 탱천하기에 바쁘게 돌아다니는 것은 잘하지만 인내심이 부족하고 극히 직선적인 듯해도 계산기도 잘 두드립니다. 물질을 의미하기에 손해 보려하지 않습니다. 丙午年, 戊午年 말띠 여자들은 말처럼 돌아다니는 에너지가 강해서 가정을 돌보는 것에 흥미가 없기에 중년에 부부사이에 문제가 발생하고 독수공방 하거나 이혼할 수 있습니다. 여자가 남자와 같은 에너지를 발산하면 남편이 무능해질 수 있습니다. 午火의 지장간에 丙丁이 모두 있기에 강력한 火氣에 壬癸가 증발하면 정신집중이 힘들어지고 정신질환과 같은 문제가 발생할 수 있습니다. 이런 이유로 午火에서는 종교를 찾는 사례가 많고 丙午, 丁未대운을 만나면 사이비 종교에 빠지거나 무속, 기독교에 빠지는 사례가 많습니다. 午火는 물질을 추구하는 욕망이 강해서 계속 밖으로 돌면서 돈을 쫓습니다. 巳火처럼 홍보 광고 보다는 금융, 금융설계, 투자에 어울립니다. 또 午戌로 연결되기에 정력이 좋고 유흥, 룸살롱과 인연도 강합니다. 戌土에도 丁火가 있고 午중에도 丁火가 있습니다. 말이 서서 눈 뜨고 자면서 열심히 뛰어다니기에 자존심이 강하고 고개를 숙이지 못하고 아첨하지 못하는 강직한 면도 있습니다. 말은 집에서 머무는 것이 아니고 밖으로 돌아다니기에 驛馬, 交通, 운수, 차량, 용역과 같은 직업이 많습니다.

또 午火에 丙丁이 모두 있기에 가치나 쓰임을 얻으려면 반드시 金氣가 있어야 합니다. 丙午 月인데 운에서 金氣를 만나면 열매를 익히려고 달려듭니다. 만약 時柱에 丙午가 있다면 사주당사자의 대운이 戊申, 己酉, 庚戌로 흐를 때 丙午 자식들이 金氣를 활용해서 물질을 확장하려는 욕망이 강해지면서 사업하거나 투자에 집중합니다. 이처럼 사주팔자 日干만을 고집할 것이 아니고 각 宮位를 모두 살펴야 합니다. 내 사주원국의 宮位와 육친을 연결하고 대운을 참조해서 통변합니다. 日干만을 관찰하는 이론으로는 4차원의 세계를 살피지 못합니다. 일간중심에서 벗어나야만 합니다.

午火는 금속관련 직업도 많습니다. 중공업, 철강, 제철, 조선, 비행기, 자동차, 공업, 건축 등입니다. 여자 日支에 午火가 있다면 남편의 직업은 조선소, 철강업처럼 금속을 다루는 직업에 많습니다. 日支 午火로 水氣가 없기에 金水를 좋아하며 남편이 그런 직업을 가져야 발전합니다.

乾命				陰/平 1967년 5월 13일 02:00								
時	日	月	年	84	74	64	54	44	34	24	14	4
丁	乙	丙	丁	丁	戊	己	庚	辛	壬	癸	甲	乙
丑	卯	午	未	酉	戌	亥	子	丑	寅	卯	辰	巳

사주팔자에 金氣가 없습니다만 년과 월에 있는 丁未, 丙午의 영향을 받아서 금속공학과를 졸업했습니다.

乾命				陰/平 1942년 5월 17일 22:00								
時	日	月	年	82	72	62	52	42	32	22	12	2
乙	甲	丙	壬	乙	甲	癸	壬	辛	庚	己	戊	丁
亥	寅	午	午	卯	寅	丑	子	亥	戌	酉	申	未

2015년 乙未년 상황으로 75세로 나이가 많습니다. 甲午, 乙未년에 大腸문제, 우울증 문제가 발생했습니다. 젊어서 은행 지점장까지 했습니다. 사주팔자에 금융을 상징하는 金氣가 전혀 없지만 丙午午의 강력한 火氣가 쓰임을 얻고자 金氣를 찾았습니다. 午月의 時空이기에 壬水가 用神처럼 보이지만 壬水가 강하면 좋을 것은 없습니다. 亥까지 있는데 말년에 大運도 壬子, 癸丑으로 흘러갑니다. 편하게 사는 거 같지만 할 일이 없기에 삶

의 가치를 느끼지 못합니다. 돈은 있어서 놀고먹지만 50대부터 할 일이 없기에 쓰임이 좋은 팔자는 아닙니다.

여자 사주에 午火가 있으면 말처럼 기세가 강합니다. 팔자가 세다고 표현하는데 丙午年에 태어난 여성들은 억센 느낌이 있으며 부부사이가 불편한 사례가 많습니다. 여자에게 午火의 기운은 말처럼 드세고 傷官처럼 거친 성향도 있습니다. 남편과 해로하기 힘들고 사회활동하면서 가정경제를 책임지는 경우도 많습니다. 달리 표현하면, 午火 때문에 남편이 무능해지고 이혼하거나 남편을 대신해서 사회활동으로 경제를 책임집니다. 午火는 丙丁이 모두 있기에 매우 남성적입니다. 午火 말이 집에 양전히 있을 수는 없습니다. 파발마처럼 전국을 돌아다녀야 합니다.

이런 이유로 午火가 강하면 사회 활동하는 것이 바람직합니다. 여자의 사주팔자에 午火의 기세가 너무 강하면 남편이 밖으로 돌고 외도합니다. 혹은 갑자기 가출해서 돌아오지 않습니다. 남자를 밀어내는 傷官의 기운이 강하기 때문입니다. 午火와 未土가 타향, 海外 속성이 강한 이유입니다. 근본문제는 결국 水氣가 없어서 견디지 못하고 물을 찾아 떠납니다. 정신적으로 방황하거나 밖으로 돌아다니는 속성이 午火, 未土입니다. 水氣가 부족하기에 정신을 잡으려고 道를 닦습니다. 午火에서 사이비 종교에 빠지는 이유입니다. 혹은 멀리 떠납니다. 그래서 壬午월, 癸未월에 태어나면 부친이 내 곁을 떠나 해외에서 살거나 정처 없는 나그네 신세입니다.

坤命				陰/平 1966년 6월 14일 10:00								
時	日	月	年	88	78	68	58	48	38	28	18	8
癸	辛	乙	丙	丙	丁	戊	己	庚	辛	壬	癸	甲
巳	卯	未	午	戌	亥	子	丑	寅	卯	辰	巳	午

이 여인은 이혼하지 않았는데 자식들 때문에 해외를 왔다 갔다 합니다. 남편은 한의사입니다. 그렇게 살아가는 방식으로 강력한 丙午, 未土의 기운을 통제하는 겁니다. 만약 해외로 다니지 않는다면 사회 활동하는 것이 좋습니다. 즉, 집에서 아이들만 키우는 성격은 아닙니다. 남편이 이 여인의 사주팔자에 있는 乙辛 沖 물상을 활용해서 한의사로 활동하는데 사주전체에 火氣가 강하고 木氣들은 시들합니다. 生氣가 부족하고 午未로 水氣가 증발하니 해외로 떠나는 겁니다. 신살로 살펴서 午年을 기준으로 寅午戌 三合을 벗어난 亥子丑은 해외를 상징하는데 마침 時干 자식 궁에 있는 癸水의 영향으로 해외를 왕래합니다. 乙未년 갑상선암이 재발했다고 합니다. 집에만 있으면 몸도 불편하기에 밖으로 나가야 하는데 水氣가 마르니 生氣도 상합니다.

보통 辛金을 도세주옥이라고 부르면서 水氣가 강해야 좋은 것처럼 설명합니다. 따라서 이 사주는 水氣가 부족하고 관살혼잡으로 굉장히 좋지 않다고 판단할 수 있지만 남편도 좋고 부유하게 살아가는 이유를 이해하지 못합니다. 辛金은 강력한 火氣에 통제받지만 火氣들이 반드시 필요한 글자는 바로 일간 辛金입니다. 따라서 남편은 이 여인에게 집중하기에 남편의 사랑을 받고 주위에 있는 사람들에게 인기도 많지만 스스로는 내면에 강력한 火氣들의 열기를 품어서 굉장히 답답해합니다. 사주구조대로 년에 있는 丙火와 合하기에 남편과 떨어져 살아갈 날들이 많고 강력한 火氣에 몸이 약해서 질병에 시달립니다.

午火는 파발마처럼 뛰어다녀야 합니다. 만약 식당을 운영한다면 기사식당처럼 역마의 속성을 가미하면 좋습니다. 휴게소 식당, 건설현장 식당, 길바닥 인생에 어울립니다. 丙午년, 戊午년에 태어나면 부모와의 인연이 좋은 것은 아닙니다. 밖으로 돌아다녀야만 하는 기운 때문에 그렇습니다. 기본적으로 자수성가의 상황입니다만 부모가 부자라고 해도 결국은 자수성가의 상황으로 바뀝니다. 丙午년의 경우는 큰 부자는 나오기 어렵습니다. 조상의 음덕을 크게 기대하기 어렵기에 그렇습니다. 사회활동 해서 부모를 모셔야 하는 경우가 많습니다. <u>年柱가 중요하다고 강조하는 이유는 두 글자를 통해서 조상의 음덕이 결정되기 때문입</u>니다. 癸亥, 癸丑은 마감하고 떠나는 것을 암시합니다. 壬戌도 마찬가지입니다. 癸酉, 癸丑, 壬戌, 癸亥는 현실세계에서 벗어난 속성, 떠나야만 하는 속성들로 택일하는 경우에는 피하는 것이 좋습니다. 물론 종교, 명리, 철학으로 활용하면 크게 발전할 수 있습니다. 좋지 않다는 의미는 물질세상에서 활용하기 어렵다는 것이지만 정신을 추구하기에는 매우 좋은 干支들입니다.

午未에서 水氣가 증발하면서 정신병원, 丙午, 丁未에서 갑자기 사이비종교에 빠지고 특히 午火가 六害로 걸리면 정신병, 우울증이 심각해질 수 있습니다. 午火가 六害인데 午午丁, 午丁丁으로 중첩되면 단명할 수도 있습니다. 寅午로 조합하면 기획, 실행능력이 좋고 직장인 체질입니다. 寅午戌 三合으로 사업, 장사와 거리가 멀고 교육, 공직에 어울립니다. 하지만 寅木이 없고 午火만 있다면 金氣를 필요로 하므로 물질을 추구하는 성향도 강합니다. 특히 丙午月 남자는 중년에 辛亥, 壬子, 癸丑대운을 만나기에 중년 이후에는 점점 무기력해지기에 말년을 적절하게 준비해야합니다. 午火 말은 젊어서 힘차게 달리지만 어느 순간 고꾸라질 수 있기에 말년을 대비해야 합니다. 丙午월은 사회 宮

에 있으니 젊어서 사회활동에 적극적이었음을 암시하는데 辛亥 壬子 대운에 이르면 말이 지쳐서 쉬는 모습입니다. 午火는 강력한 육체를 무기로 하므로 헬스클럽을 운영하거나 군인처럼 육체를 활용하는 직업에도 좋습니다.

未月

未月로 갑니다. 未土는 순하고 인내심도 강합니다. 다만 자존심이 강해서 고독합니다. 주위와 어울리지 않고 혼자 지내는 것을 즐깁니다. 굉장히 순하고 바르고 타인을 괴롭히지 않는데 지배당하는 것을 싫어하기에 혼자 활동하면서 고독해집니다. 또 타인의 말을 들으려 하지 않습니다. 未土 중에서 특히 辛未는 결혼에 불리한 干支입니다. 초혼에 실패하지 않으면 중년 38~45세 사이에 고독해집니다. 未土에 대칭하는 丑土도 그런 성향이 강합니다. 특히 未土, 丑土가 日支에 있으면 그 宮位의 육친이 밖으로 나간다고 했습니다. 未土 丑土도 역마의 기운이 강해서 그 자리에서 벗어나려고 합니다. 未土가 日支에 있으면 그 시기에 乙木이 답답해지면서 38세~45세 사이에 물질, 육체, 정신적으로 상할 수 있습니다. 戌未 刑, 辰未 刑을 설명하면서 日支가 未土인 신문기자 부인이 계 놀이 하다가 도망간 사례가 있었는데 유사한 사례들이 많습니다. 乙木이 묶이고 답답해지면서 40억을 탕진한 사례도 있습니다.

坤命				陰/平 1968년 9월 7일							
時	日	月	年	87	77	67	57	47	37	27	17	7
모름	辛未	壬戌	戊申	癸丑	甲寅	乙卯	丙辰	丁巳	戊午	己未	庚申	辛酉

부모가 서울 신림동에서 땅 부자였다고 합니다. 辛未가 壬戌과 辛壬조합으로 좋은데 戊土가 壬水를 공격해서 倒食처럼 간주하지만 辛日은 戌月에 壬水에 씨종자를 풀어내기에 좋고 戊土에 존재를 드러냅니다. 戊申년 壬戌월의 경우 부모가 땅 부자라고 소개했는데 직업으로는 국제 변호사, 의사의 경우도 많습니다. 다만, 부모의 유산을 받았는데 辛壬으로 통제력을 상실하고 기분대로 지르다 문제가 발생할 수 있습니다. 壬戌干支가 좋은 것은 아닌데 辛日과 壬戌로 戊土가 壬水를 적절하게 제어해서 방탕 하는 성향을 통제하고 戌월의 時空을 보호해 주는데 月支가 불안정해지면 좋지 않습니다. 日支와 戌未 刑으로 난로와 같은 戌土를 건들면 좋을 것이 없습니다.

辰未戌丑을 沖으로 열어야 좋다고 주장하지만 엉터리 논리입니다. 유일하게 도둑 심보를 가진 丑土를 沖, 刑해주면 좋다고 했습니다만 그 또한 刑沖으로 심하게 흔들리면 좋을 것이 없습니다. 특히 火氣를 가득 담은 戌土가 건들리면 위험합니다. 또 水氣를 많이 담은 辰土를 沖해도 위험하고 木氣를 많이 담은 未土를 건들어도 위험합니다. 가장 위험한 것은 戌土로 火氣를 가득 담은 상태에서 난로가 엎질러지면 화재와 같은 문제가 발생합니다. 또 水氣를 많이 담은 辰土가 흔들리면 둑이 터지듯 해일, 쓰나미가 발생해서 辰土 위에 있는 글자가 위험해집니다. 특히 甲辰의 경우에는 甲木 生氣들이 파도에 휩쓸리듯 사라집니다.

未토가 卯木과 조합하면 주로 건설, 건축, 임대, 부동산에 어울립니다. 乙木이 未土에 잡히기에 움직임이 답답하지만 未土 땅에 乙木을 장식하기에 부동산에 적합한 것입니다. 卯未를 己卯 干支로 바꾸면 임대, 건축은 물론이고 교육에도 어울립니다. 자금측면에서 乙木이 未土에서 답답하기에 불편합니다. 만약 乙未일이라면 乙木이 未土에 묶여 부부사이에 문제가 발생합니다. 未土의 직업은 대략 5가지로 <u>유통, 중개무역, 종교 철학, 교육</u> 등으로 직접 돈을 활용하는 사업보다는 정신을 활용하거나 중간에서 연결하고 수수료를 받는 직업에 적합합니다. 未日에 상담하러 왔다면 직접투자는 하지 말라고 조언해야 합니다. 未土는 神殺로 天煞과 같습니다. 하늘의 뜻을 받아서 땅에 전달하는 역할이기에 직접 재물을 추구하는 행위는 적절하지 않습니다. 종교, 명리, 철학, 정치, 무역, 유통, 음식, 교육 등으로 유통업도 중개무역으로 활용하는 것이 좋습니다.

未土는 午未의 개념 때문에 귀신이 잘 붙습니다. 정신을 잡아야 할 필요가 있는 것이 未土입니다. 방황하지 않으려면 종교, 명리와 인연하는 것이 좋습니다. 무속 인들도 대부분 未土가 있습니다. 水氣가 증발해서 정신 잡으려면 종교, 명리가 필요합니다. 午未가 불편한 이유는 水氣가 증발하기 때문으로 특히 未土는 더욱 답답합니다. 未土 자체에 午未가 슴하기에 그렇습니다. 丑土에 子丑 슴이 있고 未土는 午未 슴이 있습니다. 水氣가 없어서 숨이 막힙니다. 글자의미를 깊이 연구하면 사주공부의 깊은 맛을 느낍니다. 글자를 이해하면 사주 당사자의 특징을 쉽고 빠르게 이해합니다.

坤命				陰/平 1979년 6월 1일 14:00							
時	日	月	年	84	74	64	54	44	34	24	14	4
丁未	壬戌	庚午	己未	己卯	戊寅	丁丑	丙子	乙亥	甲戌	癸酉	壬申	辛未

인생에서 가장 화려한 시절은 32세 즈음부터 37세까지입니다. 午未에 자극받은 庚金이 폭발적으로 풀어지는 시기가 바로 壬水를 지날 때입니다. 유일한 水氣이기에 너도 나도 壬水를 달라고 달려드는 일간 宮位의 시기입니다. 문제는 폭발적으로 발전할 수 있지만 육체가 상하기에 탐욕에 주의해야 합니다. 사방팔방 물 공급하느라 힘이 듭니다. 돈을 버는데 질병에 시달리거나 사고가 나서 고생할 수 있습니다. 이런 문제를 해결하고자 무속인이 되었습니다. 乙未년에 사기 당했습니다. 가장 좋은 운이 끝나갑니다. 년과 월 己未와 庚午에서 마르기에 水氣를 보충해야 하는데 壬水가 오면 정신이상이 올 수도 있고 육체가 상할 수도 있지만 물질적으로는 폭발적으로 발전합니다. 神을 받고 가장 많은 돈을 벌 때가 37세까지입니다. 甲午년에 아파서 신을 받았습니다. 甲午, 乙未년에 불편합니다. 애를 낳았습니다. 壬水에서 神氣가 끝나갑니다. 이 여인은 입만 열면 거짓말을 합니다. 주전자에 물이 끓듯 壬水가 癸水처럼 변하면서 허풍이 심해집니다. 丁壬 合으로 돈에 대한 고민도 많습니다. 욕심에 눈이 멀어 돈 밝히는 무속 인이 될 수도 있기에 주의해야 합니다.

坤命				陰/平 1968년 7월 25일 06:00								
時	日	月	年	83	73	63	53	43	33	23	13	3
己卯	庚申	庚申	戊申	辛亥	壬子	癸丑	甲寅	乙卯	丙辰	丁巳	戊午	己未

卯申으로 合하고 대운이 火氣로 흐르기에 乙丙庚 三字를 활용하여 돈이 많습니다. 하지만 水氣로 흐르면 열매가 상하면서 쓰임이 나빠집니다. 강력한 金氣가 六害 卯木을 묶어서 무속 인이지만 돈은 많습니다.

제 36강

◆未申酉戌亥의 미확장

未月 310

申月 316

酉月 320

天干에 比肩, 劫財가 강한 구조 323

戌月 332

亥月 342

이 강의를 하는 날은 壬辰일로 사주를 봐달라는 여인이 있었는데 일진으로만 가볍게 이야기 하였습니다. 壬辰일에는 약, 심리치료, 종교, 명리 관련 이야기들을 하는 날입니다만 당신의 사주팔자는 약이나 심리치료라고 할 수 없기에 壬辰의 특징 중에서 뚜렷한 몇 가지를 설명해주는 겁니다. 특히. 남녀 애정문제를 질문하기에 오늘은 애정에 대해서 묻지 않는 것이 좋다고 했습니다. 그래도 몇 마디 해달라고 해서 "당신은 이혼을 했을 것인데 남편이 젊은 여자와 바람이 났기 때문이고 심하면 그 여인에게서 아이를 낳을 수 있으며 결국 애를 데리고 집으로 들어와 당신을 대체할 것"이라고 했더니 실제로 이혼했으며 전남편이 애까지 낳아서 젊은 여인과 함께 살고 있다고 합니다. 이후에 유부남을 만날 것이고 좋아하는 남자유형은 일방적으로 접근하지 않고 밀고 당기기를 잘해야 매력을 느낄 것이라고 했더니 정확하다고 합니다. 辰土의 특징을 활용하여 설명한 것으로 거칠어 보이는 상 남자 스타일을 좋아할 것인데 예로, 군인, 경찰, 깡패와 같은 외형이라고 하니 맞는다고 합니다.

이것은 申子辰 三合의 물상과 특징을 설명한 것입니다. 재혼할 경우 만날 수 있는 인연은, 스님, 약사, 조폭, 명리상담, 부동산 중개인 등인데 주로 개인사업, 장사를 할 것이며 직장생활은 답답해서 힘들어하는 성격의 남자라고 하였습니다. 이 또한 申子辰 三合의 특징을 활용한 것입니다. 여인의 사주팔자도 모르는데도 이런 저런 상담을 할 수 있는 이유는 바로 壬과 辰이라는 글자특징과 壬辰干支 속성을 함께 활용했기 때문입니다. 十干과 十二支를 학습하고 응용할 수 있어야 60干支의 의미를 계속 확장할 수 있습니다. 天干, 地支, 干支의 특징에 익숙해지면 매일 발생하는 현상들을 분석하고 이해하게 됩니다. 일기를 꾸준히 쓰면 동일한 干支에서 유사한 현상들이 반복적으로 발생하기에 干支의미에 익숙해집니다. 壬辰일, 癸丑일에는 이혼녀나 미혼녀 혹은 남편이 외도하고 있습니다. 또 남편은 능력 밖의 사업을 확장하는데 사업이 지체되고 문제가 발생합니다. 일진에 맞는 기운들이 발생하는 이유는 하늘이 제공하는 시공간 에너지가 우리에게 그렇게 행동하라고 명령하기 때문입니다. 상담의 경우도, 그런 상황에 처한 사람들이 그 시간에 상담을 의뢰합니다. 만약 이런 상황이 아니라면 사주팔자도 없이 상담하는 것은 불가능합니다. 지금은 地支에 대해서 살피는 중이지만 나중에 깊이 들어가야 합니다.

未月

未月을 이어서 하겠습니다. 12運星, 神殺, 三合, 글자를 학습하는 과정에 매우 현명한 공부 방법은 대칭으로 관찰하는 겁니다. 자연은 끊임없이 순환하기에 한 글자가 독단적으로 존재한다고 생각하면 두배 어려운 공부를 해야 합니다. 예로, 戌土의 속성과 辰土의 속성은 沖의 관계이기에 전혀 다를 것 같아도 유사한 속성을 가집니다. 비록 공간상황이 다르지만 기운이나 물상은 유사한 점이 많습니다. 三合운동은 기운이 動하고 극에 이르고 마감되는 삼각형 구조인데 六合은 전혀 다릅니다. 지구를 수평으로 6등분 하는데 지구가 끊임없이 회전하기에 대칭구조입니다. 즉, 전혀 다르게 보이지만 유사한 것입니다. 대칭으로 나누는 이유는 마치 팽이기 회전하는 속도가 굉장히 빨라서 辰土인지 戌土인지 구별하기 어렵습니다. 본래는 지축이 丑未 沖이어야 하는데 기울어지면서 子午 沖이라고 합니다. 따라서 子丑과 午未는 지축의 기울기를 원래상태로 돌려놓으려는 본능이 굉장히 강합니다. 이런 이유로 子丑 合, 午未 合에는 인력이 굉장히 강합니다. 나머지 六合도 지구가 회전하는 과정에 A점과 B점, 예로 辰土와 酉金은 정반대편 공간에서 회전하면 당기는 힘이 발생합니다. 만약 그런 힘이 없다면 지구는 회전할 방법이 없습니다. 辰土와 酉金은 꼬리를 물고 쫓아갑니다만 누가 누구를 쫓아 가는지도 모를 지경입니다. 이처럼 六合은 지구를 수평으로 6등분 한 것으로 가장 위가 子丑 合이고 가장 밑이 午未 合입니다. 나머지 네 개가 寅亥 合, 卯戌, 辰酉, 巳申 合으로 卯戌과 酉辰 合의 인력이 가장 약하고 寅亥, 巳申은 두 번째입니다. 丑土에는 집착도 강하기에 子丑 合은 피붙이라는 뜻입니다. 동일한 씨종자가 끈끈하게 밀착하기에 당기는 힘이 강합니다. 午未 合은 巳午未 공간을 지나기에 종자, 씨앗, 피붙이, 식구라는 개념이 없고 모르는 사람끼리 함께 합니다. 다만 午未 合의 문제는 水氣가 완전히 증발(분산)되면서 정신질환이 발생할 수 있습니다. 子丑 合은 집착의 문제로 水氣가 응결되고 풀리지 않아서 문제입니다. 六合은 물질을 창조하는 과정은 아닙니다. 지구가 회전하는 과정에 인력, 집착을 뜻합니다. 丑土나 未土가 중요한 점은 地藏干에 己土가 있고 여름에서 가을로, 겨울에서 봄으로 기운이 전환하면서 큰 변화가 발생하는 공간입니다.

未土는 여름에서 가을로 넘어가야 하는데 큰 변화를 준다는 의미는 未월에서 申월로 넘어가는 과정에 己土와 戊土로 內部와 外部로 바뀌고 丑월에서 寅월로 이어지는 과정도 己土에서 戊土로 크게 바뀝니다. 따라서 未申과 丑寅월에는 큰 변화가 발생하는데 일반적인 물상은 원래의 공간에서 타향, 해외로 멀리 이동합니다. 신살로 驛馬의 속성과 유사합니다. 己土의 답답한 공간에서 벗어나 넓은 세상으로 떠나려는 의지입니다. 己土에서 답답함을 느끼는 이유는 亥卯未와 巳酉丑 三合운동이 끝나서 더 이상 발전하기 힘들기 때문에 戊土의 땅으로 떠나는 것입니다. 丑土와 未土에 己土가 있기에 밖으로 돌아다닌다고 했습니다. 이처럼 未土는 여름과 가을을 연결시키는 驛馬속성이 강하기에 未月에 태어난 사람들은 해외에서 살아갈 확률이 높고 동서를 연결하기에 무역이나 유통업에 종사하면서 해외를 돌아다니는데 익숙합니다. 未土는 水氣를 증발시키기에 종교, 명리, 철학과의 인연도 강하고 학문, 교육과의 인연도 강합니다. 또 未土에서 乙木이 묶여서 답답합니다. 밧줄에 팔과 다리가 묶인 상황이기에 육체장애 물상이 나옵니다. 그 문제에서 벗어나려면 종교, 명리, 철학, 교육과 같은 직업을 가져야 합니다. 길을 잘못 들어서면 사이비 종교에 빠집니다. 未土를 학문으로 쓴다면 깊은 경지까지 갈 수 있습니다. 未土는 희생양이라고 했습니다. 하늘에 제사를 지낼 때 羊을 바쳐서 하늘을 달랬습니다. 하늘과 깊은 인연이 있는 글자입니다. 神殺로는 天殺입니다. 丑土는 엄마 배속에 잉태된 상태로 세상 밖으로 나오기 전의 상황입니다. 未土는 乙木이 己土에 잡히고 丁火에게 수렴된 상태이기에 살아가는 과정에 하늘에 살려달라고 빌어야 할 일이 발생합니다.

乾命				陰/平 1972년 6월 1일 12:00							
時	日	月	年	89	79	69	59	49	39	29	19	9
戊午	癸卯	丁未	壬子	丙辰	乙卯	甲寅	癸丑	壬子	辛亥	庚戌	己酉	戊申

乙未년 2015년 당시 태권도장을 운영하면서 수입이 높지만 주식으로 10억을 날렸습니다. 丁壬 슴하고 丁癸 沖하니 壬癸가 丁火를 서로 빼앗으려고 다투면서 시기, 질투, 경쟁, 한탕의 심리상태가 동합니다. 癸卯로는 강력한 육체를 활용하고 丁壬 슴으로는 폭발적인 에너지를 활용합니다. 癸卯로 붓글씨도 뛰어나다고 합니다.

未月에는 과일이 익어가면서 맛이 들어갑니다. 未月에 태어난 사람들의 경우 음식솜씨가 좋고 음식을 만드는 것을 좋아한다고 하는 이유입니다만 직접 요리하지 않는 경우에는 미식가도 많습니다. 만약 음식과 인연이 없다면 다른 재주가 있습니다. 예로, 예술성향으로 그림을 그리거나 악기를 잘 다루거나 침술에 능하거나, 커피를 잘 뽑거나 남들보다 뛰어난 재주가 있습니다. 未土가 독특한 재주나 전문가 자질을 가진 이유는 亥卯未 三合의 포기하지 않고 끊임없이 성장하려는 노력 때문입니다. 문제는 음식을 잘한다고 식당을 운영할 정도는 아니고 침을 잘 놓지만 한의사가 될 정도는 아니기에 직업으로 활용할 정도는 아닙니다. 이 또한 亥卯未 三合의 특징 때문으로 성장과정을 반복하기에 완벽한 수준에 이르지는 못합니다.

未土는 羊을 상징합니다. 山羊은 가파른 산에 살면서 인간의 통제나 간섭을 싫어하고 홀로 살아갑니다. 성정은 매우 순하지만 통제를 극히 싫어합니다. 누군가 지배하려고 달려들면 힘들어합니다. 홀로 지내는 것을 즐기기에 고독과 쓸쓸함이 있으며 종교, 명리, 철학, 무속과의 인연도 강합니다. 순하고 착하며 건들지만 않으면 해를 끼치지 않는데 일단 건들면 반발하면서 고집을 부리기 시작합니다. 酉金도 고집이 강한데 특징이 다릅니다. 酉金의 특징은 분별을 좋아하고 시비를 따지는 것을 즐깁니다. 酉金은 입에서 나오는 말과 행동이 상이합니다. 예로, 겉으로 거절해도 속으로는 동의합니다.

未에서 水氣가 부족해서 귀신들의 정신이 사나워지고 주위에 모여듭니다. 未土에서 개고기 먹지 말라고 하는데 未土를 刑으로 힘들게 만드는 글자가 戌土입니다. 글자에도 천적들이 있습니다. 未土를 힘들게 하는 것은 戌土이고 戌土를 힘들게 하는 것은 丑土, 辰土입니다. 未土에서 귀신들이 모여들기에 개고기 먹지 말고 상갓집 가지 말라고 하는 것입니다. 地藏干에 乙木이 있는 卯木, 辰土, 未土는 前生의 기운을 이어받고 육체를 얻어서 생명체로 탄생한 것이기에 乙木에 문제가 발생하면 접신, 빙의, 귀신과 같은 이야기들이 많이 나옵니다. 卯丑, 丑辰도 유사한 속성입니다.

坤命				陰/平 1967년 6월 17일 08:00								
時	日	月	年	85	75	65	55	45	35	25	15	5
戊辰	己丑	丁未	丁未	丙辰	乙卯	甲寅	癸丑	壬子	辛亥	庚戌	己酉	戊申

丑辰으로 癸水가 불안정한데 丁未와 丁未로 未土도 두 개이기에 귀신, 접신, 빙의와 같은 현상을 경험합니다. 특히 丁火가 육해이기에 壬子대운에 상갓집에서 귀신 들렸습니다.

乾命				陰/平 1972년 6월 5일 16:00								
時	日	月	年	87	77	67	57	47	37	27	17	7
戊申	丁未	丁未	壬子	丙辰	乙卯	甲寅	癸丑	壬子	辛亥	庚戌	己酉	戊申

고대에 수석입학하고 부인은 변호사입니다. 고시에 떨어지고 나중에 태극권, 종교에 심취하였습니다. 부인은 이혼을 원하는데 딸이 있어서 헤어지지 못한다고 합니다.

未土는 쓸쓸하고 고독합니다. 혼자 살 가능성이 높습니다. 혹은 함께 살아도 내면은 고독합니다. 표면적으로는 평범해 보이지만 未土의 내면은 고독합니다. 未土가 辛未, 癸未로 연결되면 해외 인연도 강합니다. 未土는 고독의 별이기에 일지에 未土가 있다면 38세~45세 사이에 이혼, 별거, 사별할 수 있습니다.

乾命				陰/平 1985년 5월 24일							
時	日	月	年	81	71	61	51	41	31	21	11	1
모름	辛亥	癸未	乙丑	甲戌	乙亥	丙子	丁丑	戊寅	己卯	庚辰	辛巳	壬午

어려서부터 캐나다, 중국에 유학했고 乙未년 당시에도 중국에서 일하였고 부친은 중동 건설현장에서 일하셨습니다.

未土가 있으면 오색실을 손목에 감고 다니면 좋다고 합니다. 부적처럼 귀신 붙는 것을 방지합니다. 예로 상갓집에 갔다가 이상한 행동을 하면 팥을 먹인다고 합니다. 귀신 붙는 것을 방지하는 행위인데 명리이론은 아닙니다만 未月에 태어난 사람들은 참고하면 좋습니다. 未月에 태어난 사주가 귀신이야기를 하거나 未日에 귀신문제를 상의하면 처방을 알려줘야 합니다. 반드시 가야할 상갓집이 있다면 오색실도 걸치고, 팥을 넣고 가서 나올 때 뿌리고 나오라고 합니다. 무속처럼 보이지만 卯丑에 귀신이 붙고 청춘객사 귀신이라는 의미가 있다는 것은 모릅니다. 未土는 사이비종교에 잘 빠진다고 했습니다. 고집이 강해서 한번 빠지면 정신 못 차리는 특징도 있습니다. 午未에는 강력한 丁火 중력에너지가 있기에 그렇습니다. 타인의 통제를 싫어하고 주관대로 살면서도 이상하게 어떤 대상에 몰입하면 헤어나지 못합니다. 未土는 道하고 인연이 깊습니다. 辛未 간지는 종교, 철학,

한의, 침과도 인연이 강합니다. 未土는 평생 공부하는 기운이 강하기에 학문의 별이라고 부를 정도입니다. 만약 공부하지 않으면 몸이 상하거나 일이 풀리지 않습니다만 열심히 공부하면 육체와 정신이 상하지 않습니다. 꼭 공부해서 돈을 벌겠다는 목적이 아니라 학문으로 접근하면 좋습니다. 未土에 잡힌 乙木 生氣를 보호하려는 노력이 학문을 탐구하는 것으로 癸水를 활용해서 보호하는 겁니다. 명확한 개운방법으로 우주어미와 같은 癸水가 육체와 정신을 보호해주기 때문입니다. 공부 하지 않고 물질을 탐하면 乙木의 움직임에 장애가 생깁니다. 만약 학문이 아니라면 기술을 연마하는 것도 좋습니다. 亥卯未로 끊임없이 반복행위를 통해서 전문가 반열에 오르는 겁니다. 未土도 소리와 인연이 강합니다. 국악, 가수, 성악, 방송 등으로 소리 내는 행위입니다. 기타소리, 악기 소리를 내는 이유는 미토 속 乙木 때문으로 말과 행동을 주관하기에 그렇습니다.

申月

申月로 가겠습니다. 申月은 모호한 상황인데 열매가 완성돼서 떨어진 상태도 아니고 未月처럼 풋과일도 아니기에 과일이 손상되지 않도록 많은 신경을 써야하는 민감한 시기입니다. 이런 시공간을 이해하고 申金의 의미들을 추론해야 합니다. 열매가 완벽하게 완성되지 않았기에 좋은 과일을 수확하려면 더욱 철저하게 돌봐야 합니다. 현실에 응용하면 申月에는 나보다 약한 사람이나 물건을 신경을 곤두세워서 보살펴야 하는 상황이기에 申金에서는 아동, 젊은 사람, 아랫사람들을 상대하는 것이 좋습니다. 문방구, 과외, 학생교복 제작업처럼 학생들이 사용하는 물건을 다루는 직업입니다. 당장은 완성된 열매를 취할 수 없지만 한달만 관리하면 좋은 결과를 취할 수 있기에 문제가 발생하지 않도록 끝까지 주의해야 합니다. 드넓은 논과 밭과 과수원을 바쁘게 돌아다니며 보호하는 상황을 상상하면 됩니다. 이런 행동은 일종의 오지랖이자 이곳저곳을 돌아다니기에 역마속성도 강합니다. 과일과 곡식이 들과 밭과 산에 있으니 집에 머물지 못하고 밖으로 돌아다닙니다. 이런 이유로 산행, 불교. 절, 스님, 등산과의 인연도 강하며 돌아다니는 행위를 즐깁니다. 申金은 일반인에 비해서 주위에 신경 쓸 일들이 많습니다. 내 일도 아닌데 주위사람들 때문에 오지랖을 부려야 합니다. 만약 이런 속성이 아니라면 운전수처럼 역마를 활용합니다. 트럭운전, 택시운전하면서 전국을 돌아다닙니다. 운전도 좋아하고 돌아다니는 것도 좋아합니다. 이런 특징을 가진 申金이 집에 있다면 병든 것이 분명합니다. 卯月도 밖으로 나가고 申月도 밖으로 돌아다녀야 합니다. 남을 돌봐야 한다는 뜻은 사랑이나 도움을 베풀어야만 하는 겁니다. 타인을 이롭게 하는 행위를 하는 것이 申金으로 불교에서 보시(布施)라는 개념입니다. 남을 위해 사는 인생입니다. 申月의 상황을 잘 생각해야 합니다.

외우려 하지 말고 申月의 포인트를 상상하면서 추론해야 합니다. 밖으로 돌아다니는 기운이 강하기에 운이 나쁘면 집에서 사망하지 못하고 갑작스럽게 객사할 수 있습니다. 申金은 타인을 배려하고 신경을 써주기에 심성은 착합니다. 申金의 특징을 이렇게 기억하면 됩니다. 여름 끝자락에 과일이 주렁주렁 달려 있는데 어떻게 잘 보살피지? 매일 산으로 들로 돌아다니며 매달린 과일들이 잘 여물도록 신경을 씁니다. 당장 먹을 수도, 먹지 못할 상태도 아니기에 애매합니다. 당장 수확할 수 없지만 그렇다고 수확하는데 많은 시간이 필요로 한 것이 아니기에 마음이 조급합니다. 이런 이유로 자신도 모르게 문제가 없도록 신경을 곤두세우는 겁니다. 갈 곳은 많지만 그렇다고 누가 오라는 것도 아닙니다. 스스로가 신경 쓸 일이 많고 갈 곳이 많습니다. 결국 자신의 일을 못하고 타인의 일을 잘하기에 베풀고 욕먹는 글자가 申金입니다. 40대가 넘어가면 베풀어봐야 욕이나 먹는다는 것을 이해하면 더 이상 베풀지 않으려고 합니다.

원숭이는 물을 싫어한다는 개념은 月支時空 학습할 때 다루겠지만 申月에는 丙申干支를 좋아할 수밖에 없는 이유를 이해하게 됩니다. 원숭이는 나무 위로 올라가기에 높은 곳을 향하기에 산이나 들로 나아가는 것으로 자연스럽게 불교와의 인연이 생기면서 높은 산에 있는 절들을 찾아다니며 등산도 좋아합니다. 申金에도 강한 성욕과 번식능력이 있는데 申子辰 三合운동으로 후대에 생명수 壬水를 전달하기에 그렇습니다. 표현을 바꾸면 자신이 소유한 열매, 씨종자를 후대에게 베풀라고 합니다. 따라서 申金에서는 피해의식이 생길 수 있는데 주위 사람들을 도와주어도 자신을 도와주는 사람은 없다고 느끼는 겁니다만 申金 驛馬의 특징을 감안하면 보시하는 팔자가 분명합니다. 이처럼 申金과 역마는 후대를 위한 행위이기에 교육, 공직에 적합합니다. 이런 이유로 申金이 상대하는 사람들은 어린 학생들이거나 젊은 이들입니다. 만약 戊申 日 여명의 경우에는 자신보다 어린 남편을 구하는 것이 좋다는 의미입니다. 동갑도 나쁘지 않은데 만약 나이가 많다면 자신이 보호해줄 수 있는 남자가 좋습니다. 만약 戊土 여자 보다 능력이 뛰어난 申金 남편을 얻으면 기르고 보호한다는 개념과 상반되기에 이혼하기 쉽습니다. 남편 능력이 너무 뛰어나면 보살필 수 없게 되면서 마치 戊土의 의욕을 상실하는 이치와 같습니다.

만약 申申으로 겹치면 사방팔방 돌아다녀야 합니다. 그렇지 않으면 복음으로 발전이 더디기에 답답합니다. 이처럼 사주팔자에 정해진 글자속성대로 살라고 합니다. 속성대로 살지 못할 수도 있는데 申金이 두 개 겹치는데 결혼하고 밖에 나가지도 못하고 계속 집에서만 살아야 한다면 정신병에 걸릴 수도 있습니다. 申金은 오지랖이 넓으니 인기는 좋지만 베풀면서 욕먹을 수도 있습니다만 그래도 계속 베풀어야 운이 좋아지고 발전합니다. 따라서 사회활동 하는 것이 좋은데 단점이라면 지속력이 약합니다. 일정한 공간에서 꾸준히 활동하는 것이 아니라고 계속 이동하는 것을 선호하기에 싫증을 빨리 느끼고 지구력이 약합니다. 寅木은 고독한 속성으로 결혼을 늦게 하라고 했는데 申金도 일찍 결혼하면 산으로 들로 바쁘게 돌아다니기에 결혼생활이 불안정해지는 단점은 있습니다. 申金은 자식이나 어린이를 보호하려는 본능은 굉장히 강하기에 문구, 완구, 아동복, 유치원, 학원, 개인강사에 적합합니다. 독특한 점은, 학교에서 실시하는 정식교육보다는 학원에 적합한데 그 이유는 申子辰 三合의 틀을 벗어나 장사, 사업하려는 욕망이 강하기 때문입니다.

申子辰은 후대에 지혜를 전송하는 역마, 재살, 월살의 개념이 강하지만 三合속성은 개인장사, 사업에 어울리기에 학교교육 보다는 학원이나 개인교습에 적합합니다. 돌아다니는 역마직업을 활용하면 해외관광, 여행, 운송, 무역 등입니다. 申金에 火氣가 있거나 卯申 合으로 연결되면 컴퓨터, 소프트웨어, 인터넷, 정보통신, 은행, 대리점 물상입니다. 申金은 돌아다니는 속성이 강하지만 집에서 베짱이처럼 놀 수도 있습니다. 건강문제로 돌아다닐 수 없는 상황에 처하면 컴퓨터로 주식하면서 베짱이처럼 지내는데 과일이 익어가기에 특별히 할 일은 없고 과일이 상하지 않는지 혹은 도둑이 훔쳐 가는지를 관리하는 실속이 없는 행위를 해야 합니다. 申金은 당장 열매를 수확하고 이득을 내는 행위들이 아니기에 바쁘게 돌아다니지만 실속이 없거나 할 일이 없어서 베짱이처럼 노는 겁니다.

酉月

酉金으로 가겠습니다. 酉金은 갑자기 튀어나는 글자가 아니라 巳午未申월을 지나는 과정에 내부에 빛과 열을 가득 채운 상태이기에 닮은 신장이 없다고 합니다. 水氣를 품지 못할 정도로 열기 가득하다는 의미로 삐쩍 마른 상태입니다. 또 腎臟이 없기에 심사숙고할 여유가 없으므로 酉金은 물론 天干 辛金, 辛酉 干支가 水氣를 만나지 못하면 굉장히 조급하고 지적하고 까칠합니다. 이런 이유로 辛, 酉가 사주원국에 있으면 水氣를 배합하는 것이 날카로움을 해결하는 방법입니다. 水氣를 배합하지 못했는데 火氣를 만나면 더욱 날카로워지는데 이때는 두 상황을 나눠서 살펴야 합니다. 만약 火氣가 강렬해도 木氣가 없다면 木金이 다투지 않아서 흉하지 않은데 木氣가 있으면 날카로워진 금기에 생기가 상해서 문제입니다. 庚申과 辛酉는 시공간이 상이하여 庚金은 丙火를 필요로 하고 辛金은 壬水를 필요로 합니다. 다만, 丙庚의 경우는 반드시 乙木을 배합해야 효율이 높아지고 丙火는 강한데 壬水를 배합하지 못하면 庚金이 丙火에 상할 수 있습니다.

辛壬으로 조합할 경우의 문제는 두 글자가 모두 申子辰 三合운동을 하므로 조직이나 직장에서 구속받지 않으려 하며 틀을 깨는 습성 때문에 개인장사, 사업을 선호하며 구조에 따라서는 방탕할 수도 있기에 반드시 丁火를 보충해서 辛金이 방탕하지 않도록 틀을 잡아주며 丁辛壬 三字로 활용해야 효율이 높아집니다. 酉月에 이르면 만유인력으로 열매가 땅에 떨어집니다만 이리저리 굴러다니는 것이 아니고 그 자리에 정착합니다. 반대편에 있는 卯木은 밖으로 튀어나와 좌우로 펼치기에 원래 있던 자리나 위치를 지킬 수 없지만 酉金은 낙하한 후 위치를 고정하면 움직이기 싫어합니다. 하지만 낙하하는 과정에 단체로부터 분리

되었기에 홀로 지내야만 합니다. 十宮圖 2를 기준으로 酉金은 正官으로 완벽한 존재이기에 사상이나 행동은 진리와 같아서 묻지도 따지지도 말고 따르라고 주장하면 동의하지 않는 사람들에게는 지적하고 따지는 특징이 바로 酉金입니다.

신살로 살피면, 酉金은 六害 씨종자요 조상신과 같아서 타인에 비해 굉장히 어른스럽다고 인식합니다. 물론 酉金 씨종자가 있어야 壬癸에 풀어져 甲木으로 나오기에 酉金의 내면에는 높은 위치에서 아래를 지배, 통치하려는 태도를 가졌습니다. 이런 생각과 행동을 잘못 활용하면 굉장히 교만하고 지배하려들고 외골수 기질을 보입니다. 또 강한 자존심, 독선적, 염세적, 혼자 고독을 즐기면서 일반인들과의 가치나 수준이 다르다는 잘못된 인식을 갖습니다. 또 조상과 연결되면서 神氣도 강하기에 극히 조심해서 활용해야만 하는데 독불장군, 고집, 닭처럼 쪼아대면서 지적, 비평하면 주위로부터 따돌림 당합니다. 酉金은 내부에 丙丁 火氣를 품었기에 굉장히 조급하고 바로 답을 얻어야 하고 속전속결을 원합니다. 水氣를 만나지 못하면 날카로워지고 殺氣도 강해지면서 甲木 乙木 寅木 卯木을 자르려고 덤빕니다. 특히 辛酉는 甲乙 주위사람들과 관계를 끝내버리겠다는 부정적인 생각이 강합니다. 단절, 절단, 결론을 빨리 내려고 하기에 사회활동에는 극히 마이너스 요소입니다.

坤命				陰/平 1992년 8월 13일 18:00							
時	日	月	年	81	71	61	51	41	31	21	11	1
辛酉	戊子	己酉	壬申	庚子	辛丑	壬寅	癸卯	甲辰	乙巳	丙午	丁未	戊申

1992년 壬申년에 태어났기에 庚壬으로 조합하여 조숙하고 방탕, 방종의 성향도 강합니다. 申金을 통제할 丙火가 있어야 하는데 없고 壬水가 있으니 통제가 어렵습니다. 戊土만 있고 己土가 없으면 경쟁, 시기, 질투, 육체활용 욕망이 강하지 않지만 바로 옆에 己土가 있기에 경쟁적으로 육체를 활용하고 시기, 질투, 한탕으로 壬水를 다툽니다. 만약 己土가 없었다면 이런 태도가 크게 줄어듭니다. 겁재劫財가 天干에 있는 것과 地支에 있는 상황은 다릅니다. 경쟁심이 훨씬 강한 경우는 天干에 겁재가 있을 때로 己土가 있기에 성욕도 강하고, 경쟁, 시기, 질투도 강해서 남자를 타인에게 빼앗기지 않으려고 할 뿐만 아니라 타인의 남자를 강탈하려는 욕망도 강하기에 따라서 남자에게 쉽게 접근하고 쉽게 관계를 갖습니다. 물론 이런 겁재의 성향을 효율적으로 활용하면 이기려고 경쟁하기에 남들보다 빠르게 발전합니다. 겁재가 없다면 경쟁할 필요를 느끼지 못하기에 빼앗고 지키려는 의지가 약합니다.

예로, 壬子년 壬子월 戊子일 壬子시의 경우는 시기, 질투를 느낄 필요가 없고 경쟁할 필요도 없습니다. 만약 壬子년 戊子월 戊子일 壬子시라면 戊戊로 반드시 경쟁합니다. 戊土가 동일한 오행을 곁에 두면서 시기, 질투하면서 경쟁하는 심리가 개입됩니다. 만약 壬子년 己丑월 戊子일 壬子시라면 己土 劫財가 개입되기에 시기, 질투 성향이 더욱 강해집니다. 이처럼 天干에 비겁이 개입되면 생각이나 행동이 크게 달라집니다. 天干에 있는 비견과 겁재는 동일한 오행이기에 육체를 활용하려는 속성이 강합니다. 이 사주구조는 壬申으로 방탕의 기운에 己土까지 있으며 酉金, 子水, 辛酉로 傷官도 강하기에 어려서부터 남녀관계가 복잡했을 겁니다. 다만, 이 여인은 남자와의 관계를 칼같이 정리합니다. 남자 보는 눈이 높고 끼가 넘치지만 아니다 싶은 남자는 단칼에 자르고 타인의 단점을 수시로 비판하고 지적합니다. 간섭, 구속을 싫어하고 나만 옳기에 내 주장을 관철시켜야 하는 것이 酉金입니다.

天干에 比肩, 劫財가 강한 구조
우리는 十宮圖2를 통해서 甲乙과 寅卯辰은 대략 15세까지 태어나고 성장하는 과정에 아이들처럼 순진무구하며 적극적으로 육체를 활용한다는 것을 이해하였고 남녀관계에 응용하면 매우 강한 성욕을 드러냅니다. 그 외에도 사주팔자에서 성욕을 상징하는 사항들을 정리해보겠습니다.

1. 12 神煞에서 六害는 강력한 성욕을 암시합니다.
2. 과감하게 일탈을 감행할 뿐만 아니라 방탕성향은 년지를 기준으로 三合을 벗어난 겁살, 재살, 천살이 많은 사주입니다.
3. 十神으로는 시기, 질투를 암시하는 비견, 겁재가 많으면 성욕이 강해집니다.
4. 배우자를 상징하는 日支와 동일한 五行이 사주에 많으면 남녀 관계가 복잡합니다.

坤命				陰/平 1969년 9월 26일 02:00							
時	日	月	年	81	71	61	51	41	31	21	11	1
乙	甲	甲	己	癸	壬	辛	庚	己	戊	丁	丙	乙
丑	申	戌	酉	未	午	巳	辰	卯	寅	丑	子	亥

이 여인의 천간에 甲甲乙이 많으니 시기, 질투, 육체를 활용하는 성향이 강합니다. 또 酉年을 기준으로 三合을 벗어난 甲乙과 寅卯辰은 저승사자인데 甲甲乙로 가득하기에 과감하게 일탈을

저지르고 방탕하는 성향입니다. 子대운 16세부터 화류계로 빠져 들었던 이유는 子水가 육해이고 사주원국에 저승사자가 많으며 甲甲乙로 육체를 활용하려는 욕망이 강하기 때문입니다.

坤命				陰/平 1958년 1월 18일 02:00								
時	日	月	年	81	71	61	51	41	31	21	11	1
乙丑	甲申	乙卯	戊戌	丙午	丁未	戊申	己酉	庚戌	辛亥	壬子	癸丑	甲寅

남편은 섬유공장 사장으로 수입이 높으며 여자들도 많습니다. 이 여인도 많은 남자들과 관계를 유지하면서도 남편의 사랑을 듬뿍 받습니다. 甲乙이 많고 경쟁적으로 戊土를 다투니 성욕이 강하고 戊年을 기준으로 亥子丑과 壬癸는 저승사자와 같은데 대운이 계속 저승사자로 흐르니 과감하게 일탈을 저지르고 방탕합니다.

坤命				陰/平 1947년 1월 15일 08:00								
時	日	月	年	89	79	69	59	49	39	29	19	9
庚辰	乙卯	壬寅	丁亥	辛亥	庚戌	己酉	戊申	丁未	丙午	乙巳	甲辰	癸卯

1983년 癸亥년 당시 대학교수였는데 매우 음란하여 닥치는 대로 남자관계를 맺는다고 합니다. 乙卯, 寅卯辰에 壬亥까지 있기에 성욕이 굉장히 강해서 적극적으로 남자들과 관계를 갖습니다. 또 문 밖의 남자를 상징하는 庚金이 무기력해서 감질 맛을 느끼기에 계속 다른 남자들을 찾아 나서지만 이 여인을 만나는

남자들에게 이 여인은 저승사자와 다를 바 없습니다.

坤命				陰/平 1949년 9월 19일 00:00								
時	日	月	年	90	80	70	60	50	40	30	20	10
壬	癸	乙	己	甲	癸	壬	辛	庚	己	戊	丁	丙
子	卯	亥	丑	申	未	午	巳	辰	卯	寅	丑	子

남자 없이는 하루도 못 잔다고 합니다. 子卯 刑도 성욕을 상징하지만 乙卯와 亥卯로 육체가 강하고 丑年을 기준으로 癸, 子가 六害요, 乙卯가 저승사자이기에 성욕도 강하고 과감하게 방탕합니다.

酉金은 종교, 명리, 철학, 귀신과의 인연이 강하고 염세적이며 숫자로는 완성을 뜻하는 10이며 모든 것을 마감하려는 욕망이 강합니다. 따라서 酉金에게 가장 필요한 덕목은 차분하게 기다릴 줄 아는 여유와 인내입니다. 酉金은 베푸는 직업이 좋습니다. 예로, 호스피스, 봉사활동과 같은 겁니다.

乾命				陰/平 1971년 9월 4일 18:00								
時	日	月	年	85	75	65	55	45	35	25	15	5
乙	庚	戊	辛	己	庚	辛	壬	癸	甲	乙	丙	丁
酉	辰	戌	亥	丑	寅	卯	辰	巳	午	未	申	酉

월지 戌土가 어머니인데 戌亥 天文이고 辰戌 沖합니다. 어머니가 오래도록 수지침 무료 봉사를 합니다.

乾命				陰/平 1981년 11월 13일 16:00								
時	日	月	年	81	71	61	51	41	31	21	11	1
甲	庚	庚	辛	辛	壬	癸	甲	乙	丙	丁	戊	己
申	申	子	酉	卯	辰	巳	午	未	申	酉	戌	亥

辛酉가 강력합니다. 병원에서 엑스레이 기사로 활동합니다.

辛酉는 날카로운 칼과 같습니다만 열에 자극받은 칼인지, 차가운 칼인지, 쓰임이 적절한 칼인지 구분해야 합니다. 丁火에 자극받으면 辛酉 내부에 열을 축적합니다. 세분해서 살펴보면, 칼의 종류는 열에 자극받은, 차가운, 적절하게 열을 품고서 水氣에 날카로움을 해소하는 칼로 나눌 수 있습니다. 丙丁에 자극받은 칼은 水氣를 만나야 날카로움을 풀어헤치고 丁辛壬 三字로 조합합니다. 만약 水氣를 만나지 못하면 木氣를 자르려고 달려들기에 殺氣가 강해서 물질, 육체가 상합니다. 둘째, 火氣가 없다면 차갑습니다. 辛亥처럼 미용, 이용, 조폭처럼 칼을 휘두르거나 일식 주방 칼로 사용할 수도 있습니다. 가장 적절한 구조는 火氣에 적당히 자극받고 水氣에 풀어지는 조합으로 丁辛壬 三字입니다. 표현은 극히 간단하지만, 火氣에 자극받은 칼의 개념을 이해하는데 오랜 시간을 허비했습니다. 이 의미를 깨우치자 많은 사주구조들이 보이기 시작하였습니다.

日支에 酉金이 있으면 비교적 불편합니다. 乙酉, 丁酉, 己酉, 辛酉, 癸酉 모두 사용하기 어렵고 다른 에너지를 보충해야 쓰임이 좋아집니다. 여자가 乙酉일에 태어나면 38~45세 사이에 남편과 불편해지고 이혼하거나 외도합니다. 丁酉는 丁火가 酉金을 사랑하지만 酉金은 丁火를 불편해하기에 水氣 유무를 살펴야 합니다. 己酉는 잘난척하는 기질이 강하고 존재감을 드러내는데 더욱 심각한 문제는 日支에 있는 배우자 酉金과 남편에 해당하는 甲乙이 서로 거부하기에 이혼하기 쉽습니다. 辛酉는 날카롭고 동일한 오행이 중첩되어 이혼하는 사례가 많고 癸酉의 경우도 결혼하지 않거나 이혼하는 경우가 많습니다. 酉金의 따지고 까다롭고 결벽증이 있기에 日支에 두면 사용하기 불편합니다.

酉金은 <u>生死를 결정하는 공간</u>이기에 천도 재와 깊은 인연이 있습니다. 酉金은 완벽함을 상징하기에 인간이 도달할 수 없는 경지로 인간이 살 수 없는 시공간입니다. 하늘에 제사를 지내는 이유는 인간의 능력으로는 해결할 수 없기에 간절히 도움을 요청하는 행위입니다. 그러면서도 스스로를 대단한 존재로 인식하는 辛酉는 모순 덩어리입니다. 글자 속성이 그렇기에 뾰족한 방법도 없습니다. 완벽함을 상징하는 辛酉는 잘난 척 하면 따돌림 당하고 고독해집니다. 다른 사람들은 틀렸고 자기만 완벽하다고 주장하기에 사람들이 떠나갑니다. 나는 너희들과 함께 할 사람이 아니야! 이런 생각을 합니다. 완벽함을 상징하기에 불완전한 인간들과 함께할 수 없다고 믿는 겁니다.

자연에 비유하면, 과일이 나무에서 떨어져 정착하면 천년, 만년 그 자리에서 자신의 씨종자를 지키려고 합니다. <u>酉丑辰, 丑辰, 酉辰</u>으로 조합하면 교도소에 수감되거나 사망하는 이유는 辛酉가 가진 살성과 丑辰에 있는 癸水의 폭발력으로 체성을 상실하기 때문입니다. 대운이나 세운에서 辛酉를 만나도 그 작용은 크게 다를 것이 없습니다. 글자속성은 天干, 地支뿐만 아니고 대운, 세운에서 만나도 유사한 속성입니다. 결국 辛酉는 사회성이 굉장히 결여되는 글자입니다.

申金은 오라는 곳은 없는데 갈 곳이 많아서 바쁘지만 酉金은 움직이지도 않고 가만히 있으려고 합니다. 五行이 동일해도 음양의 속성은 크게 다릅니다. 사주구조를 살펴야 하지만 天干에 辛金이 있으면 보석함에 있어야할 보석이 밖으로 노출되어 누구나 탐하기에 도둑들이 보석을 훔치려고 달려듭니다. 따라서 辛金을 만나는 시기에 가난, 고독해집니다. 만약 丙火가 辛金을 비추면 두각을 나타내거나 인기가 많아집니다.

酉金은 종자돈이기에 사채놀이, 은행 물상과 연결됩니다. 酉子 破작용을 사채놀이에 활용해서 빠르고 쉽게 한탕을 노리는 욕망이 강합니다. 辰酉, 酉丑, 酉丑辰으로 연결되면 교통사고, 임플란트, 교도소, 빠르게 부를 축적합니다. 정리하면, 酉金은 완성, 마감, 새로운 시작. 공허, 인간이 갈 수 없는 시공간, 죽음을 상징하기에 까다로운 글자입니다. 영적 능력도 굉장히 뛰어나기에 귀신, 영혼, 조상신, 종교, 명리, 철학, 무당, 접신, 빙의, 퇴마, 불교, 神과 인연이 강합니다. 또 酉金은 꿈, 예감이 굉장히 뛰어난데 辛이나 酉에서 시름시름 앓는다면 접신, 빙의를 의심해야 합니다.

辛酉는 완벽하기에 절대적으로 지배받는 것을 싫어합니다. 내가 완벽한데 누구한테 지배 받으려 할까요? 부처님이 홀로 道를 닦으러 떠난 상황이기에 지배를 싫어합니다. 자신은 완벽하기에 타인을 간섭하고 지적합니다. 완벽하기에 만사 명확해야 직성이 풀리기에 숫자를 따지는 세무, 회계에 어울립니다. 辛未는 회계와 인연이 깊고 辛丑은 세무와 인연이 많습니다. 사주팔자에 水氣가 없으면 엄청 까다롭지만 水氣가 넉넉하면 오히려 날카로움이 풀어지면서 숫자를 정확하게 따지는 것을 싫어합니다. 이것이 바로 방탕, 방랑의 속성과 연결됩니다. 날카로운 辛酉의 체성이 水氣에 의해서 부드럽게 바뀐 겁니다. 辛未에서 회계물상이 나오는 이유는 未중 乙木을 신금으로 정확하게 쪼개서 그렇습니다. 또 한약이나 침술과도 인연이 강하며 더 주는 것도, 덜 받는 것도 싫고 정확하게 10을 원합니다. 따라서 숫자에 능하면서도 깔끔한 성격입니다.

가을, 겨울에 처마 끝에 옥수수를 매달아 놓으면 이빨도 들어가지 않을 정도로 딱딱해지는데 그 이유를 몰랐습니다. 그 이유는 봄에 옥수수를 심기 위함이었습니다. 말라비틀어진 옥수수가 바로 辛酉로 자신을 희생해서 새로운 먹거리를 만들어야만 하는 극히 중요한 사명감을 가진 씨종자입니다. 따라서 辛金은 반드시 자신을 희생하지만 불행히도 받는 것에는 재주가 없습니다. 받으려면 탈이 나기에 퍼줘야 탈이 없습니다. 辛酉 씨종자인데 퍼주지 않고 내부에 감추면 쓸모가 없습니다. 辛金의 본성은 만인에게 먹거리를 제공하라는 사명감을 가지고 태어났기에 씨종자를 활용해서 백성을 구하는 것입니다.

그럼에도 불구하고 지키려고 탐욕을 부리면 하늘에서 벌을 내립니다. 辛金을 내놓지 않으면 많은 사람들이 힘들어질 뿐만 아니라 운도 풀리지 않습니다. 辛酉는 자신을 희생해야 甲木 生氣를 만들어낼 수 있습니다. 辛酉는 내성적, 비관적, 염세적, 외골수, 상처도 잘 받고 혼자 있는 것을 좋아합니다. 辛金이 날카로울 때 水氣가 있으면 풀어집니다만 水氣가 너무 많으면 너덜거리기에 반드시 火氣를 보충해야 합니다. 辛酉는 남을 원망하거나 피해의식이 있으면 좋을 것이 없습니다. 비판이 날카롭기에 입을 다물어야 합니다. 가위질, 칼질처럼 자르려는 속성이 강하기에 표현이 거칠어 베풀면서도 욕먹는 경우가 많습니다. 닭은 평시에 문제가 없다가 한 순간 확 쪼아서 그 동안 축적했던 福을 한

순간 날려버립니다. 잘 베풀다가 어느 날 갑자기 입을 잘못 놀려서 복이 달아납니다. 잘 참다가 꼴사나우면 질러버리기에 문제입니다. 남을 깔보는 것보다는 틀린 것을 지적하는 바른 소리를 하므로 주위에서 싫어합니다. 辛酉의 베풀려는 성향은 자신이 완벽하다고 생각하기에 부처님이 중생을 구하려는 의도와 유사합니다. 구원하면서도 날카롭게 상대방의 잘못을 공격하는 느낌이기에 피곤한 속성입니다. 이런 문제로 부부사이에 다툼이 많습니다. 乙酉, 丁酉, 己酉, 辛酉, 癸酉일에 태어나면 이별수가 많은 이유입니다. 酉金은 장사나 사업에 크게 적합한 것은 아니지만 丁辛壬 三字로 조합하면 한탕을 노리기에 총명하고 사업으로 부를 축적할 수 있습니다. 그런 구조가 아니면 교육, 종교, 명리, 철학, 공무원, 의료에 적합하고 정확한 계산을 요하는 금융, 은행에 적합합니다.

닭은 먹이를 차례로 찍는 것이 아니라 주둥이로 흩트리면서 먹습니다. 이런 속성 때문에 酉金에는 재물을 흩트리는 문제가 있다고 합니다. 예로, 日支가 酉金이면 38세에서 45세 사이에 한순간 재산이 날아갈 수도 있으니 주의해야 합니다. 살아가는 과정에 한번은 재산을 탕진할 수 있는 글자가 辛酉입니다. 사업이 어려운 이유는 완벽함이라는 뜻하기에 더 이상의 진행이 어렵습니다.

乾命				陰/平 1974년 11월 21일 00:00							
時	日	月	年	81	71	61	51	41	31	21	11	1
丙	己	丙	甲	乙	甲	癸	壬	辛	庚	己	戊	丁
子	酉	子	寅	酉	申	未	午	巳	辰	卯	寅	丑

냉동관련 사업을 했는데 辛巳대운에 업종을 전환하다가 집이 넘어갈 정도로 큰 손실을 보았습니다. 巳대운 시작 전부터 무너지기 시작해서 50세 계묘년 현재도 회복하지 못하고 있습니다.(나중에 추가한 사주사례임)

60甲子에 비유하면 마지막을 상징하는 癸亥, 癸丑과 유사하기에 재물을 파하고 사업을 유지하기 어렵습니다. 이처럼 酉金은 丁辛壬 三字로 사주구조가 좋으면 사업에 어울리지만 일반적으로는 사업을 시작하고 중단하기를 반복합니다. 다만, 씨종자를 내놓는 복지사업에는 적절합니다. 辛酉는 그 자체로 칼이나 침과 같아서 火氣를 자극하면 더욱 날카로워지고 뾰족해집니다. 적절하게 활용하면 한의. 침술, 수술 칼, 의사, 한의사, 군인, 경찰, 요리사, 정원사, 재단사, 미용사, 도축, 정육점 등입니다. 회집은 寅巳 刑에 水氣가 있는 구조입니다.

辛酉는 완벽한 것과 그렇지 않은 것을 구별하는 능력이 뛰어납니다. 문제를 찾아내어서 고치려고 합니다. 의류검수원처럼 하자있는 옷을 빠르게 골라냅니다. 혹은 질병을 빠르고 정확하게 찾아내서 치료할 수 있습니다.

乾命				陰/平 1961년 8월 22일 12:00								
時	日	月	年	88	78	68	58	48	38	28	18	8
丙	丁	丁	辛	戊	己	庚	辛	壬	癸	甲	乙	丙
午	卯	酉	丑	子	丑	寅	卯	辰	巳	午	未	申

酉金이 굉장히 날카로운데 卯木을 치고 있습니다. 강력한 火氣가 酉金을 자극하고 卯木을 沖 하는데 卯丑과 卯午 破까지 연

결되어서 卯木이 상하고 있습니다. 다행하게 癸巳대운 庚辰년에 한의사로 활동하였는데 천간에서 乙辛으로 조합하면 을목 생기를 보호하는 약사, 한의사에 적합한데 地支에 卯酉 沖으로 있기에 동일한 이유로 한의사로 활동하였습니다. 火氣로 金氣를 자극해서 침을 날카롭게 만드는 구조는 辛酉에 열기를 자극했기에 침술이 뛰어납니다. 이처럼 乙辛 沖, 卯酉 沖으로 乙卯 生氣가 상하는 사주구조는 침이나 칼을 활용하는 한의, 의사와 같은 직업으로 활용하면 오히려 생기를 보호하고 발전합니다.

乾命				陰/平 1981년 2월 18일 00:00								
時	日	月	年	86	76	66	56	46	36	26	16	6
모름	庚子	辛卯	辛酉	壬午	癸未	甲申	乙酉	丙戌	丁亥	戊子	己丑	庚寅

辛酉와 卯木이 沖하기에 卯木이 상하지 않도록 침이나 칼을 활용하는 직업이 좋은데 요리사입니다. 한의사, 요리사는 모두 卯木을 잘게 잘라서 활용하는 것으로 한약재를 자르는 행위도 동일한 이치입니다. 이처럼 殺氣를 해소하는 직업을 선택해야 육체가 상하는 것을 방지하고 卯木에 상응하는 육친이 질병이나 사고로 문제가 발생하는 것을 예방합니다.

戌月

戌月로 가겠습니다. 辰戌丑未 중에서 殺氣가 가장 강할 뿐만 아니라 유일하게 生氣가 소멸하는 공간입니다. 12支 중에서 酉戌은 乙卯 生氣를 없애는 기운이 강력합니다. 酉金과 戌土의 관계는 酉金 씨종자를 戌土 창고에 보관하므로 辰戌丑未 중에서 가장 보수적인 성향입니다. 비밀을 지키려고 입으로 표현하는 것도 싫어합니다. 상대적으로 木火가 많으면 입이 바쁘게 움직이지만 戌土는 입을 다물고 속사정을 말하는 것을 좋아하지 않습니다. 戌土는 수확하여 창고에 안전하게 저장했기에 한 바탕 놀이를 즐깁니다. 戌時에 술을 마시기에 유흥의 속성도 강합니다. 특히 丙戌의 경우는 巳戌로 향락을 즐기는 술집과 인연이 강합니다. 丙戌 月에 태어나면 직업 宮에서 丙戌을 활용하기에 유흥의 속성이 약하지만 時에 丙戌로 있다면 사적 행동이기에 향락을 즐깁니다. 다만, 사주원국에서 巳戌이나 巳申으로 연결되면 월주에 있다고 해도 유흥과 연결됩니다. 월지가 巳火인데 운에서 戌土와 연결되면 유부남, 유부녀가 쫓아다니거나 자신이 여자를 쫓아다닐 일이 생기거나 술집에 자주 다닙니다.

戌土는 寅午戌 三合의 마감 점으로 寅卯辰 木氣를 申酉戌 金氣로 바꾸어서 戌土에 저장합니다. 단점은 그 과정에 水氣를 없애기에 生氣가 무력해집니다. 寅午戌 三合을 무조건 좋다고 인식하기 어려운 이유입니다. 寅午戌도 水氣를 증발시키고 木氣를 말리기에 殺氣가 강해집니다. 물론 巳酉丑의 경우는 金氣에 木氣가 직접 상하지만 寅午戌은 드러나지 않게 水氣를 증발시키는 방식으로 生氣를 소멸합니다. 水氣가 없으면 화성처럼 변하면서 생명체들이 살아갈 수 없는 겁니다. 하지만 무엇보다도 戌土는 씨종자를 품어서 지키기에 호위무사, 아파트 경비원, 경호원, 보디가드, 국가 공무원, 국방부 장관, 나라를 지키는 행위, 창고를 지키는 행위에 적합합니다. 庚戌월에 태어나고 丙丁이 있으면 국가공무원에 적합합니다. 다만 년과 월에서 丁巳, 庚戌인데 일과 시에도 水氣가 전혀 없다면 삭막하기에 년지에 亥水가 있어야 더욱 좋습니다. 辰土는 戌土를 불안정하게 만들기에 좋은 역할은 아닙니다만 水氣가 없다면 戌土와 沖해도 큰 문제는 아닙니다만 대운에서 辰土가 오고 세운에서 亥子丑을 만나면서 辰戌 沖하면 戌土가 심하게 상합니다. 사주원국의 辰土에 약간의 水氣가 있거나 丑土에 조금 머금은 것은 좋지만 運에서 水氣를 품은 辰土가 戌土를 沖하면 화로불이 흔들려 불안정해 지듯 인생도 순탄하지 않게 됩니다.

戌土의 직업은 전문직에 어울립니다. 기술공무원, 전문직에 적합한 이유는 戌土의 지장간에 丁火가 있기 때문입니다. 또 寅午戌 三合은 장사, 사업이 쉽지 않습니다. 戌土의 시급한 문제는 火氣가 무력한 것으로 寅午戌 三合운동을 끝냈기에 아무리 火局이라도 火氣가 소멸되는 과정입니다. 丙火가 어둠 속으로 사라지기에 우리가 활용하는데 매우 불편합니다. 戌亥 天文은 표현 그대로 죽으러 가는 상황과 같아서 그 문제를 해결하고자 종교, 명리, 철학으로 빠집니다. 亥중에 甲이 있기에 윤회를 기다리는데 戌土는 火氣도 사라지고, 生氣도 소멸되어 활용하기 어려운 글자입니다. 戌戌 혹은 戌戌戌로 붙으면 生氣가 없습니다. 戌月에 戌土가 하나 더 있다면 좋은 모양은 아닙니다. 혹은 운에서 戌戌戌로 겹치거나 未未未로 겹치면 좋을 것이 없습니다.

戌丑, 戌未로 겹치는 것도 좋지 않습니다. 빛이 사라지고 어둠이 졌기에 陽氣가 소멸되었습니다. 남자로서의 역할을 못하고, 부부관계가 어렵기에 외도하는 사례가 많습니다. 가정에서는 성적으로 불만이 생기면서도 밖에 나가서 외도합니다. 이런 이유로 戌土는 결혼에 적절하지 않은 글자입니다. 性的으로 불만이 생기고 외도하고, 갑자기 집을 나가고, 결혼하지 않고 종교에 빠집니다. 戌대운에 부부사이에 애정문제가 발생하고 사이가 멀어지고 외도합니다. 그래서 戌土의 물상 하나가 홀아비입니다. 辰土는 과부, 노처녀로 戌土와 辰土에서는 부부생활과 자식문제로 애 먹습니다. 특히 戌戌, 辰辰으로 복음하면 더욱 불편하며 재혼, 외도 등의 물상으로 발현됩니다. 노처녀, 과부, 결혼 못하고 죽은 영혼이 辰土이고 결혼 못하고 죽은 총각이 戌土입니다. 日支 辰土 혹은 戌土가 있으면 편하지는 않습니다. 하나만 있으면 무리가 없지만 두 개 겹치거나 沖하면 더욱 불편해집니다. 일지에서 辰辰, 戌戌, 戌未, 辰未, 辰丑으로 조합하면 배우자 宮位가 불편합니다. 辰土, 戌土는 노처녀, 홀아비를 암시하기에 빨리 결혼하면 혼할 가능성이 많습니다. 戌亥 天文은 역학, 종교, 철학, 도, 단전호흡과 인연이 많습니다.

乾命				陰/平 1977년 9월 16일 20:00								
時	日	月	年	87	77	67	57	47	37	27	17	7
壬	戊	庚	丁	辛	壬	癸	甲	乙	丙	丁	戊	己
戌	午	戌	巳	丑	寅	卯	辰	巳	午	未	申	酉

丁巳, 庚戌, 戊午로 水氣가 전혀 없기에 殺氣가 강합니다. 시주도 壬戌로 戌土가 두 개요 엄청난 火氣에 자극받은 庚辛 金氣들이 유일한 水氣 壬水를 찾아가기에 본성을 찾아가는 스님입니다. 戌戌 辰辰, 혹은 戌戌戌도 불교인연이 강합니다. 깊은 산으로 떠나는 것이 戌土입니다. 寅午戌 三合을 완성했기에 화려한 시공간에서 멀어집니다. 화려한 문명, 예술, 문화를 담아서 절, 성지, 유적지, 문화재 등입니다. 국보, 보물을 저장한 도시 경주가 戌土 지역입니다. 戌土에서 종교인과 인연이 생길 수 있습니다. 戌日 상담하는데 신랑이 외도하는 것 같은데 어디서 찾아야 할까요? 교회나 절에서 인연을 만났다고 생각합니다. 종교인이 아니라면 술집에서 만난 여자입니다. 巳戌로 조합해도 술집에서 만날 가능성이 많습니다. 戌土는 산속 깊은 절, 암자 물상이기에 굉장히 현실적이고 세속적인 진토와는 다릅니다. 壬辰도 스

님이 많은데 생명수를 공급하는 치료, 약의 개념이고 辰土에 水氣를 채우기에 심리상담, 명리상담에 어울립니다. 공간측면에서 壬辰은 깊은 산속에 있는 절이 아니고 도시에 있는 보살들입니다. 戌土는 生氣가 없는데 辰土는 生氣가 팽창하기에 치료개념이 강합니다. 만약 辰戌이 만나면 申子辰과 寅午戌이 충돌합니다. 申子辰 내부, 어두운 곳, 감추어진 공간이고 寅午戌은 밝고, 확장하고, 분산하기에 응축과 분산 그리고 안과 밖이 충돌합니다. 申子辰은 辰土에서 밖으로 나가고 寅午戌은 戌土에서 내부로 들어갑니다. 따라서 辰戌이 충돌하면서 水火를 조절합니다. 辰土는 인맥을 모으고 戌土는 가치 있는 것만을 지키려 합니다. 辰戌 沖은 부장급 수준에서 上下를 조절하는 것으로 부동산 중개업에도 어울립니다. 年과 月에서 辰戌이면 부동산 중개, 타협하고 조정하는 노사조정 위원회, 구매자와 판매자의 중간에서 중개역할입니다.

戌月인데 辰土가 沖하는 경우에는 水氣가 많으면 戌土가 굉장히 불안합니다. 子水나 亥水를 가득 담은 辰土가 沖하면 화로불이 엎어지고 둑이 무너지는 것과 같은 심각한 상황이 발생합니다. 戌土에 寅午, 巳午 강력한 火氣를 가득 담았는데 辰土가 沖하면 용광로가 흘러내리는 상황입니다. 이처럼 辰土, 戌土 墓庫에 가득 담은 상황에서 충돌하는 것은 위험합니다만, 墓庫에 담긴 五行이 없다면 무난합니다. 戌土화로에 담은 火氣가 없다면 사용하지 않는 화로와 같습니다. 辰土에 水氣를 가득 담았는데 물탱크를 흔들면 해일과 같은 작용으로 주위 사람들을 쓸려갑니다. 이처럼 辰土나 戌土가 충돌하면 매우 불안정하지만 타협하고 조정하는 직업물상으로 활용할 수 있습니다.

戌土에 개를 배속했는데 권위, 권한을 상징합니다. 개는 집을 지키는 행위를 하므로 주인으로부터 권한을 부여받았기에 일정 공간을 다스릴 수 있습니다. 만약 권한도 주지 않고 창고를 지키라고 한다면 누가 창고지기를 두려워하겠습니까? 이런 이유로 戌土에서 씨종자를 지키려면 반드시 권한을 제공해야만 합니다. 여담으로, 논산훈련소에 들어갔다가 독자사유로 당일 의가사 제대하고 6개월 방위복무 과정에 군수과를 담당했습니다. 6개월 방위에게 군수에 필요한 10종 이상의 물품을 지키는 권한을 주었습니다. 하지만 병장은 물론이고 중위, 대위도 눈치를 봐야 합니다. 라면, 꽁치통조림, 부식을 원하면 방위 손을 거쳐야하기 때문으로 戌土의 권한입니다.

乾命				陰/平 1898년 9월 1일 12:00								
時	日	月	年	88	78	68	58	48	38	28	18	8
甲午	辛亥	壬戌	戊戌	辛未	庚午	己巳	戊辰	丁卯	丙寅	乙丑	甲子	癸亥

하 중기 사례집에 나오는 예문으로 일본인들이 제공한 감투를 함부로 활용해서 동포들을 잡아가두고 괴롭히다가 나중에 잡혀서 사형 당했습니다. 戊戌戌로 감투를 가졌지만 壬亥 저승사자들을 활용해서 동포를 상징하는 戌土 속에 있는 辛金 씨종자들의 목숨을 빼앗는 매국노였습니다.

乾命				陰/平 1966년 9월 6일 20:00								
時	日	月	年	87	77	67	57	47	37	27	17	7
戊戌	辛亥	戊戌	丙午	丁未	丙午	乙巳	甲辰	癸卯	壬寅	辛丑	庚子	己亥

辛이 戌月에 戊土 위에서 존재를 드러내고 丙火가 환하게 빛을 밝힙니다. 戌月이기에 水氣가 많으면 좋지 않지만 亥水가 홀로 적절하기에 의학박사입니다.

乾命				陰/平 1965년 10월 1일 20:00							
時	日	月	年	86	76	66	56	46	36	26	16 6
戊	辛	丙	乙	丁	戊	己	庚	辛	壬	癸	甲 乙
戌	亥	戌	巳	丑	寅	卯	辰	巳	午	未	申 酉

乙巳, 丙戌로 戌月의 時空에 매우 좋습니다. 乙木이 있으니 丙火가 지치지 않고 丙火는 戌土 墓地에 들어가 담기니 흐름이 좋습니다. 단점은, 丙火가 戌土에서 빛을 상실하기에 일순간 부모가 몰락하거나 본인이 사업하다 망할 수 있습니다. 이처럼 乙巳年, 丙戌月에 아이를 낳으면 좋지만 그런 문제를 해결할 수 있는 일간을 골라야 합니다. 일주가 辛亥로 戌月에 필요한 亥水를 무기력하게 배합하였고 戊戌에 辛金의 존재를 드러내고 丙火로 비추니 午대운에 800억 부를 축적하였습니다.

庚戌干支는 숙살 기운이 강하기에 甲乙 生氣를 잘라서 수확하려고 합니다. 그런 상황을 과거에는 괴강, 백호라는 명칭으로 불렀습니다. 일반인들은 감히 함부로 못하는 행동을 과감하게 실행하는 과단성을 보입니다. 특히 甲乙이 보이면 제압하려고 달려들기에 사람들을 복종시키려는 태도를 보입니다. 이런 이유로 庚戌 月에 태어나면 사회에서 지키고 제압하려는 직업에 종사합니다. 군대, 경찰, 보디가드, 수위 등입니다. 庚戌干支의 공간의미는 "감당 못할 권한이나 책임으로 고통 받는 상황입니다. 자신의 능력으로는 감당할 수 없는 권한을 받은 이유를 자연 순환원리에서 살필 수 있습니다.

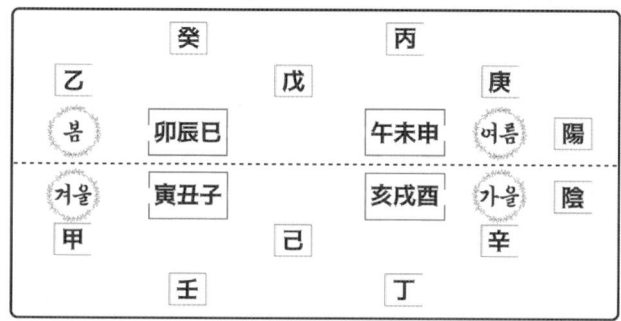

四季圖에서 庚金은 여름에 배속되었기에 반드시 丙火를 필요로 하는데 戌月의 시공간에서는 丙火 빛도 사라지기에 庚金의 존재가치를 상실하고 辛金에게 그 권한을 넘겨야 함에도 불구하고 천간에 庚金이 드러났기에 빛 좋은 개살구요, 바지사장에 불과합니다. 실질적인 사장은 戌土 속 辛金으로 庚金이 적절하지도 않은 공간에서 주인행세 하지만 언제라도 戌土 속 辛金에 의해서 이용당할 수도 있습니다. 이런 이유로 庚戌은 감당하지 못할 권한을 손에 쥐고서 포기도 못하고 고통 받는 상황입니다. 庚戌과 대칭하는 干支는 甲辰으로 甲木은 壬水가 넉넉한 땅에서 활동하는데 乙木이 주도권을 잡은 辰土에서 우두머리를 하겠다고 억지를 부리기에 경쟁에서 밀릴 수밖에 없습니다.

결국, 庚戌과 甲辰은 "주제넘다"는 개념이 강한데 주위 배합에 따라 의미가 달라집니다. 예로, 庚戌에 丙火를 보충하거나 甲辰에 壬水를 보충하면 주제 넘는다는 단점을 보충해서 매우 적절하게 권한을 행사합니다. 결국 干支의 고유한 의미도 주위에 어떤 干支를 배합하느냐에 따라서 의미가 크게 달라집니다. 결국 庚戌은 지위나 활동환경이 자신에게 적절하지 않아서 멀리 떠나야만 하는 상황입니다. 현재의 시공간에 나의 존재가 적합하지 않습니다. 만약 庚戌일에 상담하면 자신에게 적합하지 않아서 포기하고 떠나야만 하는 상황입니다.

戌土는 종교, 명리, 철학, 교육에 어울립니다. 戌土에 辛金을 담았기에 육신을 버리고 영혼의 세계로 가기 전에 어떻게 해야 하는지 반드시 교육을 받아야 합니다. 그래서 戌土는 기도원, 절, 도량 물상이 많습니다. 산으로 들어가 혼자 도를 닦습니다. 戌土는 寅午戌 三合 火氣가 끝났으니 生氣를 살리려는 노력을 해야 합니다. 年과 月에 丙火가 있으면 문제가 없지만 戌土가 日支에 있는데 丙火가 없으면 寅午戌 三合을 마감하고 어둠 속으로 사라지기에 경제적, 육체적으로 상할 수 있습니다. 직업적으로 불안해지고 육체적으로 상하거나 성적으로 문제가 발생합니다. 戌時에 태어나면 자식이 발전하기 어려워질 수도 있고 戌月에 태어나면 감추어진 것들을 밖으로 드러내지 않기에 비밀이 많습니다. 그래서 내성적, 소심, 답답하게 보입니다. 辰土는 오전에 농사짓는 시간이기에 공부하기 어렵다고 했습니다. 戌土는 문명, 문화를 마감하기에 학문을 중단하는 상황입니다.

다만, 戌중 丁火가 있기에 전문직, 기술직에 어울립니다. 丁未와 戌土는 기술과의 인연이 좋습니다. 사주팔자에 戌이 많으면 개들이 으르렁거리고 싸웁니다. 戌戌戌의 경우는 개 세 마리가 싸웁니다. 戌土가 많으면 밥그릇 싸움이 일어납니다. 戌土는 호전성이 강하기에 戌土와 辰土는 학교에서 배우는 공부와는 인연이 박하지만 종교, 명리, 철학과의 인연은 강합니다. 책 宮位論에서 설명한 내용인데 戌時에 태어나면 자식 宮位에 生氣가 없기에 자식 얻는데 애를 먹을 수 있고 辰土까지 沖하면 더욱 힘듭니다.

坤命				陰/平 1977년 8월 26일 20:00								
時	日	月	年	90	80	70	60	50	40	30	20	10
壬	戊	庚	丁	己	戊	丁	丙	乙	甲	癸	壬	辛
戌	戌	戌	巳	未	午	巳	辰	卯	寅	丑	子	亥

丁巳 庚戌 戊戌 壬戌 자식과 인연이 어렵습니다. 戊戌戌로 종교 명리 철학과 인연이 강하고 자식 갖는 것이 소원이라고 합니다.

丑戌, 戌未 刑에서 살핀 것처럼, 戊土는 건들려서 좋을 것이 없습니다. 반드시 지켜야할 씨종자를 저장한 창고를 열어봐야 문제만 발생합니다. 戊土가 未土나 丑土에 흔들리면 투기, 도박, 강탈, 부도문제 등이 발생합니다. 戊土는 공직, 기술을 활용하는 것이 가장 좋다고 했습니다. 寅午戌 三合 특징대로 장사, 사업에 어울리지 않기 때문입니다. 乙未년, 丙戌월, 壬戌일, 庚戌시 빌 게이츠도 표면적으로는 사업이지만 특출한 기술을 활용하였습니다. 乙巳년 丙戌월 혹은 乙未년 丙戌월의 조합은 기본적으로 좋습니다. 丙火가 戊土에서 빛을 상실하는데 乙木의 도움으로 빛을 유지하지만 戊土 宮位에 이르면 대운과 세운에 따라 반드시 한번은 어둠 속으로 들어갑니다.

예로, 사업하다 부도나거나 가정이 경제적으로 힘들어지고 불편한 시기를 겪습니다. 특히 戊戌, 辰辰처럼 복음이면 살아가는 과정에 큰 고비를 극복할 일이 생깁니다. 두 글자가 겹치기에 발전하는데 장애가 많아서 극복하는 과정이 힘듭니다. 혹은 방탕하고 엉뚱한 길로 빠지기도 합니다. 애정사도 불편해서 이혼, 사별 혹은 복잡한 남녀관계, 유부남의 애인으로 살아가는 경우도 많습니다. 戌土는 쾌락의 시공간입니다. 戌土, 巳戌에 대해서 설명했었습니다. 사실 巳戌, 辰亥, 寅未, 申丑의 원진, 귀문 속성에도 외도, 바람 물상이 있는데 그 특징은 편집증 증세를 보이는 집착하는 사랑입니다.

亥月

亥水로 가겠습니다. 亥水는 씨종자 辛金을 亥水에 풀어서 甲木을 내놓으려는 출발점이기에 輪廻, 재생, 재활용의 의미를 가졌습니다. 결국 亥水는 새 것이 아니고 오래된 물건을 새롭게 활용할 것임을 암시합니다. 다만 아직 亥중 甲이 나오지 않았기에 새것이라고 부를 수도 없습니다. 12支 중에서 亥子丑은 재생, 부활, 재활용하는데 辛金을 새로운 물형으로 바꾸려는 겁니다. 다만, 亥水는 과거의 물형에 변화를 주기 시작하는 출발점에 불과합니다. 직업으로는 구제 옷가게처럼 사용한 물건들 중에서 쓸 만한 것을 골라내는 행위에 어울립니다. 정신으로 활용하면 戌亥에서 기도원, 도량으로 정신을 새롭게 합니다.

亥水는 巳火와 더불어 짝짓기 본능이 매우 강하다고 했습니다. 외도하는 사주구조들에 亥水 巳火가 많은데 辛巳, 乙亥, 亥亥, 巳亥, 子巳亥나 丙火가 亥月을 만나면 남녀관계가 복잡하고 우울증, 남성편력이 강합니다. 亥水의 뚜렷한 특징 하나는 육체를 잃은 귀신들이 모여 있는 시공간 바로 저승입니다. 왜 모여 있을까요? 子水에서 새 영혼을 얻으려는 겁니다. 亥水의 특징은 무섭습니다. 귀신들을 집합시켜서 훈련과정을 거쳐 새로운 영혼을 얻도록 도와주어야 합니다. 바로 戌亥천문 과정인데 子水에서 과거의 업보에 따른 영혼을 부여받습니다. 그래서 亥水에 옥황상제로부터 죄의 심판을 받는다고 합니다. 육체를 잃어버린 귀신들이 새 영혼을 얻고자 아귀다툼을 합니다. 亥水에는 전혀 다른 수준의 영혼들이 함께 모여 있기에 고저와 부귀빈천을 판단할 수 없습니다. 亥水는 丙火 빛이 들어올 수 없는 공간이기에 그 수준이나 차이를 밝히지 못하는 겁니다. 왕족, 머슴, 장사꾼이었는지 구별이 어렵습니다. 이런 이유로 亥水에서는 의심이 많고 재차 확인하려는 습관이 있습니다. 빛이 없으니 어둠 속에서 더듬으면서 정체를 파악하려는 겁니다.

亥水에서 집합하고 子水로 이르러 어떤 결과물을 도출하기에 직업물상에 활용하면 세무회계, 통계, 수학, 자료 분석과 같습니다. 특히 亥辰조합은 닥치는 대로 정보를 모아서 辰土의 지장간에 있는 乙木과 癸水를 활용해서 보이지 않던 정체를 밝히는 행위이기에 수학, 통계, 정보 분석에 어울립니다. 또 정수기, 열기를 활용하면 화학제품에 어울리고 壬辰으로 심리 상담이나 약국, 의사, 정신을 치료하는 종교, 방생 등의 물상에도 좋습니다. 亥水에는 빛이 없으니 그 가치를 적절하게 드러낼 수 없습니다. 밖에서는 누구나 알아주던 사업가였는데 죄수복으로 갈아입고 교도소에서 함께 생활하기에 그 누구도 과거에 회장이었다는 것을 모릅니다. 결국 亥水는 가치를 인정받지 못합니다만 반대로 생각하면 매우 낮은 가치를 잘못 판단해서 비싼 대가를 치를 수도 있습니다. 빛이 없기에 판단력이 흐려져 엉뚱한 선택을 하기도 합니다.

현실적으로는 물질과 육체가 소멸된 시공간에서 두뇌만 활용하기에 살기 좋은 환경은 아닙니다. 결국 亥水의 승부수는 가치 높은 사람이나 물건을 고를 수 있는 안목을 가졌는가에 달려 있습니다. 예로, 인도의 길거리에서 우연히 낡은 칼을 샀는데 수백 년 전 보검으로 엄청난 가치를 지녔다거나 헐값으로 아파트를 샀는데 재개발해서 몇 배의 이윤을 남겼다는 이야기는 모두

亥水의 매력입니다. 神煞로 살피면, 亥水는 寅午戌 三合을 벗어 났기에 겁살에 해당하고 그 의미를 효율적으로 활용하면 빠른 속도로 재물을 축적합니다. 일상에서 활용하는 방법은 亥年이나 亥月에 실제 가치보다 폭락한 물건을 잘 골라서 엄청난 수익을 노려볼만 합니다. 반대로 경제사정 때문에 亥水에서 집을 팔면 원래 가치를 인정받지 못하고 손해를 봅니다. 따라서 집을 매매 하려면 亥水에서 급매를 골라서 헐값에 사들이고 巳火에서 높은 가격에 팔아야 합니다. 亥年, 子年에 힘들어할 때 사서 午年이 나 未年에 파는 겁니다. 평생 이런 매매 패턴은 5~ 6번밖에 오 지 않습니다. 30세가 넘어서 理財에 눈을 떴을 때 기회는 서너 번 뿐으로 한번 놓치면 돈 벌기 힘듭니다.

亥月에 좋은 점은 亥의 지장간에 甲木이 있기에 중년에 이르면 사업으로 성공할 수 있습니다. 중년에 반드시 사업하려는 욕망 을 숨긴 것이 亥水입니다만 너무 일찍 시작하면 불안정하고 기 복이 심합니다. 중년까지 직장생활 하다가 시작하는 것이 좋으 며 亥중 甲으로 중년에 부를 축적할 가능성이 높습니다. 그 전 까지는 亥水의 어두운 속성 때문에 답답합니다. 육체, 물질이 없기에 움직이기도 어렵고 새 영혼 받으려면 답답해도 조용히 기다려야 합니다. 亥水에서는 자유롭게 활동할 수 없기에 亥水 에서 벗어날 때까지는 인내해야 합니다. 戌亥에서는 답답해도 자리를 지키면서 도를 닦아야 합니다. 너무도 답답하다면 해외 로 떠나는 것도 방법입니다.

亥水에 甲이 있으니 숫자로 3을 상징하는데 日支에 있다면 답 답합니다. 가치 높은 甲木으로 바뀌려면 2번 이상의 시행착오를 거쳐야 합니다. 자식이라면 셋째 아들, 직장은 세 번째 직장에 서 안정된다는 겁니다. 亥月에 태어나면 자신에게 적합한 직장을 찾는 과정이 불안정함을 암시합니다. 중간에 사업한다고 설치면 더욱 힘들기에 중년까지는 직장생활 하라는 겁니다. 亥水는 빛이 사라졌기에 계산착오, 판단실수, 오해가 발생합니다. 예로 덤핑, 싸구려, 짝퉁, 가치 없는 물건을 많은 돈을 주고서 구입합니다. 물론 亥水에서 가치 높은 물건을 굉장히 싸게 살 수도 있습니다.

乾命				陰/平 1984년 10월 18일								
時	日	月	年	89	79	69	59	49	39	29	19	9
모름	戊申	乙亥	甲子	甲申	癸未	壬午	辛巳	庚辰	己卯	戊寅	丁丑	丙子

인터넷에서 명품의 짝퉁을 판매합니다. 亥月에 태어났기에 직업이 계속 바뀝니다. 회계학을 전공했는데 전공을 살리지 못하고 직업을 계속 바꿉니다.

辛壬癸는 종교, 명리, 철학이라고 했습니다. 정신을 추구하는 글자들로 깊은 내면에 이르는 조합입니다. 亥子는 정보를 수집하고 분석하는데 뛰어나지만 잘못 활용하면 의처증, 의부증세가 생깁니다. 亥月에는 결혼도 쉽지 않고 불안정하기에 30세가 넘어서 결혼하는 것이 좋을 수 있습니다. 물론 남녀관계가 없다는 것은 아닙니다. 연애는 복잡하게 할 수 있지만 결혼이 쉽지 않습니다. 巳火, 亥水는 인연이 많아도 결혼은 어렵습니다.

坤命				陰/平 1985년 10월 12일								
時	日	月	年	85	75	65	55	45	35	25	15	5
모름	丙寅	丁亥	乙丑	丙申	乙未	甲午	癸巳	壬辰	辛卯	庚寅	己丑	戊子

丁亥를 지날 때 화류계에서 종사했는데 나중에 미국 국적을 가진 중국 남자와 결혼했습니다. 乙丑, 丁亥로 어려서부터 가정이 어렵기에 접대부를 했습니다.

亥水에서 불안정한 이유는 빛이 없기에 어둠을 탈출하고자 변화를 주는 겁니다. 또 甲이 있기에 물질 욕망도 강합니다. 따라서 亥水에서 공부를 충분히 해야 그릇을 크게 활용합니다. 寅卯 月에 태어났는데 년과 월에서 水氣를 만나지 못하고 火氣를 만나면 어린 나이에 사회활동을 시작하지만 배운 것이 없으니 중년에 이르면 불안정해집니다. 乙未년, 己卯월로 조합하면 대학교 졸업하기 힘든 이유는 水氣가 없어서 그렇습니다. 亥水에서 물질만 추구하면 그릇이 작아지기에 학업을 마쳐야 나중에 甲木을 활용해서 사업체를 적절하게 운영합니다. 亥水는 공부, 사업, 종교, 명리, 철학이 모두 가능합니다.

乾命				陰/平 1975년 10월 16일 18:00								
時	日	月	年	84	74	64	54	44	34	24	14	4
辛酉	戊辰	丁亥	乙卯	戊寅	己卯	庚辰	辛巳	壬午	癸未	甲申	乙酉	丙戌

甲午년에 스님이 되고자 절에 들어갔습니다. 종교 명리 철학으

로 활용했습니다.

坤命				陰/平 1960년 9월 28일 04:00								
時	日	月	年	83	73	63	53	43	33	23	13	3
甲	戊	丁	庚	戊	己	庚	辛	壬	癸	甲	乙	丙
寅	申	亥	子	寅	卯	辰	巳	午	未	申	酉	戌

庚子의 종교 속성이 강하고 고등학교 교사로 활동했습니다. 부친도 명리에 깊은 조예가 있었습니다. 사주당사자도 명리를 공부하고 철학을 추구합니다.

卯月인데 亥水가 있거나 亥月인데 卯木이 있을 때는 卯木이 응결되는지 살펴야 합니다. 卯月인데 亥水가 있다면 水氣를 공급받아서 좋지만 水氣가 강하면 卯木을 응결시키면 육체와 정신이 불편해집니다. 亥水는 가난한 시공간이기에 돈을 빌려주면 받기도 힘듭니다. 辛金이 亥水에 들어가 子水로 나오는 과정은 과거의 육체, 물질을 버리고 새로운 생명체로 나오기에 과거로 돌아갈 수 없습니다. 돈을 빌려주거나 집을 팔았다면 기본적으로 인연이 끝났기에 다시는 만날 수 없습니다. 亥水의 인연이 寅에서 끝나는 이유는 전혀 다른 시공간으로 이동하기 때문입니다. 대충 亥水까지 정리했는데 많이 연구할 부분이 卯木과 酉金입니다. 가장 현실적, 물질적이기에 어떤 글자와도 크게 반응합니다. 깨지고 부서지면서 뚜렷한 물형변화가 발생합니다. 재산을 탕진하거나 육체가 상하거나 정신에 이상이 오는 직접적인 원인은 모두 卯木과 酉金 때문입니다. 寅木, 申金과도 많이 다릅니다. 예로, 甲庚 沖하면 陽氣와 陽氣의 충돌이기에 직접적으로 심하게 상하지는 않습니다. 하지만 乙辛 沖이나 卯酉 沖은 굉장히 직접적이고 명확하게 반응합니다. 신경마비, 정신이상, 육체손상 등으로 크게 영향을 미칩니다. 사주팔자에서 卯木과 酉金의 동태가 중요한 이유입니다.

▰제 37 강▰

◆天干조합론 1

己己己辛 356
己己辛乙 357
己己己甲 358
己己己癸 359
戊己己癸 360
己己己己 361
壬戊戊壬 363
壬戊己壬 364
甲木 378
    甲이 乙을 만나면 378
    甲이 丙을 만나면 382
    甲이 丁을 만나면 384 - 386

이 章에서는 굉장히 중요한 天干조합에 대해 살펴보려고 합니다. 여러 내용을 종합해서 天干조합 개념을 잡아보겠습니다. 우리는 평소에 잘 느끼지 못하지만 하늘에서 모종의 기운이 방사되고 지구가 반응하는 특징을 연구해서 十干으로 표현하였습니다. 따라서 十干은 각각 고유한 운동방향이나 성질을 가졌기에 四季의 순환과정에 물형이 끊임없이 변화합니다. 물론 十干은 사주팔자에 활용하려고 만든 부호가 아니라 시공간 순환과정을 표현한 것인데 세월이 흘러 사주명리에서 十干으로 활용하기 시작하였고 각 글자가 상징하는 의미를 계속 확장하여 왔습니다. 예로, 辛金은 보석이라는 표현은 그 의미를 명사로 규정한 것입니다만 실전에서 사주팔자를 통변하는 과정에 별 쓰임이 없고 활용도가 매우 낮습니다.

그렇다면 十干을 어떻게 이해해야 할까요? 반드시 <u>글자가 의미하는 운동성, 방향성을 동적으로 이해해야 합니다</u>. 天干은 에너지이자 時間이기에 계속 움직이고 변하면서 물형에 변화를 주기 때문입니다. 책상이나 컴퓨터는 일정한 물형을 가졌지만 十干은 형태가 없음에도 물형을 수시로 바꿀 능력을 가졌습니다. 이런 이유로 十干을 명사로 학습하거나 물질로 활용하는 것은 바른 학습방법이 아닙니다. 十干이 지구에 영향을 미치고 물형을 관리하는 방식을 三合이라는 이론으로 활용하는데 물형이 없다가 생기고, 있다가 없어지는 방식으로 생명체와 물질의 생장쇠멸이 반복됩니다. 다른 표현으로는 時間(에너지)이 空間(물질)으로, 공간이 시간으로 변화하기를 끊임없이 반복합니다.

중국에서는 太極태극 無極무극 皇極황극 氣기 質질 形형 象상 등 골치 아픈 용어들을 활용하는데 간단하게는 時空間으로 기준을 잡고 時間이 지구 空間에 영향을 미치기에 상응하는 움직임으로 물형을 결정한다고 이해하면 됩니다. 결국 氣가 質로 반응하는 방식이 三合운동으로 이루어지는데 우리는 오감을 활용해서 그 변화를 감지합니다. 十干을 동사動詞로 표현하는 방식을 예로 들면, 辛金은 "최대로 딱딱해지다"가 근본 뜻이고 수직으로 하강하는 움직임입니다. 즉, 辛金의 특징을 최대로 딱딱해지다와 수직으로 하강하다의 운동방향을 이해하고 계속 의미를 확장해야 합니다. 만약 사주팔자에 辛金이 있다면 이 의미대로 성격, 직업, 육친 등의 특징을 결정합니다. 또 辛金이 어떤 十干과 조합하느냐에 따라 물형과 길흉이 정해지는데 十神의 生剋처럼 剋하고 生하는 방식이 아니라 두 글자가 가진 에너지 파동으로 물형을 결정합니다.

우리가 쉽게 접근하는 十神의 정체는 무엇일까요? 지구자연의 순환원리를 표현한 十干은 그 의미가 너무도 광범위하기에 사주팔자를 분석하고자 十神을 활용해서 육친의 특징, 사회관계의 특징을 표현한 것입니다. 따라서 十神은 사주팔자를 분석하는 방편이지만 자연의 순환원리를 설명할 수 없는 논리이기에 극히 제한적인 의미를 가졌습니다. 다만, 十神의 의미가 모두 틀리다는 주장은 아닙니다. 比肩, 劫財, 偏財의 의미를 사주팔자에서 활용할 수 있지만 생하고 극하는 2차원 방정식을 활용하기에 너무도 단순해서 장님 코끼리 만지기 식의 수준에 그칩니다. 더욱 큰 문제는 十神을 공부하는 습관에 젖어버리면 사주팔자를 극히 편협하게 관찰하면서 새로운 이론을 활용하거나 확장하려는 노력조차 못합니다. 十干은 고유한 에너지 특징을 광범위하게 활용할 수 있음에도 十神의 극히 일부를 활용하는 겁니다. 예로 劫財의 경우, 十干 중에서 <u>乙木이 劫財의 특징</u>을 가장 많이 가진 이유는 자신이 보유한 生氣를 다른 사람들보다 훨씬 많고 빠르게 사방팔방에 퍼트려야 한다는 강박관념을 가졌기에 시기,

질투, 경쟁심리가 강하기 때문입니다. 乙木은 본능적으로 경쟁에서 살아남고자 적극적으로 육체를 활용하기에 짝짓기, 성욕과 유사한 물상입니다. 좌우로 펼치는 과정에 반드시 주위와 접촉해야 성장할 수 있기에 그렇습니다. 이처럼 十干은 고유한 十神 의미를 품고 있습니다. 즉, 十干이라고 에너지 특징만을 품은 것이 아니라 十神이 가진 의미까지도 모두 품었다는 겁니다. 예로 戊土는 偏財, 辛金은 正官으로 부르는 이유에 대해서는 이미 설명했습니다. 十神으로 사주팔자를 분석하는 것과 十干으로 분석하는 것의 차이를 보겠습니다.

坤命				陰/平 1971년 10월 6일 10:00							
時	日	月	年	85	75	65	55	45	35	25	15	5
乙	壬	己	辛	戊	丁	丙	乙	甲	癸	壬	辛	庚
巳	子	亥	亥	申	未	午	巳	辰	卯	寅	丑	子

十神, 生剋으로 설명하기를 왕성한 활동력, 프리렌서, 돈을 많이 벌고 32세 노처녀라고 합니다. 만나는 남자들마다 사업도 부실해지고 부도나며 건강도 나빠진다고 합니다. 이 여인의 경우는, 아무것도 하지 않고 집에만 있으면 온몸이 폭발할 것 같고 열이 오르고 또 직장에 나가면 답답해서 그만둬버리는데 외국어와 문장에 능통하고 두뇌회전이 빠르다고 합니다.

이제 十干의 속성을 활용해서 살펴보겠습니다. 乙壬己 三字는 방탕의 속성이 강하다고 했습니다. 己土도 돌아다니고 壬水도 흘러 다니고 乙木도 좌우확산하기에 그렇습니다. 또 亥亥巳로 짝짓기 본능이 강합니다. 만약 年에 辛金이 없다면 수많은 水氣들은 흘러 다닐 뿐 가치가 없는데 다행히 辛金을 품어서 乙木

을 내놓습니다. 이런 이유로 총명하고 창조능력이 뛰어납니다. 己土가 地支에 根이 없으니 무기력하다고 판단하지만 亥月에는 甲이 나와야 하기에 己土, 未土, 戌土, 戊土가 많으면 문제가 발생합니다. 다만 己土가 수많은 水氣에 쓸려 다니기에 남자들이 힘들어하는 겁니다. 즉, 이 여인을 만날 당시에는 사회적으로 발전하고 건강했는데 이 여인과 함께 지내다보면 점점 무기력해지고 존재가치도 사라집니다. 외국어를 잘하는 이유는 亥亥巳를 驛馬, 地殺이라고 판단할 수 있습니다만 글자 속성으로 살피면 子亥亥는 물처럼 흘러 다니기에 정착할 수 없습니다. 또 외국어 자체가 辛金입니다. 그 이유는 아래에서 설명하겠습니다. 또 亥亥에 子水까지 있기에 창조능력이 뛰어납니다. 亥水로 정보를 모으고 子水로 폭발해서 가장 가치 있는 것을 활용합니다.

辛金이 외국어인 이유를 보겠습니다. 나무에 매달린 庚金 열매들이 가을에 땅으로 낙하해서 홀로 정착한 것이 辛金입니다. 의미를 확장하면 辛金은 원래의 공간을 벗어나 전혀 다른 환경으로 이동합니다. 따라서 辛金은 외국, 해외, 피가 다른 종자를 상징합니다. 干支로는 辛未, 辛巳, 辛亥가 그런 특징이 강합니다. 辛巳는 해외로 떠나서 전혀 다른 종자들과 섞이는 출발점이기에 海外, 貿易개념이 강합니다. 다른 물상은 자동차사고, 위는 감추고 아래는 노출하는 의상이지만 언어측면에서는 辛金 씨종자가 巳火 속 庚金에게 辛金의 가치를 전파하는 움직임이기에 외국어입니다. 마치 辛金 외계인이 사화에 있는 庚金 지구인에게 문명을 전파하는 과정과 다를 바 없습니다. 辛金과 巳중 庚金은 크게 다릅니다. 마치 辛金이 전혀 다른 씨종자들이 있는 사화에 도착해서 천천히 庚金과 섞이는 과정입니다.

辛亥도 미용, 문신 등으로 작은 칼을 활용합니다만 범죄를 저지르고 교도소에 갈 수 있으니 주의해야 합니다. 辛金을 통제할 火氣에 따라 칼의 용도가 달라집니다. 辛金은 남들과 다른 독특한 특징을 가졌고 단체에서 떨어지려고 합니다. 씨종자가 다르기에 섞이지 않으려는 겁니다. 辛亥도 亥中 甲이 있기에 辛金을 甲으로 바꾸려는 의미이기에 辛巳와 의미와 유사합니다. 이런 이유로 이 여인은 총명하고 외국어를 잘합니다. 직업이 좋은 이유는 己土 正官이 巳火에 통근通根했기 때문이라고 주장하지만 사주원국 구조는 己土가 무기력하기에 좋다는 것을 반증합니다.

물론 己土가 허하기에 해당 육친은 무기력할 수 있습니다. 강력한 水氣들로 자유로운 활동을 원하기에 직장생활에 적합하지 않고 壬水가 己土에 많은 水氣를 공급하기에 己土가 질퍽거리는데 乙木이 己土를 뚫어버리면 사방팔방으로 흩어져 물형을 유지하지 못합니다. 결국 이 여인은 망가진 己土를 버리고 時支에 있는 巳中 戊土를 찾아갑니다. 巳火가 財星으로 재물로 간주하는데 그 위의 乙木 傷官은 불법, 비리 혹은 평범하지 않은 일탈 행위를 암시하므로 이 여인이 원하는 남자는 비정상적인 관계입니다. 남자가 자주 바뀌거나 외도하는 이유는 己土와 戊土가 섞였기 때문입니다. 金은 멀리 있고 甲木은 나오지 않았으며 乙木은 傷官이기에 壬水의 행동이 정당하지 못합니다. 乙巳로 있기에 이 여인이 원하는 것은 巳火 남자와 돈을 乙木을 활용해서 비정상적으로 활용하지만 관계를 오래도록 유지할 수 없습니다. 壬水와 戊土가 활용하는 시공간이 상이하기에 오래도록 정을 주고받을 수 없기 때문입니다.

지금까지 내용을 정리해보면, 이 여인이 만난 남자들에게 문제가 발생합니다. 또 巳火는 亥亥子로 강력한 水氣에 강한 압박을 받기에 性的으로 자극적이지만 시간이 지나면 정신을 못 차립니다. 戊土가 아니고 巳火로 있기에 강력한 수기들을 감당하지 못하는 겁니다. 乙巳는 짝짓기 성향이 강한데 時에 있고 사적이기에 연애고수입니다. 乙巳가 年과 月에 있으면 교육에 적합하지만 時에 있기에 사적인 재주입니다. 壬水는 강력하게 흘러가기에 일정한 공간에 갇히는 것을 극도로 꺼립니다. 따라서 壬水의 흐름이 막히면 문제가 발생합니다. 己土나 巳中 戊土가 많은 물들을 적절하게 통제하면 안정을 취하지만 막지도 못하면서 흐름을 방해하면 홍수처럼 범람합니다. 사주팔자에서 물의 흐름을 관찰하는 것은 매우 중요합니다. 홍수가 나서 엄청난 기세로 흘러가는데 댐으로 막으면 요동칩니다. 이런 이유로 직장생활을 하지 못합니다. 이런 설명들이 글자와 사주구조로 분석하는 방법으로 십신을 활용하는 것보다 훨씬 자세한 통변이 가능합니다.

十神의 문제에서 가장 심각한 점은 **宮位를 무시**합니다. 어느 宮位에 있던 그 육친을 인정합니다. 예로, 조부가 時干에 있어도 조부입니다. 또 손자가 年干에 있어도 손자입니다. 正官이 남편이고 偏財는 부인, 유동의 재물이라고 하면서 돈을 많이 번다고 판단하고 없으면 무조건 가난하다는 황당한 주장을 합니다. 辛亥년 丁酉월 壬子일 癸卯시의 남자를 十神으로 분석하면 丁火 財星이 무기력하고 군겁 쟁재이기에 매우 가난한 사주가 분명합니다만 실제로는 200억 부자입니다. 글자의 쓰임과 사주구조를 무시하고 十神을 위주로 분석하기 때문에 오류를 범합니다. 아직은 사주구조에 익숙하지 않기에 日干을 기준으로 몇 가지 패턴을 설명해보겠습니다. 먼저 天干만 보겠습니다.

時日月年
己己己辛

月日時에 있는 己己己와 辛金 하나가 조합해서 辛金에게 기운을 전달합니다. 己土의 터전이 辛金 씨종자를 품었기에 가치가 높습니다. 己己己는 나와 동일한 유형의 사람들이 주위에 많은데 궁위를 감안하면 月과 時에 있으니 社會활동 과정에 친구들도 많고 취미가 동일한 친구들도 많습니다. 또 글자속성으로는 己己己로 많이 돌아다니고 劫財가 없기에 경쟁, 시기, 질투의 속성은 약합니다. 많은 사람들과 더불어 己己己로 육체를 활용하고 辛金으로 존재감을 드러냅니다. 글자 속성에 己己己로 돌아다니는 역마특징과 辛金의 독특한 특징을 보여주는 재주가 있습니다. 다만, 己己己辛을 통제하는 글자가 전혀 없기에 일정한 틀에 갇히는 것을 싫어합니다. 회사, 조직에서 활동하는 것을 싫어하고 간섭도 싫어합니다. 辛金으로 존재감을 드러내는데 그 특징은 홀로 떨어져 살기에 사회성이 떨어집니다.

겉으로 드러난 辛金이라도 존재감을 드러내는 성향은 약합니다. 己土내부에 辛金을 품기에 그렇습니다. 물론 己土가 辛金의 존재를 드러내려고 해도 대중이 알아보기 어렵습니다. 다행하게 드러낼 수는 있기에 독특한 기술, 언변을 활용해서 강사와 같은 방식으로 활동할 수 있습니다. 혹은 자기만의 독특한 기술을 직업으로 활용합니다. 己辛은 陰陰 조합으로 己土가 辛金을 드러내는 속도는 陰陽, 陽陰처럼 급속하게 쏟아내는 것이 아니기에 반응이 느립니다. 나의 존재나 재주를 주위에 알리는 속도가 느리다는 겁니다. 또 사주구조에 나를 통제하고 자극하는 것이 없기에 둔한 편입니다. 육체를 바쁘게 움직이기에 영리한 듯해도 아닙니다. 사주구조에서 日干을 통제하는 기운이 있다면 긴장하게 만들기에 그 환경에서 벗어나고자 두뇌 회전이 빨라집니다.

辛金은 十神으로 食神이기에 食福이라 표현하지만 죽음을 상징하는 辛金의 고유한 의미와는 상반됩니다. 글자의 효율측면에서 살피면, 辛金이 水氣에 풀어지거나, 火氣를 만나서 내부에 열을 축적하거나 木을 잘라서 활용해야 하는데 己己己辛으로는 특별히 할 일 없기에 효율이 높지 않습니다.

時日月年
己己辛乙

己己육체를 활용하는 성향이 줄어들자 육체가 가벼워지고 辛金을 드러내는 속도가 빨라졌기에 존재감을 드러내는데 己己己辛보다 뛰어납니다. 더욱 중요한 점은, 辛金에게 할 일이 생겼다는 것입니다. 바로 辛金이 乙木을 沖해서 활용하려는 의지가 강합니다. 이 구조에서 乙木은 己土에게 긴장감을 불어넣는 것입니다. 己土는 틀에 안주하려는 성향이 강하고 辛金의 기술, 재능, 언변을 활용해서 乙木을 상대합니다. 예로, 일정한 기술, 언변으로 국가나 직장을 상대합니다. 만약 地支에서 天干을 거칠게 만들면 군대, 조폭과 같은 물상이고 辛金이 乙木을 공격하면 신문기자, 노조로 활용합니다. 乙木이 年에 있고 辛金으로 乙木의 존재를 부정하기 때문입니다. 결국 辛金의 상태가 얼마나 날카로우냐에 따라 활용방식이 달라집니다.

동일한 신문기자라도 사회제도, 정책, 정부 문제를 지적하는 기사를 씁니다. 만약 辛金에 水氣를 배합하면 날카로운 듯해도 해결책을 모색합니다. 年에서 乙木이 己己에게 긴장감을 조성하려고 해도 辛金이 느긋하게 乙木을 방어합니다. 이 구조가 총명하고 느긋한 이유는 辛金이 乙木을 통제하는 업무를 수행하기 때문입니다. 느긋하다는 의미는 할 일이 없어서가 아니라 할 일이 뚜렷하고 적절하게 처리하기 때문입니다. 다만, 辛金을 잘못 활용하면 강성노조, 쿠데타, 국가정책에 반하는 위법행위입니다. 사주팔자의 글자들이 할 일이 많으면 효율적인 인물이 됩니다. 己土 육체를 활용하고 辛金이 존재가치를 드러내도 乙木이 없었다면 빈둥거리지만 乙木을 자르거나 방어하는 과정에 辛金과 乙木은 긴장감을 유지하면서 총명하고 효율이 높아집니다. 만약 辛金이 없고 己己己乙로 조합하면 己己己로 육체를 활용해서 乙木에게 대들지만 이기지 못하고 구설, 시비만 발생합니다. 乙木을 경계할 辛金이 없기에 乙木은 긴장할 필요가 없고 늘어지면서 효율이 낮아집니다.

時日月年
己己己甲

年月日時가 甲己己己 구조라면 국가자리 甲木 하나를 두고 己己己가 다투는 모습입니다. 己己己는 比肩으로 동일한 기운이기에 경쟁의식은 약해도 合으로 甲木을 먼저 취하려고 합니다. 劫財와의 차이는 불법, 비리의 성향이 훨씬 약합니다. 甲木을 차지하려고 덤비지만 劫財가 가진 시기와 질투, 불법, 비리의 속성은 거의 없습니다. 주위에 사람들이 모여들지만 甲木을 차지하려는 심리도 있다는 겁니다.

더불어 하면서도 甲木을 먼저 차지하려는 상반된 욕망이 생겨나고 노력하는 태도를 보입니다. 甲木 하나를 먼저 차지하려면 반드시 노력하기에 세 개의 己土는 항상 긴장상태입니다. 己己己로 세력을 모으고 甲을 취하려고 하므로 정치성향이 강합니다. 정치는 반드시 세력이 필요하기에 동일한 五行이 필요하고 경쟁적으로 財星을 취하려고 하는데 바로 지지자들을 상징합니다. 정치가는 반드시 돈과 세력을 원합니다. 정치인 안철수는 乙日이 天干에 세력이 없습니다. 壬壬乙로 정치에 좋은 구조가 아닙니다. 하지만 己己己는 勢를 이루고 甲을 차지하려고 경쟁하면서 발전합니다.

時日月年
己己己癸
年月日時가 癸己己己라면 己己己가 年干 癸水 하나를 경쟁합니다. 戊土는 없기에 불법, 시기질투, 육체를 강압적으로 활용해서 癸水를 취하지는 않지만 선의의 경쟁으로 癸水를 취하려고 합니다. 사주구조에 존재하는 글자들의 의미는 바뀌지 않습니다. 숙명처럼 그렇게 쓰려고 태어납니다. 己己己가 세를 모아서 癸水를 취하는데 年에 있기에 국가, 사회를 활용합니다. 사업을 한다면 세 명이 동업합니다. 만약, 丙申年 丙午月 丙寅日이라면 丙丙丙으로 동일하지만 地支는 丙申, 丙午, 丙寅으로 다릅니다. 글자속성으로 살피면 寅木은 기획, 午火는 실행, 행동 申金은 열매, 금전입니다. 따라서 동업과정에 한 사람은 자금을 대고 한 사람은 행동하고 한 사람은 기획합니다.

運에 따라서 글자의 성향이 조금씩 변하지만 사주원국에 정해진 특징을 그대로 활용합니다. 己己己도 地支구조를 읽어내면 됩니다. 만약 月柱가 日干보다 강하면 月柱가 먼저 癸水를 취하기에 일간 己土는 중간에서 수수료 정도를 받습니다. 일간보다 뛰어난 月干 己土가 癸水를 먼저 취하고서 日干에게 용돈을 넘겨줍니다. 혹은 조부의 유산을 부친이 받아서 아들에게 넘겨주는 상황입니다. 혹은 회사에서 상사를 잘 모셨더니 용돈을 챙겨줍니다. 만약 月柱는 무기력하고 日干이 강하면 月柱를 활용해서 日干이 癸水를 취하는 과정에 월간 己土에게 수수료를 지불하는 투자자와 같은 속성입니다. 이런 방식으로 글자의미, 天干의미를 먼저 이해하고 地支 구조를 종합적으로 분석해야 합니다.

乾命				陰/平 1979년 10월 15일 18:00							
時	日	月	年	89	79	69	59	49	39	29	19	9
乙	乙	乙	己	丙	丁	戊	己	庚	辛	壬	癸	甲
酉	巳	亥	未	寅	卯	辰	巳	午	未	申	酉	戌

동업하는데 한 사람은 업체들과 연락하고 다른 한사람은 판매를 담당하는 유통업입니다. 天干구조가 乙乙乙己로 勢를 모으고 乙木의 글자 속성대로 열심히 돌아다니는 직업이며 己土를 취하려고 합니다. 己未가 年에 있기에 국가, 해외를 상대하는 규모입니다. 地支는 亥巳酉로 乙木 하나는 亥水로 기획하고 다른 하나는 巳火 광고, 홍보에 적합하고 나머지 酉金은 수확합니다. 결국 乙酉가 제일 약하기에 막내나 동생입니다. 2015년 乙未년 亥未가 작용하기에 乙亥와 乙巳가 동업을 파기하려고 했지만 잘 타협해서 다시 진행합니다. 작은 규모로 사업을 시작했는데 癸巳年부터 사업이 확장해서 중국에서 수입한 후 인터넷에서 유통해서 벤츠를 몰고 다닙니다. 사주 꼴대로 사는 것이 흥미롭습니다.

時日月年
戊己己癸
年月日時가 癸己己戊인 구조를 보겠습니다. 戊土가 섞이면 동일한 五行이지만 성향이 크게 바뀝니다. 劫財가 끼어들면 시기, 질투하고 경쟁하면서 강압적으로 육체를 활용합니다. 합리적 사고가 아니고 즉흥적이며 깡패나 조폭처럼 육체를 활용해서 상대를 제압하기에 폭력문제, 성 범죄가 발생합니다. 劫財는 시기, 질투, 경쟁, 투기의 성향이기에 성정이 거친 편입니다. 己己己로 구성되면 동일한 글자들로 陽陽이나 陰陰으로 반응이 느리고 둔하지만 陽陰으로 조합하면 반응 속도가 급합니다. 劫財가 개입되면서 경쟁, 시기 질투가 심해지고 서로 財星을 다투면서 불법, 비리 문제가 개입됩니다. 癸己己戊에는 戊己의 행실을 통제하려는 기운(官星)이 전혀 없기에 癸水를 취하고자 육체를 강압적으로 사용합니다. 宮位를 감안하면 年에 財星이 있기에 국가 정책과 관련된 財物입니다. 회사 돈을 횡령하거나 탈세행위 등의 문제도 발생할 수 있습니다. 또는 국가정책을 이용해 투기를 저지를 수 있습니다. 癸水가 어느 宮位에 있느냐에 따라서 의미가 달라지기에 <u>宮位에 대해 깊은 이해가 필요합니다.</u>

戊己己癸에 통제력이 없다는 의미는 긴장감이 없기에 두뇌회전이 빠르지 않습니다만 세력을 잘 모으고 활용합니다. 戊土와 己土를 끌어와 세력을 형성한 후 癸水를 경쟁하는 과정에 문제가 발생합니다. 夾字의 의미를 추가하면, 癸水가 처음에는 두 己土와 접촉한 후 결국 戊土에게 갑니다. 물론 戊土도 癸水를 깔끔하게 취하지는 못합니다. 사주구조대로 반드시 己己를 지난 후에서야 비로소 戊土와 合하기 때문입니다. 戊土는 癸水를 자신의 소유물이라고 인식하지만 癸水가 온전하게 戊土에 이르는 것이 아니고 己己를 지나는 동안 거의 빼앗기기에 己己가 소유하지 못하도록 방법을 찾아야 합니다. 따라서 다양한 물상들이 발현될 수 있는데 戊土가 己己를 이용하고 배신할 가능성이 높습니다. 戊土는 반드시 戊癸 合하기에 戊土와 己土 사이에 다툼이 발생합니다만 둘이 타협 한다면 己土가 癸水의 일정부분을 취하고 나머지를 戊土에게 넘겨줍니다. 만약 탐욕이 발동하면 불법, 폭력으로 소송, 교도소 물상이 발현됩니다.

時日月年
<u>己己己己</u>

年月日時가 모두 己己己己의 경우는 세력을 모읍니다. 겉으로 드러난 것이 아무것도 없으니 運에 따라서 木으로 가는지 金으로 가는지, 火로, 水로 가는지에 흐름을 읽어야 합니다. 초년에 金으로 흐르면 대학교 전공을 金氣를 취합니다. 금융, 은행, 법조계 등이고 木으로 가면 己土가 木을 기르기에 교육, 공직, 건설, 설계 쪽으로 갑니다. 火를 만나면 긴장감 없이 늘어집니다. 水氣를 만나면 己己己己 육체 혹은 세력을 활용해서 財星을 탐하거나 水氣를 활용해서 木氣를 기릅니다만, 4개의 己土가 水氣를 직접 탐하면 문제가 발생합니다. 문제는 己己己己로 무엇을 원하는지 방향이 불명확하기에 경쟁도, 긴장도, 불법비리를 저지르는 성정도 약하기에 운에 따라 무엇을 추구하는지 살펴야 합니다.

乾命				고서사례							
時	日	月	年								
壬	戊	壬	壬	辛	庚	己	戊	丁	丙	乙	甲	癸
子	子	子	子	酉	申	未	午	巳	辰	卯	寅	丑

戊土가 홀로 있으니 경쟁도 없고 甲乙이 없으니 키우려고 하지도 않습니다. 이 구조는 從財라고 판단하지만 月支 時空이 子月이기에 金이 오면 金氣를 품어서 총명해지고 酉金을 뻥튀기합니다. 木이 오면 수많은 水氣들이 戊土 위에서 木을 기릅니다. 이처럼 각 글자들이 어떤 방향을 원하는지 살피면 그만입니다. 예로, 木을 기르면 교육, 공직에 어울립니다. 이렇게 간단한 유형을 이해하고 사주구조에 따라 응용합니다. 戊土 위에서 생명수를 활용해서 木을 기르는 행위는 사업, 장사에 적합하지 않습니다. 물론 학원, 교육 사업은 가능합니다. 보통은 직장, 공직,

교육에 적합합니다. 조경, 수목원을 운영할 수도 있습니다. 대운이 金으로 흐르면 子水들이 金氣를 품어서 차분해지고 재물도 빠르게 축적합니다. 이 구조에는 戊土가 하나뿐이기에 경쟁하려는 생각이 없기에 재물을 취하려는 의지도 약합니다. 만약 己土 운을 만나면 갑자기 경쟁적으로 水氣를 탐하면서 탐욕이 생깁니다. 己土가 오고 金氣까지 가미되면 세력을 모아서 재물을 부풀리려고 합니다. 동일한 구조임에도 己土에 木氣를 조합하면 오히려 키우려고 노력하기에 교육, 공직처럼 명예를 높이려는 움직임을 보입니다. 탐욕이 없던 戊土가 己土를 만나면 己土를 활용해서 木氣(지위)를 기르려고 합니다. 운에서 들어오는 글자에 따라 변하는 움직임과 물상을 읽어내야 합니다. 從財格이라고 규정하고 격을 성립하는지 깨는지 살피는 쓸모없는 짓을 할 것이 아니라 사주구조와 시간방향이 무엇을 원하는지 살펴야 합니다.

壬戌戊壬

壬戌戊壬 구조는 戊戌가 힘을 합하여 年과 時에 있는 壬水를 활용합니다. 일간과 협력하는 宮位가 月干 戊土이기에 사회활동 과정에 주위사람들과 적절하게 협력합니다. 다만 부친과 복음이기에 인연이 짧을 수 있습니다. 이 사주에는 官星이 없기에 통제력이 없고 틀을 만들려는 의욕도 없습니다. 세력을 모으는 행위는 틀을 만들려는 움직임이 아닙니다. 사회활동 과정에 뜻이 맞는 사람들과 함께 壬水를 취하려는 겁니다. 다만, 戊戌로 陽陽이기에 壬水를 강탈하려는 성향은 약합니다. 만약 운에서 癸水가 끼어들어서 壬戌戊癸로 조합하면 협력과정에 다른 마음을 먹습니다. 時干 癸水와 合으로 취하려는 욕망이 강해지면서 月干 戊土와 日干 戊土의 성향이 달라지는데 계수를 가까이 둔 일간 戊土가 돈을 탐하는 욕망이 훨씬 강합니다.

壬戌己壬

年月日時가 壬己戌壬라면 己土 劫財의 財星을 탐하는 속성이 가미되면서 경쟁, 시기, 질투, 육체활용, 불법, 비리와 같은 개념이 추가되고 도박, 투기, 조폭 물상으로 바뀝니다.

十神의 또 다른 문제는 偏印, 正印, 偏官, 正官 등의 명칭을 획일적으로 결정했습니다만 <u>글자 의미를 반드시 먼저 살펴야</u> 합니다. 바로 이 章에서 살피려는 내용으로 十干의 고유한 의미에 집중해야 합니다. 지금까지는 사주구조에 드러난 十神동향을 살폈다면 지금부터는 十干조합의 의미들을 살펴보겠습니다. 예로, 乙木이 癸水와 조합하면 十神으로 偏印이라고 부르지만 시공간 조합으로는 매우 좋기에 偏印이라는 명칭이 무색할 정도입니다. 癸水는 乙木의 성장을 촉진하는 正印역할이 분명합니다. 이것이 바로 <u>十神의 심각한 오류</u>입니다. 十神은 日干을 판단기준으로 만든 논리이기에 日干을 배제시키면 天干조합을 十神으로 살필 방법이 없습니다. 예로, 日干을 배제한 상태에서 天干에 乙丙庚 三字가 있다면 물질을 추구하는 성향이 강력하기에 장사, 사업을 추구합니다. 이 특징은 日干이 무엇이던 상관이 없으며 三字 조합 자체로 그 의미를 가졌습니다.

만약 日干을 판단기준으로 설정한 十神을 활용하면, 乙丙庚 세 글자의 속성은 일간이 무엇이냐에 따라서 크게 달라집니다. 예로, 일간이 癸水라면 乙木 食神, 丙火 正財, 庚金 正印으로 판단하지만 일간이 丁火라면 乙木 偏印, 丙火 劫財, 庚金 正財로 바뀌면서 乙丙庚 三字의 물질을 강력히 추구하는 性情은 사라지고 엉뚱한 十神 논리만 남습니다. 天干은 時間과 같아서 수시로 변하지만 偏財, 偏官 등의 生剋은 음양을 획일적으로 분류하고 十神의 명칭을 부여하였습니다. 이처럼 時空間과 十神은 전혀 다른 속성입니다. 十神은 본디 에너지특징을 설명한 것이 아니며 生剋을 활용한 六親관계에 불과한 제한적인 관점이기에 天干 관계를 이해하고 운동방향에 대해 학습해야 합니다. 十干의 기본이치를 이해할 수만 있다면 十神을 이해하는 것은 너무도 쉽고 간단합니다. 훨씬 다양한 의미를 가진 十干을 이해하였기에 十神은 너무도 간단해 보입니다. 또 天干 특징을 이해하면 그들이 움직이는 <u>時間方向</u>을 쉽게 깨우칩니다. 각 글자가 어디에서 출발해서 어디를 향하는지 살피고 宮位를 감안하면 움직임과 변화 목적을 어렵지 않게 이해합니다. 十干은 고유한 존재가치를 가졌고 각각의 쓰임이 있기에 그 내용을 학습하면 육친관계를 분석하는 十神이 얼마나 간단한 논리인지 발견합니다.

예로, 甲木은 뿌리와 같아서 흔들리면 불안정해지기에 깊이 뿌리내려야 합니다. 따라서 甲寅은 뿌리를 내리면 절대로 움직이지 않으려고 합니다. 그래야 마음이 안정되고 불안함에서 벗어나기 때문입니다. 만약 亥水까지 있다면 甲木의 안정을 취하려는 성향은 더욱 강해집니다. 만약 甲寅이 巳午 月에 태어나거나, 火氣가 많거나 大運이 巳午未로 흐르면 水氣가 부족해지면서 한곳에 정착하지 못하고 水氣를 찾아 떠돕니다. 이런 분석은 日干과는 전혀 관계가 없습니다. 乙木의 본성은 절대로 한곳에 정착하지 않으려고 합니다. 生氣, 活力을 사방팔방에 전파하려는 욕망이 강하기 때문입니다. 乙木에게 甲木처럼 행동하라고 요구해도 소용없습니다. 乙木에게 집중해서 공부하라고 해도 쉬운 일이 아닙니다. 乙木은 매우 총명해도 학업에 전념하기 어려운 이유는 근본 움직임이 밖으로 돌아다니는 것이기 때문입니다. 하지만 乙木이 亥月에 태어나면 상반된 속성을 드러냅니다. 활동이 답답해지기에 내부에 머물면서 정신을 추구합니다. 만약 그런 환경이 싫으면 海外로 떠납니다. 天干조합을 강휘상영, 도

세주옥처럼 두 글자의 의미를 외우는 방식으로는 깨우치지 못합니다. 甲木이 壬水를 만나면 壬甲이요 丙火를 만나면 丙甲입니다. 甲木은 生氣이기에 가장 우선적으로 할 일은 뿌리를 튼튼히 내리는 것이기에 壬甲이 甲丙보다 훨씬 중요합니다. 만약 甲丙으로 구성되면 뿌리내리기도 전에 밖으로 튀어나가기에 일찍 사회에서 돈 번다고 했습니다. 하지만 일정 기간이 지나면 水氣가 부족하고 뿌리가 마르면 生氣를 잃습니다. 마치 寅巳 刑과 같은 작용으로 水氣가 없는 寅木은 뿌리내리지 못하고 존재가치를 상실합니다. 글자로 상황을 분석하는 방식입니다. 甲木이 巳午未 대운을 만나면 사주원국에 水氣가 있나 없나를 살펴야 합니다. 甲木과 寅木은 다릅니다. 寅木은 극히 실질적인 것으로 땅을 포함한 물형이 상할 수 있기에 고통이 따릅니다만 甲木은 物質이 아니기에 수시로 움직이고 변합니다. 따라서 물형이 상할 가능성은 寅木이 훨씬 높아서 고통이 따를 수밖에 없습니다. 이런 이유로 壬寅이 丙寅보다 훨씬 편한 干支입니다. 甲寅은 壬水의 도움으로 뿌리 내린 다음 丙火를 만나서 壬甲丙 三字로 흐름이 좋은데 丙寅干支는 겉으로는 굉장히 좋아 보이지만 水氣가 없으면 크게 성장할 수 없으며 丙火가 寅木을 말려 죽이는 관계입니다.

이런 이유로 丙寅에는 단명, 자살이라는 뜻도 있습니다. 丙寅은 매우 희망적인 干支처럼 보이지만 자살해버리기에 이해가 어렵습니다. 바로 寅巳 刑의 가장 심각한 문제입니다. 물론 壬水를 보충할 수만 있다면 문제를 해결합니다. 결론적으로 甲木은 壬水와 丙火에 의해 상황이 크게 변합니다. 壬水는 아래로 뿌리내리고 丙火는 밖을 향하기에 壬甲으로 조합하면 내부에서 연구 활동에 적합한데 운에서 丙이나 寅卯辰巳午未로 흐르면 밖을 향해 튀어나갑니다. 일시적으로 壬水를 만나면 말라가는 甲木에게 生氣를 부여하면서 발전의 발판을 마련합니다. 만약 壬水가 없고 丙火만 있다면 공부는 뒷전이고 일찍 사회에 진출해서 乙木처럼 바뀝니다.

天干조합의 의미를 이런 식으로 살펴보자는 겁니다. 사주구조를 살펴야 하는데 寅卯辰, 巳午未로 흐르면 甲木 입장에서는 水氣가 부족하기에 壬水나 亥水를 만나면 충분히 水氣를 취하지만 만약 없고 오히려 丙火만 있다면 甲木은 사회활동을 즐기기에 성질이 乙木처럼 바뀝니다. 이처럼 甲木도 글자조합에 따라서 그 성질이 크게 달라집니다. 예로, 甲木이 丙火나 巳午未로 조합했는데 壬水가 오면 壬水는 무조건 甲木을 향해 갑니다. 甲木은 壬水가 없을 때 밖에서 활동했는데 壬水를 품으면 원래의 의도대로 뿌리 내리려고 시도합니다. 따라서 밖으로 나가는 것을 주저하고 내근 직으로 바뀌거나 공부하거나, 유학갈 수도 있습니다. 이런 움직임을 十神으로 표현하면 편인도식 偏印倒食이라고 합니다.

근본개념은 偏印이 食神을 剋해서 밥그릇을 엎어버리는 것인데 무조건 나쁘다고 판단하는 것은 옳지 않습니다. 그 이유는 편인도식으로 발전할 수도 있기 때문입니다. 사회활동은 제약을 받고 존재감을 드러낼 수 없는 상황으로 바뀌면서 회사를 그만두고 환경을 바꾸고 변화를 추구하지만 내부 활동은 강화됩니다. 공부하지 않다가 갑자기 공부하고 싶어집니다. 생각도 하지 않았는데 대학원에 진학합니다. 물론 사주구조가 나쁘면 壬水를 만나서 일자리를 빼앗기고 집에서 놀 수 있습니다. 운이 풀리지 않아서 은둔생활을 하는 겁니다.

乾命				陰/平 1942년 5월 17일 22:00								
時	日	月	年	82	72	62	52	42	32	22	12	2
乙亥	甲寅	丙午	壬午	乙卯	甲寅	癸丑	壬子	辛亥	庚戌	己酉	戊申	丁未

壬子대운에 은행에서 퇴직하고 퇴직금을 받았고 재혼한 부인의 재산으로 놀고먹는다고 하니까 用神이 水라고 주장합니다. 이 사주는 壬甲丙 三字조합입니다만 구조가 약간 비틀렸습니다. 午月에 壬水가 강할 필요가 없는데 마침 년과 월에 壬水가 약하게 있습니다. 甲寅이 壬水의 도움을 받아서 丙午로 드러내고 甲寅 午, 寅午로 직장생활에 적절합니다. 亥寅午로 亥水가 寅木을 寅木이 午火를 드러내고 丙午로 金氣 물질을 추구합니다. 丙午가 원하는 것은 바로 庚金 열매, 물질을 원하기에 금융업에 종사했으며 大運도 금융업에 적합하게 흘렀습니다.

이 구조에서 활용도가 가장 높은 干支는 丙午입니다. 덥다고 壬水, 亥水 用神이라고 주장할 수는 없습니다. 따라서 甲木의 존재감을 높이려면 丙午를 활용해야 하는데 壬子운을 만나자 丙午를 沖하면서 빛을 잃고 어둠 속으로 들어갑니다. 존재를 드러내고 싶은데 사람들이 알아주지 않습니다. 壬子대운은 이미 金 대운도 활용해버렸기에 丙午의 쓰임도 약합니다. 결국, 壬子대운에는 丙壬 沖을 활용해서 精神을 추구합니다. 젊은 시절의 壬子대운이라면 해외무역, 전자제품 유통업을 할 수 있지만 50이 넘었기에 어렵습니다. 丙壬을 밑으로 내리면 子午 沖으로 물불이 번쩍거리기에 두뇌를 활용하는 것입니다. 壬水가 오면 甲木이 뿌리 내리고자 하강합니다. 乙木은 亥水를 만나면 움직임이 답답해지기에 54세 이후에 乙木이 풀리지 않습니다. 자식이 풀리지 않거나 동생이 풀리지 않거나 海外로 떠날 수 있지만 乙亥와 甲寅이 亥寅으로 合하기에 떨어지기도 어렵습니다. 실제 상황을 듣고서 水氣가 用神이라고 주장하지만 水木火로 단조로운 흐름인데 壬子가 丙午를 충하면 사회활동이 불편해집니다. 이처럼 사주구조에 따라 글자들의 쓰임이 크게 달라집니다. 이런 이유로 사주구조를 무시한 모든 이론들은 아무런 쓸모가 없다고 강조하는 것입니다. 어떤 이론도 사주구조를 제대로 분석하지 못하면 정반대 통변을 합니다.

坤命				陰/平 1969년 2월 23일 02:00								
時	日	月	年	89	79	69	59	49	39	29	19	9
乙丑	甲寅	戊辰	己酉	丁丑	丙子	乙亥	甲戌	癸酉	壬申	辛未	庚午	己巳

이 구조에 壬水가 오면 위 사주와는 정반대 상황에 처합니다. 辰月에 말라가던 甲木이 壬水의 생명수를 받아서 乙木과의 경쟁에서 우위를 차지합니다. 또 甲木은 水氣를 보충해서 己, 戊辰의 땅에 깊이 뿌리내립니다. 壬甲戊 三字로 조합하면 타인을 위한 행위를 한다고 했습니다. 戊土 위에서 甲木의 존재를 드러내지만 시절이 적절하지 않으니 타인을 위한 행위를 하는 겁니다. 다만 壬水가 甲에게 뿌리내림을 유도하지만 丙火가 없기에 壬甲丙 三字를 효율적으로 활용할 수 없습니다. 만약 丙火가 있더라도 戊土가 있기에 壬水가 甲木, 甲木이 丙火, 丙火가 戊土를 향하기에 甲木이 丙火의 도움으로 戊土 위에서 성장합니다. 즉, 무조건 偏印倒食으로 판단할 수 없는 이유입니다. 사주구조에 따라 偏印倒食으로 후퇴하는지, 오히려 발전하는지 달라집니다. 偏印이 食神만 보면 무조건 倒食하는 것이 아닙니다. 偏印

을 계모로 접근하는 것은 극히 제한적인 판단합니다. 반드시 두 글자, 세 글자의 운동방향을 살피고 宮位를 종합해서 분석합니다. 지금은 매우 어려운 개념처럼 보이지만 익숙해지면 빠르게 사주구조를 분석합니다. 壬甲, 甲丙을 三字로 연결하면 뿌리 내리고 밖으로 나가기에 학력도 높고, 사회에서 지위도 높습니다. 여기에 宮位를 감안하는데 年과 月에서 壬甲丙이면 어려서 학업성적이 뛰어난데 年月에 水氣가 없다면 공부하지 않습니다. 壬甲丙이 年과 月에 있으면 초년부터 학업에 전념하지만 日時에 壬甲丙이면 학력이 높을 가능성이 크게 줄어듭니다. 30세까지 성장과정에 공부해야 하고 말년에는 오히려 사회활동을 적극적으로 하지 못합니다. 壬水의 특징대로 사회에서 멀어지고 종교, 명리, 철학 공부를 합니다. 물론 50, 60대에 대학교 들어갈 수는 있지만 극히 드문 일입니다.

또 기억할 점은 <u>天干조합은 절대로 一方적이지 않고 상대적입니다</u>. 生은 生이고 生은 훼이고 훼은 生이고 훼은 훼입니다. 조건에 따라서 生이 훼으로 훼이 生으로 바뀔 수 있습니다. 일방적으로 좋거나 나쁜 것은 세상에 존재할 수 없습니다. 사주구조에 따라서 조건이 크게 뒤바뀝니다. 두 글자가 조합할 경우에는 기본적으로 한쪽 글자는 좋고 한쪽 글자는 나쁜 것이 대부분입니다. 둘 다 좋은 구조는 극히 드물고 둘 다 나쁜 경우도 있지만 거의 대부분은 한쪽이 좋고 한쪽은 나쁩니다. 다만, 누가 누구에게 좋고 나쁜지 설명하지 못하는 天干조합은 의미가 없습니다. 강휘상영의 경우, 時間方向이 없기에 누구에게 좋고 나쁜지 감을 잡지 못합니다. 예로 사주팔자에 壬水가 있는데 甲木이 運에서 들어오면 사주원국에서 빈둥거리던 壬水가 갑자기 甲木에게 달려갑니다. 天干은 수시로 움직이기에 壬水는 甲木을 보자마자 튀어나가는 겁니다. 그 다음 단계는 움직임이 활발한지,

또 어떤 방향으로 동하고 어떤 宮位와 연결되는지를 살펴야 합니다. 이런 분석방법이 <u>時間方向, 宮位, 글자의 쓰임, 動하여 결정되는 物象</u>을 참조하고 十神은 양념으로 참조합니다.

비교해 보겠습니다. 月은 모두 壬水이고 日은 庚金과 辛金이라면 庚壬, 辛壬으로 조합하기에 庚壬과 辛壬이 어떤 차이인가를 알아야 합니다. 만약 甲木이 없다가 운에서 들어오면 壬水는 빈둥거리다가 甲木을 보자마자 바쁘게 움직입니다. 따라서 甲木이 운에서 들어오자 바쁘게 움직이는 것은 壬水입니다. 이제 宮位를 감안하면, 壬水가 月干에 있다면 상응하는 宮位의 의미가 추가됩니다. 月干의 직업, 사회 宮位가 동해서 甲木을 키우려고 달려듭니다. 결국 甲木은 庚金의 최종목표와 같습니다. 즉, 庚金이 壬水를 활용해서 甲木을 키우려고 하므로 행위의 핵심은 壬水가 사회에서 발전하고자 甲木에게 투자하는 겁니다. 따라서 壬水가 동해서 壬甲으로 재물을 취한다고 확신하면 엉터리 통변이 될 수 있습니다. 動한 주체는 壬水이고 甲木 결과물은 시간이 필요하기 때문입니다. 일간 庚金은 사회에서 적극적으로 활동하고자 壬水를 활용한 것이고 甲木을 취하는지는 따로 월운을 살펴야 합니다.

辛日의 경우, 운에서 甲木을 만나면 辛壬甲으로 조합합니다. 辛壬은 陰陽이고 시공간이 적절하지만 庚壬은 陽陽이며 四季圖에서 庚金은 여름에 활용하고 壬水는 겨울에 활용하기에 적절하지 않습니다. 그렇다면 두 조합 중 어느 것이 더 효율적으로 반응할까요? 당연히 辛壬입니다. 丙寅처럼 庚壬도 반응속도가 느리고 심사숙고 합니다. 宮位를 감안하면, 年의 경우는 국가자리, 月이라면 직업, 사회활동, 日干이면 日干의 의지가, 時干이면 자식 혹은 日干의 사적 취향이 동합니다. 이렇게 주체와 객체,

時間方向, 宮位, 六親을 참조해서 종합적으로 판단합니다. 庚壬, 辛壬으로만 있을 때와 운에서 甲木이 왔을 때 어떻게 다른지 살펴보겠습니다. 庚壬과 辛壬은 庚辛에 壬水의 움직임만 있습니다. 기술, 언변, 독특한 재주를 겉으로 드러내지만 그 행위의 결과물은 없습니다. 食傷만 있기에 財星을 활용해서 재물을 만들거나 官星을 활용해서 직장이나 조직에서 기술, 언변을 활용하거나 印星과 조합해서 배우고 활용할 수는 있지만 庚壬, 辛壬은 기술, 언변, 재주만을 드러낼 뿐입니다. 이제 운에서 甲木이 오면 壬水가 갑자기 할 일이 생기면서 활발하게 자신의 가치가 높이기 시작합니다. 다만 쓰임이 좋은지 나쁜지는 별개의 문제입니다. 놀고 있던 壬水가 바쁘게 움직인다고 무조건 좋다는 의미는 아니기에 月支 時空을 기준으로 길흉을 판단하고 사주구조를 참조해야 합니다.

물론 辛壬甲 三字 조합은 가을과 겨울에 활용하기에 시공간이 적절해서 적극적으로 활용하지만 陰的이기에 丙火를 보충하면 더욱 좋습니다. 辛壬甲의 시공간은 좋지만 사주전체에 水氣가 많으면 오히려 존재를 드러낼 수 없어서 답답합니다. 밖으로 나갈 생각을 못하고 안으로 들어가는 것이 문제로 우울증에 걸리거나 일이 지체됩니다. 辛壬甲을 干支로 바꾸면 辛亥로 사주구조에 따라 우울증이 발생합니다. 하강해서 뿌리만 내리므로 발전이 더디거나 내부로 들어가 종교, 명리, 철학과 인연합니다. 물질을 추구하려면 해외로 탈출해야 합니다. 辛壬甲 三字조합은 좋지만 전체 구조에 水氣가 많으면 나빠질 수 있지만 丙火나 丁火를 보충해서 갑자기 발전할 수 있습니다. 만약 壬水가 있는데 甲木을 만나면 壬水가 해야 할 일이 생긴 것으로 甲木 꿈나무에 생명수를 제공합니다. 壬水는 미래를 위해서 甲에게 자신의 의지를 전달합니다. 이때 丙火 유무에 따라서 상황이 달라집니다. 壬水는 丙火를 만나면 壬水의 응축을 풀어내려고 합니다. 十神으로 살피면 壬水가 丙火 財星을 노리는 상황으로 중간과정이 없으니 빨리 결론을 보려고 하므로 성정이 이 조급합니다. 만약 壬丙을 이어주는 甲乙 통로가 있다면 과정을 즐깁니다. 十神으로 食傷이 있다면 日干의 의지를 꼼꼼히 풀어내지만 없다면 바로 결론을 내리려고 합니다. 만약 甲木이 있다면 壬甲丙으로 최종 목적물이 丙火로 바뀝니다. 만약 庚金이 있다면 壬丙庚으로 물질을 추구합니다. 이때 宮位를 따져서 의미를 살펴야 합니다. 壬甲丙을 食神生財로 장사, 사업이라는 판단은 지극히 제한적입니다. 食神生財를 글자의 속성으로 살피면 壬水의 깊은 생각을 甲木을 통해서 뿌리내리고 丙火의 도움으로 밖으로 드러냅니다. 따라서 교육, 공직으로 세상을 바르게 다스리려고 합니다. 분명히 食神生財로 돈을 추구하는 팔자로 보였는데 글자 의미와 운동방향을 살피자 교육, 공직에 적합합니다. 이런 이유로 十神으로 판단할 경우 오판 가능성이 높습니다.

예로,
<u>日月年</u>
壬丙庚

이 구조를 丙火 財星이 庚金 印星을 財剋印해서 흉하다는 판단은 옳지 않다는 겁니다. 丙火의 속성은 庚金의 부피를 확장하는 것이라고 했습니다. 庚金은 열매, 물질이기에 壬水는 丙火를 활용해서 庚金을 확장한 후 취하려는 겁니다. 丙火의 기세에 따라 庚金 내부에 열기를 축적하면 庚金은 壬水에게 달려가 풀어지기에 庚金의 권위와 재물을 壬水가 취합니다. 하지만 十神의 生剋으로 살피면 財剋印이기에 사업은커녕 돈 때문에 인간에게 배신당하고 흉한 일들이 발생한다고 판단합니다. 이처럼 동일한 조합도 글자의미와 十神으로 분석하는 과정은 하늘과 땅만큼 다

릅니다. 丙火가 庚金을 확장해서 물질을 추구하는 것은 불변의 진리입니다. 구조를 바꿔서;

일월년
壬庚丙

이라고 가정하면 庚金이 日干 바로 옆에서 壬水를 생하는데 丙火가 庚金을 극하면 壬水는 더욱 마르고 庚金 印星은 財星에 의해서 극 당하기에 흉하다고 판단합니다. 바로 財剋印의 문제이지만 에너지로 살피면 전혀 다른 의미가 도출됩니다. 만약 壬과 庚申이 조합하였는데 丙火가 없다면 庚金의 쓰임이 좋지 않습니다. 丙火 지도자를 만나지 못한 庚申은 가치가 낮기에 壬水 생명수의 가치도 높지 않습니다. 丙火가 열매를 확장하지 못하기에 가치가 낮아집니다. 丙火가 없으니 財剋印이라고 할 수도 없고 壬水 입장에서 庚申 印星의 가치도 낮으니 명예도 지위도 재물도 좋지 않습니다. 이런 구조에 丙火가 들어오면 丙火 財星이 庚金 印星을 극한다고 판단하지만 병화에 의해서 庚申 열매가 확장되고 가치가 높아지면서 壬水가 취하는 명예와 부의 크기가 크게 확장됩니다.

乾命				陰/平 1952년 5월 13일 20:00							
時	日	月	年	81	71	61	51	41	31	21	11	1
庚戌	壬午	乙巳	壬辰	甲寅	癸丑	壬子	辛亥	庚戌	己酉	戊申	丁未	丙午

약 2천억 부자입니다. 90년대에 유명 학원 강사로 돈을 벌어 부동산에 투자하여 명동에 빌딩이 3채, 강남에 학원이 3채입니다. 분명히 財剋印 구조이지만 天干에서 乙庚 合하고 巳午로 열매

를 확장하는 乙丙庚 三字 조합입니다. 만약, 壬丙으로 조합하였는데 木도 金도 없다면 沖으로 활용하기에 주로 종교, 명리, 철학, 혹은 공간을 넓게 활용하면서 전기, 전자유통업, 광고, 홍보, 영상과 같은 직업으로 활용합니다

坤命				陰/平 1980년 4월 26일 04:00								
時	日	月	年	90	80	70	60	50	40	30	20	10
壬	壬	壬	庚	癸	甲	乙	丙	丁	戊	己	庚	辛
寅	子	午	申	酉	戌	亥	子	丑	寅	卯	辰	巳

30세 당시에 룸살롱에서 활동하면서 50세 유부남의 도움을 받습니다. 午火가 庚申을 키우려고 해도 천간에서 강력한 수기가 있고 子午 沖하기에 열매를 맺기 어렵습니다.

甲木이 辛酉를 만나면 반드시 水氣를 배합해야 합니다. 甲木과 辛酉가 원활하게 소통하려면 반드시 水氣가 필요합니다. 辛酉는 水氣를 통해서 甲木으로 물형을 바꿀 수 있는데 없다면 辛이 甲으로 바뀌지 못하기에 소통이 불가합니다. 표현 그대로 氣가 막혀서 전혀 통하지 않습니다. 왕래하던 마을 중앙에 갑자기 고속도로가 뚫리자 그토록 가깝게 지내던 사이였는데 마치 모르는 사람들처럼 바뀌는 겁니다. 동일한 논리로 甲과 辛酉가 사주팔자에 있어도 소통하기 어렵기에 서로의 쓰임을 활용할 수 없게 되면서 사주구조에 따라서 매우 凶한 사이가 됩니다. 동일한 구조를 十神 生剋으로 살펴보겠습니다. 甲木이 辛酉를 만나면 멋진 正官이라고 합니다. 마침 辛酉 월에 태어났으니 正官 格이 뚜렷하기에 매우 좋다고 강조하지만 참으로 무의미합니다. 正官格이 무색하게 辛酉를 활용할 방법이 없기에 부담스러운 존재입

니다. 辛酉는 반드시 水氣를 통해서 甲木을 향해 갈 수 있습니다. 주의할 점은, 辛酉는 무조건 水氣가 있어야 한다고 강조하기에 丙火는 흉하다고 인식할 필요는 없습니다. 마치 用神처럼 水氣는 좋고, 火氣는 나쁘다는 이분법에 빠지지 말아야 합니다. 지금 설명은 辛酉가 甲木과 조합할 경우 반드시 水氣가 있어야 둘 사이의 가치가 높아짐을 강조한 겁니다. 예로, 辛酉월에 甲일이 時干에 丙火를 만난다면 어떻게 나쁠 수 있겠습니까? 만약 甲木이 辛酉를 봤는데 水氣가 없으면 운에서 水氣 오기만을 기다리는데 火氣가 오면 열기를 품은 辛酉는 殺氣가 강해지면서 金克木으로 甲木이 상합니다.

주의할 점은, 위에서 살폈던 己己己乙의 경우 己土 세 개가 힘을 합쳐 乙에게 덤비면 법을 어기고 교도소에 갈 수 있습니다. 이처럼 甲木이 辛酉를 만났는데 火氣가 辛酉를 자극하면 火氣에 반항할 수 없기에 오히려 木氣를 공격합니다. 여자의 경우라면, 辛酉 남편이 甲木 부인을 괴롭힙니다. 혹은 水氣에 풀어지지 못하기에 술로 세월을 보내거나 방랑자처럼 떠돌거나 재산을 탕진합니다. 하지만 壬水를 만나면 辛壬甲으로 흐름이 바릅니다. 壬水가 적절한 역할을 해주기에 권위가 있으며 학력도 높습니다. 이처럼 사주구조에 따라 일억과 백억, 술주정뱅이와 공직자의 차이를 만들어 냅니다. 이런 방식이 三字조합을 활용해서 사주구조를 살피는 겁니다. 지금까지 천간 조합을 학습하기 전에 기본적으로 이해할 부분을 설명하였습니다.

질문 : 甲과 辛酉의 관계에서 甲이 年과 月에 辛酉를 보는 것이 더 좋다고 하였는데 만약 辛酉를 시에서 보는 경우라면 어떤 차이가 있나요?

답변 : 時間方向에 대해 학습하기 전입니다만 자연의 순환과정의 시간흐름은 혼란스럽지 않습니다. 지구가 멸망하지 않는 한 항상 일정한 방향으로 회전하기에 시간방향도 일정합니다. 지금까지 四季의 흐름에 대해 살폈는데 庚金이 辛金으로 수직 하강한 후 壬癸를 통하여 甲木으로 물형을 바꿉니다. 따라서 辛金이 만들고자 하는 미래는 甲木이 분명합니다. 甲木은 다시 순환하여 庚金을 지나 辛金으로 바뀌어야 합니다. 이런 시간방향에 따라 辛年, 甲月의 시간방향은 辛에서 甲으로 흐릅니다. 만약 甲年 辛月의 경우라면 월이 년을 향해 갑니다. 각도를 바꿔서, 辛月이 甲年을 만드는 시기는 16세에서 23세 사이이기에 月干 辛金 입장에서 부모덕이 좋습니다.

그 이유는 辛金이 원하는 미래는 甲인데 그 꿈이 년에 있기에 젊은 시기에 성취할 수 있습니다. 辛日을 기준으로 살펴보면 辛日 甲年이나 甲月은 조상, 부모의 복이 좋습니다. 노력하지 않아도 부모가 꿈을 이루도록 도와줍니다. 辛일 甲時는 자수성가해서 46세 이후에서야 甲木 꿈을 이룹니다. 辛酉년 甲月의 경우는 아버지가 자수성가한 상황인데 水氣의 동태를 살펴야 합니다. 甲月 입장에서 辛酉년을 만나면 씨종자를 가졌지만 辛酉와 甲木이 소통하려면 반드시 壬水가 필요합니다. 辛酉와 甲木 사이에 壬水가 없다면 불편합니다. 辛年 할아버지가 甲月을 만났다는 것은 할아버지가 46세 이후에 발전하는 겁니다. 부친 입장에서는 辛酉년을 만났기에 반드시 水氣를 보아야 할아버지와 문제가 없지만 辛酉 할아버지 입장에서 아버지 甲木에게 도움을 받습니다. 하지만 水氣가 없다면 서로 불편하기에 가깝게 지낼 수 없습니다. 즉, 할아버지는 아버지의 도움을 받지만 정이 없습니다. 부친은 할아버지를 싫어합니다. 결국 두 글자의 입장차이가 매우 큽니다. 辛酉가 있는데 水氣가 없으면 甲木을 공격하기에 할아버지가 아버지를 괴롭힙니다. 실제로 할아버지가 가정을 돌보지 않아서 부친이 일찍 사회활동을 했습니다. 할아버지가 반드시 필요한 水氣가 없기에 부친을 괴롭히지만 의지할 곳은 甲木 부친뿐이기에 의지하지만 부친은 할아버지를 싫어합니다. 사주명리를 공부하면 좋은 점은 상대를 이해하는 폭이 넓어지는 겁니다.

지금부터 天干 조합에 대해 살펴보겠습니다.

甲木

甲이 乙을 만나면 比肩이 劫財와 섞이기에 이 상황을 이해해야 합니다. 甲과 乙의 글자의미와 比肩, 劫財의 속성까지 함께 관찰하면 좋습니다. 甲乙이 만나면 갑자기 경쟁의식이 생겨나면서 甲木이 合하고 있는 己土를 乙木과 다투거나 나누는 문제가 발생합니다. 또 十宮圖 2를 기준으로 甲乙의 연령은 1세에서 15세로 적극적으로 육체를 활용하면서 성장하기에 외형이 계속 변화합니다. 이런 이유로 甲乙이 만나면 육체를 활용하려는 의지가 매우 강하기에 육체의 노동력을 활용하는데 익숙하며 사주구조에 따라 활용방식이 달라집니다.

사주구조가 좋으면 스포츠, 군인, 악기로 활용하지만 구조가 나쁘면 육체노동, 조폭, 깡패처럼 나쁘게 활용합니다. 甲辰干支도 군인에 활용하는 사례가 많은 이유는 甲과 辰의 지장간에 있는 乙木이 조합하기 때문입니다. 이 경우는 지장간에 있는 戊土를 탐하지 않기에 가능합니다. 甲乙이 경쟁적으로 戊土를 추구하면 주로 장사, 사업으로 나가는데 문제는 甲乙이 서로 경쟁하다 부도나거나 돈 문제로 관재가 발생합니다. 만약 군인처럼 육체를 활용하는 직업을 택하면 돈 문제로 고통 받지 않고 비교적 안정적인 생활을 할 수 있습니다. 군인으로 지내면서도 戊土를 노리면 공직자가 뇌물을 탐하다가 문제가 발생합니다. 유사한 경우가 食神生財에 偏官까지 있는 구조로 언제라도 偏官의 위험에 노출되지만 선택에 따라서 운명이 달라집니다. 즉, 食傷生財까지만 활용하면 편관의 문제를 겪지 않지만 탐욕을 부리면 財生殺로 偏官에 당하는 겁니다. 마치 사업으로 부를 축적하다가 명예까지 얻으려고 국회의원에 도전하다가 재산을 탕진하는 경우입니다. 또 다른 방법은 偏官에 당하지 않으려면 食傷만을 활용합니다. 예로 식신, 재성, 편관이 있음에도 사업, 장사를 하지 않고 식상을 활용하여 언변, 기술만 활용하는 것에 만족하는 겁니다. 甲辰干支의 경우도 軍人을 선택하는 것은 부를 버리고 명예를 택한 것이지만 甲乙이 戊土를 경쟁하는 사업을 택하면 망하기 쉽습니다.

둘째, 甲乙 劫財의 성정으로 시기, 질투, 경쟁하면서 목적을 위해 달려듭니다. 만약 劫財가 좋은 작용이라면 타인에 비해 더욱 성실히 노력합니다. 사주구조가 나쁘면 시기, 질투, 불법, 비리, 강탈, 탈재, 도박, 투기, 한탕, 조폭, 강간처럼 강압적으로 육체를 사용하거나 강압적으로 財星을 취하려고 합니다. 이처럼 劫財의 성정은 무조건 나쁜 것이 아니며 경쟁에서 살아남고자 노력합니다. 다만, 사주구조에 따라 그 특징이 하늘과 땅만큼 차이를 보입니다. 무조건 상대를 이기려고만 한다면 불법행위로 비리를 저질러 문제가 발생합니다.

셋째, 劫財 乙木과 함께 하기에 반드시 세력을 만들려고 합니다. 세를 모아 정치성향을 가지거나 약하다고 생각하는 부분을 劫財로 보충하기에 많은 사람들을 주위에 두면서 정신적, 육체적으로 활용하고 의지합니다. 주위에 친구들이 많은 사람들은 혼자 살아가기 힘들어 자꾸 세력을 활용하는 겁니다. 甲이 乙과 조합할 경우의 문제는 甲이 乙을 生하는 시간방향은 정해져 있기에 乙이 甲의 도움을 받지만 甲은 乙을 무조건 도와야 합니다. 문제는 甲이 乙과 경쟁하는데 누구에게 유리한지를 살피려면 사주원국과 대운, 세운의 흐름을 읽어야 합니다. 만약 癸水 혹은 丙火가 있고 巳午未 대운으로 흐르면 乙木이 주도합니다. 이런 상황에서 甲은 乙이 발전하도록 돕는 희생양이 됩니다. 경쟁 우위를 乙木이 갖는 것으로 甲木은 시절을 만나지 못했기에 존재감도 드러내기 어렵습니다. 그렇다면 어떻게 해야 할까요? 甲木은 乙木을 통해서 드러내야 합니다. 주도할 수 없다면 乙木을 대표로 표면에 내세우는 겁니다.

甲의 할 일을 乙에게 맡겨야 하기에 乙의 부하처럼 바뀔 수 있습니다. 혹은 甲이 乙을 사장으로 고용하고 뒤로 물러나야 합니다. 월급사장 乙이 관리하도록 만들고 조용히 회장 역을 맡는 겁니다. 또 드러나야 좋을 것도 없습니다. 이런 구조는 甲이 乙을 의지할 수밖에 없기에 불편합니다. 甲 보스가 부하 乙을 의지하기에 구차합니다. 만약 甲이 壬水와 亥子丑을 배합하면 경쟁우위에 서기에 乙이 甲을 의지합니다. 물론 이때도 정해진 시간방향은 甲이 乙을 보살펴야 합니다. 乙이 뛰어나면 甲이 억울하고, 甲이 뛰어나도 乙을 돕는 것이 甲의 숙명입니다.

위에서 살폈던 은행사주에서 대운이 壬子, 癸丑으로 흐르면 乙亥시의 乙이 정신을 못 차리기에 甲이 보살펴야 합니다. 乙亥와 寅亥로 연결되면서 乙亥 죽은 동생의 영혼이 甲에게 들어오는 것과 같아서 매우 불편합니다. 乙木의 질투심, 시기심이 생겨나면서 甲이 乙의 덕을 바라기 어렵습니다. 甲乙조합에서 甲과 乙丑時, 甲과 乙未時, 甲과 乙亥時로 조합하면 甲이 乙을 보살펴야만 하므로 부담스럽습니다. 甲木이 원하는 丑土나 未土의 땅을 乙木이 장악하였기에 보증문제, 형제문제, 동업문제, 돈을 빌려주고 받지 못하는 문제가 발생합니다. 물론 한탕을 노리고 도박, 투기로 망할 수도 있습니다.

乾命				陰/平 1938 2월 22일 10:00								
時	日	月	年	84	74	64	54	44	34	24	14	4
己	甲	乙	戊	甲	癸	壬	辛	庚	己	戊	丁	丙
巳	寅	卯	寅	子	亥	戌	酉	申	未	午	巳	辰

丙辰 丁巳 戊午 己未 庚申 대운으로 흘러갑니다. 甲寅 乙卯로 엄청 강력한 기세입니다. 年支에 寅木이 또 있는데도 年과 月에 水氣가 전혀 없습니다. 大運도 강력한 火氣로 흘러 년과 시에 있는 戊己의 터전이 사막처럼 변하면 성장하기 어려워진 甲寅과 乙卯는 水氣를 달라고 戊土를 파헤치기에 하극상 구조입니다. 부연 설명하면, 협력하고 경쟁하는 甲寅과 乙卯가 巳午未 대운을 만나기에 乙卯가 경쟁우위를 점하고 존재감을 드러냅니다. 다만, 乙卯도 뛰어나지 못한 이유는 癸水가 없어서 乙癸戊 三字 조합을 활용하지 못하기에 가치가 낮습니다. 심각한 점은 사주 원국에 水氣도 없는데 대운조차도 火氣를 만나 戊土가 甲寅과 乙卯에게 심하게 상합니다. 이런 구조는 총명할 수도 없습니다. 水氣가 없기에 육체노동으로 넓은 땅에 농작물을 심어도 자라지 못합니다. 모친이 3세에 사망하고 공부도 못하고 농사짓다 상경해서 막노동, 장사로 고생하다가 36세에 파재했습니다. 이 구조는 항상 乙卯에게 밀리지만 乙卯도 존재감이 없습니다. 안정을 취할 수 있는 戊土의 땅이 너무 작고 말라서 효용이 낮기 때문입니다. 末年으로 가면 己巳가 있기에 조금은 호전되지만 水가

없기에 안정을 취하기 어렵고 떠돌아다니는 인생입니다.

坤命				陰/平 1937년 4월 28일 02:00								
時	日	月	年	80	70	60	50	40	30	20	10	0
乙	甲	乙	丁	甲	癸	壬	辛	庚	己	戊	丁	丙
丑	子	巳	丑	寅	丑	子	亥	戌	酉	申	未	午

甲子와 乙巳, 乙丑으로 조합하고 대운이 丙午, 丁未, 戊申, 己酉, 庚戌, 辛亥, 壬子로 말년으로 갈수록 甲이 선호하는 흐름입니다. 사주원국에서는 甲이 巳月에 時節을 잃었고 年에 丁火 傷官과 월에 乙木 劫財까지 있으며 甲子와 乙丑으로 배합하니 甲木입장에서는 매우 답답합니다. 가난한 집에서 태어나 형제자매는 흩어지고 친척, 친구는 믿을 수 없고 자립해서 혼자 살아왔습니다. 甲에게 해만 끼치는 乙木들을 과감하게 잘라낸 것입니다. 형제, 친구는 손해만 끼친다는 점을 깨우치고 멀리했습니다만 힘들게 살다 사망했습니다. 甲이 乙丑과의 인연을 이어가면 계속 형제, 친구들과 꼬이면서 불행한 인생이 됩니다. 이 사주 구조는 水氣도, 丑土도 있기에 甲木이 뿌리 내리기 좋지만 乙木이 丑土를 차지하였기에 항상 乙이 가진 丑土를 탐하는 꼴입니다.

<u>甲이 丙을 만나면</u> 陽과 陽으로 조합하였기에 급하지 않고 느긋하다고 했습니다.

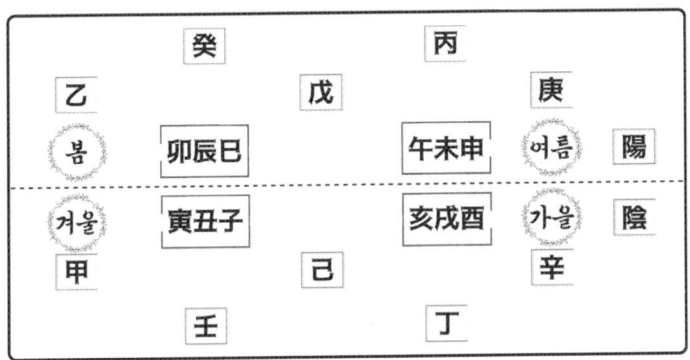

四季圖에서 甲木은 겨울에 있고 丙火는 여름에 있으니 서로에게 영향을 미치려면 많은 시간이 필요합니다. 이런 시공간 환경을 성격으로 표현하면 느긋하고 반응도 느립니다. 甲丙의 직업 속성은 두 가지로 살펴야 하는데 水氣를 보충해서 학력이 높으면 교육, 공직 혹은 학원 강사와 같은 직업에 종사합니다. 만약 水氣가 없고 火氣만 강하면 甲丙의 흐름이 빨라집니다. 甲木의 느긋함이 갑자기 乙木처럼 바뀌고 조급해지고 호떡집에 불난 듯 이리 저리 옮겨 다니기에 학업과 인연이 멀고 장사나 사업으로 발전합니다. 만약 천간에 壬甲丙으로 조합하면 甲이 안정을 취하면서 장기교육으로 의료나 법조계에서 발전합니다.

조심해야 될 관계가 있습니다.

時日月
壬甲丙　月干에 丙火 日干에 甲木 時干에 壬水 1번
丙甲壬　月干에 壬水 日干에 甲木 時干에 丙火 2번

어느 구조가 더 좋아 보입니까? 당연히 2번입니다. 壬水가 甲木

을 生하고 丙火로 흐르는 과정은 교육, 공직에 적합합니다. 하지만 1번은 46세 즈음에 時間이 역류합니다. 壬水의 시기에 이르면 월간 丙火를 沖하여 빛을 빼앗기에 사업부도, 질병, 육체손상, 육친문제 등이 발생합니다. 사주원국에서 시간이 역류하는 상황에 대해 깊은 이해가 필요합니다.

坤命				陰/平 1940년 2월 4일 04:00							
時	日	月	年	82	72	62	52	42	32	22	12	2
丙寅	甲寅	己卯	庚辰	庚午	辛未	壬申	癸酉	甲戌	乙亥	丙子	丁丑	戊寅

1940년 여명으로 戊寅 丁丑 丙子 乙亥 甲戌 癸酉대운으로 흘러갑니다. 日干과 時干에 甲丙이고 寅卯辰으로 木氣가 가득한데 다행하게 年의 庚金이 木氣를 적절하게 조절하기에 남편과 본인이 모두 교직에 있었습니다. 庚辰년에 태어나 땅도 조금 있고 庚金의 씨종자를 활용해서 목기들을 생산하는 과정에 대운에서 亥子丑 수기를 보충하기에 甲木이 己土와 함께 壬甲己 三字로 안정을 취했습니다. 또 寅卯辰과 庚金이 조합하고 丙火로 확장하는 乙丙庚 三字를 활용해서 中富 그릇입니다.

甲이 丁을 만나면 甲木은 과거를 되돌아보는 격입니다. 丁火가 辛金에 열기를 가하면 亥子丑에 풀어져 寅에서 뿌리내리기에 甲이 丁火를 만나면 과거로 돌아간 것입니다. 丁火와 辛金이 만들어낸 창조물이 甲이기에 丁火에게는 미래의 꿈을 만난 것으로 입장차이가 매우 큽니다. 甲木이 丁火를 만나면 과거로 후퇴하는 것이기에 발전하기 어렵습니다. 미래 지향적이어야 하는데 과거를 회상합니다. 丁火가 甲을 만나면 丁火를 위해서 과감하게 희생합니다. 이런 이유로 년에 甲, 월에 丁火가 있으면 배합이 매우 좋습니다. 甲이 丁火를 생하면 陽陰으로 기운을 빠르게 쏟아냅니다. 이런 이유로 丁火를 만난 甲의 성정은 매우 조급하지만 甲木을 만난 丁火는 자연스럽게 甲木을 취하기에 학력과 지위가 높습니다. 丁火는 넓은 시공간을 좁은 시공간으로 바꿔야 하므로 교정, 수리 행위에 어울립니다. 甲丙은 陽陽으로 시간이 필요하기에 느긋하고 교육, 공직에 적합하지만 甲丁은 특정 기술을 활용한 기술직에 적합한데 癸水를 보충하면 丁癸 沖 물상을 법조계로 활용할 수 있습니다.

甲木이 丁火와 조합하는데 庚金을 만나면 庚金 조직에 들어가 丁火 독특한 기술을 활용합니다. 庚金을 물질로 활용하면 丁火로 庚金의 物形을 결정하기에 용접이나 기계를 다루는 행위입니다. 氣的으로 활용하면 丁火로 庚金을 딱딱하게 만들기에 고정된 지위가 있습니다. 만약 甲木이 丁火를 보았는데 壬水까지 있다면 甲丁壬으로 丁壬 合 물상을 활용해서 전문가적 자질이 강합니다. 전문지식, 기술을 활용하는 업종에 종사합니다. 만약 丁火가 甲과 조합했는데 甲木이 습한 水氣를 머금은 구조라면 丁火는 불편합니다. 丁火는 열기를 상징하기에 水氣를 극도로 기피합니다. 그 외에는 丁火가 甲木을 만나면 좋을 수밖에 없습니다. 丁火는 기본적으로 甲木을 매우 기뻐합니다만 甲과 寅을 구분해야 합니다. 寅木은 亥水를 빨아들이기에 음습합니다. 땅을 파보면 뿌리 주위에 있는 흙이 축축한 이유는 亥水를 빨아올려서 그렇습니다. 이처럼 寅木이 水氣를 머금었기에 丁火가 寅木을 꺼리는 경우가 많습니다. 甲木과 寅木을 대하는 丁火의 태도가 다름을 이해해야 합니다. 따라서 丁火는 甲辰, 甲午, 甲申처럼 마른 甲木을 기뻐합니다. 丁日, 甲辰시라면 46세 이후에 발전합니다. 丁日에 태어났는데 사주원국에 甲이 있으면 나쁠 이유가 없습니다만 亥子丑으로 음습하면 답답한 상황입니다. 타인에게 의지하고 총명하지도 않고 게으릅니다. 이런 구조를 제외하고 丁火가 甲木을 싫어할 이유는 없습니다. 모든 각도에서 丁火는 마른 甲木을 기뻐합니다. 甲丁조합에서 기억할 점은 甲木이 丁卯 時를 만나면 劫財 卯木과 丁火 傷官을 만났기에 육체를 활용하는 과정에 비리, 일탈을 저지를 수 있습니다. 주로 발현되는 물상은 색욕으로 애정문제가 복잡합니다.

坤命				陰/平 1935년 9월 18일 06:00							
時	日	月	年	88	78	68	58	48	38	28	18	8
丁卯	甲子	丙戌	乙亥	乙未	甲午	癸巳	壬辰	辛卯	庚寅	己丑	戊子	丁亥

丁亥 戊子 己丑 庚寅 대운으로 흐르는데 甲, 丁卯 조합에 子卯 刑까지 있으며 丙戌로 月支 時空은 좋지만 亥水 子水가 있고 대운마저 丁亥 戊子 己丑으로 水氣가 강하기에 낭만, 풍류로 전락했습니다. 戊子대운 17세 辛卯 年에 戌中 辛金이 動하여 사랑에 눈이 멀어 남자와 함께 사랑의 도피행각을 벌였습니다. 己丑대운 27세 辛丑年에 새 남자를 만나 결혼했지만 평생 여러 남자들과 정을 통하며 살았다고 합니다. 근본적인 문제는 時의 丁卯가 子卯 刑으로 연결되면서 색욕이 강하고 상관의 일탈의 속성까지 가미되면서 풍류를 즐겼습니다. (38講으로 이어집니다.)

명리 바르게 학습하기 고급 편
- 끝 -

命理 바르게 학습하기 - 時空學 고급편

저자 : 紫雲 김 광용
youtube : 시공명리학
http://cafe.daum.net/sajuforbetterlife
http://blog.naver.com/fluorsparr
Tel : 010 8234 7519

펴낸이 ■ 時空명리학
펴낸곳 ■ 時空명리학 출판사
표　　지 ■ 時空學

초판　발행 ■ 2024. 3. 9.
출판등록 제 406~2020~00006호

경기도 파주시 탄현로 144~63, 102호
Tel　　■ (010) 8234~7519
ISBN: 979-11-986898-0-1(03180)

정　가 ■ 45,000원

잘못 만들어진 책은 구입하신 서점에서 교환해 드립니다.
저자의 동의하에 인지는 붙이지 않았습니다.

본서의 무단전제 또는 복제행위는 저작권법 제98조에 의거
민·형사상의 처벌을 받을 수 있습니다.